社会工作系列教材

总主编 雷 洪

人类行为与社会环境

（第2版）

HUMAN BEHAVIOR AND THE SOCIAL ENVIRONMENT

主编 库少雄

中国·武汉

内 容 提 要

"人类行为与社会环境"是社会工作专业的基础课程,其目的是为各种专业技能的学习提供必要的基础知识。本书以"环境中的人"为核心思想,以人生全程发展为主线,从生物、心理、社会三个方面对人与环境之间的相互关系进行了全面、深入的探讨。

全书分为十章。第一章讨论了人作为系统与环境的总体关系。第二章介绍了与人类行为相关的基本理论。第三章至第十章以时间为序,将人生发展依次分为胎儿期、婴儿期、幼儿期、儿童期、青年期、成年早期、成年中期和老年期,并结合不同阶段的特点深入分析了生物、心理和社会因素对人生发展的影响。

本书有助于读者在人与环境的相互作用中把握人类行为的规律,为社会工作者理解案主行为、制定介入策略、满足案主需要打下坚实的理论基础。

图书在版编目(CIP)数据

人类行为与社会环境(第 2 版)/库少雄主编. —武汉:华中科技大学出版社,2013.7(2025.1重印)
ISBN 978-7-5609-9249-5

Ⅰ.①人… Ⅱ.①库… Ⅲ.①社会人类学-教材 Ⅳ.①C912.4

中国版本图书馆 CIP 数据核字(2013)第 170000 号

人类行为与社会环境(第 2 版) 库少雄 主编

策划编辑:钱　坤
责任编辑:苏克超
封面设计:潘　群
责任校对:张会军
责任监印:张正林

出版发行:华中科技大学出版社(中国·武汉)　　电话:(027)81321913
　　　　　武汉市东湖新技术开发区华工科技园　　邮编:430223
录　　排:华中科技大学惠友文印中心
印　　刷:广东虎彩云印刷有限公司
开　　本:710mm×1000mm　1/16
印　　张:23
字　　数:476 千字
版　　次:2005 年 9 月第 1 版　2025 年 1 月第 2 版第10次印刷
定　　价:38.00 元

本书若有印装质量问题,请向出版社营销中心调换
全国免费服务热线:400-6679-118　竭诚为您服务
版权所有　侵权必究

总　　序

自 20 世纪 80 年代中期开办社会工作专业起,经过 20 年的发展,我国已有近 200 所高校设置了社会工作专业,毕业和在读的社会工作专业学生至少在万名以上。从高等教育的专业设置而言,社会工作是一个朝阳专业;从社会发展而言,社会工作是一个朝阳部门。但就目前我国的实际状况而言,社会工作有待社会化。

所谓社会化,一般是指社会或社会生活某方面的集中化、统一化、标准化,是社会生活的一种趋势,例如家务劳动社会化、生活服务社会化、养老社会化,等等。社会学、心理学学科意义的社会化,是指人类自身的一种过程。在社会层面是社会过程,即社会成员经社会相互作用达到相当程度的一致性,建立和维护社会准则、社会生活乃至社会共同体的过程;在个人层面是成长和发展过程,即个体经社会中的相互作用达到与社会相当程度的一致性,由"自然人"转变为"社会人"的过程。

学科意义上的社会工作社会化,一方面是社会成员、社会部门对社会工作的社会功能和社会机制、社会价值和社会地位、社会职业和社会行业达到相当程度广泛认可的过程。这个过程依赖政府的主导,社会工作专业工作者的推动,以及社会公众了解、认知的提高和共识的建立。另一方面是社会工作专业工作者(包括学生)内化社会工作的理念、理论、方法,并达到相当程度共识的过程,即专业工作者专业社会化的过程。这个过程依赖高等学校制度化的专门培养训练、社会实践,以及专业工作者广泛的交流。

不言而喻,社会工作的教材对于社会工作社会化具有重要作用,它既是培养训练社会工作专业学生内化理念、理论、方法的工具,也是增进公众对社会工作了解、认知,引导公众建立共识的工具。当然,任何教师都深知编写高水平专业教材的困难,这套教材中的某些肤浅、遗漏及各种不尽如人意之处在所难免,但包括这套教材的所有社会工作教材,对推动社会工作在中国社会化过程中的作用都是显见的。

这套教材的编写者们都深知：教材虽累积了自己的专业知识和教学经验之结晶，并借鉴了诸多学者们的科学研究和已有教材的精华，但由于我国内地与当代国际社会工作教育水平尚有较大的差距，编写者个人的累积也尚短暂，因此，这套教材内容的某些局限性不可避免。我们希望在这套教材面世后，有更多的使用者，这样才能与同行有更多的交流，才能得到更多的批评、改进意见，也才可能进一步修订和提高这套教材的水平。

这套教材是华中科技大学、中南民族大学、华中农业大学、武汉理工大学、华中师范大学等5所高校的社会工作（社会学）系共同组织、讨论，由十几位专业教师参与撰写的，是校际同仁们交流、合作的成果。这种交流、合作，我以为对推动我国社会工作社会化是有益的。我本人对社会工作知之甚少，在这套教材的编写过程中只进行了一些联络、沟通、协调的工作，我有幸为我国社会工作事业特别是社会工作教育事业尽力所能及的微薄之力，因此，我十分乐意做这些工作。

雷 洪

2005年6月

目 录

第一章 导论 (1)
    第一节 人类行为与社会环境 (2)
    第二节 研究人类行为的模式 (9)
    第三节 生态系统模式 (13)
    第四节 行为动力学模式 (27)
    第五节 "人类行为与社会环境"的应用 (35)
    本章小结 (38)
    本章参考文献 (39)

第二章 人类行为与社会环境的理论基础 (41)
    第一节 弗洛伊德的精神分析理论 (41)
    第二节 埃里克森的心理社会发展理论 (47)
    第三节 行为主义理论 (52)
    第四节 人本主义理论 (56)
    第五节 皮亚杰的认知发展理论 (59)
    第六节 科尔伯格的道德发展理论 (64)
    本章小结 (67)
    本章参考文献 (67)

第三章 胎儿期 (69)
    第一节 生物系统及其对胎儿期的影响 (69)
    第二节 心理系统及其对胎儿期的影响 (77)
    第三节 社会系统及其对胎儿期的影响 (81)
    第四节 胎儿期相关问题 (86)
    本章小结 (93)
    本章参考文献 (93)

第四章 婴儿期 (95)
    第一节 生物系统及其对婴儿期的影响 (95)
    第二节 心理系统及其对婴儿期的影响 (102)
    第三节 社会系统及其对婴儿期的影响 (114)
    第四节 婴儿期相关问题 (123)

本章小结……………………………………………………………(127)
本章参考文献………………………………………………………(127)

第五章 幼儿期……………………………………………………(129)
第一节 生物系统及其对幼儿期的影响……………………………(129)
第二节 心理系统及其对幼儿期的影响……………………………(135)
第三节 社会系统及其对幼儿期的影响……………………………(143)
第四节 幼儿期相关问题……………………………………………(157)
本章小结……………………………………………………………(162)
本章参考文献………………………………………………………(163)

第六章 儿童期……………………………………………………(165)
第一节 生物系统及其对儿童期的影响……………………………(165)
第二节 心理系统及其对儿童期的影响……………………………(167)
第三节 社会系统及其对儿童期的影响……………………………(178)
第四节 儿童期相关问题……………………………………………(190)
本章小结……………………………………………………………(197)
本章参考文献………………………………………………………(197)

第七章 青春期与青年期…………………………………………(198)
第一节 生物系统及其对青春期与青年期的影响…………………(199)
第二节 心理系统及其对青春期与青年期的影响…………………(206)
第三节 社会系统及其对青春期与青年期的影响…………………(217)
第四节 青春期与青年期相关问题…………………………………(220)
本章小结……………………………………………………………(236)
本章参考文献………………………………………………………(237)

第八章 成年早期…………………………………………………(239)
第一节 生物系统及其对成年早期的影响…………………………(239)
第二节 心理系统及其对成年早期的影响…………………………(243)
第三节 社会系统及其对成年早期的影响…………………………(253)
第四节 成年早期相关问题…………………………………………(271)
本章小结……………………………………………………………(273)
本章参考文献………………………………………………………(273)

第九章 成年中期…………………………………………………(274)
第一节 生物系统及其对成年中期的影响…………………………(274)
第二节 心理系统及其对成年中期的影响…………………………(279)
第三节 社会系统及其对成年中期的影响…………………………(287)
第四节 成年中期相关问题…………………………………………(294)

本章小结……………………………………………………………（300）
　　本章参考文献………………………………………………………（300）
第十章　老年期…………………………………………………………（301）
　　第一节　生物系统及其对老年期的影响…………………………（301）
　　第二节　心理系统及其对老年期的影响…………………………（315）
　　第三节　社会系统及其对老年期的影响…………………………（326）
　　第四节　老年期相关问题…………………………………………（344）
　　本章小结……………………………………………………………（355）
　　本章参考文献………………………………………………………（356）
第2版后记………………………………………………………………（357）
第1版后记………………………………………………………………（358）

第一章 导　　论

社会工作者帮助人们分析问题、作出决定、最终解决问题；在必要的地方，社会工作者以适当的方式帮助人或环境产生积极的变化以满足人的需要，促进人的成长和发展。在从事所有这些工作之前，社会工作者必须明确回答一些基本问题：人们为什么表现出他们的行为？不同的人其行为有什么不同？在面对问题和困难的时候，人们如何选择和应对？怎样帮助人们更有效地应对和解决问题？怎样更好地满足人的需要？要回答这些问题，都离不开对人类行为的深入理解。

人类行为丰富多彩、千差万别，有些令人神往又令人迷惑；它可能使我们大笑，也可能使我们痛哭；它可能使我们同情、感伤、悲哀或者愤怒，也可能引起我们的思考和行动。

一位中年妇女曾经五次当选为劳动模范，可是突然有一天她被迫下岗了，生活没有着落，她应该怎么办？一位青春少男对异性伙伴毫无兴趣却对同性伙伴很向往，他为此十分迷惑甚至痛苦，他应该怎么办？你怎么看待他？一位妙龄少女爱上了她的父亲并因此拒绝所有小伙子的求婚，她应该怎么办？她的父亲应该怎么办？为什么贫困地区的儿童辍学率较高？用什么方法帮助他们？为什么你的一位朋友酗酒成性？他的酗酒行为对自己和他人有什么影响？为什么兄弟二人一个成了科学家另一个却成了杀人犯？同样是父亲，为什么一个溺爱孩子，另一个则常常把孩子打得遍体鳞伤？为什么一位纤弱女子为了保护子女勇敢地与狮子搏斗，另一位女子则为了与男朋友结婚竟然杀死自己的亲生子女？为什么一位妇女长期忍受丈夫的虐待，而另一位妇女则为了家庭琐事坚决要求离婚，还有一位妇女则长期虐待丈夫？为什么一位老人身患绝症依然顽强地与命运搏斗，而一位18岁的小伙子却感到活着没有意义要自杀？为什么一些人妙趣横生而另一些人则丝毫不懂得幽默？为什么一些人沉着冷静而另一些人则轻率冲动？为什么一些人热情奔放、积极主动，而另一些人则冷漠无情、消极被动？为什么一些人好斗成性而另一些人则从来不与人争斗？为什么一些人历经磨难甚至备受打击和屈辱依然与人为善、处处播撒真善美的种子，而另一些人则心地阴暗、处处与人为恶？……你是什么样的人？你与你的同学、朋友有哪些不同？为什么有这些不同？……在《人类行为与社会环境》中，我们将把人的行为与人生活于其中的社会环境结合起来进行研究，通过探索人与环境之间的动态关系来深入理解人类行为。这将有助于回答有关人类行为的各种问题，而对这些问题的回答是从事社会工作实务的理论基础。

第一节 人类行为与社会环境

一、人类行为

行为(behavior)是主体的活动或者对环境的反应。狭义的行为是指能够观察到的一切外在的活动；广义的行为除了包括狭义的行为之外，还包括内在的思想和心理过程。内在的思想和心理过程支配外在的行为，外在的行为是内在思想和心理过程的表现。内在的思想和心理过程通常只有当事人自己才能清楚地意识到，但是，他人可以通过其外在的行为表现间接地推测其内在的心理变化与心理活动。

团体心理学家勒温从系统论出发，把行为定义为个体与环境交互作用的结果。他提出人类行为的基本原理可表达为：

$$B = f(P \times E)$$

公式中，B 代表人类行为；P 代表个体，包括一切内在因素；E 代表环境。即人类行为(B)是个体(P)与环境(E)交互作用所产生的函数或结果。这里的"个体"和"环境"并不是彼此独立的，而是相互关联的两个变量。由此可见，人类行为是个体为适应环境和满足自身需要所表现出来的活动或反应，是生理、心理、社会等内外因素综合作用的结果。它具有适应性、多样性、动态性、指向性、可控性、发展性等特点(韩晓燕、朱晨海，2009)。

行为的主体可以是个人，也可以是集体和组织。当主体是个人的时候，我们称其行为为个人行为或个体行为；当主体是集体的时候，我们称其行为为集体行为；当主体是组织的时候，我们称其行为为组织行为。在微观社会工作当中，行为一般是指个人行为。在中观社会工作和宏观社会工作当中，行为也可能是集体行为或者组织行为。

可以按照不同的标准对人类行为进行分类。例如，根据行为的功能把行为区分为生理行为、精神行为、情绪行为和社会行为。但是，这几种行为之间相互影响、相互渗透，有时很难区分某个行为究竟属于哪一种。例如，一位饥饿难忍的流浪汉从食品店里偷了一块面包。他因为饥饿而拿了一块面包，这是生理行为；他偷面包，这就涉及他与食品店之间的关系，因此其行为是社会行为；他之所以从这家食品店里偷面包，是因为他对这家食品店老板一贯的吝啬感到愤怒，因此其行为又是情绪行为。

还可以根据是否符合社会文化标准将人类行为区分为正常行为与偏差行为。社会工作的重要功能之一就是研究各种偏差行为的表现形式、形成原因、预防措施和矫治策略。符合特定社会文化标准的行为是正常行为。一般来说，在特定的社会文化环境中,大多数人有相似或一致的正常行为。正常行为不仅符合社会文化的要求,也符合在该社会文化环境中个人生理、心理和社会性发展的要求;同时,正常行为也是个人生理、心理和社会性平衡发展以及适应良好的标志。相反,不符合或者违反社会文化标准的行为是偏差行为。偏差行为通常与大多数人的行为不相似或不一致,它不符合在特定社会文化环境中个人生理、心理和社会性发展的要求;同时,也是个人生理、心理和社会性发展不平衡和适应不良的标志。

二、社会环境

环境是影响有生命事物的所有因素和条件。一般而言,可以把人类的环境区分为自然环境(physical environment)和社会环境(social environment)。其中,自然环境包括地形、地貌、气候、季节,以及山川、湖泊、道路、空气、植物、动物等;社会环境是在自然环境的基础上,人类通过长期有意识的社会劳动,加工和改造的自然物质、创造的物质生产体系、积累的物质文化等所形成的体系。按照社会环境所包含要素的性质可以分为:①物理社会环境,包括建筑物、道路等;②生物社会环境,包括驯化、驯养的动植物;③心理社会环境,包括人的行为、风俗、习惯和语言等。更通俗地讲,社会环境包括了家庭、学校、工作单位、政府等实体组织以及风俗、伦理、法律等社会文化和制度等所有人类的创造物和人类本身(汪新建,2008)。多样性是社会环境的主要特点。与此同时,社会环境还体现为静态和动态相对统一。相对于个体而言,一方面社会环境是稳定的,也正是这种相对稳定,保持着群体和社会的延续性,使有效率、有秩序的人类生活成为可能;另一方面社会环境又处于动态变化之中,不断地与外界交换能量,保持着自身的开放性(韩晓燕、朱晨海,2009)。

我们重点关注的是社会环境对人类行为的重要影响。但是,值得注意的是,自然环境与社会环境相互渗透、相互影响,共同作用于人类行为,在研究影响人类行为的因素时,有时很难区分究竟是受自然环境还是社会环境的影响。另外,人类从来就没有停止过选择、改变和创造环境以更好地满足自身的需要。因此,我们生活于其中的通常是一种经过选择或者经过加工、创造的人造环境,是自然因素和社会因素相结合的产物。从这个意义上来说,"人类行为与社会环境"中的"社会环境"也包含了对人类行为有重要影响的自然因素。

三、人类行为与社会环境的互动关系

人类行为与社会环境之间的复杂关系,可以从以下几个方面来理解。

(1) 个体必须适应环境。我们处于一定的社会环境中,慢慢地内化社会规范,作出符合社会期待的行为,并学习社会环境所赞许的行为。

(2) 社会环境影响个人行为。许多人长期受相同环境影响,会形成相似的行为和人格特征。但是社会环境对人的影响因人而异、因年龄阶段而异。"近朱者赤、近黑者墨"是一种情形,"出污泥而不染"是另一种情形。另外,一般而言,人格未充分定型、社会化未完成者受社会环境影响较大,而人格已充分定型、社会化已完成者受社会环境影响较小。如童年时期的创伤会影响个体健康人格的形成,从而对其一生的发展造成负面影响。

(3) 社会环境对人类行为的影响不能脱离遗传禀赋的制约;同样,良好的遗传特性需要依托恰当的社会环境才能得以发挥。因此,社会环境并不是单独对人类行为起作用的,遗传和环境是两个相互依赖的影响源,人类发展的路径取决于遗传力量和外部环境影响之间复杂的相互作用。

(4) 作为能动的个体,人类行为也能改变环境。尤其是领袖人物或大众的一致性行为,对社会环境的影响力尤为突出。

(5) 人类行为与社会环境的相互影响的力度并不对等,相对而言,社会环境对人类行为的影响更大(韩晓燕、朱晨海,2009)。

四、为什么要研究"人类行为与社会环境"

社会工作为什么要研究"人类行为与社会环境"？因为社会工作的中心是"环境中的人"(Zastrow & Kirst-Ashman, 1997;库少雄,2002)。

1. 社会工作的目的与"环境中的人"

社会工作是国家和社会解决并预防社会成员因缺乏社会生活适应能力、社会功能失调而产生的社会问题的一项专门事业和一门学科(《中国大百科全书·社会学》1991年版)。社会工作的基本目的是提高各年龄层次人们的社会功能(Zastrow, 1982)。社会工作者通过三方面的努力达到上述目的:①帮助案主解决问题,提高他们应对环境和发展自己的能力;②与公共和私人的组织、机构打交道,并改革这些系统使之更有效地满足案主的需要;③把"人和系统"联系起来,帮助案主获得资源、服务和机会(Baer and Federico, 1978)。要实现社会工作的目的,就必须深入研究人与其社会环境之间的相互作用。

[案例]

一个三口之家,父母收入都很低。父亲因为所在工厂破产而下岗,全家生活极其困难。父亲外出找工作,但是,因为人过中年、技能不足,而劳动力市场上的竞争又十分激烈,因此,屡屡碰壁。父亲申请失业救济,但是,由于有关机构办事拖拉,迟迟没有拿到钱。这一家人已经无钱支付房租和购买生活用品了,甚至连食品都难以保证。电话停止使用,电也用不起了,房东要赶他们走。孩子因为饥饿而开始抱怨、哭闹,这使父母更感到自己无能。为了使孩子不再抱怨,他们开始打孩子,夫妻之间也开始争吵。第二天,孩子放学回家,发现父亲已经吊死在屋梁上了。

以上真实案例显示了人是怎样有机地包含在他所处的社会环境之中的。社会工作者既要界定这个家庭是怎样与社会环境中的各个系统相互作用的,又要界定家庭系统内部各位成员之间的相互作用,因为对每一位家庭成员而言,其他人都是其环境。首先,父亲的生活因为其所在工厂的破产而受到了严重的影响。而父亲自身的不足和就业系统的严峻现实使他难以再次就业。领取失业救济金将影响有关机构(系统)的资金。反过来,有关机构(系统)以迟迟不付款的方式影响了该家庭的生活。最后的结果是因为父母不能应对所面临的问题,全家人的生活受到了严重的影响,性格内向的父亲受不了孩子的抱怨和妻子的责骂而悬梁自尽(见图1-1)。整个情境可以看做是人和社会环境之间一系列动态的相互作用。人们就这样戏剧性地被其周围的人、群体和组织所影响。例如,父母的严厉责骂、离婚或者早逝可能影响儿童一生的行为,师生关系可能影响学生的学习成绩,不良的社区环境可能使青少年误入歧途,企业的经营状况可能影响职工的家庭生活,城市规划可能影响居民的生活质量,政府换届选举可能影响工人纳税的多少,战争可能彻底改变个人和家庭的命运,等等。

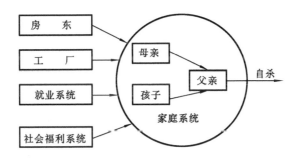

图1-1 一个下岗职工和他的社会环境

2. 社会工作的过程与"环境中的人"

一般来说,实际的社会工作包括以下几个主要步骤:①研究并理解问题或情境;②制订具体的行动计划,仔细选择和详细说明行动目标;③实际介入,包括向个人提供咨询,或者与大型组织打交道来改变某些政策,以更好地满足案主的需要;④以有条理的方式结束介入(Shulman,1981)。图1-2进一步显示了社会工作者助人过程的详细步骤。

社会工作者与案主接触→接案→签订合同→收集信息/解释→
界定问题/诊断→签订合同→制订计划→行动/介入→
再次界定→再次签订合同→监督→评估→结案

图1-2 社会工作者助人的过程

在社会工作的过程中,对人、人的问题和情境作出正确的理解是至关重要的(Baer,1979;Loewenber,1977;Richmond,1917)。因此,社会工作者需要收集、分析和解释有关信息。只有正确理解了案主的问题或情境,才能作出准确的界定,只有作出了准确的界定,才能制定和选择有效的介入行动(Siporin,1975)。在理解和界定问题与情境的过程中,社会工作者需要掌握有关人类行为的基本知识,社会工作者需要运用这些知识以帮助案主进行鉴别和选择。例如,想要帮助一位试图自杀的青少年,就必须知道人们通常为什么自杀,生物因素、心理因素和社会环境因素是怎样影响人的自杀行为的,自杀行为有一些什么基本特点等,这样,才能知道怎样对待想自杀的人,怎样与其进行交流,提出什么样的问题,选择什么样的方法来解决问题。与少数民族成员打交道时,社会工作者至少要知道一些他们的文化价值观(例如不喝酒、不吃猪肉)和可能遭遇的经历(例如贫穷、种族歧视),否则,在与他们交流的过程中就可能出现矛盾与障碍。也就是说,只有掌握了"人类行为与社会环境"的基本知识,才能正确地理解案主的行为,根据特定的环境为特定的案主提供有效的帮助。

Bartlett提倡要有一个社会工作的共同基础,这个基础包括共同的价值(例如承认每一个人都有自己做出决定的权利)、共同的技能(例如会谈的技巧、获取信息的技巧、帮助案主识别和评价多种选择的方法)和共同的知识(在运用任何专业技能之前,必须要有"人类行为与社会环境"的知识)。社会工作者只有了解人类行为的内部影响因素和外部影响因素,了解社会生活适应能力缺乏和社会功能失调的原因和行为表现,才能恰到好处地应用社会工作的技能和方法为案主提供帮助。也就是说,社会工作者必须具备丰富的人类行为知识,同时还要了解环境,否则,社会工作者可能看不懂案主行为的意义,无法发现问题的症结;与案主会谈时可能有如盲人摸象、不得要领;其诊断与界定可能是不准确的,其介入方案可能对案主并不合适。

实际上,在日常生活中,每一个人都会在不同程度上体会着生活于其中的环境在影响人们的行为、影响"我们是谁"。尽管每一个人都是独立的,但是从来就没有与他人、与环境真正分离过。尽管每一个人都不相同,但是其生活与他人的生活,与环境中的多种因素、多种系统是相互交织、相互影响的。许多自以为属于自己的东西实际上来自他人、来自环境。人们对自己、对世界的认识既取决于自己的经历,也取决于人们生存于其中的社会文化;而人看自己、看世界的方式又会影响自己的日常行为。当环境影响人的时候人也在影响环境。不同的人在相同的环境中可能表现出不同的行为,同样的人在不同的环境中也可能表现出不同的行为。这些事实都说明人与环境是不可分离的,要理解人类行为就必须把人及其环境结合起来,在特定的环境当中理解特定的人的行为,这就是社会工作"环境中的人(person-in-environment)"或者"情境中的人(person-in-situation)"的基本意义。

正因为如此,世界各国普遍为社会工作专业的学生开设"人类行为与社会环境"(Human Behavior and the Social Environment)这门课程。以美国为例,美国社会工作教育委员会——美国全国性的社会工作教育鉴定机构在其专业课程政策中明确要求为社会工作专业的学生开设"人类行为与社会环境"课程:

社会工作教育必须传授有关人类生物、心理、社会发展的理论知识,其中包括关于个人生活于其中的各种社会系统(家庭、团体、组织、机构和社区)的理论和知识。人类行为与社会环境课程必须帮助学生理解人类生物、社会、心理和文化系统之间的双向和多向的相互作用,因为这些系统影响人类行为或者为人类行为所影响。必须介绍社会力量和经济力量对不同个人和各种社会系统的影响。必须传授有关各种系统促进或者阻碍人们维持或者获得最佳健康与福利的方式的知识。必须传授与生物、心理、社会理论相关的价值问题和伦理问题的知识。必须教育学生评估理论并把理论应用于不同的案主情境之中。

课程政策还要求把以下内容融进"人类行为与社会环境"课程之中:社会工作价值与道德规范,人类多样(差异)性,提升社会公正和经济公平,弱势群体,等等。

五、"人类行为与社会环境"——心理学、社会学、社会工作和其他相关学科知识的整合

自从社会工作诞生以来,一代又一代的社会工作者在解决形形色色的个人问题和社会问题的过程中,吸收、利用了许多社会科学理论。社会工作专业教育的目的之一就是为学生提供机会整合运用不同学科的知识,以解释、界定并帮助解决案主的问题。例如,心理分析理论、自我心理学理论、行为主义理论、人本主义理论、社会学习理论、认知理论和存在主义理论等心理学理论为社会工作提供了有关心理动力、动机和行为的知识,有助于个案工作者分析案主问题的成因。社会学理论为社会工作提供了有关人类团体生活、社区组织、系统的社会结构、复杂的人际关系、社会化的本质和过程的知识。此外,社会工作还可从教育学、医学、经济学、管理学等学科中获得可以应用的知识。目前,社会工作已经初步形成了自身独特的知识体系,仅就个案工作而言,就已经形成了解决问题的个案工作(Perlman, 1957),心理社会理论(Hollis, 1964),以任务为中心的个案工作(Reid & Epstein, 1972),系统论和生态学的观点(Pincus & Minahan, 1973; Germain, 1979)等。

社会工作专业的基础知识——"人类行为与社会环境"是1965年以来世界各国社会工作专业新采用的课程名称,由原来的行为发展课程演变而来,主要研究社会中的人和社会情境中的人,研究社会环境如何影响个人,社会如何满足个人成长的需要,个人如何适应发展、变化的社会,个人如何应对社会压力,等等。目前,该课程仍在不断发展之中,它试图整合心理学、社会学、人类学、犯罪学、医学、教育

学、管理学、老年学、社会工作以及其他相关学科的知识,形成恰当的概念和理论,以简明、有效的方式描述和解释案主的行为及其原因,为社会工作的各种技能与方法提供理论支持。

但是,仅仅机械地组合不同学科的知识不仅使社会工作者在浩瀚的知识海洋中疲于奔命、无所适从,而且难以满足实际社会工作的需要,这就要求社会工作者有机地整合运用不同学科的知识,形成社会工作的新概念、新理论、新方法。"人类行为与社会环境"的形成和发展体现了社会工作者在这方面的努力。

虽然"人类行为与社会环境"的知识来源十分广泛,但是,它主要是一种"社会学—心理学"的架构,主要是将社会学与心理学的概念、理论与社会工作实务联系起来形成新的概念和理论。一般说来,心理学关心的主要是个人,认为人内部不同的动力(例如情感与动机)造成了人类行为的个别差异;而社会学关心的主要是环境,认为人类行为个别差异的原因是不同的人有不同的成长经历和生活环境。心理学与社会学各有侧重,如果不将这两者融合起来,将无法应用于专业社会工作。例如,社会工作者如果从心理学理论出发,将侧重于从案主个人方面寻找问题的原因;如果从社会学理论出发,将侧重于从社会环境方面寻找问题的原因。从不同的理论出发所找到的原因是不同的。仅仅使用心理学的知识容易忽视社会环境的力量与影响,仅仅使用社会学的知识容易忽视人的力量与作用。"人类行为与社会环境"应当融合并应用社会学及心理学的知识,设法填补这两大学科之间的裂缝,形成社会工作自身的概念和理论,以便更好地指导社会工作实践。

六、"人类行为与社会环境"在社会工作知识体系中的地位

社会工作的专业课程大致可以分为四类:第一类是介绍社会工作基本情况的课程,例如社会工作和社会服务导论、社会福利政策、社会工作法规等;第二类是实务社会工作者作为诊断、分析和介入的依据的课程,这就是"人类行为与社会环境";第三类是有关社会工作方法的课程,例如微观社会工作、中观社会工作、宏观社会工作、社会工作研究与评估等;第四类是社会工作实务课程,例如社会工作实习、儿童社会工作、妇女社会工作、老年社会工作、学校社会工作、医疗社会工作、企业社会工作等。

如果不学习第一类课程,就不清楚社会工作研究什么、社会工作者是干什么的、社会工作的历史与现状等。第二类课程就像医生所必需的医学理论知识,如果不学习这类课程就没有专业理论基础,社会工作者就无从诊断、分析和矫治。第三类课程是有关专业工具和方法的,就像医生使用的医疗器材(例如听诊器)。社会工作者如果缺少或者不知道有关如何使用专业方法和工具的知识,也是无法帮助案主的。第四类课程的目的是使学生了解各种社会工作实务并亲身参与实务工作,分别从事个案工作、小组工作、社区工作、社会工作研究与评估、社会工作行政,

将理论知识应用于实践,更高的目标是在实践中验证理论、发展理论、创造理论。

回顾社会工作的历史,有关方法的课程诞生在前,而作为分析、诊断依据的主要理论课程——"人类行为与社会环境",直到20世纪60代才开始产生与发展(主要是在美国)。所以,可以认为以前的社会工作必定经过了一段类似于医生拿了听诊器去诊病却不懂医学原理,全凭常识和经验作出判断的时期,这是多么危险的事!

目前,在社会工作专业本科生、研究生和博士生的课程当中,"人类行为与社会环境"都占有十分重要的地位。Skidmore & Thackeray建议,在本科阶段,"人类行为与社会环境"讲授的内容是社会环境中个人的行为及其发展。在硕士阶段,该课程讲授的内容主要是:①个人、团体、组织、制度及文化所体现的人类行为,并从生物、心理和社会等方面验证人类行为;②没有单一的理论足以支持社会工作解决所有的问题,因此,应该整合运用多门学科的知识;③发展评估和批判相关理论和知识的能力。在博士阶段,该课程主要研究社会科学理论和行为科学理论。

第二节 研究人类行为的模式

社会工作对人类行为的理解和研究并非一开始就是结合社会环境进行的,而是经历了一个由单元决定论、多元决定论、心理-社会方法及医学模式向"环境中的人"和生态系统思想发展的过程(Zastrow & Kirst-Ashman,1989,1997;Dorfman,1996;库少雄,2002)。

一、单元决定论到多元决定论

19世纪下半叶,社会工作还处在发展的婴儿时期,当时,社会工作界信奉的是单元决定论(单原因说)(single causation),这是那个时代流行的科学思想。单元决定论认为,任何一种结果都可以追溯至一个单一的原因。许多人相信,这样一种线性科学范式(linear scientific paradigm)将解决人们所有的现代社会问题。其思想很简单:一旦揭示了问题的原因,问题将得到解决。不幸的是,单元决定论并没有遂人所愿。不管是友好访问者——他们认为"道德提升"(moral uplift)将解决"道德不足"的穷人的问题,还是睦邻运动者——他们致力于改变贫穷的"环境决定因素",都没有成功地解决广泛的经济萧条、酗酒、文盲和失业问题。在以后的数十年里,人们对社会问题的原因究竟主要是在个人身上还是在社会制度当中争论不休,最终出现了复合因果关系说(doctrine of multiple causality)。复合因果关系说假定社会问题——例如贫穷甚至精神疾病,其原因既有个人的因素也有社会的因素。

后来,社会工作者接受了多元决定论(multi-determinism)的概念。"多元"(multi)意味着,在问题发生的临界点,多重因素同时发生作用。结果,在个人、伴侣、家庭和小组的身上引起了一种或多种症状,一种或多种问题。"决定论"(determinism)意味着案主难以回避作为结果的症状或问题。

通过以下案例我们可以进一步理解多元决定论。

[案例]

李伟是一位 25 岁的小伙子,因为跳楼自杀未遂而被送进了医院。

他是在贫穷中长大的。从父母那里他没有得到多少关爱。因为先天残疾,他经历了无数次歧视事件。十几岁的时候,他加入了一个帮派,在那里,他很快学会了小偷小摸直至武装抢劫。学生时代,他的学习成绩很差,因为现存的教育体制不能满足其特殊的需要。

从儿童时代开始,李伟就一直患有上呼吸道感染和周期性的呼吸困难,他的病从来就没有得到认真的治疗。他看起来比他的实际年龄大,艾滋病病毒呈阳性,身体状况很不好。在自杀之前,他失去了工作,欠了一大笔赌债,一位妇女正在找他要钱以抚养他们的儿子。

显然,不是哪一种原因单独把李伟逼到了楼顶上。引起他自杀的原因包括父母失职、贫穷、歧视、疾病、缺乏社会支持和情感支持、不适当的教育和赌博嗜好,最后,在其以前的女朋友和债主的逼迫下,他选择了自杀。

二、心理-社会方法

心理-社会方法(psychosocial approach)这一与传统社会工作实务关系最密切的方法是植根于多元决定论之中的。然而,"心理-社会"的含义更广,它包括一个有关问题成因的理论并提供了一种临床模式(clinical model),在这种模式中包含多维的诊断和治疗(multidimensional assessment and treatment)。自从 19 世纪末叶诞生以来,心理-社会方法一直强调同时从两个方面来理解案主。社会工作者既要辨明并评估影响案主的心理因素(例如人格、应对能力、智力和自我功能运作),还要辨明并评估影响案主的社会因素(例如,不幸的家庭历史、同伴关系、与社会制度之间的相互作用)。在李伟的案例中,还有重要的生物影响因素(如长期的呼吸困难、艾滋病病毒呈阳性等)。实际上,我们有时称这种模式为"生物-心理-社会"方法(biopsychosocial approach)。

心理-社会方法是综合和复杂的,但是,它也是灵活的。因为它是开放的,随时准备融进新的、有用的、道德的思想和方法,所以,它是不断变化和发展的。除了从本学科社会工作中不断汲取营养之外,心理-社会的实务工作者还从相关学科,例如医学、心理学、教育学和精神病理学的经验研究当中汲取营养。

三、人类行为的医学模式

20世纪初,西方一些国家的大学里开始传授社会工作课程。从20世纪20年代到60年代,大多数社会工作者都使用医学模式来研究人类行为。人类行为的医学模式是由弗洛伊德创立的。

医学模式把案主看做病人,首先诊断病因,然后提供治疗。病人的问题被认为存在于病人的身体之内。

医学模式把人类情感和行为方面的问题概念化为两大类——精神病和神经病,每大类之下又分为许多种。有情感问题和行为问题的人因此被贴上了医学标签,例如精神分裂症、精神病、神经病和精神错乱等。医学模式的信奉者们认为病人的大脑为某些未知的内部因素所影响,这些未知的内部因素又是由另一些因素引起的,这些因素包括遗传、代谢紊乱、传染病、内部失调、未知的防御反应、早期创伤引起的情感固结以及对进一步心理发展的阻碍等。弗洛伊德认为,儿童时期的创伤经历是精神失常特别是神经官能症的主要原因。只有帮助病人接纳和消解这种深层的心理问题,疾病才能得到治愈。

在弗洛伊德之前,病人经常被认为是魔鬼附身或者邪灵作祟,是"魔鬼、疯子",经常被责骂、鞭打、禁闭甚至杀害。医学模式把病人当做需要帮助的人,研究病人情感问题的性质和原因,并探索治疗的方法。医学模式强调内在的心理过程,着重于使病人调整自己以适应社会环境。因此,可以称这种方法为心理-医学模式。显然,对病人而言,心理-医学模式是更人道的治疗方法,因为他们不再被视为"魔鬼、疯子"。这种方法从心理学的角度去理解精神失常问题,并引起了许多心理学家研究精神疾病,从而产生了其他具有影响力的心理学派,例如行为学派(behaviorism)、人道学派(humanistic approach)和人际关系学派(interpersonal approach)等。

四、环境中的人

20世纪60年代,一些社会工作者开始对医学模式的作用提出疑问。在引起案主的问题方面,环境因素被认为至少和内部因素一样重要。也有研究证明,精神分析对解决案主的问题也许是无效的(Stuart,1970)。例如,对那些贫穷是其主要问题的案主而言,精神分析也许没有多大的帮助。

因此,从20世纪60年代开始,社会工作者至少把部分注意力转移到了环境上来,试图以改变环境的方式为案主服务。一些反贫穷项目,例如"良好开端"(Head Start)项目,就是例证。这就是社会工作的社会改革法(social reform approach)。

与这种思想与方法相对应的就是"环境中的人"的思想,它为人们理解人类的行为和问题提供了一个新框架。人类的问题既源自案主的个人因素(例如人格、个性、所处的人生发展阶段),也源自环境因素(例如不良的环境或者阻碍案主接近资源的环境障碍),因此,在理解和解决人类的问题时,绝不能把个人力量和环境力量分开。"环境中的人"或者"情境中的人"的框架把人类问题两方面的原因——早期的个人因素(弗洛伊德的观点)和后来的环境因素结合起来了,认为人与环境中的各种系统(如家庭、教育、商品和服务、就业、政治、宗教等)是相互作用的。在传统社会里,家庭几乎是一个自给自足的系统,人们主要生活在家庭里,"家庭中的人"概括了那时人以及与之相互作用的主要系统。今天,社会已经变得非常复杂,个人的生活是与许多系统相互关联的,如图1-3所示。

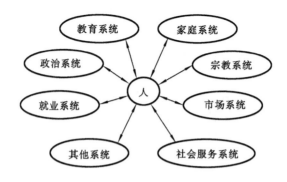

图1-3　环境中的人

利用"环境中的人"的概念,社会工作者可以关注以下三个相互关联的领域:①关注个人并提高其解决问题、应对环境和发展自身的能力;②关注人和环境之间的关系,并把人和他们所需要的资源、服务与机会连接起来;③关注环境并在必要的时候改革环境,使之更有效地满足人的需要、促进人的发展。

值得注意的是,尽管环境可能是个人问题的原因,但是,案主应该继续为他们自己的行为和问题负责。在20世纪80年代美国的"大众心理学(Pop Psychology)"运动中,宣称自己是受害者,即自称是一个"……的成年幸存者"是一种时髦。在20世纪80年代末期和90年代初期,法庭上的许多被告试图通过回忆其童年时的不利生存条件,遭受虐待(abuse),被人忽视(neglect),艰苦或贫穷的家境等,给他们残忍的暴力行为找到一个令人同情的解释,披上了合理的外衣,他们常常因此而成功地逃避了法律的惩罚,这是与社会工作原则相背离的。

[案例]

杨晓的父母一个是教师,另一个是翻译家,在"文化大革命"当中被迫双双自杀身亡。从此,杨晓流落街头,与流浪儿为伍,在乞讨、偷窃中长大,并形成了反社会的人格。在一次入室偷窃中,杨晓与室主发生打斗,杀死了室主。杨晓的辩护律师以杨晓的悲惨经历为之开脱,但是杨晓最终还是要为自己的杀人行为偿命。

第三节 生态系统模式

一、生态学思想、系统理论与生态系统模式

在过去的 20 余年里,社会工作者越来越多地应用生态系统的方法。与以上各种思想相比,生态系统的观点(ecosystems perspective)是一种意义更广、更抽象的概念。这种框架帮助治疗师从整体上把握个案,着力关注每一位案主与其社会环境各个方面的相互作用。生态系统的方法同时注意个人内部因素和外部环境因素,强调人及其物质环境、社会环境之间的机能失调,并把治疗和变革结合起来。人被看做是与环境中的所有因素相互作用而适应环境并不断发展的。生态系统方法不把人当做是对环境的被动的反应者,而是动态的、相互作用的系统中的因素之一。生态系统方法试图改善人与环境之间的相互作用,以使人的需要与人所处的环境之间更好地协调互动。

生态系统具有层次性,它可以分为微观系统、中观系统和宏观系统(图 1-4)。微观系统是指处在社会生态环境中的看似单个的个人,个人既是一种生物的社会系统类型,更是一种心理-社会系统类型;中观系统是指小规模的群体,包括家庭、同辈群体、职业群体或其他社会群体;宏观系统则是指比小规模群体更大一些的社会系统,包括自然、文化、社区、组织、制度等。这三个系统是当今社会工作者开展工作时关注的重点,对应于个案工作、小组工作/社区工作、社会行政等层面。社会生态系统中的微观系统、中观系统和宏观系统是相互影响的;在微观系统内部,生物的、心理的和社会事件会在人的一生中相继发生,并持续地相互作用,影响人的行为(汪新建,2008)。

生态系统的观点主要源自生态学思想和一般系统理论。人们应该怎样观察和分析周围的世界?当为了决定怎样解决一个问题而进行分析、诊断和制订计划的时候哪些方面是重要的?系统理论和生态学理论都为社会工作者提供了观察世界的方法,两者都聚焦于环境中的各种系统并描述这些系统怎样与人相互作用、怎样影响人。因此,社会工作既采用生态学的思想,也从系统理论当中吸收利用了一些基本概念,形成了所谓人类行为的生态系统模式。这种模式的基本假设是,一个案例的组成要素,也就是其他人、各种社会制度、各种文化力量(cultural forces)和物理空间(physical space),是在同一个系统中相互影响、相互作用的,从而形成了一种相互适应的模式。

例如,系统理论认为人是动态地与其环境中的每一个系统发生相互作用的。生态系统模式借鉴系统理论,认为人生存于系统之中并与系统中各种不同的子系

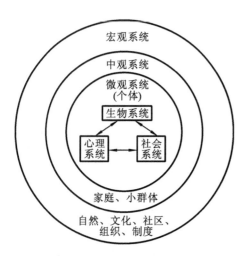
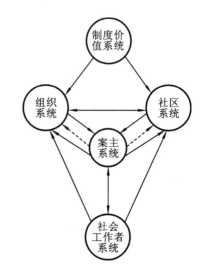

图 1-4　人类行为与社会环境的生态系统图示　　图 1-5　系统影响模式

统持续地发生动态的相互作用,而其他子系统之间也是不断发生相互作用的。如今,形成了对社会工作实务有着重要影响的"系统影响模式",人之外的所有系统及其相互作用构成了人的社会环境,人和社会环境之间的相互作用对人的行为有巨大的影响。社会工作聚焦于个人与社会环境中各种系统之间的相互作用,其目的是为了改善、提升人和各种系统之间相互作用的状态和水平。这就要求社会工作者不仅仅针对案主,还要同时针对其他重要系统进行工作,以解决案主的问题。图1-5是对该模式的具体说明。其中上方的三个圆圈代表着影响案主的三个重要系统:制度价值、社区、组织(包括政府、工作单位、学校等)。箭头表示系统间能量输入输出的方向,即系统间的影响状况,双箭头则意味着存在共同的相互影响,虚线表示弱关系,实线表示强关系(汪新建,2008)。

　　再比如,生态系统模式吸收了生态学理论的思想——个人、家庭和小群体在由一个阶段向另一个阶段转变的过程中会产生一些过渡时期的问题和需要。人在成长过程中会经历许多转变或过渡,例如:学习走路,上学,适应青春发育期,从学校毕业,工作,结婚,生孩子,孩子离开父母独立生活,以及退休等。像个人一样,家庭也有其生命周期,有许多过渡时期和需要调节的事情,例如:订婚,结婚,孩子出生,为人父母,孩子上学,孩子离家,失去父母(父母死亡或离婚)等。小群体也有其发展的过渡阶段,例如,群体成员需要时间相互了解,逐渐学会互相信任,开始更多地开放自己,学习共同工作以完成任务,寻找处理内部冲突的方法,适应群体成员的退出和群体的最终解体。生态系统模式借鉴了生态学的这些思想,生态系统模式的一个中心问题就是明确个人、家庭及小群体在过渡时期的问题和需要。一旦确定了问题和需要,就需要选择适当的介入方法以帮助个人、家庭和小群体解决过渡时期的问题和满足他们的需要。

生态系统模式也关注家庭和群体中人与人之间的不良适应和不良需要问题，诊断家庭和小群体中适应不良的交流过程和功能失调的关系模式。这些困难包括的内容很多，例如个人之间的冲突、权力斗争、误解、替罪羊和歧视等。这些困难的结果往往是某些成员的不良适应。生态系统模式努力发现这类个人之间的障碍，然后应用适当的介入策略。

例如，有些父母可能要求孩子绝对诚实。在这样的家庭里，孩子可能逐渐学会隐藏某些行为和想法，甚至撒谎。如果父母发现了孩子不诚实，父母与孩子之间往往就要发生争吵。适当的介入方法是鼓励父母与孩子之间敞开胸怀交流，并帮助父母认识到如果他们真的想要孩子诚实，就需要学会更多地接受孩子的思想和行为。

在生态系统的观点当中，对行为与事件总有一个系统的解释。这样一来，社会工作介入就超出了案主个人的范畴。社会工作要关注案主的整个生态系统以及系统中各组成要素之间的相互联系。

这样的观点有助于扩大社会工作者观察个案的视野，帮助社会工作者把握系统中各种要素之间相互作用的方式。社会工作治疗的目的是重建系统，同时提升系统中个人的健康适应(healthy adaptation)及大系统(large system)的健康适应。

但是，系统理论和生态学这两种理论中的某些术语只有细微的差别，是十分相似或者难以区分的，让人觉得有些混淆不清，这给社会工作借鉴、利用它们的概念和思想造成了一定的混乱。在不同的场合，以上两种思想曾被描述为理论(theory)、模式(model)或理论支柱(theoretical underpinning)。理论是一组建立在事实和观察之上的相互关联的假设、概念和结构，理论试图解释某种特定的现象。模式是一种描述或者表现，其目的是使一个现实的过程或者事物形象化。模式是关于怎样观察和诊断情境的指导方针。理论支柱是任何特定思维方式的理论基础(theoretical foundations)(Zastrow & Kirst-Ashman, 1997)。虽然系统理论和生态学的术语可能有些模糊和混淆，但它们仍然有助于我们进行思考。本质上，可以认为生态学模式是系统理论的一个分支或者一种解释。生态学的观点似乎更加重视个人和个人家庭系统，它为社会工作者提供了一种关于世界的具体、详细的观点，这种观点与社会工作的传统思想——"心理-社会方法、环境中的人"相吻合。在生态学观点当中包括动态的相互作用(dynamic interactions)、主动的参与(active participation)等。而系统理论采取的是一种更为广泛的视角，它可以用来描述社会服务机构中的动力学或者人类家庭的功能运作。

生态学和一般系统论这两种观点都可以用来认识人类行为，每一种观点都提供了一种认识人类行为的框架或者分析人与环境相互作用的方式，社会工作者可以利用它们以更清楚地理解人们为什么表现出他们的行为。因此，在社会工作的专业基础知识"人类行为与社会环境"当中,常常用到其中的一些术语。其中,许多术语特别有用,例如"系统、社会环境"等就是本书赖以建立的基础概念。显然,生态系统思想包括了"环境中的人"的全部意义,也可以说"环境中的人"是生态系统思想中的关键概念。根据这一概念,人与环境中的各种系统(家庭、教育、商品和服务、就业、政治、宗教等)是相互作用的。

以下是社会工作借鉴利用的系统理论和生态学理论中的主要概念,其中一些概念体现了本书作者借鉴、融合和创新的努力(Zastrow & Kirst-Ashman, 1989; Dorfman, 1996;库少雄,2002)。这样一组概念为社会工作者提供了观察世界的象征符号和方法,为社会工作者理解和研究案主的情境、抓住人与环境相互作用的本质特征、分析人在人生发展的任何阶段所遇到的困难和问题提供了宽广的视角。这些象征符号、方法和视角具有普遍意义,可以应用于社会工作实务的多种情境当中。我们并没有刻意区分哪些概念是来自生态学的、哪些概念是来自系统理论的。当它们出现在社会工作教科书中的时候,当我们试图借鉴利用不同学科的概念和思想形成社会工作自身的概念和理论的时候,它们都是属于社会工作的,它们所体现的是社会工作理论的形成和发展。

二、生态系统模式的主要概念

1. 系统

系统(system)是同类事物按一定关系组成的整体。系统由一组元素(elements)组成,这些元素以一定的方式相互关联,形成一个功能性的整体(functional whole)。一个家庭、一所学校、一家公共社会服务机构、一个社区、一个国家都是系统的例子。根据社会工作的特点,我们主要讨论各种社会系统,也就是那些由人组成并影响人的系统。

2. 边界

边界(boundary)是系统与系统之间的界线。边界是重复出现的行为模式,它反映了系统内部关系的特点,使系统表现出独特性。Chess 和 Norlin 解释道:"边界界定了子系统。在界定子系统的同时,边界也界定了组成系统各元素将要扮演的适当的角色,例如学生、教授、秘书或者系主任。就像我们的皮肤一样,边界的目的之一是保护系统,使系统的功能免受外界因素的负面影响。"

边界可能存在于父母及其子女之间:父母保持家庭领导的身份并养育和支持子女。一家大型社会服务机构中的儿童保护工作人员、老人服务工作人员和财政工作人员之间也可能存在边界。在社会工作领域存在着许多群体,这些群体一方面以某种方式相互关联,另一方面根据各自的工作责任和所服务的案主,以某些特定的边界相互区分。但是,其中的每一个群体都是更大的社会服务机构或者领域中的一部分。

3. 子系统

子系统(subsystem)是二级的或者附属的系统,也可以认为子系统是大系统中的小系统。最常见的子系统的例子是一个家庭中的父母系统和子女系统。一方面,父母形成了一个子系统;另一方面,子女因为他们的依赖身份形成了另一个子系统。大学里的教师形成了一个子系统,而行政工作人员形成了另一个子系统。这些子系统由指定的边界区分开来,但是,它们仍然是较大的、整个机构系统中的一部分。

4. 自动平衡

自动平衡(homeostasis)是系统的一种性质,是系统维持一种相对稳定不变的平衡状态的倾向。大多数活性系统(living systems)都具有这种寻求系统内部平衡以维持系统继续存在的性质。如果受到影响,自动平衡的系统将作出改变以适应新的环境并恢复它以前所获得的稳定。一个自动平衡的家庭系统以这样的方式进行功能运作:它能够继续发挥功能并维持家庭的完整性。也就是说,家庭系统内部有一套平衡或稳定的行为模式,任何意图破坏这一平衡或稳定的力量都会受到阻挡和反抗。外在或内在的力量会暂时打破这种平衡或稳定,但"自动平衡"的力量最终会使系统恢复原来的状态。还有一种情况是,一位家庭成员通过咨询改变了自己的行为,那么,这种改变将打破原有的平衡或稳定,其他家庭成员也必须改变——或者变得更好,或者变得更糟,以适应那位已经改变了行为的家庭成员。同样,一个自动平衡的社会服务机构是能够维持其继续存在的系统。

但是,家庭和机构的功能运作都不必达到最好或者最有效,自动平衡仅仅意味着维持现状,有时这种被维持的现状可能是无用的、低效的或者存在严重问题的。

5. 整体性

整体性(wholeness)指的是由各元素组成的系统所产生的效应大于由各元素简单相加所产生的效应。系统论是"反分解的"(antireductionistic),也就是说,系统理论认为,系统不能被理解为各个组成部分的简单相加,或者说,一旦系统被分解成其各个组成部分,系统也就不复存在了。例如,中枢神经系统能够实现思维过程,可是,一旦把中枢神经系统分解成不同的组成部分,思维过程将无法进行。

6. 角色

角色(role)是一种根据个人地位确定的社会期望的行为模式,以及特定团体和社会中的期望。

系统中的每一个人都在系统中扮演一个角色。例如,一个人的角色是专业社会工作者,人们期望他能够以某些"专业的"方式来行动,这些专业的行为方式是由专业道德准则界定的。每一个人可能都要扮演许多角色,因为都包含在复合系统当中。一位社会工作者可能还要在家庭系统中扮演孩子、配偶和父母的角色,此外,他还可能要在不同的协会中扮演会员、理事或者会长的角色。

7. 关系

关系(relationship)是两个或多个个人或系统之间在情感、认知及行为等方面的实际联系,关系常常意味着相互交换和动态的相互作用。例如,一位社会工作者可能与一位案主之间存在专业关系,他们一起交流和互动以满足案主的需要。任何规模的系统之间都可能存在关系。一位案主可能与一家机构之间有关系,一家机构可能与另外一家机构之间有关系。

在系统理论当中,"关系"意味着系统内各组成元素之间的关系与各组成元素本身同样重要。例如,研究表明,性功能障碍的原因常常存在于丈夫与妻子的关系之中,而不是单独存在于丈夫或妻子的心理结构之中（Masters & Johnson,1970）。

系统理论反对简单的"因果"解释。例如,一个孩子在家里是否会受虐待取决于一系列因素以及这些因素之间的相互作用——父母控制其情绪（尤其是愤怒情绪）的能力、孩子与父母之间的关系、父母之间的关系、家庭成员面临的心理压力的强度、孩子的性格、社会认可的父母发泄愤怒的方式等。

8. 输入

输入(input)包括从其他系统中获得的能量流、信息流或者通信流。父母可能从其孩子的老师那里接收输入,例如,孩子的体育成绩不及格。实习学生可能从机构督导那里接受输入,他超越了社会工作者与案主之间的边界。一家社会服务机构可能以接收资助的形式从相关的政府机构里接受输入。

9. 输出

输出(output)是某一系统对所接受的输入进行了处理之后所产生的结果。例如,案主行为的积极改变或者在个案结束之前意外出现的案主的问题。一位虐待妻子的案主在个案结束之前不再虐待妻子了,这种积极的行为改变是一种输出。另一位因为孤独而接受了三个星期帮助的案主在个案结束之前突然对社会工作者说他看不到生活的意义,这种意外出现的问题也是一种输出。

当案主接受治疗的时候,机构已经接受了输入,并把输入转化成过程、介入或者治疗。当治疗过程或者介入完成的时候,就要评估案主的进步。不管案主取得了哪些进步或者存在哪些不足,都是机构的输出。

在本书当中不断强调的一个问题是评估一个系统（例如,一家机构）的输出是否值得其输入。换一句话说就是评估机构的工作绩效——机构正确、高效地使用了其资源吗？或者,可以通过提供其他类型的服务更好地使用那些资源吗？

例如,一位案主吸食海洛因（海洛因是一种有效的麻醉药,由吗啡合成,其影响效果可以从极度兴奋的入迷到平静的、逃避现实的冷漠,而且是一种高度上瘾的药物）上瘾,被转介到一家社会工作机构。这位案主接受了 6 个星期的治疗,他走出机构的大门,冲进家里,把针头刺进自己的静脉注射海洛因。该机构对这位案主的治疗效果如何？因为任何治疗都是需要成本（输入）的，都是需要资金和相关工作人员的时间投入和精力投入的，因此我们必须思考在这个案例当中，治疗的成本、效益之比如何？输出值得输入吗？

如果在治疗之后案主都没有什么进步，那么我们就必须对机构的工作绩效提出疑问。是否应该改变机构的治疗程序以获得更好的结果（输出）？或者，是否应该干脆关掉机构以使资源（输入）更有效地投入到其他机构或者治疗系统之中？

10. 反馈

反馈（feedback）是输入的一种特殊形式，它包括接收有关自身工作绩效的信息系统。反馈有正性反馈和负性反馈两种形式。

负性反馈告诉系统它做错了什么。作为负性反馈的结果，系统可以选择纠正任何偏差或者错误并恢复一种自动平衡的状态。例如，一位社会工作督导可能告诉被督导人他正在以错误的方式填写一份重要的机构表格，这使被督导人有机会改正他的行为并以正确的方式填写表格。

正性反馈也是有价值的。系统接收关于它正在正确地做什么的信息，以便维持现状并继续发展。"临床社会工作"考试得了97分给一位学生的反馈是她的确掌握了"临床社会工作"的大部分内容。一家得到了政府某项资助的机构获得了这样的反馈：它已经制订了一项值得资助的工作计划。

11. 界面

界面（interface）是不同系统、组织或者个人之间，以及个人与环境之间相互接触、相互交流、相互作用的确切点。要准确诊断案主的问题，关键是要找准界面。例如，一对夫妻来到婚姻问题咨询所，说他们在教育孩子的问题上存在严重的意见分歧。然而，通过仔细交谈，社会工作者发现他们夫妻之间的真正问题是不能正确表达各自的真实意图。在这里，夫妻之间相互作用的界面是他们的交流能力，而不是他们对如何教育孩子的不同意见。每一个人都是另一个人的社会环境中的一部分，每一个人与社会环境之间都存在多个界面。如果在诊断问题的时候找错了界面，那将在解决实际问题之前浪费许多时间和精力。

为了全面理解界面的意义，下面再看一个案例。

[案例]

某社会服务机构接收社会工作专业的学生实习。在实习的开始阶段，机构中的督导和他所督导的实习生之间讨论该学期的实习目标和计划——希望学生学习什么内容？希望学生的表现达到什么水平？将给学生分派什么任务？在学生的实习联络老师（也就是学生的指导老师）的帮助下，督导与学生之间一般要达成口头的、心照不宣的或者书面的实习合同。这份合同（一般是书面合同）就成了督导与学生之间的界面。合同中通常包括督导和学生之间有关实习的协议：他们关于实习目标、实习方法、实习时间表、对学生的期望和各自应该履行的职责的一致意见。

在中期评估中,有一位学生的实习成绩不及格。虽然他感到十分伤心和绝望,但是他仍然有半学期的时间来弥补。问题出在哪里呢?怎样继续进行实习呢?关注督导与实习学生之间的界面,也就是学期开始时签订的合同,合同提供了解决问题(学生的实习成绩不及格)的方向。通过检查合同中的具体条款,督导和学生(在学校指导老师的帮助下)能够认真地对存在的问题进行思考:学生在哪里出了差错?督导没有满足学生的哪些要求?机构没有提供哪些必要的条件和机会?然后他们可以为学生的实习制定一份新的合同,在新的合同当中具体说明解决这些问题的措施,帮助学生在该学期剩下的时间里迎头赶上。

是继续实习还是中断实习由学生自己决定。但是,合同(界面)明确指出了解决问题的方法。实习督导和实习联系老师婉转地告诉学生他需要"改进他的表现"可能对学生没有什么帮助,但是,通过使用界面——合同,学生、督导和老师都找到了解决问题的具体方法。

界面不仅仅局限于刻画个人系统之间的相互作用,它也能够刻画任何规模的系统之间相互作用的特点。例如,在接受学生实习的机构和安排学生实习的大学之间也存在着界面,该界面包括关于这两大系统各自的责任和期望的具体协议。

12. 演变

演变(differentiation)是系统从简单状态向复杂状态运动的倾向。随着时间的流逝,关系、情境和相互作用趋向于变得越来越复杂。例如,在任何家庭的生活中,每一天都增加了新的经历、接收新的信息、探索新的选择,家庭生活变得更复杂了。同样,随着时间的流逝,社会工作机构可能吸收更多的工作人员,分化出更复杂的结构,制定更详细的政策和工作计划。

13. 熵

熵(entropy)在科学技术上泛指某些物质系统状态的一种量度或者某些物质系统状态可能出现的程度。在生态系统模式当中,熵的具体意义是指系统趋于解体、损耗和消亡的倾向。没有什么能够永远存在。随着年龄的增长,人都会衰老并最终死亡。随着孩子离开父母并开始他们自己的家庭生活,父母的家庭将消亡。随着时间的流逝,旧的机构和系统最终将被新的机构和系统所取代。

14. 负熵

负熵(negative entropy)是熵的对立面,是系统趋于成长和发展的过程。随着年龄的增大,人们在生理、智力和情感等方面发展、成熟。同样,社会服务机构也不断成长并发展出新的项目和案主。

15. 同等结果

同等结果(equifinality)指的是"条条道路通罗马"(达到同一个目标的方法是多种多样的)的事实。"同等结果"启发我们,不要局限于一种思维方式,在任何情境中都存在多种选择。有些方式可能比另一些方式更好,但是,仍然存在其他选择。例如,你作为一名社会工作者可以通过多种渠道帮助一个家庭得到所需要的资源,这可能包括现金补助、廉租房、食品券、代币券、免费咨询服务、志愿服务或者来自私人的帮助。你可能需要从许多机构提供的帮助中进行选择。

16. 社会环境

案主依靠与社会环境(social environment)的有效互动而生存和发展。社会环境包括与案主相关的各种社会条件、情形和包围着案主的各种相互作用。社会环境既包括案主生活于其中的家庭、他所做的工作、他所挣的钱、他赖以生存的法律与社会规范,也包括与案主有联系的所有个人、群体、组织和系统。社会环境还包括人类创造的社会结构、城乡布局、交通系统、通信系统以及大众传媒……所有这些因素都影响人的行为,在研究人的行为时必须考虑以上因素。此外,人的行为还必须放在以下几种情境中加以了解和研究:知识和信仰的文化背景,从社会阶级、种族划分、人种、宗教、职业和其他归属当中得来的价值观和规范等。这些因素都影响人们的自我概念、互动模式、家庭角色和社会角色,影响人们的生活方式和养育下一代的方式。

各种社会组织与机构普遍存在于人们的生活(社会环境)当中,它们的政策、它们的工作程序和工作质量不仅影响社会工作者为之服务的案主的利益,也影响社会工作者的实务。社会工作者必须考虑经济结构,尤其是失业和通货膨胀对处在不同发展阶段的家庭和个人的影响。社会工作者还要考虑政治结构,尤其是权力的冲突、不平等和压迫等问题。

时间和空间也是重要的环境影响因素,它们影响人类的行为和功能运作,因此也应该得到社会工作者的关注,也应该包含在社会工作的基础知识当中。社会环境(社会制度)可能支持也可能破坏人们对时间和空间的需要,这种时间和空间的需要是建立在生物机制之上的。时间和空间的问题与各年龄组的适应任务、与人们的家庭生活与团体生活、与人们的工作都有密切的关系。

例如,各类机构和组织依靠时间和空间来调节不同层次雇员之间的角色关系,或者调节工作人员和病人、工作人员和案主之间的角色关系。家庭利用时间和空间来调节家庭成员之间的亲密或者分离关系:睡觉之前客厅是全家人和睦相处的共用空间,睡觉之后主卧室是夫妻之间发生亲密关系的地方,儿童卧室既让儿童得到了独自学习和休息的空间,也让父母能享有私生活的空间。

缺少时间可能影响人们扮演适当的角色、满足正常的需要,可能给人们造成压力。一年365天、一天24小时不间断的工作可能影响人的正常发展和适应性的功能运作。例如,有多个孩子的母亲、残疾儿童的父母或者有老年人的家庭往往被严重剥夺必要的休息、娱乐时间。同样,缺少空间也可能影响人的正常发展和适应性的功能运作。物质环境必须支持家庭生活、学校生活、宗教生活和社区生活所必不可少的要求。例如,为了支持家庭生活,必须提供住房,住房的功能不只是保护和安全,还必须支持家庭关系和邻里关系,必须为吃饭、抚养孩子、集体活动、休息、学习和储藏提供空间;不同的空间具有不同的功能,必须既能让人独处又能使人互动。当缺少太多这样的空间时,人们就可能感到孤独、迷惘、烦躁和无助。这样的情感又可能影响孩子成长、婚姻关系、家庭关系、邻里关系和社区生活。

17. 人类行为与社会环境

"人类行为与社会环境"(human behavior and the social environment)容易被理解为"人类行为"和"社会环境"两个概念,或者被理解为这两个概念的简单相加。但是,"人类行为与社会环境"也可以理解为一个概念。也就是说,在社会工作者的眼中,人类行为与社会环境是同一个系统中的两个方面,二者不可分离,在理解人类行为或者社会环境的任何一个方面时,都离不开另一个方面。这里面包含着一般系统论的基本思想。或者说,人及其社会环境形成了一个独立的系统,在这个系统当中,只有联系另一方才能全面理解其中任何一方。个人是生存于特定历史和文化时期的社会环境当中的。在生命空间里——在社会环境当中,随着时间的变化和个人年龄的增长,个人逐步度过他的一生。这样一个生态系统模式强调的理论知识包括三个方面:①人;②社会环境;③人与社会环境之间的相互关系与相互作用。

18. 互相依赖

互相依赖(interdependence)指的是人与人之间、人与系统之间的相互依赖。个人依赖其环境中的其他人和群体,或者与其他人和群体互相依赖。同样,其他人与群体之间也是互相依赖的。没有互相依赖,人就不能生存。人们,尤其是在高度工业化的社会里,是互相依赖而生存和发展的。

19. 事件

事件(transactions)是人与人、人与系统之间的相互交流、相互作用。每一次这样的相互交流和相互作用都是具体、能动、有效的,也就是说,人们在交流或交换着什么,这种交流或者交换对互动中的双方都会产生影响。事件可以分为肯定性事件(正性事件)和否定性事件(负性事件)。一次肯定性事件可能让你发现你深爱着的人原来也同样爱着你,一次否定性事件可能让你失去你已经干了15年的工作。

20. 能量

能量(energy)是人与环境之间能动作用的力量,有输入、输出两种形式。能量输入即能量进入个人的生活并提高个人社会功能运作的能力。例如,一位贫困大学生得到银行的贷款、一个身体不好的老人得到物质和情感上的帮助。能量输出即能量从个人的生活中外流或从个人的生活中拿走一些东西。例如,一位学生自愿付出时间和精力参加志愿服务,一位教师为希望工程捐款等。

21. 适应

适应(adaptation)是根据周围的环境作出调整的能力,这意味着变化。个人必须根据周围的条件调整自己,以便继续有效地发挥功能。因为人们经常生活在变化和压力之中,因此,他们需要有灵活的适应能力。社会工作者帮助人们适应环境——一个人可能需要适应新的伴侣、新的工作、新的邻居。适应需要付出努力,社会工作者常常指导人们怎样努力才能事半功倍。

不仅只是人受环境的影响,反过来环境也受人的影响。为了更好地适应环境,人能够改变并确实改变了环境。因此,适应常常包含着个人适应环境和环境适应个人两个方面。社会工作者常常改变环境以适应案主。

适应贯穿人的一生,是人终生的发展方式和功能运作方式。适应的过程也是人与其社会环境和物质环境之间持续地进行信息、能量和其他资源交换的过程。把人类作为一个物种来看,人类和环境之间是通过漫长的进化过程而相互作用、相互影响的。就人类个体来说,人在其一生当中从未停止过与环境之间的交流和作用。不管是人类物种还是人类个体,最终追求的目标都是一种适应的状态,在这种状态下,人的需要得到满足,目标得以实现,人类文化的多样性得到保护,支持人成长的社会环境得到发展。

然而,这种适应的状态并不能固定下来,或者说适应并不是一劳永逸的,因为人的需要和目标是不断变化的,而环境也通过物质的过程、生物的过程以及人类社会和文化的过程发生改变,因此适应是不断变化的。我们改变自己来适应环境,我们改变环境使之适应我们,同时,环境自身也在改变并改变着我们。在所有的这些变化当中,我们所适应的正是自己或者环境创造出来的变化。有的时候,我们生理的、心理的、社会的和文化的适应是成功的,于是我们成长和发展,同时环境也繁荣昌盛;有的时候,我们与环境的相互适应失败了,于是我们的发展和功能运行受到损害,同时环境也受到技术性和社会性的污染和破坏,例如,大气污染、水污染、社会关系紧张和社会风气恶化。这些"污染和破坏"是人类适应的负担,让我们很难适应。

这样,另一个假设就油然而生。人的生物结构和心理结构与进化的环境持续地进行相互交换,通过遗传变异和自然选择而进化、发展。如果环境的变化太快,人古老的生物结构和心理结构就有可能没有获得充分的时间进行变化与选择,从而产生不适应。尤其是在近代工业革命之后,人们创造的技术环境、城乡社区环境,乃至整个人类的社会环境每天都在发生快速的变化,这给人的生物结构和心理结构增加了额外的适应负担。也许正是这种古老的生物结构和心理结构与人们创造的环境之间的脱节,导致了现代人数不胜数的适应失败。当环境的压力超出了人们的适应弹性之后,人们就要为之付出代价,这些代价包括身体疾病、心理疾病、情感紊乱、家庭破裂、失范、社会关系紧张、社会分裂等,其具体的表现形式则是空虚、迷茫、疯狂、醉生梦死、吸毒、自杀、犯罪等。

22. 压力

压力(stress)是一种制服人的力量,通常让人感到紧张、焦虑不安或者感到危害、威胁。在社会工作实务中,社会工作者必须注意两种压力:一种是挑战,由挑战所引起的对胜利的期望可以引起一种积极的情感,显然,这样的压力可以促进案主进一步成长和发展;另一种是危害、威胁及其带来的消极情感,显然,这样的压力通常带有痛苦或破坏的性质。正是后一种压力把许多案主带到了社会工作者的面前,这些案主或者因为难以承受压力自愿而来,或者因为他们在压力下的非正常行为干扰了他人,他人介绍他们前来。压力根据年龄、性别、文化、人格、生理状态、情感状态、过去的经历、特殊的弱点等因素的不同而有所不同。作为一种相互作用的现象,压力表达的是人与环境之间的关系,而不仅仅是其中任何一方独有的属性。

23. 应对

应对(coping)是适应的一种形式。适应强调对新环境的肯定性或否定性的反应,应对强调努力克服困难、处理生活中的各种问题。例如,一个人可能要应对父母的突然死亡,一个社会可能要应对突发性的自然灾难(例如地震、海啸、洪水、干旱等)和流行性疾病(例如非典型性肺炎、禽流感等)。

在人生的任何阶段遭遇困难、问题或者压力的时候,人们应努力应对它们,以消除其原因,减轻其影响,或者处理它们所带来的危害和威胁,目的是为了恢复人与环境之间正常的适应状态,甚至是改进和提高人或者环境的适应能力。如果有效地应对了困难、问题或者压力,例如成功地迎接挑战,将使人获得一种胜利、成功和有能力的感觉,获得进一步的成长和发展。反之,这些困难、问题或者压力可能阻碍人的成长和进步,或者导致适应不良的生理、心理、情感和社会性的后果,并有可能进一步引起更多的困难、问题或者压力。生理的、心理的和行为的应对能力既取决于内部资源和能力,又依靠环境的支持和资源。

正如适应和压力一样,应对也表达了人与环境之间相互作用的关系,而不只是表达了环境或个人单方面的能力。这又一次验证了社会工作独特的定位就在人与社会环境的相互作用之中,启发社会工作者同时关注来自个人和环境双方面的原因,关注使应对变得困难的事件和过程。

24. 结果

人与环境之间的每一次有效事件都会对相互作用的双方产生一定的影响,这种影响的具体表现就是事件的结果(outcome)。结果可以分为积极结果和消极结果。一般说来,肯定性事件的结果是积极的,否定性事件的结果是消极的。

25. 问题

结果的形式之一是问题(problem)。如果在人与环境的相互交流、相互作用中出现了适应不良、无法适应或者无法应对的情形,那么,问题就产生了。问题可能存在于个人身上,也可能存在于环境之中,也可能存在于人与环境的相互作用、相互关系之中。正是无法应对的问题把案主带到了社会工作者的面前。

26. 变化

通过社会工作者的介入,在案主自身的努力下,案主不断改善与环境之间的相互作用,问题的严重性逐渐得到减缓,案主逐渐向着积极的方向转化,这就是变化(changing),它是社会工作介入的目标。变化的另一种形式是社会工作者努力使环境发生变化以更好地满足案主的需要、促进案主的发展。因此,变化是双方面的,它既包括案主的变化,也包括社会环境系统的变化。变化所表达的是人与环境双方面而不是单方面的关系、作用或者性质。

[案例]

小刚对爸爸、妈妈说他要转学,因为他不喜欢语文老师,语文老师也不喜欢他,只喜欢女学生。小刚的爸爸、妈妈向小刚学校的社会工作者反映了这一情况。社会工作者多方调查后发现,小刚常常在课堂上吃零食,而且喜欢在课堂上与同学窃窃私语,几位老师都批评过他,但是,他的行为并没有明显的改变。

语文老师是一位今年刚大学毕业的年轻男老师,工作热情、主动、认真,可是经验不足,尤其是不知道怎么教育"调皮"的学生。在批评了几次小刚却仍然不见效果之后,他对小刚大发雷霆,并再也不理小刚了。班上有几位学习成绩优秀的女生经常向语文老师请教问题。有一次,小刚也去问问题,可是,语文老师转身就走开了。

在社会工作者与小刚进行了几次交谈之后,小刚在课堂上再也没有吃零食、窃窃私语了。当然,这也得益于小刚父母的配合——他们接受社会工作者的意见,鼓励小刚吃好一日三餐,禁止他带零食到学校。同时社会工作者提醒语文老师注意小刚的变化,并多次与语文老师交流有关教师与学生的关系、教师对学生应有的态度、教育学生的方法等问题,语文老师也从中受到了很多教益。

一个月之后,小刚不想转学了,他对爸爸、妈妈说语文老师很关心人,是一位好老师。

在这个案例当中,转变的不只是人或者环境哪一个方面,而是人与环境同时发生变化,这让我们看到了"变化"体现的是人与社会环境之间的相互关系与相互作用,是双方的行为。不难想象,如果只有小刚或者语文老师(人或者环境)单方面的变化,问题还是难以得到圆满解决。此外,以上所讨论的大多数概念都可用于分析这个案例。

三、生态系统中的社会工作者

在案主的社会环境里,在与案主相互作用的系统中,社会工作者组成的系统具有独特的作用和意义。理解案主与社会环境,其中包括案主与社会工作者的互动关系,认清自己在生态系统中的地位和作用,有助于社会工作者认识并更好地扮演自己的角色,为案主提供更好的服务。

下面的一些图形描绘了在生态系统中社会工作者通常扮演的角色,这些角色主要有经纪人、促进者、调停者、教育者、评估者、个案管理者(协调者)和呼吁者等。值得注意的是,在实际工作中,社会工作者往往要同时扮演多种角色。当社会工作者作为任何角色发挥作用的时候,他都是作为生态系统中的元素或系统之一在对其他系统或者元素施加作用与影响。图1-6中的圆圈分别代表社会工作者、案主和宏观系统。图中的直线和箭头代表不同系统之间的相互作用。宏观系统通常是指组织与社区,图中的案主系统主要是指不同的个人。

经纪人的功能是把案主及其所需要的资源联系起来。图1-6形象地表现了社会工作者是怎样帮助案主获得资源的。箭头由宏观系统指向案主,这表明宏观系统提供资源,案主接受资源,而把宏观系统与案主联系起来的就是社会工作者。

促进者的角色主要是为案主提供支持、鼓励和建议,使案主更有效地解决问题和完成任务。图1-7描绘了社会工作人员怎样向案主提供支持。从社会工作者指向案主的箭头表示社会工作者向案主提供的支持、鼓励和建议等,而由案主指向环境的箭头表示案主在社会工作人员的帮助下,更有效地应对环境、解决问题。

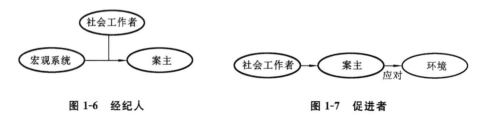

图1-6 经纪人　　　　　　　图1-7 促进者

调停者帮助冲突双方解决争端、达成和解。调停者在冲突双方之间保持中立的立场,不偏向任何一方。在图1-8中,社会工作者下方断裂的直线表示案主与宏观系统之间的冲突,社会工作者在其间进行调解。实际上,社会工作者可以调停于任何两个系统之间。例如,在一对争吵的夫妻之间调停就是在两个微观系统之间调停。

图1-8 调停者

作为教育者,社会工作人员的主要职责是向案主传递有关信息(见图1-9)。

所有的社会工作人员都需要扮演评估者的角色,以评估自己的工作绩效。图1-10 表示一位社会工作人员在评估他自己为案主提供的服务。

图 1-9　教育者　　　　　　　图 1-10　评估者

许多案主的问题并非单一的,而是多方面的,与许多系统有关。社会工作者经常扮演的角色之一就是个案管理者(协调者)。这一角色的主要功能是发掘资源,有计划地为案主提供资源、服务和监督的过程。

在图 1-11 中,包含宏观系统与案主的方框表示个案管理人员所管理、协调的内容。从社会工作者指向方框的箭头表示社会工作人员(个案管理者)在积极地协调所有有关系统之间的关系。图中只画出了一个宏观系统与一个微观系统(案主)之间的关系,实际上,社会工作人员(个案管理者)所协调的关系包括各种宏观系统、中观系统、微观系统之间以及它们与案主之间的关系。

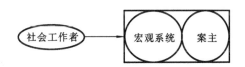

图 1-11　个案管理者(协调者)

呼吁者为案主的利益和权利而呼吁。在图 1-12 中,由社会工作人员指向宏观系统的箭头表示社会工作人员为了影响宏观系统而付出的艰苦努力。在总体社会工作实务中,呼吁者是一个重要的角色。

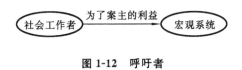

图 1-12　呼吁者

第四节　行为动力学模式

生态系统模式从一般的意义上为社会工作者提出了分析人类行为与社会环境的指导思想。为了更有效地指导社会工作实践,社会工作者必须对这一模式进行更深入的分析,使之具体化和具有可操作性。人类行为的动力学模式正体现了这样的努力。行为动力学模式的主要目的在于分析人和环境相互作用的三个方面：①人生全程的发展及其阶段性；②生命某一阶段普遍发生的重要事件；③人类差异及其对人类行为的影响。生态系统模式的各个重要方面（"环境中的人"的概念，个人、家庭和小群体由一个阶段向另一个阶段转变时都有过渡时期的问题和需要，诊断家庭和小群体中的不良交流过程和功能失调的关系模式等）都会在行为动力学模式中得到更具体的体现（Zastrow & Kirst-Ashman，1989；库少雄，2002）。

由于人生发展的阶段性，以及各种各样的事件和人类差异的影响，在特定的社会环境中每一个人都会表现出各不相同的适应性行为。即使是在相同的环境中接受相同的影响，不同的人对同一事件的反应也可能不同。行为动力学模式把以上三个方面与人类的最终行为联系起来，为解释人类行为、诊断问题行为的性质和成因、解决已经出现的问题和预防新问题的产生提供具体的指导。

在实践中，社会工作者根据人和社会环境之间的各类事件来分析案主的情形。在存在问题的地方，社会工作者帮助发起有效的变化。介入的过程还包括帮助案主在其社会环境之中解释各种可能的行为选择方案，对每一种选择方案可能引起的结果作出预测和评价，然后，从中选出最可行的行为方案。

图 1-13 描绘了行为动力学模式。下面对其中的每一个因素进行详细讨论。

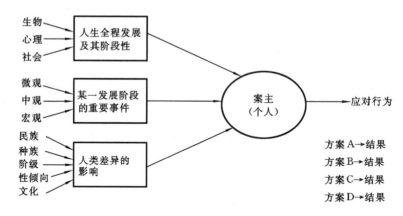

图 1-13　行为动力学模式

一、人生全程发展及其阶段性

人生全程发展的主要内容包括人由胎儿经过婴幼儿、儿童、青少年发展到成年、老年直至死亡的过程，包括人的生物、心理、认知、感知、情感和社会性的发展，包括人在不同发展阶段的任务、常见的问题和解决问题的基本策略。通过理解这样的过程，社会工作者获得对案主和自己的深刻认识，这样的知识有助于提高社会工作者帮助案主应对问题情境的能力。同时，人生全程发展也有助于社会工作者理解人生存、发展于其中的社会环境,有助于社会工作者创造更好的环境以帮助人们满足他们的需要、实现他们的潜能。

在研究人生全程发展的时候,"同批人"的概念对社会工作者来说是很有参考价值的。人生的无穷变化(例如,从儿童时期到青年时期)受当时当地的文化、社会条件的强烈影响。在相同时期出生的"同批人",在他们的一生中将共享相似的经历。这些经历与那些在不同时期出生的另一个"同批人"的经历不同,而不同的经历将对人的行为产生不同的影响。显然,分别在抗日战争与解放战争时期、"文化大革命"时期和改革开放以后成长起来的年轻人在许多方面都大不相同。虽然这三批人都经历了类似的生物发展与成熟的过程,但是,他们赖以成长与发展的不同文化背景、社会背景使他们形成了各不相同的思想和行为模式。再比如,在美国经济大萧条时期度过成年早期的"同批人",当他们进入中年期或老年期的时候,将与那些经历过第二次世界大战或者越南战争或者通货膨胀时代的另一些"同批人",有着非常不同的价值观、态度和社会期望。可见,应该结合"同批人"的观点,充分考虑文化、社会条件的变化,以全面理解不同年龄组的行为。

在社会发生快速变化的时代,某一批人往往不会紧紧地跟随他们前一代人的足迹。但是,人们往往倾向于以自己这批人的眼光来看待其他同批人的生活经历。实际上,每一代人都有各自的特点、规模、性别比例、遗传特点以及家庭背景与社会背景等,当他们适应当前流行的社会结构时,可能采取不同的适应行为,可能以不同的方式应对和发展。不断加速的社会变化也影响不同批的人在考虑适当的时间选择时所采取的不同行为。例如,个人和家庭的过渡时期包括何时入学、何时结束学业、何时离开家庭、何时获得一份工作、何时形成属于自己的家庭、何时退休、何时成为祖父母,甚至何时死亡等。

"同批人"在基本相似的文化、社会条件下长大成人,有可能形成基本相同的态度与价值观。因此,Strauss 和 Howe 认为存在所谓的"同批人格"(peer personality)。"同批人格"不仅影响某一批人怎样看他们自己,也影响他们对环境的反应方式。显然,"同批人"与"同批人格"的观点有助于社会工作者从历史、社会的角度来理解不同年龄组的行为。把个人置于"同批人"与"同批人格"的背景中有助于更全面、更透彻地理解其行为。

人生发展的阶段性包括人一生在生理、心理和社会性发展过程中的重要分界点,构成了人生发展的独特内容,它使社会工作者在分析人的行为时知道应该考虑其他影响因素。

例如,就婴儿正常的成长而言,平均在 18 个月时即可像大人一样行走(Kaluger & Kaluger, 1979)。再比如,上了年纪的人一般在睡觉的方式上有重大的改变,往往睡不熟,每隔不长的时间就会醒一次(Kimmel, 1974)。

为了区分什么是正常的发展,什么是不正常的、有问题的发展,必须明确人生正常发展的阶段性。"正常的"在这里指一定年龄的人其行为功能应该达到一定的水平。社会工作的目的是解决问题,社会工作者首先必须明确什么是问题,必须区分哪些情形需要介入、哪些情形不需要介入,否则,将会为解决根本不是问题的问题浪费大量的时间和精力。例如,担心一个年仅1岁的婴儿不能走路是不必要的。然而,如果一个小孩2岁了仍然不能走路,那就值得注意了。同样,80岁的老人不必为睡不深而担心,而人们在50岁时的睡觉问题也许值得关注,可能是压力或某些非正常的生理因素造成的。社会工作者帮助人们调整预期,使调整后的预期更加合理。

正常发展的阶段性为评价人类行为提供了一个参照系。只有参照"正常",社会工作者才可能知道什么是"不正常"或"问题",而且,"不正常"或"问题"的程度也只能根据其偏离"正常"的程度来评价。

二、重要事件

前面已经介绍过事件的概念,它是人与社会环境之间的相互交流、相互作用。在实际工作当中,社会工作者不可能也没有必要关注和研究人与环境之间的每一个事件,重点关注的应该是那些对案主有重要影响的事件。在行为动力学模式当中,重点讨论人生每一个发展阶段都会发生的一些标志性的重要事件。

例如,青春期是确立个性的时候,生活的标志是努力寻求独立和适应同辈群体。有时,青春期的压力甚至更大,其标志是离家出走、失足、犯罪甚至自杀。结婚和生育小孩是成年早、中期的特点。在这一时期,有些人会面对计划外的怀孕和单身父母问题,另有一些人必须面对和处理离婚问题。晚年的重要事件包括退休和适应孩子离开家庭之后的生活。虽然很多老人继续参与家庭和社区生活,但脱离理论(disengagement theory)指出,另有很多人日渐孤独、日渐远离社会生活(Cumming & Henry, 1961)。许多老人还必须面对疾病问题。这些经历和重要事件(个性危机,结婚和生育,退休及与社会分离)都发生在人生的某一个发展阶段。每一个这样的事件都应该在相对应的人生发展阶段中进行深入研究。

贯穿人生全过程,可以把重要事件分为三类来研究。

第一类是微观事件。微观事件主要包括个人作为独立存在的个体的行为。行为经常是在社会环境中发生的,然而,有些经历却主要是个人性质的,没有与别人相关的直接事件,个人是独立行动的,是纯粹的私人行为。微观事件的例子包括药物依赖、企图自杀、抑郁症等。

第二类是个人与个人、个人与小群体之间的事件,可以称之为中观事件。中观事件通常在较亲密的个人关系中发生,是个人与对个人有最直接、最重要作用的因素之间的界面。这些因素包括家庭、同辈群体、同事群体等。

第三类是宏观事件,关注人与大型组织和系统之间的互动,分析个人在事物总体结构中的位置。这类事件包括贫穷、歧视、社会压力和社会政策的影响等。

图 1-14 描绘了这种分类方法。一个案主处在社会环境之中,既要应对微观事件,也要应对中观事件和宏观事件。在案主和其他系统之间存在界面的地方,案主必须适应和应对这种经历。显然,这是生态系统思想的具体体现,能更具体地指导社会工作者分析案主与社会环境之间的相互作用。

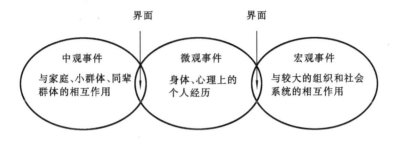

图 1-14　生态系统方法

进一步的工作将研究人生在每一个发展阶段中的具有代表性的微观事件、中观事件和宏观事件。对许多人而言,这些典型的经历,这些微观、中观或者宏观的事件可能数不胜数,然而有一些重要事件是社会工作者经常需要帮助人们来应对的。

例如,从生态系统的思想出发,社会工作者必须思考社会地位和阶级对人的行为与发展的影响,因为这些都是人生发展的背景,是影响人类行为的社会环境。利用事件的概念,社会工作者也可以认为这是人生发展过程中的宏观事件。事件的概念启发社会工作者必须思考人生发展过程中因为各种因素或者事件强加给案主的各种特殊适应任务,这些因素或者事件包括疾病、残疾、贫穷、失业、住房紧张、缺少必要的医疗条件和教育条件、歧视、压迫等。此类用于研究的特殊生活事件称为"转折点",它是指持久而非暂时性地改变生命轨迹的生活事件。它带来的变化往往是突然而巨大的。比如成功商业人士的生意破产,它可能使个体一蹶不振,终日郁郁寡欢,最终选择自杀,那么破产就是一个明显的转折点;又如某个成功人物激动人心的演讲,触动某位听众的心扉,促使他也投身相同职业并最终获得成功,那么对他而言这次演讲也就成为他生命轨迹的一个转折点。一个生活事件要成为标志性的转折点,应当满足以下三个条件之一:①使个人失去或获得机会;②导致个人的环境持久改变;③改变了个人的自我认识、信念或期望。但是值得注意的是,生活事件是否成为个体的转折点,还取决于个体自身对生活事件作出自己的评估。同样的一个生活事件对某特定个体而言可能是一个转折点,对另外一个同样经历此事的人则未必有多少影响。例如亲人的过世,对于一些心理脆弱的人可能就是一个转折点,而对于另一些社会交往圈子比较大的人则不会影响深远,比较容易接纳亲人逝去的事实(汪新建,2008)。

社会工作者必须研究为了满足案主的需要应提供什么样的环境支持(发生什么样的事件),什么样的环境支持有助于案主释放什么样的潜能、有助于满足案主什么样的需要等。社会工作者必须明确家庭和群体的发展过程和功能运作方式,明确在不同的发展阶段环境应该提供的支持(应该发生的事件)。社会工作者必须考虑加在家庭和群体身上的适应负担,这些负担通常是由贫穷、种族、性别、年龄和其他形式的压力(事件)造成的;同时,社会工作者必须考虑某些特殊的家庭(这些特殊的家庭是由特殊的事件造成的),比如单亲家庭、重组家庭、同性恋家庭等为案主所造成的额外的适应任务。社会工作者特别要关注家庭和集体中各个成员的适应任务是否与家庭和集体的适应任务相一致等。显然,如果仅有社会环境的概念还不足以深入分析以上所有的问题,事件的概念能帮助社会工作者具体分析案主所受到的影响,因为所谓"环境支持、压力、适应任务"都是与具体的事件相联系的。

三、人类差异的影响

差异指的是多元化社会中的种族和少数民族背景、阶级、性倾向和文化等差别,对人类行为有重要的影响。当人们尊重并接受差异且向它们学习的时候,自己也会得到发展。人类的差异和不同是丰富的、积极的,是人与人之间相互促进的资源。

差异包括能以这种或那种方式从大多数中区分出来的任何群体,例如少数民族群体、同性恋者群体。只要一个人所属的群体具有与社会上的多数群体不同的某些特点,就可以认为差异可能对这个人产生影响。这包括一位妇女工作在一个全是男性的公司里、一位十几岁的少年正在攻读博士,也包括一位藏族人申请加入一个全是由汉族人组成的俱乐部等。

不同的群体为其成员提供了不同的环境条件。在理解个人行为时,对群体差别的敏感性是非常重要的。首先,不同的群体有不同的价值观,不同的价值观影响甚至迫使个人作出不同的行为选择。其次,在其他人的眼中,群体中的每一个成员都不同程度地失去了自己的特性,而表现出群体共同的特性。不管个人是否具有群体的特性,外人都认为群体的特性就是个人的特性,哪怕一个人只是偶然地从属于某一群体。这就是所谓的主观判断和成见。

Devore 和 Schlesinger 明确表达了社会工作的基本价值观并强调信奉这些价值观的重要性。这些价值观包括"个人的尊严、自我决定的权利、充分的生存条件、基本需要的满足、有助于成长的社会关系"等。可是,主观判断和成见经常歧视各种差异群体,压力和限制经常作用于差异群体的成员。他们的选择被限制了,行为被约束了。在评价和理解案主的行为时,必须明白哪些选择对案主是开放的,哪些选择对案主是限制的。这一点非常重要。在实践中,一个不理解这些问题的社会工作者可能会推荐一位回族人到养猪场去工作,或者让一位有同性偏好的人在异性集会中扮演重要的角色等。社会工作者应该记住,自认为知道的有时仅仅只是建立在自己的文化见解之上的假设,自己的思想、意见和行为选择往往只是自己个人的或者专业的价值观的表现。社会工作者没有权力把自己的文化和价值观强加给任何人。

四、应对行为

人生全程发展及其阶段性,某一发展阶段的微观事件、中观事件和宏观事件,人类差异的影响,集中地反映了生态系统中的人与其社会环境之间的相互影响、相互作用。作为人生某一发展阶段的"正常发展、重要事件和人类差异"的影响的结果,一个人在某种特定的环境中将表现出某种形式的最终行为。人们采取某种行为总有其原因,这三个方面为分析人的最终行为表现提供了主要线索,而支撑在其背后的则是人类行为的生态系统模式。

一个人有理由以某种方式行动,但是,他还可以选择其他的行为方式。社会工作者的基本任务之一就是帮助人们明确还有哪些行为可供选择。因为压力、习惯或者缺少经验,人们常有"井蛙之见",想不到还有其他选择存在。

不仅需要明确其他选择是存在的,还需要对这些选择一一进行评价。每种选择可能引起的积极结果和消极结果都必须清楚地表述和权衡。请看以下案例。

[案例]

N市一位大学二年级女生怀孕了,孩子的父亲是她的男朋友。她怀孕之后,男朋友带她通过非法途径查明她怀的是一个男孩。这时,男朋友才告诉她有关真相,他是一位成功的商人,已经成家,妻子和女儿都在广州家中。为了给他家生一个男孩传宗接代,他与妻子之间已经达成了协议——他可以出去找"情人"为他生男孩,但是,男孩满3岁之后必须与生母永远分离,到广州家中由他妻子抚养。作为回报,他可以给为她生男孩的情人50万元。

这位女大学生应该怎么办?社会工作者可以与她讨论并帮助她作出选择。

第一种选择是人工流产。这种选择的积极结果是迅速解决"怀孕"问题,在短暂的休息之后即可恢复正常的上课、学习、生活。消极的影响包括手术费用、寻找医生时可能遇到的麻烦、手术给肉体带来的痛苦等。也许有些人认为人工流产是不道德的,或者母亲会为失去自己的孩子而后悔。

第二种选择是生下小孩并亲自抚养。这种选择的积极结果是她尽到了做母亲的职责,她可以终生维持与孩子的正常关系和母亲身份,不会有人强行夺走她的孩子。消极的结果是她将因此而面对抚养费问题、抚养孩子与大学学习之间的冲突问题和来自社会的一系列其他问题。

第三种选择是生下孩子送给别人抚养。这种选择的积极结果是她的孩子将活下来并生活在一个家庭里,她可以在适当的时候看望孩子。消极的结果是她将作为一个生过孩子的在校学生而面对一系列的闲言碎语和社会问题,以及送走孩子时她将面临的痛苦。

第四种选择是生下孩子并和孩子的父亲结婚。虽然这样做的积极结果是为孩子提供了一个完整的家庭,但是,她的男朋友是否能够离开他原来的家庭与她结婚?另一方面,她是否愿意与这样的男人结婚?

第五种选择是完全满足她男朋友的要求。这种选择的积极结果是她的孩子将不会离开他的生父,将生活在一个富裕的家庭里,她自己也将得到 50 万元的补偿。消极的影响包括她将中断学业并在三年期间成为一位专职母亲,三年之后她将送走自己的亲生孩子并难以再次与孩子见面,送走孩子之后她将如何选择自己的学习和婚姻?

……

根据社会工作的基本原则,社会工作者不能替这位女大学生作决定,应该由她自己以自己的价值观权衡各种选择的积极结果与消极结果并作出最佳选择。但是,社会工作者可以帮助她认真思考她的处境和各种选择。

行为动力学模式在本质上是生态系统方法的具体应用,不过它更强调通过研究行为动因以理解行为。在研究行为动因的时候当然离不开对人生全程发展、对人与各种系统相互作用的研究。社会工作者既要静态地关注案主周围的各种系统,又要动态地关注案主的全程发展。行为动力学模式是一种综合的观点,一种容纳了时间维度的生物-心理-社会框架(见图1-15)。通过这一模式,既可以关注当下某一时刻对个体行为产生影响的空间系统,又可以从人生全程发展的角度,考察个体的特定阶段和成长历程(汪新建,2008)。这一思想是建构"人类行为与社会环境"的基础——在整个人生的发展过程中、在人生发展的不同阶段研究人与社会环境的相互作用。这种研究的目的不是具体的实践技能,而是为学习和掌握实践技能提供基础知识。尽管它并不详细讨论怎样诊断、怎样介入、怎样向案主提供咨询,但是,它的确为整合关于人类行为的知识提供了一个系统的基础,为组织更广泛、更具体的研究内容提供了一个框架,为社会工作实践提供了一种关于行为和行为选择的观点与方法。

在以上框架的基础上,本书将深入、详细地研究以下内容。

(1) 描述人类从胎儿经过婴幼儿、儿童、青少年发展到成年、老年直至死亡的全过程。研究人的生物、心理和社会文化正常、连续的发展过程与规律,为不同年龄组的人描述其人生各发展阶段的标志性事件和正常发展的任务。

(2) 分别研究不同年龄组的人,研究影响其发展的生物因素、心理因素和社会因素;研究各影响因素之间的相互作用。

(3) 分析个人在各种环境系统包括家庭、群体和组织中的功能,分析个人与各

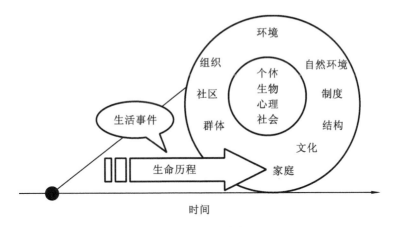

图 1-15 综合模式

种环境系统的相互作用。

(4) 认识和诊断影响人生各个发展阶段的一般社会问题、压力和危机,例如,儿童虐待和忽视、学习障碍、亲子关系、未婚妈妈、学用不一致、职业调试、情感紊乱、酗酒、滥用药物、离婚、犯罪、中年危机、贫穷等。

(5) 认识各种差异群体所处的社会环境和所承受的压力。

第五节 "人类行为与社会环境"的应用

研究以上所有内容的根本目的是把这些知识应用于社会工作实践。作为社会工作专业的基础理论知识,"人类行为与社会环境"必须能够为各个领域里的社会工作实务提供理论支持,必须能够应用于实际的社会工作中。这种支持与应用具体体现在社会工作的日常实务和预防实务之中。

一、日常实务

首先,"人类行为与社会环境"可以用来指导社会工作的日常实务。所谓日常实务,指的是在破坏性的压力已经产生了消极的影响之后,社会工作者为了案主的功能恢复或者身体康复而进行的诊断和介入。

"人类行为与社会环境"理论启发社会工作者需要确立一种新的看问题的方式,应该把人的需要和问题看做是人与社会环境相互作用的结果。根据这样的思想,社会工作者可以认为各种问题的产生主要与案主生态系统中三个相互关联的领域有关:

(1) 人生发展的各个转折时期,在这些转折时期,容易产生难以应对的压力;

(2) 适应不良的人际关系；

(3) 社会环境中的各种障碍、对人的需要和问题无动于衷（没有反应）的社会环境。

人生发展的转折时期具有双重功能，一方面它包含着潜在的挑战和成长，另一方面它也可能带来痛苦和破坏性的压力。例如，在人生发展的各个转折时期，人们会经历地位、角色和社会环境的变化，这些变化可能引起边缘角色、角色冲突和角色失败，会使人们感到某种强烈的需要，会迫使人们去完成从未经历过的适应性任务。在人生转折时期产生的问题和压力可能影响人们成功地解决这一时期的各种问题，而未解决的问题又会在家庭生活或团体生活中引起适应不良的人际关系，从而进一步影响个人或集体对环境资源的使用。

适应不良的人际关系本身能够给人带来困难，嫉妒、误解、歧视、替罪羊、压制、冲突等不良的交流方式而使许多人感受到压力，这些压力可能使人们难以顺利度过人生转折时期，或者使人们无法有效地使用环境资源。

社会环境也可能对人产生破坏性的压力——它可能不提供社会支持、隐瞒相关的信息、阻碍人们接近资源、对人们的需要和愿望不作出反应、剥削和压迫某些人等。这些问题可能导致不良的人际互动，使个人、家庭和团体难以成功地完成人生过渡，最终使以上三个领域中的压力都加大了。

生态系统模式强调压力、适应，强调案主的力量——应对，这将影响社会工作者与案主之间的关系，影响社会工作者对因果关系的解释，影响社会工作者观察问题的视角和对专业方法的使用。例如，在生态系统模式当中，社会工作者的关注范围扩大至与案主相互作用的所有系统——案主的整个生命空间。在生命空间中包括案主的认知、感知、情感、价值、目标、动机、身体状况和过去的生活经历，还有家庭生活的状况以及案主从其种族、民族、社会地位、阶级、宗教和社会经历中得出的各种规范和价值观。生命空间中的另一些元素包括亲戚、邻里、朋友和同事这些社会关系网络，包括工作机构、学校、医疗系统、社区这些较大规模的社会系统。在诊断和制订介入计划的过程中，社会工作者和案主必须决定在社会环境——生命空间中的所有因素当中，哪些对满足案主的需要是重要的，哪些是社会工作者可以利用的。这样，社会工作者才能够正确地确定目标、分派任务、采取行动，目的是消除或者减轻压力，提高案主的应对能力，促进环境对案主的支持。最终的目的是为所有与社会环境相互作用的人们改善社会环境，以更好地满足他们的需要，释放他们成长的能量。

医疗卫生领域里的社会工作为理解以上三个相互关联的问题提供了简明的例子。在医疗卫生领域，社会工作者面临的是那些因为疾病、伤害和残疾而引起的问题。然而，其他方面的问题，例如过渡时期的压力、人际关系的压力或者环境的压力常常使案主们应对疾病问题更加困难。

当人生转折与疾病或残疾同期而至时,例如青春期少年患了糖尿病、退休老人患了抑郁症,或者人生转折是疾病或残疾带来的结果时,例如父母角色被慢性病所干扰、运动员不幸被车撞残,案主对疾病的适应或应对往往更加困难。在所有这些例子当中,社会工作者的重要功能是帮助病人、家庭或小组处理多重的、互相重叠的应对任务。

在人际关系方面,家庭和小组中功能不良的关系模式和交流模式会产生一些障碍,影响病人对疾病或残疾的适应或应对。另一方面,以前令人满意的关系模式和交流模式在疾病或残疾的压力之下可能恶化。在上述两种情况下,社会工作者的重要功能是帮助个人、家庭或小组处理这些问题,以使他们更顺利地应对疾病或残疾问题。

环境问题在医疗卫生的物质条件和社会条件方面具有特别重要的意义。由家庭、学校、工作单位、社区和医疗卫生系统提供的物质条件和社会条件影响人们应对疾病与残疾的动机、能力和效果。社会工作者的任务是对医疗卫生系统(包括医生群体)施加影响,呼吁创造更好的物质环境和社会环境,更好地回应病人及其家庭的需要。

[案例]
胡航在父母和妹妹多年的帮助、支持下,刻苦训练,终于成了国家羽毛球队的一位运动员。不久,他就要随队出国参加比赛。可是,天有不测风云,他被意外地撞残了。

两个月之后,他被送回了家中。他经常显得很烦躁,他对社会工作者说他还没有实现代表国家进行比赛的梦想,他还没有回报父母和妹妹的恩情。有时,社会工作者能明显地感觉到胡航的迷茫和绝望,他甚至拒绝医生的治疗。看着胡航的残腿和悲伤、绝望的神情,父母和妹妹心中的痛苦不亚于胡航的痛苦。

胡航的女朋友原来一直热烈地爱着胡航,在胡航刚受伤的那段时间里,她总是挤出时间来照顾和陪伴他。可是,也许是因为胡航经常莫名其妙地发脾气,他的女朋友在逐渐延长看望他的周期。胡航虽然没有在口头上对此表示不满,但是,他的烦躁明显加重了,在一阵烦躁之后他经常显得若有所思。

显然,胡航的生活因为一场意外的事故而进入了一个过渡或转折时期,要度过这个时期是艰难的,他必须面对许多从未想过的事情,必须应对许多问题和困难,必须完成许多适应性任务。父母、妹妹和女朋友是可以帮助他度过转折时期的重要资源,社会工作者是另一个重要资源。社会工作者必须运用自己的专业技能和方法,调动一切可以利用的资源(其中包括胡航自身的力量)为胡航和他的家庭提供帮助。

二、预防实务

除了指导日常实务之外，"人类行为与社会环境"还可以用来指导社会工作的预防实务。

预防实务是社会工作的一个新兴领域。社会工作者一直担心一个问题：在我们介入的时候，问题和危害往往已经发生了，我们能不能在问题或危害出现之前就介入呢？"人类行为与社会环境"的知识有助于社会工作者把初级预防的观点融入社会工作实务和社会工作教育之中，有助于社会工作者把预防实务与日常实务结合起来。

预防实务关注的领域与日常实务关注的领域相同——人与社会环境的相互作用。但是，与日常实务致力于解决已经出现的问题不同，初级预防致力于预防在生命转折时期、人际互动领域和社会环境当中所产生的问题、压力和适应不良，致力于促进人的健康成长和适应性的功能运作。为了达到这些目标，初级预防工作既要注意调动一切个人、家庭和小组的积极因素，还要努力消除环境中不利于人的成长和适应性功能运作的因素，促进环境对人的成长的支持作用。

初级预防特别关注人的终生发展和在终生发展的各个阶段人与社会环境之间的相互作用。从事预防实务的社会工作者应该能够预测人生的发展方向和在不同发展阶段可能出现的问题，应该能够识别处在危险情境中的人们和他们的需要，并主动解决问题，主动满足案主的需要。因此，社会工作者设计和创造了许多工作计划和服务项目，这些计划和项目的目标往往是在问题出现之前主动介入，以帮助人们顺利度过转折时期（例如初次入学、初为父母、退休等），或者预防那些处在危险情境中的人（例如智能不足的儿童、多个孩子的父母、离异的夫妻、有严重疾病的中年人、失去配偶的老人等）可能遭受消极的影响。从事预防实务的社会工作者首先必须在临床的层面上制定介入策略，其目的是消除或减轻环境中的压力因素，增强案主对不可避免的压力的抵抗力，通过使用环境资源增强案主的应对能力。此外，从事预防实务的社会工作者还必须在宏观层面上制定介入策略——改变组织、计划和社会政策，提升社会环境对满足人的需要、促进人的发展的反应性和支持性。

在实际社会工作中，社会工作者应该把日常实务与预防实务结合起来。日常实务处理已经出现的消极结果，预防实务促进积极结果的发生、避免消极结果的发生。无论是哪一种实务，都是"人类行为与社会环境"的应用，其理论基础都是"人类行为与社会环境"。

本章小结

在分析了"人类行为"与"社会环境"的基本概念之后，从社会工作的目的和过程两个方面讨论了研究"人类行为与社会环境"的必要性。"人类行为与社会环境"是心理学、社会学、社会工作和其他相关学科知识的整合,体现了社会工作者整合运用不同学科的知识、建构社会工作自身基础理论知识的努力。"人类行为与社会环境"的作用和目的是为社会工作的各种专业技能与方法提供理论上的支持。

社会工作对人类行为的理解和研究并非一开始就是结合社会环境进行的,而是经历了一个由单元决定论、多元决定论、心理-社会方法、医学模式向"环境中的人"和生态系统思想发展的过程。在生态系统的观点当中,对行为与事件总有一个系统的解释,这样一来,社会工作介入就超出了案主个人的范畴。社会工作要关注案主的整个生态系统以及系统中各组成要素之间的相互联系。生态系统模式的主要概念例如系统、社会环境、界面、压力、应对等是本书赖以建构的基础。理解案主与社会环境,其中包括案主与社会工作者的互动关系,认清社会工作者在生态系统中的地位和作用,有助于社会工作者认识并更好地扮演自己的角色,为案主提供更好的服务。行为动力学模式在本质上是生态系统思想的具体应用,不过它更强调通过研究行为的动因以理解行为。最终的目的是把"人类行为与社会环境"的基础知识应用于社会工作的日常实务和预防实务之中。

本章参考文献

[1] 库少雄. 社会工作实务[M]. 北京:社会科学文献出版社,2002.
[2] 库少雄. 人类行为与社会环境研究大纲[J]. 中国青年政治学院学报,2002(4).
[3] 王思斌. 社会工作概论[M]. 北京:高等教育出版社,1999.
[4] 韩晓燕,朱晨海. 人类行为与社会环境[M]. 上海:上海人民出版社,2009.
[5] 汪新建. 人类行为与社会环境[M]. 天津:天津人民出版社,2008.
[6] Baer Betty L, Federico, Ronald C. *Educating the Baccalaureate Social Worker*[M]. Cambridge, Mass:Ballinger,1978.
[7] Bartlett Harriett M. *The Common Base of Social Work Practice*[M]. New York:National Association of Social Workers,1970.
[8] Chess W A, J M Norlin. *Human Behavior and the Social Environment:A Social Systems Model*[M]. Boston:Allyn and Bacon,1991.
[9] Cummings Elaine, W E Henry. *Growing Old:The Process of Disengagement*[M]. New York:Basic Books,1961.
[10] Devore W, Schlesinger. *Ethnic-Sensitive Social Work Practice*[M]. St. Louis:C. V. Mosby,1981.
[11] Dorfman, Rachelle A. *Clinical Social Work:Definition, Practice, and Vision*[M]. New York:Brunner/Mazel, Publisher,1996.

[12] Germain, C. *Social Work Practice: People and Environment: An Ecological Perspective*[M]. New York: Columbia University Press,1979.

[13] Hollis F. *Casework: A Psychosocial Therapy*[M]. New York: Random House,1964.

[14] Kaluger G, M F Kaluger. *Human Development: The Span of Life*[M]. St. Louis: C. V. Mosby,1979.

[15] Kimmel D C. *Adulthood and Aging*[M]. New York: Wiley,1974.

[16] Loewenber F M. *Fundamentals of Social Intervention*[M]. New York: Columbia Press,1977.

[17] Masters W H, V E Johnson. *Human Sexual Inadequacy*[M]. Boston: Little, Brown,1970.

[18] Perlman H H. *Social Casewoek: A Problem-Solving Process*[M]. Chicago: University of Chicago Press,1957.

[19] Pincus A, Minahan A. *Social Work Practice*[M]. Itasca, IL: Peacock, 1973.

[20] Reid W J, Epstein l. *Task-Centered Casework*[M]. New York: Columbia University press,1972.

[21] Richmond Mary. *Social Diagnosis*[M]. New York: Free Press,1917.

[22] Shulman L. *Identifying, Measuring, and Teaching Helping Skills*[M]. New York: Council on Social Work Education,1981.

[23] Siporin Max. *Introduction to Social Work Practice*[M]. New York: Macmillan,1975.

[24] Strauss W, Howe N. *Generations: The History of America's Future*[M]. 1584-2069. New York: Morrow,1991.

[25] Stuart, Richard B. *Trick or Treatmen*[M]. Champaign, IL: Research Press,1970.

[26] Zastrow, Charles. *Introduction to Social Welfare Institution : Social Problems, Services , and Current Issues*[M]. Homewood, IL: Dorsey Press,1982.

[27] Zastrow, Charles and Kirst-Ashman, Karen K. *Understanding Human Behavior and the Social Environment*[M]. Chicago: Nelson-Hall Publishers,1989.

[28] Zastrow, Charles and Kirst-Ashman, Karen K. *Understanding Human Behavior and the Social Environment*[M]. Chicago: Nelson-Hall Publishers,1997.

第二章 人类行为与社会环境的理论基础

第一节 弗洛伊德的精神分析理论

S.弗洛伊德(Sigmund Freud,1856—1939)是奥地利精神病学家、心理学家、精神分析学派的创始人。他于1873年入维也纳大学学医,曾在生理学家布吕克的生理研究室工作。1881年获博士学位。1885年到巴黎随神经病学家夏尔科进修神经病学。在夏尔科的影响下,弗洛伊德的研究兴趣由临床神经病学转到了临床精神病学。他于1886年回到维也纳同生理学家布鲁尔合作研究了歇斯底里症及其治疗方法。1895年,他与布鲁尔合著《癔症研究》,开创了精神分析法。1908年,他在"心理学星期三聚会"的基础上,成立了维也纳精神分析学会,1910年发展为国际精神分析协会。

一般心理学史家把弗洛伊德在1913年以前的系统观点称为早期理论,即精神分析学萌芽、奠基的时期,其主要的理论观点除了精神分析治疗的方法外,还包括心理地形学、压抑和抵抗、梦的解析、泛性论等。弗洛伊德的代表作有《梦的解析》(1900)、《日常生活的心理病理学》(1904)、《性欲理论三讲》(1905)、《精神分析引论》(1910)等。1913年以后的20年中,弗洛伊德在修订早期理论的基础上,进一步将其理论构建成一个完整的体系,成了一种人生哲学,企图解决社会生活中的一系列重要问题。其主要内容有本能理论的发展、人格结构学说的创立、社会文化理论的形成(如社会观、道德观、宗教观、教育观等)。此时的主要著作有《超越愉快原则》(1920)、《文明与不满》(1920)、《群众心理学和自我的分析》(1921)、《自我和本我》(1923)、《图腾和禁忌》(1913)、《摩西—神教》(1938)。

弗洛伊德的精神分析理论内容十分丰富,涉及潜意识、梦的解析、性本能(力比多)、心理性欲发展理论等,以及生本能与死本能、人格论、焦虑与自我防御、社会文化观等。作为一个治疗精神病的医生,弗洛伊德创立了一个涉及人类心理结构和功能的学说。他的观点不仅在精神病医学领域,而且在社会心理学、社会学、教育学、政治学、美学以及文学艺术创作等方面得到广泛应用。本节主要就弗洛伊德的人格学说、心理性欲发展阶段及本能理论进行简要的介绍。

一、人格结构学说

弗洛伊德在他早期提出的心理地形学中,为人类描绘了一幅立体的心理结构图。弗洛伊德认为传统心理学所谓的"心理"只是人们的意识层,而在心理结构中还存在着一个比意识层更为广袤、复杂、隐秘和富于活力的潜意识层面,他把人的心灵比做大海上漂浮的冰山,冰山的主体部分隐匿在海水下面,是看不到的,露出水面的部分仅是冰山很小的一部分。若拿这个比喻来看待心灵,那么露出水面的部分是意识,即那些在某一时刻人们可觉察到的心理活动,它在人们的心灵中仅仅是很小的一部分;随海水运动时而露出水面,时而被海水淹没的部分是前意识,前意识是指通过集中注意或回忆、联想而能浮现于意识领域的心理事件、过程和内容;海水下面的冰山主体则类似于人的潜意识,所以潜意识是人的心灵结构中最大的一个部分,它是精神分析的主要研究对象。

弗洛伊德认为,潜意识具有以下特点。①在一般条件下,潜意识中的内容不能达到意识领域,因为在意识和前意识、前意识和潜意识之间都存在着检查作用,这些检查作用成为潜意识内容进入意识的障碍。因此,只有经过巧妙伪装,或在克服压抑和监督作用等条件下,潜意识的内容才能进入意识领域。②潜意识的操作方式是非理性、非逻辑和没有时间特点的,相反的驱力和欲望可以同时存在于潜意识领域。③潜意识追求的是快乐,它唯一的目标就是欲望的满足或本能的释放,而不会考虑外在条件。④潜意识系统的内容和语言相互分离。由于潜意识的内容不能进入意识领域,因此无法用语言来表达潜意识的内容。

借助于这一立体结构,弗洛伊德指出,传统心理学为人们所描绘的以理性意识为中心的精神生活图画是不正确的,心理的基本部分和基本力量都来自鲜为人知的潜意识领域。潜意识不仅是一个心理过程,而且是一个具有自己的愿望冲动、表现方式、运作机制的精神领域,它像一双看不见的手操纵和支配着人的思想和行为,任何意识起作用的地方都潜在地受到潜意识的影响。这一发现,使精神分析不仅把心理学研究范围扩展到潜意识领域,而且改变了传统心理学对人的心理结构的基本理解,可以说,弗洛伊德对潜意识的发现具有划时代的意义。

人格学说是弗洛伊德学说的核心,他在对意识进行三个层次划分的基础上,进一步将人格结构划分为三个部分:"本我"(id)、"自我"(ego)、"超我"(super-ego)。

1. 本我

本我的构成是被称为"力比多"(libido)的原始的生命本能,它属于潜意识层,其中的内容主要通过遗传获得,例如人有性欲的冲动、贪生怕死的冲动、贪图享受的冲动等,它是一切心力的源泉。本我无条件地按照"快乐原则"行动,没有道德是非和时空限制,无所顾忌地寻求本能需要的最大限度的满足和心理刺激的彻底消除。

2. 自我

自我则使本能现实化、理性化,它从非理性的本我中分化出来,代表了人格中理智的部分,其行为准则是"现实原则",它根据现实条件和客观环境来调整本我与外部世界的关系,在不造成更大的痛苦的前提下满足本我的需要。自我可以支配人的知觉、记忆、认知和定向活动,它通过一些机制,例如,压抑、升华以及其他一些减少焦虑的防御机制来发挥其在内部需求与外界环境之间的协调作用,它是本我和超我之间的过滤器。

3. 超我

超我是从自我中发展出来的部分,它是道德化的自我,是个人在成长过程中,通过内化道德规范、社会要求而形成的。超我是人格中的最高层次和理想部分,包括良心和自我理想两个方面,用自我理想来确立行为目标,用良心来监督行为过程。超我遵循"至善原则",使自我摆脱本我的纠缠,按照社会规范和要求活动,永无止境地追求完美,因此也是非现实的。

关于本我、自我和超我三者之间的关系,弗洛伊德认为本能是心理发展的根本动力,本我在人格结构中处于主导地位。本我在发生上先于自我,人生之初,只有本我,没有自我,自我是后天逐渐从本我中派生出来的,它没有自己的能量,靠本我提供能量。由于这三部分在人格构成中,各自代表了不同的心理需要和遵循不同的运作原则,因此往往相互矛盾、冲突,无节制的本能欲求必然会受到已内化为超我的道德规范和外界客观现实的谴责和限制,必然导致本我、自我和超我之间的冲突。而心理冲突就会导致在自我当中产生焦虑,这种焦虑起信号的作用,动员起自我内部的种种防御机制来防止本能的过度泛滥,由此可见,自我作为中介,便不得不处在本我的驱使、超我的谴责、现实的限制的夹缝之中。弗洛伊德认为如果三者能保持动态的平衡,人就能保持心理健康,如果平衡失调就可能造成心理冲突,甚至产生异常心理,出现各种神经症症状。

二、心理防御机制

心理防御机制是一种自我保护的心理过程,是自我在寻求表现的本我冲动与否定其超我要求之间的日常冲突中用来保护自身的心理策略。为了在本我和超我之间寻求妥协,自我常常"在本我之上加一个盖子"——极端的不符合社会规范的欲望被排除在意识之外而保留在不被察觉的潜意识当中。例如,压抑就是一种个体克服有威胁的冲动和愿望的最基本的防御机制。弗洛伊德假设,所有的人都使用自我防御机制应对内部冲突;为了保护自己的自尊,防御机制允许人们曲解或有选择地承认事实。防御机制的使用几乎总是潜意识的。下面介绍一些常见的防御机制。

(1) 压抑,将超我不允许的东西从意识压抑到潜意识,以免发生冲突;遗忘或潜意识地否认苦恼的事情；将痛苦或危险的想法排除在意识之外以免被觉知。例如，回忆痛苦的经验将使人回到痛苦的过去，为了避免痛苦的感受在记忆中再次出现，自我学会了压抑，将意识中不愉快的经验压抑到潜意识中。

（2）否认，拒绝承认不愉快的现实；抵制或忽视无法接受的刺激；虽然意识到了刺激，但拒绝作出反应。例如，一个人不顾各种危险继续抽烟，认为肺癌、心脏病等只会在别人身上发生。

（3）幻想，用想象的方式满足受挫的欲望。例如白日梦。

（4）认同，模仿一位自己敬佩的人，学习其态度与行为，并使之成为自己人格的一部分，增强自我价值感。例如，儿童学会其父母的行为方式，学生对老师的模仿。

（5）升华，把不为社会认可的动机或欲望转化为社会认可的东西，将受挫的欲望以社会认可的活动来满足。例如，通过打篮球来发泄愤怒的情绪。

（6）转移，用另一个对象或目标取代引起焦虑的对象或目标；需要无法直接得到满足时，转移对象以间接的方式得到满足；把消极的情感转移到无辜的人或物上；将敌意等情感从最初唤起情绪的目标转移到危险较小的其他目标。例如，一个受到上司训斥的男人回到家里对其妻儿大喊大叫。

（7）分离，将情感与伤害性环境分开，或者将相互矛盾的态度分离为有逻辑关系的不同成分；同时持有相互冲突的态度，但它们从未被同时想起，或从未认为它们之间有什么关系。例如，个体在一个环境中受到伤害，则他在以后的生活中将不愿提及或重返这个环境。

（8）投射，把自我不能接受的或不好的意念、欲望或冲动强加于别人身上；把引起焦虑的观念加到另一个人或物上。例如，攻击性非常强的人会认为别人具有侵略性。内向投射，本来指向外界的敌视、攻击、伤害等冲动和感情转而指向自身。

（9）反向形成，把某种不允许的冲动、欲望潜意识地转化为强烈的相反形式；想做某事但又害怕由此而引起焦虑，于是去做与实际愿望相反的事；认同相反的态度与行为，把它们作为屏障，以防止危险欲望的表达；行为表现与内心欲望相反，以减少内心欲望引起的焦虑。例如极度热情地接待一位内心很讨厌的人。

（10）合理化，用一种自我能接受、超我能宽恕的理由来代替真实的动机或理由；对失败或缺点不是找出其真正原因，而是给予理性的、逻辑的却是错误的解释；试图证明一个人的行为是合理的、公正的。例如，竞选失败将之归因为对手有幕后操作，阿Q精神胜利法，酸葡萄心理（谎称不喜欢求之不得的东西）。

（11）抵消，用一种象征性的事物或行为来抵消已经发生的不愉快的事情。例如，亲人已经死亡，但在吃饭时仍为他摆一双筷子。

（12）退化，发展到某一阶段后因为遭遇挫折而倒退到一个以前发展的阶段（包括更幼稚的反应以及较低水平的愿望）以应对焦虑。例如，一个成年人在压力面前表现出咬手指的行为。

（13）固着,行为发展的停滞和习惯反应的刻板化,停滞在某一发展阶段。例如,一个常常发脾气的小孩成年之后一遇不顺心的事就大发雷霆。

个体恰当地使用心理防御机制,有利于保护心理,使其不受环境因素的伤害,比如说某些自杀意念可能是一种防御机制,在一定程度上是无害的,还可能帮助当事人渡过难关。"我的确面临着许多困难、痛苦,即使不能战胜它们,至少还有一条退路,大不了自杀。"但是过分地使用心理防御机制,就会耗费日常功能运作与健康成长所需要的能量,终有一天内心承受不了,将导致毁灭性的后果。例如一个人可以暂时使用超我来掩饰自卑的感觉,但是一旦这种防御机制失效,这个人将会产生更严重的自卑。因此,从长远的角度看,滥用心理防御机制不是解决问题的方法,人们应该学会坦然面对问题,发挥各种潜力去克服困难。

三、心理性欲发展阶段

弗洛伊德将本能视为人类的基本心理动力。本能来自身体的内部刺激,它驱使人通过活动来满足由于内部刺激所产生的心理和生理要求,宣泄和消除由于刺激所引起的紧张、痛苦和焦虑。在几十年的学术生涯中,弗洛伊德多次提出和修改他的本能理论,如前期提出的自我保存与种族繁衍的本能（包括饮食本能、避险求安本能等）,后期提出的生本能和死本能等。但是他所反复强调、深入研究的则是性本能。他认为性本能是诸本能中最重要也是最活跃的因素。婴儿的性欲不仅只在青春期出现,从出生时开始,它就贯穿于生命发展的过程。

心理性欲发展阶段的理论是弗洛伊德关于心理发展或者说人格发展的主要理论,他以性本能即力比多的发展作为划分的标准,力比多的发展最初集中于儿童的身体器官上,然后将其依附于或者将其能力发泄到人身上（父母中异性一方、同龄群体中异性中的某一人）。弗洛伊德将这一发展的过程划分为以下五个阶段,每个阶段都有一个对应的主要功能区和相应的年龄,并以每一阶段的性发生带作为这一阶段的名称。

1. 口唇期

自出生至 1.5 岁。这一阶段力比多贯注于口唇、口腔活动,婴儿从吮吸母乳中不但获得必要的营养,而且获得极大的快感。婴儿吃饱奶后的甜蜜入睡,与成人性交获得性高潮后的入睡状态相似。婴儿不仅从吮吸乳汁中获得快感,并且对其他口唇、口腔活动也极感兴趣,他们经常从吹泡泡、咯咯发声、咀嚼东西等活动中取乐,还喜欢吮吸手指、把手头能拿到的东西放在嘴里。弗洛伊德认为在婴幼期性欲的表现主要是追求躯体方面所产生的快感,并无成人的性意识与交媾意愿。

精神分析学认为,母亲亲自哺乳,不仅为婴儿提供最佳营养（代乳品远所不及）,而且对婴儿的母爱需要与口欲满足也是不可缺少的,对婴儿心理健康的发育是必要的。哺乳期的断奶问题也值得注意,一般以婴儿出生后 10~12 个月为宜,过早或过迟都可能对婴儿的心理发育不利。在断奶问题上可能会发生 3 种偏差:①断奶过早使婴儿口欲不足,可能成为儿童日后贪食症与异食癖的心理根源,也可能成为成年后贪食、嗜饮(酒)与吸烟癖的心理根源;②断奶过迟与给婴儿长时间的塞吸奶瓶,使其口欲过度满足,可能成为幼儿与青少年神经性厌食与神经性呕吐的心理根源;③突然中断哺乳,由于对婴儿的口欲剥夺,可能成为日后儿童与成人的"口欲攻击"(包括习惯性咬人、咬坏东西与口头攻击或习惯性秽语等)的心理根源。

2. 肛门期

自 1.5 岁至 3 岁。这一阶段力比多下移贯注于肛门、直肠区的活动,此时也是训练幼儿大小便习惯的时期。幼儿可从排便与控制大便潴留中获得快感,即肛欲满足。幼儿就是通过对自己身体器官的掌握而达到对环境的控制的,同时,这也是幼儿人格独立性和自主性发展的一个重要时期,如果过早或过于严厉地进行便溺训练,成人之后可能会出现沉默、内向的性格特征。在肛门阶段的初期,快感主要来自排便活动,这时的固着会导致在成年期出现肛门排放人格(the anal expulsive personality)。这样的人倾向于慷慨大方、浪费、散乱、无秩序、爱交际。在肛门阶段的后期,即在大小便训练之后,快感来自控制大便,这时的固着将使人形成肛门滞留人格(the anal retentive personality)。这样的人倾向于洁癖、有条有理、顽固、吝啬和刚愎自用,可能是完美主义者。

3. 生殖器期

自 2 岁至 4 岁,其中有一段时间力比多转移贯注于幼儿尚未发育的生殖器(阴茎或阴蒂),他们通过玩弄阴茎或刺激阴蒂(如夹腿摩擦或触碰椅脚)而获得。这种幼儿期手淫与成人手淫性质不同,既无成人的性意识与性交意愿,也无成人的性生理反应(如射精),不过是幼儿的一种性游戏而已,因此不应用成人的偏见对他们进行过于严苛的责备;否则因此造成的心灵创伤,可能导致其成人后对性产生罪恶或恐惧感,成为成年后性功能障碍的根源。一般通过适当的教育或转移孩子的兴趣,即可消除此不良行为。

在口唇期和肛门期,力比多主要贯注于身体的各部分获得肉体的快感,而在生殖器期,力比多开始转移贯注于外界对象,目标首先是家庭中的异性父母。这一阶段的幼儿,心理发展产生了一种强烈的冲突,即对异性父母的依恋和对同性父母的"仇视",这一情结在男孩中被称为恋母情结(俄狄浦斯情结),在女孩中被称为恋父情结。每一个男孩都有一种将父亲视为自己追求母亲的性竞争对手的内在冲动,容易产生"阉割恐惧"(fear of castration)。因为男孩不可能替代父亲,害怕自己的性器官被父亲阉割掉。所以,在强大的父亲面前,男孩只好压抑自己的性欲或攻击倾向。恋母情结和阉割恐惧一般会在男孩对父亲的力量产生认同时得以解决。在女孩中被称为恋父情结,较易产生"阴茎嫉妒"(penis envy)。父母可以通过引导幼儿对同性父母的认同,帮助幼儿顺利度过这一时期。

4. 潜伏期

自 6～7 岁至 11～12 岁。在解决了恋母情结或恋父情结后,儿童进入了性潜伏期。这一阶段儿童的性的欲望被压抑,力比多的能量转移到了可被社会接受的创造性的游戏活动和学习上,性心理比较平静,没有上述各时期复杂、激烈的矛盾冲突。因为这时儿童的超我已经出现,儿童已经把社会的一些行为标准内化,对性意识的压抑能力增强,使得儿童可以把更多的精力放在日常的学习和生活中。

5. 青春期

青春期阶段始于 11～13 岁,其生理标志为男子梦遗或手淫,女子则为月经初潮。由于躯体、内分泌系统的迅猛发展,第二性征也日益明显。此时青少年的性心理也有迅猛的发展,青少年被异性所吸引,产生朦胧与不甚明确的情意。这就是异性恋的开始,但他们还缺乏社会经验,理智发展不足。他们的性器官发育逐渐成熟,但其整体心理水平还较幼稚,意志亦较薄弱,易受外界不良诱惑而导致性罪错,因此这一阶段的青少年的心理发展很容易出现各种危机。

对于弗洛伊德的思想,许多学者批评他过分夸大了潜意识的作用和性本能的意义而无视意识、理性和社会性在人的心理结构和心理动力中所占的位置,具有唯潜意识论和泛性论的倾向。然而,弗洛伊德的历史地位和其学说的意义仍然是不可低估的,他对人类心理和行为认识的创见性发展,不仅表现在他提出了许多富于启示性的解释,开辟了心理学和人类自我认识的新领域,更重要的是他提供了一种新的方法论,即深层心理学方法。正是从这个意义上讲,无论弗洛伊德的理论在具体的结论、阐述方式和技术手段诸方面存在怎样的谬误,但他为人类思想提供了一个崭新的思路,以至于在今天,任何关于人的理解如果缺乏对潜意识的考察都会失去说服力。这也正是由弗洛伊德所开创的精神分析学能够在一个世纪里仍然方兴未艾的一个重要原因。

第二节 埃里克森的心理社会发展理论

埃里克森(E. Erik Homburger Erikson),儿童精神分析医生,新精神分析派的代表人物。1902 年 6 月生于德国的法兰克福,1933 年结婚后即移居美国,1939 年加入美国国籍。

埃里克森未曾受过正式的大学教育,1927 年在维也纳一所新型学校授课,同时进精神分析研究所受训。1933—1939 年,他作为一名儿童精神分析医生,先在美国波士顿开业,并初次在哈佛、耶鲁等医学院和人类关系研究所任职,研究自我发展问题。1939—1944 年,他参加了加利福尼亚大学伯克利分校儿童福利研究所的纵向"儿童指导研究",主要研究内容包括人的生命周期各个阶段中冲突的解决、儿童游戏结构的性别差异等,并于1938年和20世纪40年代初期与人类学家先后去印第安人居留地,对苏人和尤洛克人进行了文化人类学调查。此后6年间他在旧金山、加利福尼亚、堪萨斯等地任教。他的人格发展阶段论观点于此时逐渐形成。1950年,他的重要著作《儿童期与社会》一书问世,并于1963年再版。他在此书以及后来的一些著作中,清楚地介绍了一个关于儿童发展的崭新学说。

1951年后,埃里克森回到马萨诸塞州里格斯失调青年治疗中心工作,在发展他的思想体系的基础上,他着重研究了"自我同一性"问题。后来他把有关同一性概念及有关理论总结在《同一性:青少年与危机》(1968)一书中。此外,他的著作还有《青年路德:一个精神分析和历史的研究》(1958)、《领悟与责任》(1964)、《甘地的真理:论好战的非暴力根源》(1969)、《新的同一性维度》(1973)、《杰斐逊演讲集》(1974)、《同一性与生命周期》(1980)等。

一、埃里克森对弗洛伊德理论的发展

(一) 埃里克森对弗洛伊德的超越

埃里克森的理论主要是围绕自我的概念和整个生命周期中人格的发展展开的,埃里克森对弗洛伊德理论的超越体现在以下几个方面:

(1) 他加深了人们对"自我"的理解,阐明了自我作为一个创造性的问题解决者是怎样从每一个个体的遗传、文化和历史背景中产生和发展的;

(2) 他扩展和细化了弗洛伊德提出的心理性欲发展阶段理论,揭示出隐含于弗洛伊德理论中的社会维度;

(3) 他把发展的概念扩展至人的整个生命,覆盖了从婴儿期到老年期的整个发展过程;

(4) 他探索了文化、社会和历史对人格发展的影响,强调了社会文化环境对自我发展的影响。

(二) 自我及其同一性

埃里克森关于自我概念的理解与弗洛伊德存在着很大的不同。弗洛伊德把自我看做是本能、超我和外界环境之间的协调者,而埃里克森认为自我是人格中一个有力的、独立的部分,他不依存于本我,而是具有自己的需要、机能和目标。埃里克森赋予了自我许多积极的特点,例如:信任、希望、独立、意志,自我、决心、勤奋、胜任、同一性、忠诚、亲密、爱、创造、关心、整合、智慧等。这些在弗洛伊德的理论中都是没有的。

根据埃里克森的观点,自我的基本功能是建立并保持自我同一性。他把自我同一性描述成一个复杂的内部状态,它包括一个人对其身份意识的个体感、唯一感,自我形象的完整感,过去与未来之间的连续感,对某一团体的理想和价值的内心趋同感。当个人在发展中缺乏同一性时会感到混乱和失望,这就是埃里克森所讲的同一性危机。

此外,埃里克森认为自我的同一性最初起源于婴儿期,但要到青年期才能正式形成。一般在人的一生中都会出现一段时间不能确定自己是谁,不能确定自己的价值和方向。自我同一性危机通常出现在青春期,但有些中年人也会有类似经历。

二、人格发展的八个阶段

埃里克森认为发展是一种进化过程,是一种普遍都要经历的生物、心理、社会和文化事件产生的结果。他把人的发展分成八个阶段,在每个发展阶段里都有普遍的心理与社会矛盾需要解决。在描述这些矛盾时,他使用了"危机"一词,所谓危机,并不是指一种灾难性的威胁,而是指发展中的一个重要转折点。在这个转折点上,个体不可避免地要对发展的方向作出选择。积极的选择有助于加强自我的力量,而消极的选择可导致自我力量的削弱。特定阶段的危机能否顺利解决,将会对下一阶段产生积极或消极影响。如果个体能够顺利地度过某一特定阶段的危机,那么在他的人格发展中就会相应地获得一种积极的自我人格特征。

在他所划分的八个阶段中,前五个阶段是与弗洛伊德的心理性欲发展阶段相对应的,而后三个阶段则是埃里克森所独有的。这八个阶段的顺序是由遗传决定的,但是每一阶段能否顺利度过却是由环境决定的,所以这个理论可称为"心理社会"阶段理论。其中每一个阶段都是不可忽视的。

1. 基本信任和不信任的冲突

这一阶段是婴儿期(0～1.5岁),相当于弗洛伊德所说的口唇期。此时是基本信任和不信任的心理冲突期。表面看来婴儿除了一些基本的生物欲求外,还不可能有其他方面的发展,但事实上,婴儿肉体的经历正在为其心理信任状态提供基础。这一阶段,如果婴儿的生物需要得到了满足,就会感到舒服、安宁,这种心理上的安全感会使婴儿对周围环境产生基本的信任;但是,如果对婴儿照顾不周,婴儿基本的生理需求无法得到满足,就会产生一种不信任感,这种不信任感会影响个人以后的人际交往。在这一阶段如果婴儿的信任感超过不信任感,就会获得一种叫做"希望"的积极品质。一个具有"希望"品质的人敢于冒险,不怕挫折和失败,对未来怀有热切的渴望和期待。

2. 自主与害羞和怀疑的冲突

这一阶段是儿童期(1.5～3岁),相当于弗洛伊德所说的肛门期。此时儿童的运动神经进一步发展,有了对自己身体的操纵能力,例如儿童学会了爬、走、说话等技能,特别是这时的儿童认识到自己的意志,开始有意识地决定自己做什么或不做什么,这些控制能力的发展和智力能力的增强,使儿童产生了一种自主感。但另一方面,儿童还存在着对父母的强烈依赖,他们会因为这种依赖而感到害羞和怀疑。儿童这种自主与害羞相对立的心理特点,使这一阶段父母与子女的冲突很激烈。一方面父母必须承担起控制儿童行为使之符合社会规范的任务,即让儿童养成良好的习惯,如训练儿童大小便、按时吃饭、节约粮食等。另一方面儿童有了自主感,他们坚持自己的进食、排泄方式,如果父母听之任之,将不利于儿童的社会化;反之,若过分严厉,又会伤害儿童的自主感和自我控制能力,使儿童产生怀疑,感到害羞。所以训练儿童良好的习惯不是一件容易的事,父母一定要遵循适度的原则,通过与儿童之间的不断调整,在帮助儿童养成良好的生活习惯的同时,又能使儿童树立良好的自信,形成活泼开朗的性格。当儿童顺利度过这一阶段时,会获得"意志"的品质。所谓意志,是人的一种内在力量,它使人在以后的生活中,表现出自主选择的决心,愿意掌握自己的命运,并能向艰难困苦挑战。

3. 主动对内疚的冲突

这一阶段是学龄初期(3~6岁),相当于弗洛伊德所说的生殖器期。此时的儿童在获得了一定程度的有意识的自我控制能力后,开始怀着极大的好奇心探索更加广阔的外在空间领域,这一时期如果幼儿表现出的主动探究行为受到鼓励,儿童就会形成主动性,这为他将来成为一个有责任感、有创造力的人奠定了基础。如果成人讥笑幼儿的独创行为和想象力,那么幼儿就会逐渐失去自信心,这使他们更倾向于生活在别人为他们安排好的狭窄圈子里,缺乏自己开创幸福生活的主动性。因此,儿童是否能够战胜内疚感顺利地向下一阶段发展,在很大程度上取决于成人对其主动行动和好奇心的反应。在此阶段,如果儿童发展了较多的主动性,就会形成"目标感"——一种正视和追求有价值的目标的勇气。

4. 勤奋对自卑的冲突

这一阶段是学龄期(6~12岁),相当于弗洛伊德所说的潜伏期。此时的儿童生活重心已经由家庭转移到了学校,学校成为训练他们适应社会、掌握今后生活所必需的知识和技能的主要场所,学业及与老师、同伴的关系成为儿童主要的生活压力。他们必须通过自己的勤奋学习,才能顺利地完成学业、获得能力、取得成功。勤奋感的获得会使他们在今后的独立生活和承担工作任务中充满信心。反之,就会产生自卑感。另外,如果儿童养成了过分看重自己的工作的态度,而对其他方面木然处之,这种人的生活是可悲的。埃里克森说:"如果他把工作当成他唯一的任务,把做什么工作看成是唯一的价值标准,那他就可能成为自己工作技能和老板们最驯服和最无思想的奴隶。"当儿童的勤奋感大于自卑感时,他们就会获得有"能力"的品质。富有"勤奋感"的儿童会形成"能力"的品质。能力指的是一种运用自如的聪明才智,这种聪明才智不会为自卑所损伤,是今后承担社会工作的基础。

5. 自我同一性和角色混乱的冲突

这一阶段是青少年期或青春期(12~18岁),相当于弗洛伊德所说的青春期。

这是从儿童发展为成人的一个重要转折期,一方面,青少年的身体迅速发育成熟,本能冲动的高涨会带来一系列问题;另一方面,更重要的是青少年面临新的社会要求和社会冲突,要经历各种选择的混乱状态,往往会感到困扰和混乱。所以,青少年期的主要任务是建立自我的同一感,避免角色混乱。这是青少年期个体都不可回避的一个转折点,如果获得自我的同一性,就比较容易取得社会和职业的自我认同,而一旦自我认同难以达成,长时期角色混乱,青少年就很难应付社会的挑战。

埃里克森把同一性危机理论用于解释青少年对社会不满和犯罪等社会问题上,他说:如果一个青少年感到他所处的环境剥夺了他在未来发展中获得自我同一性的种种可能性,他就将以令人吃惊的力量抵抗社会环境。在人类社会的丛林中,没有同一性的感觉,就没有自身的存在,所以,他宁愿做一个坏人,或干脆像死人般地活着,也不愿做不伦不类的人,他自由地选择这一切。随着自我同一性而形成了"忠诚"的品质。埃里克森把忠诚定义为"不顾价值系统的必然矛盾,而坚持自己确认的同一性的能力"。

6. 亲密对孤独的冲突

这一阶段是成年早期(18~25岁),发展的主要任务是获得亲密感以避免孤独感。亲密指的是一种关心他人,渴望而且准备把自己的同一性与他人的同一性融合在一起,与他人共享的能力。这一时期的年轻人面对成家立业的社会任务,非常希望能与另一个人共同生活。只有具有牢固的自我同一性的青年人,才敢于冒与他人发生亲密关系的风险。因为与他人发生爱的关系,就是把自己的同一性与他人的同一性融为一体。这里有自我牺牲或损失,只有这样才能在恋爱中建立真正亲密无间的关系,从而获得亲密感,否则将产生孤独感。在此阶段,若亲密感胜过孤独感,就会使青年人获得"爱"的品质。在埃里克森看来,爱是奉献,是相互献身,是与他人的感情共鸣。

7. 生育对停滞的冲突

这一阶段是成年期(25~65岁),生命步入成年期,基本上已经建立了家庭,拥有了事业,这一时期的成年人开始关注下一代的繁衍和成长。埃里克森认为,生育感有"生"和"育"两层含义,一个人即使没生孩子,只要能关心、教育、指导孩子,也可以具有生育感;反之没有生育感的人,其人格贫乏和停滞,是一个自我关注的人,他们只考虑自己的需要和利益,沉浸在自己的天地中,而不关心他人(包括儿童)的需要和利益,这种情形会产生停滞。

在这一时期,人们不仅要生育孩子,同时要承担社会工作,这是一个人对下一代的关心和创造力最旺盛的时期,人们将获得"关心和创造力"的品质。

8. 完美对绝望的冲突

这一阶段是老年期或成熟期(65岁以上)。当人进入老年期时,人的主要的生命活动正在接近完成,这时老人常常会回顾过去,如果他的一生是有意义的,那么他就会产生一种完美感;如果他的一生是令人失望的,有许多未完成的计划,那么他就会感到绝望。面对这样的冲突,老人要学会自我调整,自我调整是一种接受自我、承认现实的感受,是一种超脱的智慧之感。如果一个人的自我调整大于绝望,他将获得"智慧"的品质,埃里克森把它定义为以超然的态度对待生活和死亡。

埃里克森认为,在每一个心理社会发展阶段中,解决了核心问题之后所产生的人格特质,都包括了积极与消极两方面的品质,如果各个阶段都保持向积极品质发展,就算完成了这阶段的任务,逐渐实现了健全的人格,否则就会产生心理社会危机,出现情绪障碍,形成不健全的人格。

埃里克森关于人生发展八阶段的理论是其最著名的贡献,他绘制的发展图像描述出人在不同阶段时所具有的生长、克服各种困难以及外来障碍的能力。其理论的心理社会特征是对弗洛伊德五个心理性欲发展阶段的一种超越和发展。埃里克森把关注的重点扩展至人的整个生命过程,确定了人从出生到老年的各个发展阶段,他是第一个承认人到成年时仍要继续发育的现代理论家。梅尔曾这样总结埃里克森的理论:在整个一生里,个人在发展过程中总是一种性格,努力容纳辩证地来看两种不可调和的对立物。与此同时,某一阶段困难的最终解决又产生了下一阶段的冲突。环境方面的生活经历既限制人又解放了人。社会及其变化保存了为其生存所必需的独特品质。

尽管有人尖锐地批评埃里克森的发展模式太偏向于中产阶级,只是在一个非常一般的水平上研究个人发展问题,没有考虑到社会阶级、种族集团以及不同社会的差别。但是,也应看到,他的理论对孩子抚养、精神病学、社会工作以及美国和西方世界其他地区的临床工作都曾产生过深刻的影响。精神病学者、社会工作者以及临床和教育心理学专家都把埃里克森的理论作为他们自己的理论,并以埃里克森的方法来审度他们的问题。因此,在看到其理论缺陷的同时,也应看到其理论所具有的历史意义。

第三节 行为主义理论

20世纪初期,行为主义(behaviorism)学派盛极一时,它是由美国心理学家华生创立的。在心理学发展史上,行为主义的影响是其他心理学理论和流派所不能比拟的,从1913年华生发表《行为主义心目中的心理学》一文算起,行为主义及其后来的新行为主义统治了西方心理学近半个世纪,由此可看出行为主义在西方心理学中的地位和影响。行为主义的基本观点认为人类的行为都是后天习得的,无论是正常的行为还是病态的行为,都是经过学习而获得的,并由于强化而得到巩固,环境决定了一个人的行为模式。因此行为主义又被称为学习理论。在本节中,主要介绍华生、斯金纳和班杜拉三位行为主义大师对行为主义理论的贡献。

一、华生的行为主义

约翰·布劳德斯·华生(John B. Watson, 1878—1958)生于美国南卡罗莱纳州的格林维尔,1900年获得福尔满大学硕士学位。后入芝加哥大学,师从杜威、安吉尔、唐纳尔森和洛布,1903年获得该校第一个心理学博士学位。后任芝加哥大学讲师和心理实验室主任,并很快成为比较心理学领域的领导者。1908年转任约翰·霍普金斯大学教授。1915年当选为美国心理学会主席。1920年,因婚外恋事件引起家庭纠纷与妻子离婚而被迫改行从事广告商业活动,直至1945年退休。1957年,美国心理学会为表彰他对心理学的贡献,授予他荣誉金质奖章。

(一)华生对心理学发展方向的改变

无论在理论还是方法上,行为主义都是心理学发展的一次重大转向。从心理学的研究对象来说,华生把心理学定义为自然科学的一个纯粹客观的实验的分支,因此他认为,心理学不应以那些不可捉摸、不可接近、不能直接观察的意识为研究对象,而应该以那些能听得见、看得到、摸得着的人类的外显行为为研究对象。由此,行为主义确立了自己的研究模式,即刺激-反应模式,心理学就是研究刺激和反应之间的对应关系。从方法上来说,行为主义表现出了明显的客观主义的研究倾向,主张用观察法、条件反射法、言语报告法、测验法等客观方法来取代传统的主观内省的方法以研究人的心理和行为。从心理学的任务上来说,华生主张心理学应该通过发现刺激与反应之间的规律性关系,从而根据刺激预知反应或根据反应推知刺激,以此来预测和控制人们的行为。

(二)刺激-反应模式

华生的行为主义理论是以巴甫洛夫的经典条件反射理论为基础的,并将这一方法应用于人类的研究,利用动物和婴儿做了一些实验,提出了刺激-反应模式。在著名的小阿尔伯特实验中,当小阿尔伯特接触白兔时,予以巨大的钢条声,小孩惊恐,如此反复实验,慢慢地小孩对白兔产生恐惧,进而泛化,对所有有白毛的东西都恐惧。当有机体学会用一种特定的方式对中性刺激进行反应,而这种刺激一般不会唤起该类型反应的时候,就产生了经典条件作用。若没有这种巨响,则小孩不会对白兔产生恐惧,白兔是一个中性刺激,但是反复把白兔与巨响结合在一起,内心产生恐惧,这就是条件作用的结果,对巨响这一条件刺激的反应与白兔中性刺激建立了联系。华生认为,心理学应该把人类的外显行为作为研究对象,而行为是靠刺激和反应之间的联结发生的。刺激是能引起反应的外界环境或身体组织中的所有事件、事物和过程。而反应是对环境变化的一种适应性行为,是对环境的一种适应过程。华生把人的反应归结为四种:①外显的遗传反应,如眨眼、打喷嚏及在恐惧、愤怒、狂喜时所表现出的反应等；②潜在的遗传反应，如腺体分泌、血液循环等；③外显的习惯反应，如打球、跳舞等；④潜在的习惯反应，如思维、想象等。华生把一切刺激和反应都最终归结为一种物理和化学的变化（肌肉收缩和腺体分泌），这就使心理学的性质与物理学、化学在某种意义上等同起来，从而揭下了心理学的神秘面纱。不过，也有人因此批评他的行为主义不是心理学，而是生理学。

二、斯金纳的操作行为主义

波哈斯·弗莱德里克·斯金纳（B. F. Skinner, 1904—1990）生于美国宾夕法尼亚的萨斯奎汉纳城。1931年获博士学位，1939年在明尼苏达大学任副教授，1945年任印第安纳大学心理学系主任，1948年被哈佛大学聘为该校心理学系终身教授。他的主要著作有《有机体的行为》、《科学与人类的行为》、《言语行为》、《强化程序》等。他是新行为主义学派的一位重要代表人物。

（一）操作条件反射

斯金纳的理论是以他的操作性实验为基础的，在斯金纳的实验中，他研制了一个特殊的箱子，箱内有一与外界联系的杠杆，杠杆下有一食物盘，如果杠杆被压下，指示灯会亮，并有食物从外面送入食物盘中。这就是世界著名的"斯金纳"箱。斯金纳将动物，如白鼠放入箱中，开始，白鼠只会到处乱跑，偶然地会将杠杆压下，这时指示灯会亮一下，并有食物送入盘中，白鼠便得到食物。白鼠压杠杆是一种偶然行为，这种行为是操作性的，出现食物是一种强化，是对白鼠操作行为的鼓励。实验发现，在偶然压杠杆得到食物后不久，白鼠会不断地压杠杆以继续得到食物，这便是操作条件反射形成，但若白鼠压杠杆后不再得到食物，即没有强化，则操作行为会消退。操作条件反射是一种自发反应由于其正性或负性后果而得以加强或削弱的过程，它与经典条件反射的最大区别是在操作条件反射中，动物是主动的，自身产生某种行为。

（二）斯金纳的基本理论观点

首先，在对"什么是行为"这个问题上，斯金纳认为行为并不是有机体通过活动表现出来的外显反应，而是一个有机体的机能中用以作用于外界或与外界打交道的那个部分。这样，他对行为的界定就包含了感知、记忆、思维等有机体内部发生的事件，显然，这样的定义混淆了行为与意识的区别，他在抛弃传统心理学主观而不符合科学规则的研究传统的同时矫枉过正，走向了另一个极端。

其次，在对行为的理解上，斯金纳区分了两种行为：一种是反应性行为，反应是由明确的刺激引起的，例如巴甫洛夫实验中唾液的分泌就属于这一种；另一种是操作性行为，没有明确的先行刺激，而是有机体对环境的主动适应，是由行为的结果所控制的。斯金纳着重研究的是操作性行为。他进一步提出了建立操作性条件反射的原则:①任一反应若有强化刺激物尾随其后,则有重复出现的倾向;②强化刺激物可以是增强条件反应速率的任务事件。

由此,斯金纳认为人类行为的真正原因不在于本能或情感,而在于外界的环境条件。任何有机体都倾向于重复那些指向积极后果的行为,而不去重复指向消极后果的行为。这样,在操作行为中,通过强化作用便可以塑造人的行为。强化可分为积极的强化和消极的强化。积极的强化是指加入一刺激而提高行为的重复率,例如压杆得到的食物,它有助于形成某种行为,而消极的强化是指撤销某一刺激从而提高行为的重复率,例如切断使动物痛苦的电击刺激。另外还要注意"惩罚"与"消退"的概念。惩罚是指呈现不愉快或令人痛苦的刺激从而减少某行为的发生率。如对孩子某种行为的责备或惩罚有助于使孩子改变或放弃该行为。消退是指被强化的行为在将来出现时没有得到强化物,那么该行为的重复率就会降低甚至停止该行为的现象。例如小孩发脾气是为了引起母亲的关注,久而久之形成习惯,根据消退,可在这种行为发生时不予理睬,排除对他的关注,小孩得不到预想中的结果就会不闹了。斯金纳的这种观点在行为矫治方面得到了广泛的应用,对社会工作具有重要意义。

三、班杜拉的社会学习理论

阿尔波特·班杜拉(Albert Bandure),1925年出生于加拿大阿尔伯特州北部的蒙太尔小镇。大学毕业后赴美国依阿华大学,师从赫尔的学生斯彭斯。1952年获临床心理学博士学位。1953年被斯坦福大学聘为讲师,从事儿童心理的教学与研究工作,后来又被聘为斯坦福大学心理学教授。1973年被选为美国心理学会主席。主要著作有《青少年的攻击行为》(与沃尔斯特合著)、《社会学习与人格发展》(与沃尔斯特合著)、《行为矫治原理》等。

班杜拉曾做过一个关于儿童攻击行为的实验研究,他将66名儿童随机分成3组看成年人攻击塑料玩具人的录像,第一组看到的录像中,成年人的攻击行为受到赞扬,为奖励组;第二组看到的录像中,成年人的攻击行为受到指责,为惩罚组;第三组看到的录像中无赞扬或指责,为无强化组。看完录像后,将儿童带到实验室,让儿童在实验室自由玩耍10分钟,实验室中有一些塑料玩具人。结果发现三组儿童都出现模仿成人攻击塑料玩具人的行为,但第一组和第三组发生率较高。

通过实验研究,班杜拉认为,个体在获得某些行为的过程中并未直接得到过强化,人类大多数行为都是可以通过观察学会的,观察学习最显著的特点是学习者不是通过直接的刺激-反应模式来学习,学习者本身也不直接介入行动过程本身,不亲自接受强化,不直接作出反应,学习者只是通过观察他人的行为,从而模仿并塑造自己的行为。可见,模仿学习是行为形成的一个重要途径,人的许多社会行为都是通过模仿学习而获得的,因此,社会学习理论的核心是模仿学习。班杜拉指出学习的四个阶段。其一,观察者必须注意并察觉榜样行为中最关键的特征。其二,观察者必须成功地回忆起该行为。其三,观察者必须正确地重视该行为。其四,观察者必须被激发去学习和执行该行为。

社会学习理论强调三种强化对学习的作用,这三种强化分别是直接强化、替代强化和自我强化。①直接强化,指通过外界因素对学习者的行为直接进行干预。个体是在观察结果和自己形成的结果的支配下,引导自己的行为的。例如,学生勤奋学习得到老师家长的表扬,就会更加努力学习。但班杜拉认为:"外在结果虽然每每给行为以影响,但是,它不是决定人的行为的唯一结果。"②替代性强化,观察者如果看到他人成功或赞扬的行为,就会增强产生同样行为的倾向;如果看到失败或受罚的行为,就会削弱或抑制发生这种行为的倾向。例如当一个教师强化一个学生的助人行为,班上的其他人也会争先恐后去帮助他人。③自我强化,即行为达到自己设定的标准时,以自己能支配的报酬来增强、维持自己的行为的过程。它主要依存于自我评价的个人标准。例如补习英语的学生为自己设立一个成绩标准,当达到这个标准时进行自我奖赏(林崇德,2006)。

行为主义理论能够解决一些实际问题,因此,在实用主义思想指导下,行为主义心理学在美国很快就盛行起来。行为主义从20世纪20年代兴起,一直流行到50年代才逐渐衰落。但是它的影响深远,不仅其客观研究方法得到了肯定,而且为行为治疗奠定了理论基础,在当前的行为改造、心理治疗中,行为主义的方法占有重要地位。

第四节 人本主义理论

人本主义心理学是美国当代心理学的主要流派之一,它是在对行为主义和精神分析理论进行深刻批判的基础上发展起来的,被称为心理学中的第三思潮,由美国心理学家A. H. 马斯洛创立,现在的代表人物有C. R. 罗杰斯等人。

与传统心理学不同,人本主义心理学表现出了对"人"的极大关注。它批判了传统心理学把人兽性化、非人格化和无个性化的倾向,认为行为主义把人与动物等同起来,以刺激-反应模式取代人的内在心理过程的研究,陷入了机械还原论和环境决定论;而精神分析理论把病人与正常人等同起来,以潜意识的功能取代人的整个心理生活的研究,陷入了生物还原论和悲观论(车文博,1999)。在对传统理论进行深刻批判的基础上,人本主义第一次把人的本性与价值提到了心理学研究的首要位置上,阐释了人的潜能和动机在人的发展中的重大作用,提出了诸如"自我实现"、"顶峰体验"等一系列涉及人类高级精神生活领域的范畴。

一、马斯洛的需要层次理论

亚伯拉罕·马斯洛(A. Maslow,1908—1970)是人本主义的主要创始人之一。他于1934年在威斯康星大学获得博士学位后,前往哥伦比亚大学担任著名机能心理学家桑代克的助手。1951年,他应邀担任布兰迪斯大学心理学系教授兼系主任。主要著作有《动机与人格》、《存在心理学探索》等。

需要层次理论是研究人的需要结构的一种理论,是马斯洛在1943年发表的《人类动机的理论》一书中提出的。这一理论有三个基本的假设前提:①人要生存,他的需要能够影响他的行为,但是只有未满足的需要能够影响行为,而满足了的需要不能充当激励工具;②人的需要按重要性和层次性排成一定的次序;③当人的某一级的需要得到最低限度满足后,才会追求更高一级的需要,如此逐级上升,成为推动人继续努力的内在动力。

马斯洛认为人类行为的心理驱力不是性本能,而是人的需要,需要是人类内在的、天生的存在,而且按先后顺序发展。他将这些需要分成了以下五个层次,由下而上依次如下。①生理需要。这是个人生存的基本需要,例如人的衣、食、住等。②安全需要。包括心理上与物质上的安全保障,如不受盗窃和威胁、预防危险事故、职业有保障、有社会保险和退休金等。③爱与归属的需要。人是社会的一员,需要友谊和群体的归属感,需要在人际交往中获得彼此的同情、互助和赞许。④尊重需要。包括要求受到别人的尊重和自己具有内在的自尊心。⑤自我实现的需要。指通过自己的努力,实现自己对生活的期望,从而对生活和工作真正感到很有意义。

人在满足高一层次的需要之前,至少必须先部分满足低一层次的需要。这五个层次的需要又可分为两大类。第一类是缺失需要,包括前三个需要层次。这类需要可引起匮乏性动机,为人与动物所共有,一旦得到满足,紧张消除,兴奋降低,便失去动机。第二类需要是生长需要,包括后两个需要层次,这类需要可产生成长性动机,为人类所特有,是一种超越了生存满足之后,发自内心的渴求发展和实现自身潜能的需要。满足了这种需要个体才能进入心理的自由状态,体现人的本质和价值,产生深刻的幸福感,马斯洛称之为"顶峰体验"。马斯洛认为人类共有真、善、美、正义、欢乐等内在本性,具有共同的价值观和道德标准,达到人的自我实现的关键在于改善人的自我意识,使人认识到自我的内在潜能或价值。人本主义心理学的目的就是促进人的自我实现。

马斯洛从38位成功的名人,其中包括富兰克林、林肯、罗斯福、贝多芬、爱因斯坦等人的人生历程中归纳出自我实现者的16项人格特点。马斯洛认为,这些人格特征是这些人自我实现的主观条件。自我实现者的人格特征包括:①能准确、全面地洞察现实,持有较为实际的人生观;②悦纳自己、他人和世界;③自主、自然地表达情绪与思想;④视野广阔,就事论事,较少考虑个人利害;⑤有独处的需要,能享受自己的私人生活;⑥有独立自主的性格,能独立于环境和文化;⑦以新奇的眼光欣赏事物,对平凡事物不觉厌烦,对日常生活永感新鲜;⑧生命中曾经有过引起心灵震动的神秘体验和巅峰经验;⑨不只是关心熟人、朋友和亲人,还关心全人类;⑩有至深的知交,有亲密的家人;⑪有民主风范,尊重别人的意见;⑫有强烈的道德感但并不一定接受传统的道德标准,能区分手段与目的,绝不为达到目的而不择手段;⑬带有哲学气质,有幽默感;⑭富有创见,不墨守成规;⑮对世俗和而不同;⑯对生活环境有时时改进的意愿与能力。

马斯洛提出的需要层次理论是对人类动机心理学的一大贡献。主要表现在:①指出了需要是调动人的主体积极性的内在动力,突出了满足需要在人的发展方面的重要性;②看到了人与动物在需要问题上的区别,认为低层次需要是人和动物所共有的,高层次需要则为人所特有的,基本克服了传统心理学人兽不分的弊端;③把人的需要看成一个多层次、多水平的系统,探讨了人的需要的性质、结构、种类,以及发生和发展的规律;④分析了人的各层次需要及其相互关系,特别强调了高层次需要的出现以低层次需要的基本满足为条件,但只有高层次的需要的追求和满足才能使人更充实、更幸福。

二、罗杰斯的自我理论

罗杰斯是美国人本主义心理学的又一代表人物。他的自我论和马斯洛的自我实现论在基本观点上是一致的,都认为人有追求自我价值实现的共同趋向。但他更强调人的自我指导能力。相信经过引导,人能认识自我实现的正确方向。主要著作有《来访者中心疗法》(1951)、《论人的成长》(1961)、《一种存在方式》(1980)等。

关于自我的形成,罗杰斯认为,刚出生的婴儿没有自我概念,自我概念是在个体与环境相互作用的过程中形成的。儿童出生后,随着身心的发展,由最初的物我不分、主客不分,到逐渐把自我与环境区分开来,并在语言的帮助下进一步分清主我和客我。一般来说,在自我概念的形成过程中,儿童都怀有一种得到他人积极关注的心理倾向。积极关注(positive regard)简而言之就是"好评、积极的回应",他人以积极的态度支持个体。但是,要获得积极关注这样的评价经验,通常要满足评价者的条件,达到评价者的要求。例如,一位儿童必须学习成绩优秀才能得到老师、父母的喜爱和关心。这种只有符合了某些条件才能得到的积极关注成为有条件的积极关注。与之相对应的是"无条件积极关注"的概念。所谓"无条件积极关注",是一种没有价值条件的积极关注体验,即使儿童的自我行为不够理想,他觉得自己仍会受到父母或其他人的尊重、理解和关怀。婴儿有受关注、受赞赏的心理需要,当父母能够为他提供这种无条件的积极关注时,儿童的需要就会得到满足,他会觉得自己是有价值的,这样在自我和现实之间就不会出现不一致。这种人在自我实现的道路上,会无拘无束地发展自己的潜能,达到最终指向的目标,成为一个拥有健康人格的人。反之,如果父母不能为儿童提供无条件的积极关注,儿童就需要通过防御机制来满足自我的需求,这样就会在自我和现实之间产生冲突。这种人在生活中很容易出现心理障碍。

在此基础上,罗杰斯进一步提出了健康人格的特点。①经验的开放性。对一切经验采取开放的态度,个体毫无拘束地体验所有的情感和经验,他们不封闭自我。②存在主义的生活方式。对生活有着新鲜感,生活于存在的每一个瞬间。③信任自己的机体。健康的人格犹如一切资料都程序化了的计算机,并不徒劳地思虑所面临的每一件事。但是他们考虑问题是全面的,并且能对行动的过程迅速作出决定。④富有自由感。机能健全的人是"意志"自由的人,他们的决定都是出自个人的意愿,而不是受外部的强制或内部的压抑。他们能享受到生活的个人权利感,相信未来是自己决定的。⑤高度创造力。这种人富有创造和创新能力,而不是遵循或者消极适应社会和文化传统。

第五节 皮亚杰的认知发展理论

皮亚杰(Piaget,1896—1980)是瑞士的教育心理学家,是发生认识论的创始人。他的认知发展理论是近代认知心理学中最重要的理论之一。他生于瑞士的纳沙特尔,十几岁就开始发表论文。1915年和1918年相继获纳沙特尔大学学士和博士学位。曾在苏黎世、巴黎从事过精神病诊治及儿童测验工作。1921年被推荐为日内瓦大学卢梭学院实验室主任,后又升任助理院长并先后执教于纳沙特尔、日内瓦、洛桑和巴黎大学,曾先后当选为瑞士心理学会等多个学术团体的主席,还长期担任设在日内瓦的国际教育局局长(1929—1967)和联合国教科文组织助理总干事之职。他还是多家心理学刊物的编委,1955年在日内瓦创立"国际发生认识论中心"并任主任,直至去世。他曾经被多所著名大学授予名誉学位并获多种学科奖。

1925年皮亚杰发表《心理学与认识的批判》一文,首次明确阐述心理学与认识论研究相结合的必要性。他一生最大的贡献是创立发生认识论的理论体系。通过儿童心理学,特别是儿童智慧心理学,把生物学与认识论和逻辑学相沟通,以揭示认知增长的机制,从而把传统认识论改造成为一门实证的经验科学。发生认识论继承了欧洲机能主义心理学传统,并把认知结构加以全新改造,提出认知结构的构造理论,强调主体认知结构在认识形成过程中的重要作用,并以不同水平的认知结构作为划分儿童认知发展阶段的根据。他的认知发展理论对教育和临床心理学产生了深远的影响。

其代表性著作有《儿童智慧的起源》、《儿童对现实的构造》、《儿童符号的形成》、《发生认识论导论》、《结构主义》、《生物学与知识》、《哲学的洞察与错觉》等。皮亚杰及其理论在获得世界性声誉的同时,也遭到了来自不同学派的众多批评,忽视人的认识发展的社会实践的制约作用是其严重缺陷之一。

认知发展论是皮亚杰理论体系中最重要的部分,因此本节主要就其认知发展理论中的相关知识做简要的介绍。

一、认知发展理论的基本概念

1. 知识

皮亚杰认为,认识并不是一种既存的状态,而是一种"发生"的过程,它并不存在于进行认识的主体之中,也不存在于被认识的客体之中,而是发生于主体对于客体进行认识时所构成的交互关系当中,而"知识"就是这个过程所产生的结果。

2. 智力

皮亚杰对于智力的看法,有别于以往的心理学者。以往的心理学者认为智力是心理结构的一部分,具有固定的成分或结构,因此要想了解人类的智力,需要由分析研究智力的组成入手。然而皮亚杰从生物发生学的观点,认为智力是一种生物适应环境的结果。皮亚杰也认为智力具有结构,但他并不认为智力的结构是以一种静态的固定形式存在于生命之中,他认为智力是生命为了适应变化的环境而发展出来的一种适应形式,它是一种有机的、动态的、具有发展性的结构。因此,皮亚杰认为在个人的生命当中,智力是会随着个体与环境的互动而进行发展性变化的。不仅如此,甚至对于全人类的历史来说,从远古到现代,人类的智力也是处于不断发展当中的。

3. 图式和认知结构

图式是皮亚杰用来描述认知结构的一个重要概念。图式是认知结构的一个单元,一个人的全部图式组成一个人的认知结构。个体出生后不久,即开始用一些与生俱来的基本行为模式对环境中的事物作出反应,例如,初生的婴儿具有吸吮、哭及视、听、抓握等行为,这些行为模式被称为先天性遗传图式,它是人类长期进化的产物。以这些先天性遗传图式为基础,儿童随着年龄的增长及机能的成熟,在与环境的相互作用中,每每遇到某事物,便会用某种对应的图式予以核对和处理,通过同化、顺应等过程,图式会不断得到改造,认知结构不断发展。皮亚杰将认知发展和智力发展均解释为个体的图式随年龄增长而产生的改变。

4. 同化和顺应

同化和顺应是皮亚杰用来解释儿童图式发展的两个基本过程。同化是把外界因素纳入到机体已有的图式或结构中,以此来获得知识。顺应是通过改变图式以处理新信息,来适应客观环境的变化。在认知结构形成的过程中,同化是极重要的机能。同时,顺应也是不可缺少的。在前后相联系的认识过程中,同化保证了认知结构的连续性,而顺应产生认知结构的创造性;同化保证认知结构的量变,而顺应产生认知结构的质变。同化与顺应之间的平衡过程就是认识的适应,也就是人的智力行为的实质所在。

5. 平衡和平衡化

当同化和顺应的关系达到一定的比率时,认知机能便达到一种平衡,这种平衡状态就是适应。但这种平衡很容易被内外条件的变化所破坏,进而出现又一次的不平衡。于是,机体再一次地自动调节,努力达到新的平衡时。机体不断追求新的平衡的过程,就叫平衡化。由此可见,平衡是一种状态,平衡化是一个过程,是一个动态的过程。在认知发展的过程中,最基本的平衡化就是同化与顺应两种机能之间的平衡化。同化与顺应是人的认识活动中不可分割的两个方面。这两个方面的平衡状态叫适应。不平衡就形成不适应。当认知结构重新达到新的平衡时,就重新进入新的适应。因此,可以进一步说,认知过程从一种较低级的适应发展到较高级的适应就是平衡化的过程。

6. 运算

运算是皮亚杰理论的主要概念之一。皮亚杰所指的运算是心理运算。运算是动作,是内化了的、可逆的、有守恒前提和逻辑结构的动作。首先,心理运算是一种在心理上进行的、内化了的动作。它是一种由外在动作内化而成的思维,或者说是在思维指导下的动作。其次,心理运算是一种可逆的内化动作,即动作的过程在思维中可以向相反的方向进行。再次,运算是有守恒前提的动作,当一个动作已具备了思维的意义,这个动作除了是内化的可逆的动作,它同时还必定具有守恒性前提。所谓守恒性,是指认识到数目、长度、面积、重量、质量等虽然可以以不同的形式呈现,但是过程中的量保持不变。最后,运算是有逻辑结构的动作,儿童的智力发展到运算水平,即已具备内化、可逆性和守恒性特征时,智力结构演变成运算图式。运算图式(或者说运算)不是孤立存在的,而是存在于一个有组织的运算系统之中。

二、认知发展的阶段

皮亚杰认为,认知结构既不是先天地预成在人的头脑中,也不是由外部的客体简单地复印在人脑中的。它是主客体相互作用的产物,具有动态的结构。在长期的实验观察研究中,皮亚杰将人类个体自儿童至青少年的认知发展过程划分为四个阶段,这四个阶段划分的依据并不是年龄,而是个体认知结构整体形式的特征。具体的阶段划分如表 2-1 所示。

表 2-1　人类个体自儿童至青少年的认知发展过程

阶　段	年　龄	特　征
感觉动作期 (sensorimotor stage)	0～2 岁	1. 凭感觉与动作以发挥其图式功能 2. 由本能性的反射动作到目的性的活动 3. 对物体的认识具有物体守恒性概念
前运算期 (peoperational stage)	2～7 岁	1. 能使用语言表达概念,但有自我中心倾向 2. 能使用符号代表实物 3. 能思考但不合逻辑,不能见到事物的全面
具体运算期 (concrete-operation stage)	7～11 岁	1. 能根据具体经验思维以解决问题 2. 能理解可逆性的道理 3. 能理解守恒的道理
形式运算期 (formal-operational stage)	11 岁以上	1. 能进行抽象思维 2. 能按假设验证的科学法则解决问题 3. 能按形式逻辑的法则思考问题

就上述的认知发展阶段,皮亚杰的观点如下。

1. 阶段的发展顺序是固定不变的

个体认知能力的发展,往往由于社会文化、生物遗传等因素的影响存在着一定的个体差异,每个人的成熟程度及速度都不完全相同。但是,这些发展阶段在每个人的发展过程中出现的顺序都是一样的,也就是说,每个人的认知发展都要经历表 2-1 中所列出的四个阶段。而且,每个阶段之间存在着连续性,任何阶段都是不可跨越的,即处于感觉动作期的儿童不可能跳过前运算期而直接发展到具体运算期。

2. 阶段发展具有整合性

在某一个特定阶段形成的认知结构,会被整合到下一个发展阶段的认知结构中。因此,每一个新的发展阶段不仅具有新的结构,而且还包含着以前的发展成果。例如,当儿童处于前运算期时,在感觉动作期所形成的认知结构、思维能力并不会消退,它会在前运算期出现,并且会以更高级的形式出现;同理,前运算阶段获得的认知能力也会在具体运算阶段出现。

3. 每个阶段本身又是一个发展过程

发展是一个连续的动态过程,每个阶段本身都有其自身的发展过程,每个阶段都包括了一个准备期和一个完成期。例如,在形式运算期,从 12～13 岁到 14～15 岁被称为准备期,而 15 岁以后形成的平衡期则被称为完成期。因此,说某一个儿童处于某一发展阶段时,一定要考虑到他是处于这一阶段的哪个发展水平,只有这样才能准确地了解儿童认知发展的实际水平。

4. 每个阶段都包含一个形成期与最终平衡模式

这一点是与上一点相呼应的,也就是说每一个发展阶段都是一个朝着最终的平衡(同化与顺应的平衡)结构发展的过程。只有当认知结构发展达到这个最终的模式之后,个体才能完全具备此发展阶段的整体特征。例如,前运算阶段的特征是:能使用语言表达概念,但有自我中心倾向;能使用符号代表实物;能思考但不合逻辑,不能见到事物的全面,无法了解自己以外别人的观点、看法等。这些特征只有在达到前运算阶段成熟的儿童身上才能完全看到,这就是这一阶段的最终平衡模式,而在这一阶段较早期的过程中,儿童所表现出来的特征往往只是上述特征中的某些部分。

三、道德发展三阶段论

皮亚杰认为,道德是由各种规则体系构成的,道德的实质或者说成熟的道德包括两个方面的内容:一是对社会规则的理解和认识,二是儿童对人类关系中平等、互惠的关心,这是公德的基础。儿童的认知结构和认知能力首先得到发展,之后认知能力决定儿童对社会情景的推理能力。也就是说,认知发展是道德发展的必要条件,道德发展是认知发展的一部分。随着认知能力的发展,道德发展由以自我为中心的道德推理阶段发展到以合作和互利为基础的公平系统阶段。皮亚杰根据儿童对规则的理解和使用,对过失和说谎的认识及对公正认识的考察和研究,把儿童道德的认知发展划分为以下三个阶段。

(1) 前道德阶段(0~3岁)。这一阶段的儿童对问题的思考是以自我为中心的,不顾规则,按照自己的想象去对待规则。他们的行为容易冲动,感情泛化,行为直接受行为结果的支配,道德认知不守恒。例如,同样的行动规则,若是出自父母就愿意遵守,若是出自同伴就不遵守。

(2) 他律道德阶段(3~7岁)。这一阶段道德认知的特点有:单方面地尊重权威感,有一种遵守成人标准和服从成人规则的义务,绝对服从父母、权威者或年龄较大的人。在儿童眼中,服从权威就是好的,不听话就是坏的,并且把规则认为是固定的,不可变更的;从行为的物质后果来判断一种行为的好坏,不考虑行为的主观动机;看待行为有绝对化倾向,判定是非总是抱着极端的态度,要么是好的,要么是坏的,并且认为别人也是如此看的。例如:儿童在看电视时,总是问父母剧中人物是好人还是坏人;赞成惩罚,并认为受惩罚的行为本身就说明是坏的。

(3) 自律道德阶段(7~12岁)。这一阶段,儿童已经开始认识到规则是由人们根据相互之间的协作而创造的,它是可以依照人们的愿望加以改变的;判断行为时,已不再只是考虑行为的后果,还考虑行为的动机;能够设身处地为他人着想,判断不再两分法,绝对化;提出的惩罚较温和,更直接针对所犯的错误,把错误看做是对过失者的一种教训。

皮亚杰认为儿童道德发展的这些阶段的顺序是固定不变的,儿童的道德认识是从他律道德向自律道德转化的过程。他律阶段的儿童是根据外在的道德法则进行判断的,他们只注意行动的外部结果,慢慢地,儿童的判断开始注意客观动机,用平等或不平等、公正或不公正等新的标准来判断是非,这是一种为儿童自身已具有的主观价值所支配的道德判断,属于自律水平的道德。只有达到了这个水平,儿童才具有真正的道德(韩晓燕、朱晨海,2009)。

皮亚杰以其深具开创性的理论及自身的社会实践,在教育心理学中占有了极为重要的一席之地,他的理论对心理学、社会学、教育学等都产生了广泛的影响。尽管许多学者对皮亚杰的认知发展理论提出了这样那样的批评,认为他的理论过分关注生物因素而忽视了社会文化的影响,由此便看不到教育对儿童认知发展的重要作用等。但是,每个人的精力是有限的,不能苛求任何一种理论必须面面俱到才是有价值的。直到今天,皮亚杰的认知发展理论仍是研究认知发展的基本架构,其理论价值由此可见一斑。

第六节　科尔伯格的道德发展理论

科尔伯格(Kohlberg)是美国当代发展心理学家,他致力于儿童道德判断力发展的研究,提出了"道德发展阶段"理论。他的理论是以皮亚杰的认知心理学理论为基础建立的,他认为儿童道德的发展是与其认知能力的发展相适应的,道德教育绝不是背记道德条例或强迫纪律,而是促进道德认知水平的发展。因此,他对儿童的道德发展进行了阶段划分。他和他的同事运用道德两难问题的讨论法来研究儿童道德的发展。

一、道德发展理论的主要内容

科尔伯格的道德发展理论强调道德发展是认知发展的一部分,道德判断同逻辑思维能力具有一定的相关性,同时强调社会环境对道德发展有着巨大的刺激作用。

在研究儿童的道德发展时,科尔伯格发明了一种称为道德判断量表的结构性的交谈技术,这些量表描述了一种道德故事,即道德两难故事,故事以两种相互冲突的道德方面为特点。这些故事发展了皮亚杰在探究儿童道德发展时对比两种道德行为的做法。科尔伯格的具体方法是,他编制了九个道德两难故事和问题,其中最著名的一个故事是海因茨偷药的故事。故事讲述了欧洲有个妇女患了癌症,生命垂危。医生认为只有一种药能救她,即本城一个药剂师新研制的镭。配制这种药成本为200元,但售价要2000元。病妇的丈夫海因茨到处借钱,但最终只凑得1000元。海因茨恳求药剂师说,他的妻子快要死了,能否将药便宜点卖给他,或者允许他赊账,但遭到药剂师的拒绝。海因茨没别的办法,于是破门进入药剂师的仓库把药偷走。问：这个丈夫应该这么做吗？为什么？利用这类两难故事，科尔伯格研究了75名10～16岁的被试者。以后每隔三年重复一次，直至22～28岁。他让被试者听了故事后判断是非，然后提出一系列的问题让他们回答，再根据他们的回答划分道德判断发展的水平。同时他又根据一系列的回答，编制了各种不同水平的量表，用来测定其他儿童的道德发展水平。科尔伯格从被试的陈述中区分出30个普遍的道德属性，如公正、权利、义务、道德责任、道德动机和后果等。每一个属性可分为6个等级，合计180项，然后把谈话中儿童的道德观念进行归类，再将其归属到180项分类表的一个小项下作为得分。儿童在某一阶段的得分在其全部表述数中所占的百分比，便是儿童在该阶段的道德判断水平。这种方法是科尔伯格研究人的道德判断发展的重要手段，他在研究中发现人的道德判断存在着一个渐进发展过程，可分为一系列不同的阶段。由此，他把人的道德判断分为三种水平，每种水平各有两个阶段，共六个阶段，见表2-2。

表2-2 道德判断的三种水平

道德判断水平	总体特征	阶段	阶段特征
前习俗水平	1.具备关于是非善恶的社会准则 2.以自我为中心，从行动后果和自身利益出发判断是非好坏	惩罚与服从定向阶段	以是否受到惩罚或服从权威为判断依据
		工具性相对主义定向阶段	好坏以自我利益为标准初步考虑人与人的关系
习俗水平	1.以社会为中心，满足社会愿望 2.道德判断既考虑个人，也考虑家庭与所属团体	好孩子定向阶段	以是否受到他人喜爱、称赞为判断依据
		维护道德与权威的定向阶段	意识到普遍社会秩序，强调遵守法则和权威
后习俗水平	1.对道德原则作出自己的理解 2.判断是非以正义、互惠、尊重等为依据	社会契约定向阶段	认为法律、社会习俗是社会契约，具有可变性辩证看待是非善恶
		普遍道德原则的定向阶段	超越道德条文，考虑道德本质，具有普遍意义的道德准则

1. 前习俗水平

这一水平上的儿童已具备关于是非善恶的社会准则和道德要求，但基本上是以自我为中心，依据自身受表扬和被指责的经验来判断正误好坏。这一水平有两个阶段。阶段一是惩罚与服从定向阶段。这个阶段的儿童认为凡是权威人物赞扬的就是好的，遭到权威人物批评的就是坏的。他们道德判断的理由是根据是否受到惩罚或服从权力。他们凭自己的水平作出避免惩罚和无条件服从权威的决定，而不会考虑惩罚或权威背后的道德准则。阶段二是工具性相对主义定向阶段。这一阶段儿童首先考虑的是,准则是否符合自己的需要,有时也包括别人的需要,并初步考虑到人与人的关系,但人际关系常被看成是交易的关系。对自己有利的就好,不利的就不好。好坏以自己的利益为准。

2. 习俗水平

这一水平上的儿童是以社会为中心的观点为主导的,他们有了满足社会的愿望,比较关心别人的需要。作出道德判断时既是考虑其个体,也是考虑团体、家庭及民族之间成员的结果。儿童认为自己所处团体的期望与目的是有价值的,他们不会去考虑那些非本团体成员的利益。这一水平可分两个阶段。阶段三是好孩子定向阶段或人际关系定向阶段。这个阶段的儿童认为一个人的行为正确与否,主要看他是否为别人所喜爱,是否对别人有帮助或受别人称赞。阶段四是维护道德与权威的定向阶段。这一阶段的儿童意识到了普遍的社会秩序,强调服从法律,使社会秩序得以维持。儿童遵守不变的法则和尊重权威,并要求别人也遵守。

3. 后习俗水平

这一水平上的人力求对正当而合适的道德价值和道德原则作出自己的解释,而不理会权威人士是否支持这些原则。他们决定事情正确与错误不涉及个人或社会情境,而会遵循一些正义、互惠、平等、尊重等原则。这个水平有两个阶段。阶段五是社会契约定向阶段。在前一阶段,个人持严格维持法律与秩序的态度,刻板地遵守法律与社会秩序。而在本阶段,个人看待法律较为灵活,认识到法律、社会习俗仅是一种社会契约,是可以改变的,而不是固定不变的。一般来说,这一阶段是不违反大多数人的意愿和利益的,但并不同意用单一的规则来衡量一个人的行为。道德判断灵活了,能从法律上、道义上比较辩证地看待各种行为的是非善恶。阶段六是普遍道德原则的定向阶段。这个阶段个人有某种抽象的、超越某些刻板的法律条文的、较确定的概念。在判断道德行为时,不仅考虑到适合法律的道德准则,同时也考虑到未成文的有普遍意义的道德准则。道德判断已超越了某些规章制度,更多地考虑道德的本质,而非具体的准则。

二、道德发展理论的基本原则

(1) 次序性原则。科尔伯格道德发展的六个阶段具有一定的次序性,其顺序在不同个体的发展中是不变的。

(2) 普遍性原则。道德发展的六个阶段的这一不变的顺序是普遍的,即它适合于不同的国家,也适合于不同的性别。

(3) 整体结构原则。道德发展的各阶段形成一个结构性的整体。

(4) 角色承担原则。道德发展的各个阶段代表了角色承担能力方面与社会观点方面的质的不同。

(5) 认知前提原则。皮亚杰关于认知发展的各个阶段是道德发展之相应阶段的必要条件,但不是充分条件。

科尔伯格对道德发展问题的一系列研究,扩展了皮亚杰关于儿童道德判断研究的理论,在发展心理学中形成了一个重要的道德发展阶段的模式,使道德现象得到了比较客观的科学证明,并有助于将道德发展的理论应用到学校道德教育中去。他的研究在欧美各国的心理学界和教育界产生了广泛的影响。人们对他的"道德两难法"给予了较高的评价,认为他对传统道德教育中刻板灌输、强迫执行、盲目顺从、机械重复等方法的批判,无疑是正确的。也肯定了他重视社会环境对儿童道德发展的影响作用。但另一方面,科尔伯格仅仅强调道德判断能力,而忽视了道德情感、道德意志和道德行为在道德品质形成和发展中的作用,是不全面的。儿童的道德品质不只是要具备道德认识,还要有丰富的道德情感、坚强的道德意志和良好的道德行为,并使之成为习惯。同时,科尔伯格关于道德认识和道德行为的关系的看法,也存在着片面性。他过分强调儿童的道德判断能力的作用,而忽视了道德行为的训练。

本 章 小 结

关于人的行为和发展问题,许多学科都曾有过系统的论述。人类行为与社会环境作为一种跨学科的理论体系,正是在前人丰富的研究成果的基础上不断发展起来的。这一章主要介绍了弗洛伊德的精神分析理论,埃里克森的心理社会发展理论,华生、斯金纳和班杜拉的行为主义理论,马斯洛、罗杰斯的人本主义理论,以及皮亚杰的认知发展理论和科尔伯格的道德发展阶段理论。任何一种知识的发展都离不开坚实的理论基础,因此,要想深刻地掌握人类行为与社会环境的理论知识,了解前人所走过的道路,借鉴前人所作出的努力是十分必要的。

本章参考文献

[1] 弗洛伊德.精神分析引论新编[M].北京:商务印书馆,1987.
[2] 张春兴.教育心理学[M].杭州:浙江教育出版社,1998.
[3] 林崇德.发展心理学[M].杭州:浙江教育出版社,2002.
[4] 叶浩生.西方心理学理论与流派[M].广州:广东高等教育出版社,2004.
[5] 车文博.西方心理学史[M].杭州:浙江教育出版社,1998.
[6] 马欣川.现代心理学理论流派[M].上海:华东师范大学出版社,2003.
[7] 车文博.人本主义心理学评价新探[J].心理学探新,1999,19(1).
[8] 王瑞鸿.人类行为与社会环境[M].上海:华东理工大学出版社,2002.

[9] 库少雄.自杀:理解与应对[M].北京:人民出版社,2011.
[10] 罗伯特·费尔德曼.发展心理学——人的毕生发展[M].4版.苏彦捷,等,译.北京:世界图书出版公司,2007.
[11] 韩晓燕,朱晨海.人类行为与社会环境[M].上海:上海人民出版社,2009.

第三章 胎 儿 期

第一节 生物系统及其对胎儿期的影响

胎儿期是指从受精卵开始到胎儿出生这段时期,约 40 周,即通常所说的"十月怀胎"。研究发现,人类行为的发展在胎儿期就已经开始,而且胎儿期是人的一生中发展最快、变化最快的时期。个体在母体子宫内的成长对人一生的发展都有着重要的意义。

一、胎儿的发育阶段

当父亲的精子透过母亲的卵细胞壁时,受精卵就诞生了,这时母亲就怀孕了,一个受精卵从针尖大小到一个完全成形的新生儿通常要经过 280 天左右的时间。这个胎儿的发育过程分为三个阶段,第一个阶段是胚前期,第二个阶段是胚胎期,第三个阶段是胎儿期。

1. 胚前期

从受精到受精卵牢固地植入子宫大约二周的时期为胚前期(preembryohic period)。大约在 36 小时后,受精卵开始分裂,先是分裂为 2 个,然后是 4 个、8 个,依次类推。最后,受精卵分裂成为一个充满着液体的囊胚。在分裂的同时,受精卵由输卵管进入子宫,到第 4~5 天就形成一个胚泡;到第 7 天左右,受精卵开始着床,即接触并附着于子宫内壁,为其发育成胎儿吸收各种养分,整个过程在 14 天左右完成。当受精卵完成着床时,胚泡已经分裂出 150 个细胞,当这群细胞完全着床时,便成为胚胎。

2. 胚胎期

从第 3 周到第 8 周称为胚胎期(embryonic period),也称为细胞和组织分化期。当受精卵与子宫壁完全结合起来后,胚胎期就开始了。在胚胎期的最初阶段,发育中的胚胎分为三层,每一层最终会发育成不同的结构。外层称为外胚层(ectoderm),将形成皮肤、毛发、牙齿、感觉器官、脑和脊髓。内层称为内胚层(endoderm),将形成消化系统、肝脏、胰腺和呼吸系统。两者之间称为中胚层(mesoderm),将形成肌肉、骨骼、血液和循环系统。身体的每一部分都由这三个胚层最终形成。这一时期的胚胎生长非常迅速，内外细胞群进一步分化，所有的主要器官都开始发展，眼睛、耳朵、鼻子、嘴、心脏以及性器官等开始形成，手、脚、胃、食道、血管和神经系统也开始形成并发挥作用。经过此阶段，胚胎的各器官、系统与外形发育粗具雏形。胚胎期是胚胎快速生长和发展的阶段，很容易受到环境因素的伤害，母亲摄入的某些维生素、烟酒、药物、病毒等有害物质一旦进入胚胎，将会对胚胎产生永久性且不可逆转的伤害，特别是胎儿敏感的神经系统极易因机械或化学干扰（如母亲意外跌倒、滥用药物）受到永久性损伤。所以此时的胎儿更需要来自母体的精心呵护，但事实上这个时期许多女性往往还没有发现自己已经怀孕，更无从采取相应的保护措施。

3. 胎儿期

胎儿期（fetal period）有广义与狭义之分。广义的胎儿期指新生儿出生前在母体内度过的一段时期，即前述的从受精卵形成到胎儿出生共约40周的时间。此处所讲的胎儿期是狭义的，指从第9周至出生的这段时期，是广义的胎儿期的第三阶段。此期间内的胎儿逐渐长大，各器官、系统继续发育成形，部分器官出现一定的功能活动。

（1）第9周。胚胎长约3厘米，如草莓大小，初具人形，头特别大，眼、耳、鼻、口已可辨认，上肢和下肢已生长得较长，肩、肘、髋以及膝等关节已能看出，早期心脏形成，有搏动。从这时起胚胎可称为胎儿，表示是"幼小的一个人"。

（2）第12周。胎儿身长7～9厘米，重约20克，外生殖器已发生，四肢有微弱活动，大多数骨骼中已出现骨化中心，眼睑已发育并且紧闭着，已经有了耳垂，已形成有手指及脚趾的肢体，肌肉正在发育，所以胎儿活动更多了。所有内脏器官均已形成，并且部分开始工作，因而大大减少了感染疾病或因药物造成损害的可能。

（3）第16周。胎儿身长10～17厘米，重100～120克，皮肤色红，光滑透明，眉毛和睫毛正在生长，胎儿的皮肤薄而透明，骨骼进一步发育，双臂及两腿的关节已经形成，用胸部做呼吸动作，能吸吮自己的拇指，外生殖器可辨男女，腹部检查可听到胎心音，孕妇可感到胎动。这段时期胎儿迅速生长。

（4）第20周。胎儿身长18～27厘米，重280～300克，皮肤暗红，透明度减低，胎脂形成，胎儿的上肢、下肢已发育良好，胎头占全身的1/3，有头发生长，牙齿正在发育，开始出现吞咽活动，此期间胎儿非常活跃。

（5）第24周。胎儿身长28～34厘米，重600～700克，皮下脂肪开始沉积，但尚无脂肪沉积，所以胎儿仍然瘦小，皮肤有皱纹，汗腺正在皮肤内形成，上肢和下肢的肌肉已发育良好，会咳嗽及呃逆。

（6）第28周。胎儿身长35～38厘米，重100～1200克。大脑本身增大而且变得比较复杂，全身细瘦，皮肤发红且多皱纹，上有胎脂，指甲未达到手指及脚趾的尖端。性器官进一步发育。因皮下脂肪少，面部皱纹多，形如老人。如此时出生则为早产,能啼哭,会吞咽,四肢能活动,但生存能力弱,需特殊护理方能生存。

(7) 第 32 周。胎儿身长 40 厘米,重 1500～1700 克,皮肤深红,面部胎毛已脱落,看起来与出生时的婴儿相似,但其身体仍需长胖些,能区分光亮与黑暗,因子宫内没有多余的地方,此时胎儿已转成头向下的体位,准备娩出。

(8) 第 36 周。胎儿身长 45～46 厘米,重约 2500 克。皮下脂肪多,面部皱纹消失,柔软的指甲已长到手指及脚趾的尖端。此时胎儿的头已降入骨盆,准备娩出。

(9) 第 40 周。胎儿发育成熟,身长约 50 厘米,重 3000～3300 克,皮肤粉红,皮下脂肪发育良好,头发长 2～3 厘米,指甲已过手指及脚趾的尖端,四肢运动活泼,有强烈吸吮反射。他/她的位置已经调整到位,准备诞生。

二、影响胎儿发育的生物因素

(一) 遗传因素的影响

遗传是指亲代与子代之间的相似,所以遗传与胎儿健康成长有着相当密切的关系,它是胎儿健康成长的基础。

人体是由大约 500 兆个各式各样的细胞组成的。这所有细胞中每个细胞都有一个细胞核,染色体在细胞核内。在染色体上,又会有许多个遗传因子,称为基因。染色体和遗传基因是一种叫做脱氧核糖核酸(DNA)的化学物质,构成这种物质的氧和氢的排列稍有差错,遗传基因所具有的性质就会发生变化。由于 DNA 为化学基础所组成的遗传因子,是遗传的基本单位,是人体产生状态特征、生理特征、生物特征或免疫特征的内在因素,它可以复制自己所携带的遗传信息。人的基因是从上一代传下来的,父母双方将遗传因子(基因)传给子女,以保持父母与子女间的遗传性。

父母如患有遗传障碍疾病,就有可能造成流产、死胎、畸形、智力障碍等不良后果。遗传障碍疾病是指人类遗传物质染色体或基因发生异常变化,导致胎儿机体结构和功能异常的疾病。遗传障碍疾病一般分为基因病与染色体病。导致遗传障碍疾病的基因障碍主要有隐性单基因障碍、显性单基因障碍和多基因障碍。据调查,约有 800 种遗传障碍疾病是由隐性单基因所引起的。当两个同样的隐性单基因携带者交合时,婴儿有四分之一的可能成为遗传障碍疾病的患者,有二分之一的可能成为缺陷性基因特征的携带者,只有四分之一的机会不受到影响或不会成为此类障碍疾病的携带者。根据美国神经和社交障碍及麻痹研究所的报告,共有 950 多种显性单基因障碍。最为人熟知的可能是亨廷顿氏症,这是一种神经系统退化疾病,症状于 35～45 岁时开始出现,在 10～20 年里逐渐加剧。最初的症状是脸部和躯体的抖动痉挛,走路不稳,说话吐字不清。这些较轻的症状逐渐加重,变得无法控制。初期的心理症状一般是判断力减退、记忆丧失,直至产生狂热行为,并有可能引发精神病。在长期患病,如肺炎、心脏病或闷气之后,就会引起死亡。多基因障碍可能是遗传缺陷最常见的原因,它是由基因组的影响而产生,以复杂的方式发生作用,这样使对主要致病因素的判断变得非常困难(詹姆斯·O.卢格,1996)。

现在已知导致畸形的遗传病发病率很高。由于遗传性疾病而造成的胎儿畸形和生理缺陷是相当惊人的。常见的遗传病有3000多种,严重威胁着人类的健康。据调查,很多流产和死胎便是遗传缺陷所致,人体几乎每个器官系统和组织都有可能发生遗传性疾病和畸形。例如,在日常生活中,近亲婚配的后代出现遗传病的概率较大,胎儿容易出现各种先天性缺陷,多发畸形和智力障碍等。为预防和阻断遗传病,准备生育的夫妇如果有近亲血缘关系、遗传病家庭史、先天性缺陷或染色体异常等情况者,则应进行系统的产前检查。如果发现有遗传病或胎儿畸形,则应该进行选择性流产,或通过现有医学技术进行补救。

(二) 母亲身体状况的影响

发育中的胎儿深受母亲身体状况的影响,如母亲的年龄、身高、体重、营养、药物服用、烟酒嗜好、疾病等,这些都会对胎儿的生长发育产生重要影响。

1. 年龄

根据科学研究发现,生育子女的理想年龄为25~35岁。怀孕时年龄过小或过大,都易对胎儿产生不利影响。35岁以上的妇女生育率较低,并随着年龄的增长继续降低。假如超过35岁怀孕,则属高龄孕妇,分娩时间过长,难产几率增加,且有可能导致流产、婴儿体重过轻或生产死胎,生下的孩子患先天愚型的比例较高。据科学家估计,40岁以上的妇女产生这些情况的可能性为1‰,而45岁以上则上升到1/65。另外,如果孕产妇年龄低于20岁,由于自身发育尚未彻底完成,没有为胎儿的孕育做好准备,她们产生低体重胎儿、死胎或出现分娩困难等几率均高于正常年龄的孕妇。

2. 身高体重

除了年龄外,母亲的身高和体重均可影响胎儿的生长发育。孕妇体重偏大、偏小或身高偏矮都会对胎儿产生不利影响,导致胎儿在宫内发育迟缓,增加妊娠的高危程度。肥胖孕妇一般指体重大于80千克的孕妇。临床统计资料表明,这类孕妇的巨大胎儿和围产期胎儿死亡率均比一般孕妇显著增高。瘦弱孕妇一般指体重小于45千克的孕妇。这类孕妇孕期发生贫血、低钙和营养不良的倾向明显增加,而对胎儿的危害更为严重,导致流产、早产、胎儿发育不良乃至畸形者,均多于正常孕妇。矮小孕妇是指身高不足150厘米,身材明显矮小的孕妇。据调查,这类孕妇由于骨盆比较狭小,使胎儿在子宫内的发育受到限制,同时难产的发生率比一般孕妇偏高。

3. 母亲的孕史

一般认为，如果一个妇女有过四次以上的孕史，则怀孕危险性会增加，小孩更容易是低重儿或死胎。有研究表明，非头胎生儿，特别是之前母亲有过相当密集的孕史，他或她出生时，血液中荷尔蒙的水平会比较低。头胎生的男孩，他们血液中雄性荷尔蒙的水平比非头胎生的男孩高得多（林崇德，2006）。

4. 营养

胎儿在子宫内生长发育所需要的营养物质都由母体供给，当母体营养不良时除影响本身的健康外，同时还影响胎儿的发育，造成胎儿先天不足、抵抗力弱、易患病、智力发育迟缓，或者容易引起流产、早产甚至死胎。因此，孕妇应多摄入胎儿需要的营养，补充足够的蛋白质、维生素、矿物质和微量元素，设法创造有利于胎儿发育的自身条件。蛋白质是制造和修补身体组织的主要原料，胎儿发育的过程是脑细胞形成的关键时期，如果缺乏蛋白质就会影响脑的发育，容易形成日后的永久性伤害。此外，还应保证有足够维生素类及矿物质和微量元素的供给。前者主要指维生素 A、B、C、D 及叶酸等，尤其是促进神经血管正常发育所需要的叶酸。至于矿物质和微量元素，主要是指钙、碘和锌。钙的作用在于营造支撑躯体的骨架，使胎儿的器官系统能在骨支架的保护下正常地发育成长，并保证其躯体形态的健康发育。碘和锌都是能影响胎儿智力的微量元素。不少研究均表明，孕妇缺碘，是影响胎儿正常发育的重要因素之一。全世界有不少缺碘地区，我国从新疆到台湾十几个省份中都有缺碘地区，这些地区普遍流行地方性甲状腺肿。而地方性克汀病则发生在地方性甲状腺肿流行的重病区，其发病率可高达 19.9%。在地方性克汀病流行区，除克汀病，还有大量身材矮小、智力低下、语言和听力差、骨龄落后的儿童，这类较轻的缺陷可能也是胚胎期缺碘所致。

由此可见，父母的健康是胎儿健康发育的基础，丈夫有良好的营养状况，才能产生足够数量和良好质量的精子。妻子有良好的营养状况，才有可能提供一个胎儿发育成长的温床，因此，一般在计划怀孕前 3 个月，双方就应加强营养，改掉不良习惯，创造最佳营养状态。

首先，要养成良好的饮食习惯。计划怀孕的夫妇所需要的蛋白质、脂肪、碳水化合物、维生素与矿物质，要比非怀孕的夫妇多，因此，在饮食调节中，应该有的放矢地加强这些营养物质的摄入。各种豆类、蛋、瘦肉、鱼等都含有丰富的蛋白质，海带、紫菜、海蜇等食品含碘较多，动物性食物含锌、铜较多，芝麻酱、猪肝、黄豆、红腐乳中含有较多的铁，瓜果、蔬菜中含有丰富的维生素。计划怀孕的夫妇可以根据各自家庭、地区、季节等情况，科学地安排好一日三餐。不同食物中所含的营养成分不同，含量也不等，所以，在日常饮食中要尽量做到不挑食、不偏食、不节食。

但在强调营养的同时并不是没有限量，一味多食会造成孕妇体重过重，增加行动负担；胎儿生长过度会给分娩带来困难。有些孕产妇因饮食失调造成肥胖，产后数年仍不能恢复,从而影响体形。据研究,营养过剩与糖尿病、慢性高血压、血栓性疾病等发病都密切相关。因此,计划怀孕的夫妇最好是在专业人员指导下根据自己的实际情况掌握好所需营养的量,科学、合理地安排好孕产妇的饮食,使之既能满足孕产妇的需要,又不过量,以保证母婴健康。

其次,要养成良好的生活起居习惯,避免过度疲劳和熬夜。过度疲劳会造成免疫力下降,从而使机体很容易受到感冒、胃肠感染、过敏原等自律神经失调症状的侵害。熬夜对于身体,更是害处多多,有关专家对长期熬夜的人和坚持早睡早起的人进行对照研究,发现经常熬夜的人长期处于应激状态,一昼夜体内各种激素的分泌量较早睡早起的人平均高出50%,尤其是过多分泌肾上腺素和去甲肾上腺素,使血管收缩率较早睡早起的人平均高50%。此外长期熬夜的人更易遭癌症的侵袭,因为癌细胞是在细胞分裂时产生的,而细胞分裂多在睡眠时进行。熬夜使睡眠规律发生紊乱,影响细胞正常分裂,从而易导致细胞突变,产生癌细胞。所以,对于计划怀孕的夫妇,一定要养成良好的作息习惯,保证自己的身体处于最佳状态。

再次,应避免各种食物污染。食物从其原料生产、加工、包装、运输、储存、销售直至食用前的整个过程中,都有可能不同程度地受到农药、金属、霉菌毒素以及放射性核素等有害物质的污染,对人类及其后代的健康产生严重危害。因此,孕前夫妇在日常生活中尤其应当重视饮食卫生,防止食物污染。应尽量选用新鲜天然食品,避免服用含食品添加剂、色素、防腐剂的食品;蔬菜应充分清洗干净,必要时可以浸泡一下,水果应去皮后再食用,以避免农药污染;尽量饮用白开水,避免饮用各种咖啡、碳酸饮料、果汁等饮品。在家庭炊具中应尽量使用铁锅或不锈钢炊具,避免使用铝制品及彩色搪瓷制品,以防止铝元素、铅元素对人体细胞的伤害。

5. 药物

大多数药物都可以通过胎盘,经母血进入胎儿体内。妊娠早期用药不当会导致胎儿畸形和死亡,妊娠中期和晚期器官虽分化成熟,但用药不当仍可导致器官功能的变化,影响胎儿和新生儿的生育。有些药物可通过胎盘进入胎儿体内,对胎儿产生不良影响,故妊娠期不能滥用药物。有人报道,有2%的婴儿重要器官畸形和2%的次要器官畸形与妊娠3~8周期间的用药有关。一些常用的抗生素、激素、维生素等药物均对胎儿的正常发育有影响。如,抗生素对胎儿的发育影响很大,四环素可导致软骨发育受阻、棕黄色齿、肢小畸形及先天性白内障,氯霉素可引起胎儿血小板减少或胎儿死亡,链霉素、庆大霉素、卡那霉素等可引起听神经损害而发生先天性耳聋及前庭损伤,后两种药物还能引起胎儿肾功能障碍。另外,妊娠早期服用过量的孕酮或睾丸酮等激素类药物,可使女性胎儿男性化。孕妇服用大量雌激素可使胎儿发生脑积水、脑脊膜膨出,以及各种内脏畸形。还有,过量服用维生素也会对胎儿造成严重影响。孕妇吃了过量的维生素 A 可引起胎儿骨骼畸形及并指、腭裂、眼畸形。服用维生素 D 过量,可引起胎儿钙质过多,主动脉、肾脏动脉狭窄,主动脉发育不全,智力发育迟缓及高血压。

另外,频繁接触农药对孕妇及胎儿的损害是多方面的,除可导致出生缺陷发生率增加外,还会促使死胎、死产、围产儿死亡增加。

因此,孕妇应该尽量避免滥用药物和频繁接触农药,以免对胎儿的发育产生严重的不利影响。

6. 烟酒

烟草中含有尼古丁、氢氰酸、一氧化碳、烟焦油等1200多种有毒物质。孕妇如果吸烟或久处重度烟雾环境(被动吸烟)中,有毒物质可使子宫及胎盘血管收缩,血流量减少,出现早产或死胎,烟草中的有害物质除导致新生儿体重轻、体质弱、智力差、多病、死亡率高外,还能引起遗传物质突变、胎儿"先天性心脏病"及多种畸形的可能。据调查证实,吸烟孕妇的新生儿体重比不吸烟孕妇的新生儿体重平均轻0.15~0.2千克。吸烟孕妇出现早产或流产的概率是不吸烟孕妇的3~4倍。吸烟能引起胎儿畸形,主要是先天性心脏病,为不吸烟者的2倍,而且常常是较严重的心脏畸形。

除了吸烟之外,喝酒的嗜好也会影响胎儿的发育,酒精能引起胎儿多种畸形。据研究,孕妇酗酒是胎儿先天性畸形和先天性愚型及脊髓膜膨出,以致引起智力缺陷的原因之一。酗酒妇女所生婴儿畸形的危险性比不饮酒的妇女高2倍。孕妇喝酒过多,可诱发胎儿酒精中毒综合征。胎儿酒精中毒综合征引起的胎儿生长发育缺陷有如下表现:胎儿的出生体重低,中枢神经系统发育障碍,小头畸形,面部的前额突起,眼裂小,斜视,鼻底部深,鼻梁短,鼻孔朝天,上口唇向里收缩,扇风耳。另外,还可能会有心脏及四肢的畸形。

7. 疾病

孕妇如患甲状腺功能低下症,胎儿受其内环境的影响容易产生骨和牙齿的畸形、隐睾和甲状腺肿大等,婴儿出生后可发生伸舌样痴呆。孕妇患有糖尿病时,由于血糖过高,造成胎儿体重过大,分娩时容易发生难产和新生儿窒息。母亲有糖尿病,胎儿受其内环境的影响而导致先天性心脏病或无脑儿的发病率高达2.9%。孕妇如患有高血压、慢性肾炎,由于胎盘的底蜕膜小动脉痉挛、缺血、坏死,易造成胎盘早期剥离、胎儿宫内窒息或死胎。患有心脏病的孕妇,全身缺氧,必然会影响胎儿的发育,还可造成早产、死胎。另外,孕妇如果患有艾滋病或肝炎等传染性疾病或吸毒,如果不接受适当治疗,胎儿也会表现出同样的症状,其生长发育无疑会受到严重影响。

除了这些慢性疾病会威胁到胎儿的生长发育外,还有一些病毒感染性疾病同样会给胎儿带来不可逆转的伤害。随着人们对病毒性疾病认识的逐渐深入,到20世纪90年代,已发现有200多种病毒类型与人类疾病有关,其中有些病毒性疾病妊娠期妇女的感染率明显高于非妊娠期的妇女,会对妊娠期妇女尤其是胎儿造成

严重的危害。以普通的流行性感冒为例,重型流感的流产率是10%。孕妇感染病毒的途径主要有如下几种:

(1) 呼吸道感染的病毒,主要有鼻病毒、风疹病毒、副流感病毒、流感病毒及腺病毒等;

(2) 消化道传染的病毒,主要有肠道病毒、中型肝炎病毒及狂人病毒等;

(3) 污染的血液或血制品传染的病毒,主要有乙型肝炎病毒、巨细胞病毒及人体免疫缺陷病毒等;

(4) 吸毒(注射)传染的病毒,主要有人体免疫缺陷病毒(感染后引起艾滋病)等;

(5) 昆虫或动物传染的病毒,主要有乙型脑炎病毒等。

病毒感染的传播多数是在患者与易感人群之间进行的,称为水平传播;而胎儿是在子宫、胎盘或母亲产道中感染的,称为垂直传播。妊娠期病毒感染的发生率比正常女性要高,几乎大部分病毒都能传染给胎儿。其中风疹病毒、巨细胞病毒、水痘-带状疱疹病毒等对胎儿有严重影响。巨细胞病毒、单纯疱疹病毒、乙型肝炎病毒等对新生儿有严重影响。妊娠期感染病毒后可引起流产、早产、死胎、宫内发育迟缓及低体重儿,对存活的胎儿可导致先天畸形及其他系统的病变。

主要的先天畸形有先天性心脏病、耳聋、白内障、小头、小眼、四肢发育不全、短指趾、皮肤藤痕、皮质萎缩等。此外,还可能出现其他异常,如肝脾肿大,血小板减少,智力低下,骨骼病变,脑钙化,发育落后,肝炎,视网膜炎,新生儿肺炎及心肌炎等。

(三) 父亲对产前环境的影响

人们很容易认为父亲一旦完成了使母亲怀孕的任务,他对胎儿的影响就微乎其微了。研究者过去也普遍认同这个观点,有关父亲对产前环境影响的研究也非常少。但是近年来人们越来越清楚地认识到,父亲的行为会影响到产前环境,影响胎儿的发展。

1. 营养

父亲的身体状况决定精子的质量。因此,父亲的营养状况非常重要,精子的生存需要优质蛋白质、钙、锌等矿物质和微量元素,需要精氨酸及多种维生素等。如果父亲偏食,饮食中缺少必要的营养素,精子的生成会受到影响,可能会产生"低劣"精子。

2. 父亲烟酒及用药

一方面,烟毒影响受精卵和胎盘的质量,吸烟时间越长、量越多,精子量越少,质量越低,畸形率越高;另一方面,从父亲那里得到的二手烟会影响母亲的健康,从而影响未出生的孩子。在烟雾环境中生活的孕妇,不仅呼吸道吸入大量的一氧化碳,而且严重时尼古丁还能通过皮肤、胃、肠道进入母体,进而祸及胎儿。父亲吸烟越多，孩子出生时的体重就越低。类似地，父亲使用酒精和非法药物也对胎儿有很大的影响。酒精和药物的使用会损伤精子和染色体，这些会影响受精时的胎儿质量。另外母亲怀孕期间父亲使用酒精和药物也会给母亲制造紧张和不健康的产前环境。

3. 父亲的情绪

父亲的情绪影响很大，若经常忧郁、烦恼或脾气暴躁，会使大脑皮质功能紊乱，影响精子的数量与质量。另一方面，情绪波动大，易在身体上或情绪上虐待怀孕的妻子。父亲作为虐待者会增加母亲的紧张水平，或者直接导致身体损伤，从而增加损害未出生孩子的风险。事实上，4%～8%的孕妇遭受着孕期的身体虐待。

第二节 心理系统及其对胎儿期的影响

一、胎儿感觉的发展

胎儿虽深居子宫内，但并不是闭目塞听的混沌一团，其神经系统和各种感觉器官在出生前已经逐渐趋于完善，因而能够对母体内外的各种刺激作出反应。

1. 视觉

胎儿虽生活在黑暗的子宫里，但到了第4个月的时候对光线已经非常敏感。

研究者曾用手电筒一闪一闪地有节奏地照射孕妇的腹部，发现胎儿会睁开双眼，把脸转向有光亮的地方，胎儿的心跳也随之发生有规律的变化。妊娠后期如果将光送入子宫内，胎儿的眼睛活动可能增强。多次强光照射后，胎儿便会安静下来。另外，从胎儿的脑电图上还可看出大脑对光的闪烁产生的反应。新生儿的视力只及30～40厘米，这恰巧与他在子宫内位置的长度一样，说明新生儿还部分保留着在子宫内生活的习惯。

2. 听觉

早在1985年，英国最权威的科技专业期刊《英国妇产科学杂志》第92卷第777～779页发表了一篇名为《胎儿能听到声音和学习吗？》的医学综述。该文章通过回顾30多篇发表过的相关医学实验报告，证实了怀孕24周后的胎儿确实能听到传入子宫内的各种声音，并且在出生后对在子宫内多次听到的音乐有再认的表现。其实在我国，也有类似的研究。国家科委"八五"攻关"胎教"科研课题的主持人刘泽伦，通过与北大医院、人民医院的产科和B超室的教授合作，从子宫内收录外界传入的音乐、机器噪声，同时记录胎儿的胎动、胎心率和呼吸相应的变化，有力地证明了胎儿不仅能听到声音，而且对舒缓轻柔的音乐有安逸的表现，对噪声则表现出躁动不安。出生后的婴儿听到原先在子宫内听惯了的音乐时，会停止哭泣而转为安详地入睡或进入安静状态。北京医科大学刘斌教授也认为：从第 6 个月起，胎儿就能感受刺激，作出反应，并能分辨出不同的声音，甚至能记忆学习。胎儿对声音的敏感性几乎是难以想象的。怀孕 4～5 个月时，胎儿对声响就有一定的反应了。如突然的高频音响可以使胎儿的活动增加，反之，低频音响可使其活动减少。胎儿大约在 6 个月的时候就具备了听声音的所有条件。这时胎儿经常听到的是血液出入胎盘的湍流声、母亲心脏的跳动声、肠道气体的咕噜声、母亲说话的声音，以及外界的各种乐音和噪音……这所有的声音构成了一组别具一格的交响曲，使胎儿作出一定的反应，使母亲感到胎动的变化。

3. 触觉

胎儿有触觉吗？胎儿的触觉甚至早于听觉。有关的研究表明，2 个月的胎儿即可对细而发尖的刺激产生反应。触及 4～5 个月的胎儿的上唇或舌头，会产生嘴的开闭活动，像是吮吸的样子。开始，当胎儿碰到子宫中的一些组织，如子宫壁、脐带和胎盘时，会像胆小的兔子一样立即避开。但随着胎儿的逐渐长大，特别是到了孕中后期，胎儿变得"胆大"起来，不但不避开触摸，反而会对触摸作出一些反应，如有时当母体持久摸腹壁时，胎儿会用脚踢作为"回报"。

4. 味觉

在妊娠 4 个月时，胎儿舌头上的味蕾已发育完全，可以津津有味地品尝那稍具咸味的羊水。新西兰科学家艾伯特·利莱用一个简单的实验证明了这一点。他在孕妇的羊水里加入糖精，发现胎儿以高于平时一倍的速度吸入羊水；而他向子宫注入一种味道不好的油时，胎儿立即停止吸入羊水，并在腹内乱动，以表示他的不满。既然胎儿能对母体内外的各种刺激作出相应的反应，那么，母亲的居住环境、言谈举止、耳闻目见、喜怒哀乐，都会对胎儿造成影响。同时，父母应该充分利用胎儿有各种感觉的特征，自觉地提供有益的熏陶和教育，积极促进胎儿身心的健康发育。

由此可见，胎儿，尤其是妊娠中、后期的胎儿，其触、视、听、味觉等都发育到了相当的程度，能够感觉到一些外界活动，这时以一定方式进行胎教，可以促使胎儿身心健康发展。

二、胎儿情绪的发展

人的情绪活动与大脑皮层、边缘系统和植物神经关系密切，情绪的变化会引起生理上的变化，胎儿的生长发育和活动与母亲的心理状况更是密切相关。对于胎儿来说，起影响作用的心理因素主要就是母亲的情绪状况。在妊娠前和妊娠中，孕妇不仅要注意补充营养，回避不安全、不卫生、影响胎儿身体发育的因素，而且要注意保持良好的心境，保持积极的情绪。孕妇恶劣的情绪不仅可能导致胎儿发生畸形，而且将影响到胎儿出生后的身体健康和个性发展。因为，母亲的心理情绪变化会使内分泌物和血液的成分发生变化，从而影响胎儿物质、营养的正常供给。积极的情绪,可使血液中增加有利于健康的化学物质;而消极的情绪、恶劣的心境,会使血液中增加有害于神经系统和其他组织的物质。现代研究证明,肾上腺皮质激素有明显阻挠胚胎某些组织联合的作用,因而可以引起胎儿唇裂、腭裂等畸形。在怀孕早期,母亲情绪的波动,会造成肾上腺皮质激素增高,有可能生育畸形的婴儿。大量的科学实验表明,人们处于恐惧、愤怒、烦躁、悲哀等消极情绪之下时,身体机能包括内分泌方面会发生明显变化,其中很大一部分体现为血液中所含化学物质(激素等)发生变化,而母体的血液成分是可以直接影响到胎儿的。严重的精神刺激或过度紧张的情绪,都能使孕妇动脉血管收缩导致胎儿供氧不足,其严重后果甚至可造成死胎或前胎。在怀孕后7~10周内,孕妇情绪极端变化,有可能引起胎儿口唇缺陷而成豁嘴。此外,国外一研究机构曾邀请数百名孕妇进行观察试验。结果发现,母亲情绪不安时,胎儿身体运动增加,胎动的次数比平常多3倍,最高时可多9倍。如果母亲的情绪长期不安,胎儿的体力会消耗过多,出生时体重往往比正常婴儿轻0.4~0.8千克。若孕妇与人发生争吵,胎儿的情绪不宁时间长达3周,胎动次数也比以前增加1倍。孕妇若极度悲痛,胎儿也经常剧烈运动。若母亲长期情绪压抑,胎儿出生后常常是身体功能失调,消化系统容易发生紊乱。孕妇的情绪状态对胎儿的影响具体表现在以下几个方面。

(1) 孕妇焦虑易使孩子在成长中出现情绪问题。英国精神病学家的研究显示,孕妇过度焦虑不只是增加胎儿的风险,还易使他们在日后的成长中发生情绪和行为方面的问题。专家在对怀孕18~32周的孕妇进行的研究中发现,沮丧和焦虑程度高的孕妇,生下的孩子在4岁左右就会出现不同程度的行为和情绪问题,如过度活跃、无法集中精力等发生率是正常人的2~3倍。专家认为,焦虑和沮丧情绪可使孕妇内分泌系统发生异常,由此,对胎儿大脑发育造成不良影响,增加了孩子在未来的发育过程中出现异常的概率。

(2) 精神刺激对头3个月的孕妇伤害最大。美国科学家报告,通过对经历了1994年6.8级地震的孕妇进行调查发现,处于怀孕头3个月的孕妇,比怀孕中晚期或已分娩过的女性更易受到精神刺激的损害,导致早产。调查发现,孕期处于头3个月的孕妇,经历地震刺激后大多在第38孕周分娩;孕期处于最后3个月的孕妇,分娩往往是在第39孕周。由此可见,精神刺激对早期妊娠的伤害性最大,这个时期是一个特别易伤期。

(3) 孕妇情绪紧张可致使胎儿血压升高。澳大利亚科学家通过对绵羊的实验表明,绵羊在怀孕早期精神紧张,即使怀孕刚刚2天时,也可能会引起胎儿血压升高及肾功能紊乱。研究专家认为,在绵羊身上的这一发现,与人遇到精神紧张时的情况很相似,因而对胎儿的影响也一样,并会影响胎儿出生以后的生活。专家指出,孕妇在孕期避免服用药物和进食某些食物固然重要,但也应想尽一切办法避免精神紧张。不过,引起精神紧张的作用力对于不同的人也存在着很大的个体差异。

(4) 妊娠态度对胎儿的身心发育影响最大。法国医学专家指出,在孕妇的心理状态中,她们对胎儿的态度和心理压力对胎儿的生长发育影响最大。专家通过对数千名孕妇的调研发现,希望分娩的孕妇所生的孩子与不希望分娩的孕妇所生的孩子相比,无论从心理上还是身体上,在出生时和出生后前者都比后者健康。比如,后者发生早产和低体重儿比率高、精神行为异常者多,特别是拒绝生育的母亲,所生的孩子很多都易患消化系统疾病,或孩子大多感觉迟钝、体弱无力。

其实,我国古代便对孕妇情绪影响胎儿发育有了一定的认识。《妇人秘科》指出:"受胎之后,喜怒哀乐,莫敢不慎。"由此可见,怀孕后做好心理保健,让胎儿健康地生长发育,在任何年代都是一件非常重要的事情。

(1) 孕早期的心理保健。怀孕早期,孕妇的情绪最容易出现波动,孕妇的心理波动往往是随着妊娠反应出现的。起初,她可能只是凭着想象感觉着腹内血肉相连的小生命,想象着他的模样,他的个性,甚至想象着把他拥抱在怀里的感受,此时的心境是无比甜蜜的。不久,她开始恶心、呕吐、眩晕、食欲不振,甚至整夜地失眠,使她疲惫不堪。于是开始抑郁和烦恼,担心怀孕的失败,恐惧分娩的痛苦,忧虑腹内胎儿的健康,甚至产生莫名其妙的压抑感和焦虑感。这些情绪严重时会给胎儿带来不良影响。因此,在怀孕早期,最重要的就是使孕妇减少情绪波动,保持平和、愉悦的精神状态。

(2) 孕中期的心理保健。进入妊娠中期以后,孕妇体内已经形成了适应胎儿生长的新的平衡,孕吐等不适反应也逐渐消失,孕妇的情绪也变得相对稳定。所以,孕中期心理保健的重点是通过对生活、工作和休息的适当调整,保证良好的心理状态。首先,在这一阶段,由于孕妇身体状况的安定,往往会使精神松懈,放松对身体状况的注意,这样很可能会导致不良的后果,所以在这一时期一定要坚持定期到医院接受检查。其次,虽然中期距分娩时间尚有一段距离,但毕竟使孕妇感受到一种压力,有些孕妇会从这时开始就对分娩的种种痛苦感到惶恐不安。其实,分娩无痛苦是不可能的,但过分恐惧并不是好办法,所以,孕妇应学习一些分娩的知识,对分娩是怀孕的必然结局有所了解。另外,如果孕妇和家人一起为未出世的孩子准备一些必需品,也许能使孕妇心情好转。这样做往往可以使孕妇从对分娩的恐惧变为急切的盼望。最后,孕中期的妇女应该适当地做一些工作,并参加一些平缓的运动,因为适当的活动可以增加孕妇的肌肉力量,对分娩有一定帮助,如果孕妇每天不做任何事,凡事都由丈夫包办,很容易引起心理上的郁闷、压抑、孤独,这对胎儿是不利的。所以,如果没有异常情况,孕中期仍可正常上班,这样对于改善心理状态也大有益处。

(3) 孕晚期的心理保健。进入孕晚期以后,孕妇子宫已经极度胀大,各器官、系统的负担也接近高峰,因而,孕妇心理上的压力也是比较重的。由于临近预产期,孕妇对分娩的恐惧、焦虑或不安会加重,容易出现情绪不稳定、精神压抑等心理问题。这一阶段的心理保健,首先应该克服孕妇对分娩的恐惧,最好的办法就是让孕妇自己了解分娩的全过程以及可能出现的情况,对孕妇进行分娩前的有关训练,这对有效减轻心理压力、解除思想负担,以及做好孕期保健都大有帮助。其次,要做好分娩准备。分娩准备包括孕期的健康检查、心理上的准备和物质上的准备,准备的过程也是对孕妇的安慰。最后,要注意的是,如果身体没有出现意外情况,孕妇不宜提早入院。一方面,医院不可能像家中那样舒适、安静和方便;另一方面,如果孕妇入院后较长时间不临产,会有一种紧迫感,尤其看到后入院的人已经分娩,对她也是一种刺激;此外,产科病房里的每一件事都可能会影响孕妇的情绪,这种影响有时并不十分有利。

第三节 社会系统及其对胎儿期的影响

除了受生物因素和心理因素的影响外,胎儿的发育还受到社会因素的影响。所谓社会因素,主要指人类行为发展的社会外部环境,既包括社会物理空间环境、时间环境和文化规范等静态结构,又包括社会的动态发展变迁。社会因素作为影响胎儿发育的社会外部环境因素,属于母体所处的周围外部环境中最复杂的一部分,其中诸多因素都会对胎儿的正常发育造成影响。

一、母亲职业环境

在工作场所接触的化学物质和辐射会损害胎儿的健康发育。如在工作场所接触铅和汞的母亲会损害胎儿的健康发育,也容易导致胎儿的先天缺陷。离子电磁辐射有较强的致畸作用,包括 α、β、γ 和 X 射线,其致畸作用与各射线的穿透力有关。1945 年原子弹在日本广岛和长崎爆炸,导致当地怀孕妇女产下死胎和出生有严重残疾的孩子,说明核辐射度对胎儿的正常发展有很大的影响。当前,越来越多的工作环境暴露于电脑前,虽然目前临床上尚未有明确的证据显示其对胎儿有致畸作用,不过为了排除可能的负面影响,孕妇不宜长时间、近距离地观看电视以及使用电脑和移动电话(韩晓燕、朱晨海,2009)。

二、家庭因素

家庭规模和结构、家庭经济条件、母亲受教育程度以及家庭气氛等家庭内部因素对胎儿发育都能产生重要影响。

1. 家庭规模和结构

随着社会的发展,家庭规模和结构正处于不断变化之中,在一定程度上对胎儿的生长发育起着影响作用。

核心家庭又称夫妇家庭,即父母与未婚子女共同居住生活的家庭,包括三种具体形式:仅由夫妻组成,夫妻加未婚子女,仅有父或母与子女。夫妻加上一个未婚子女的独生子女家庭是核心家庭的一种典型形式。单亲家庭就是仅有父或母与子女的家庭,它是核心家庭的一种特殊形式。扩大家庭即二代以上的人共同居住生活的家庭。一般来说,随着社会的发展,家庭规模日趋小型化,家庭结构日益由扩大家庭向核心家庭转化。在这里,我们着重讨论核心家庭中的独生子女家庭和单亲家庭等两种特殊类型对胎儿发育带来的不利影响。

首先,如果即将成为父母的夫妻本身是独生子女,很可能在心理上还不是十分成熟,生活自理能力比较差,夫妻感情尚需磨合,事业和经济上的压力偏大等。这一切都会影响他们的家庭生活,特别是孕妇的情绪状态,甚至影响他们对胎儿的态度。根据有关研究,人们发现胎儿能对母亲相当细微的情绪、情感差异作出敏感的反应。第一类为理想母亲,她们盼望得到孩子。这类母亲怀孕感觉最佳,分娩最顺利,小孩身心也最健康。第二类为矛盾母亲,这类母亲表面上似乎很高兴,可胎儿能注意到母亲潜意识里的矛盾情绪和母亲内心深处的排斥心理。这些胎儿出生后,大部分有行为问题和肠胃等问题。第三类为冷漠母亲,这类母亲不想要孩子,但她们的潜意识希望这种信息在某种程度上能被胎儿接受。这些胎儿生下后,情绪低落,情感冷漠,昏昏欲睡。第四类为不理想母亲,这类母亲不愿意得到孩子。其早产率最高,婴儿也常会出现体重过轻或情绪反常。

其次,单亲家庭的问题对胎儿的发育也造成极大的影响。单亲家庭问题主要是遗腹子和私生子问题。所谓遗腹子,指还没有出生时父亲就已经去世了的孩子。私生子,就是指出生时没有正式、合法的父亲的孩子。从胎儿的生长发育来说,遗腹子和私生子都有一个共同的问题:母亲由于父亲的死亡或缺位,在心理情绪上很难保持一个良好状态,这势必会给胎儿的发育造成不利影响。就遗腹子问题来说,丈夫的死亡对于怀孕的妻子来说,其精神上的打击是显而易见的,一方面因为丈夫去世而悲伤抑郁;另一方面因妊娠反应出现的身体不适而产生烦躁心理,或因担心胎儿畸形甚至孩子出世后的家庭生活压力而产生恐惧心理。对于私生子来说,孕妇则还需承担经济上、心理上的压力,尤其是世俗舆论带来的巨大心理压力。这一切无形中给胎儿正常的生长发育带来了严重的负面影响。

2. 家庭经济条件

家庭经济条件既与单个家庭的收支水平密切相关,还与地区经济水平有关。从我国情况来看,东部地区的经济水平要比中部地区、西部地区高得多,而西部地区尤其是一些老少边远地区的经济水平最低。因此,越是处在经济发达地区的家庭,其经济条件就越好。另外,城市家庭与农村家庭、大中城市家庭与小城市家庭相比,前者的经济条件要比后者的好得多。同时,地区经济水平与医疗保健水平呈高度正相关。因此家庭经济条件越好,孕期保健工作就做得越好,孕妇的营养可能就越好,对胎儿的生长发育更为有利。据国外学者研究表明,大多数的死亡婴儿生于社会经济地位较低的家庭。

3. 父母受教育程度

关于家庭条件对儿童智力的影响,有学者提出了"智力环境"的概念。所谓智力环境,就是家庭中每个成员智力水平的平均数。显然,父母受教育程度越高,其家庭智力环境可能越好,一方面他们可能更加重视胎教,另一方面他们较高的文化素质也更有利于胎教的进行。此外,父母受教育程度越高,其职业收入也就可能越高,其家庭经济条件也就越好,更有利于胎儿的生长发育。

近年来有不少青年夫妇,双方均有良好的事业与收入,婚后却不要孩子,被称为"丁克"家庭。"丁克"家庭的夫妇倾向于过有质量的、自由自在的二人世界生活,加之他们要发展自己的事业,希望过轻松的生活,所以尽管有的人很喜欢小孩,但都选择推迟甚至放弃生育。据调查显示,"丁克"家庭的夫妇的受教育程度普遍较高,随着年龄的增大最终选择生育的夫妇占了相当的比例。但此时怀孕的女性生育年龄偏大,面临着高龄怀孕的危险,增加了不育、流产和胎儿畸形的机会。另外,如果女性受教育年限过长,也会导致孕妇高龄化,不利于胎儿的生长发育。

4. 家庭气氛

从优生优育角度看,融洽的夫妻关系、和睦的婆媳关系、民主的家庭气氛,都有利于夫妻生活质量的提高,有利于适当怀孕时机的选择,有利于孕妇良好情绪状态的保持,最终有利于胎儿的生长发育。

夫妻感情融洽是家庭幸福的重要条件之一,同时也是胎教和优生的重要因素。在美满幸福的家庭中,胎儿会安然舒畅地在母腹内顺利成长,生下的孩子往往聪明健美。倘若夫妻感情不和睦,彼此间经常争吵,长期的精神不愉快,过度的忧伤抑郁,会导致孕妇大脑皮层的高级神经中枢活动障碍,可引起内分泌、代谢过程等发生紊乱,并直接影响到胎儿。如果在夫妻感情不和的情况下受孕,可能影响受精卵的生长发育,从而影响下一代的健康。如果在怀孕早期,夫妻之间经常争吵,孕妇情绪波动太大,可导致胎儿发生兔唇等畸形,并能影响出生后婴儿情绪的稳定;如果在怀孕中晚期夫妻不和而致孕妇精神状态不佳,则会改变胎动次数,影响胎儿的身心发育,并且婴儿出生后往往出现烦躁不安、易受惊吓、哭闹不止、不爱睡觉、经常吐奶、频繁排便、明显消瘦等。

可见,夫妻感情直接影响着胎教。国外某研究机构的观察试验发现,孕妇在争吵后,3周以内仍情绪不宁,此间的胎动次数也较前增加一倍。有一孕妇的丈夫突然去世,由于她处在极度悲痛之中,胎儿常在腹中作剧烈运动,出生后每次吃奶都发生呕吐,因而瘦弱不堪。有些妇女在怀孕时丈夫脾气不好或精神病发作,所生的婴儿也多有消化功能不良等现象。据统计,这类感情不和睦的父母孕育的胎儿在身心缺陷方面的概率比那些美满和谐、感情融洽的父母所生的孩子要高1.5倍,出生后婴儿因恐惧心理而出现神经质的机会也比后者高4倍,这类儿童往往发育缓慢、怯懦胆小。

因此,夫妻双方从婚后到受孕,乃至整个怀孕期间,都要互相尊重、互相理解,注重培养双方的感情。在孕期,双方更应心平气和地对待彼此的分歧,并以极大的爱心共同关注爱情的结晶,使整个家庭在孕期充满温馨和爱。

三、社会政策

从个体家庭角度看,胎儿生育似乎是家庭内部的事情。但从社会角度看,胎儿生育又涉及社会制度和政策层面。由于各个国家的人口分布情况不同,经济发展阶段和水平不同,各个国家的生育政策极不相同。有的国家人口过少,且生育率过低,就制定了优惠政策鼓励多生;有的国家人口太多,人口增长过快,便制定了限制政策鼓励少生;有的国家经济发达,实行高福利的生育政策,制定严格的社会劳动保护政策以保护孕产妇;有的国家经济落后,生育方面的劳动保护政策和福利措施很少甚至几乎没有。显然,国家劳动保护政策的有无和福利水平的高低对该国的人口生育的影响是巨大的。事实上,我们可以看到这样一种现象,在有些国家,如美国,妇女即使没有职业,单靠生育小孩领取的国家补助就足以维持较高的生活水平。而许多国家的妇女如果没有职业,一旦生育,就会陷入经济困境。由此看来,社会劳动保护政策和福利政策的制定有利于生育妇女的保护,从而有利于胎儿的生长发育。

除人口政策和保护福利措施之外,国家有关婚姻的各项法律规定也同样作为一个重要的外部环境影响着胎儿的生育。我国新《婚姻法》颁布之后,在民政部新出台的《婚姻登记管理条例》中,将婚检列入"可选择"的范围,申请结婚者如果放弃婚检,只凭户口证明和居民身份证也可以顺利完成婚姻登记,婚检由强制变成了自愿,许多婚检机构门庭冷落。虽然这是婚姻登记充分尊重个人隐私权的表现,但随之引发的一系列社会问题,也受到人们的普遍关注,特别是这一政策对胎儿生育的影响更是不可小视。目前的婚前医学检查主要包括严重遗传性疾病、指定传染病和有关精神病的检查。

严重遗传性疾病指由于遗传因素先天形成,患者全部或部分丧失自主生活能力,后代再现的风险高,医学上认为不宜生育的遗传性疾病。婚检首先针对的就是遗传病,包括两大类:单基因遗传病和多基因遗传病。前者由于致病基因单一,因而遗传患病率较高,而后者由于致病基因多元,遗传患病率相对较低。目前有4000余种遗传病威胁着人们的健康,由于没有根治办法,给家庭和国家带来了痛苦和沉重的负担。通过婚检可以及时发现,并根据其情况做遗传风险度测算及遗传方式的分析,这样在医生的优生指导下,可以尽量降低不健康儿童的出生率,减轻家庭和国家的负担。

指定传染病指艾滋病、淋病、梅毒、麻风病等医学上认为影响结婚和生育的其他传染病。通常通过血、尿常规和肝功能、胸透、内科、性病检查等项目均可排除会影响婚姻质量和配偶健康的乙肝、活动性肺结核、肾病、性病等很多种疾病。

有关精神病指精神分裂、狂躁抑郁型精神病及其他重型精神病。

我国每年出生约1500万个孩子,大约有1.3%有明显的出生缺陷。据估计,其中大部分是由遗传因素所致,因此每年大约有18万个孩子具有明显的遗传所致的出生缺陷。近年来,出生缺陷已成为我国新生儿死亡的主要原因。2001年我国共有879万人参加了婚检,通过检查发现了近20万名对婚姻和生育有影响的疾病患者。新的《婚姻登记管理条例》实施后,我国部分省市的平均婚检率为1%。许多学者对此非常担心,认为婚检是保证降低缺陷率的第一道屏障,零婚检现象的出现,会使出生缺陷率大幅上升。

四、社会政治格局

政治格局是否稳定不仅关系到国家的长治久安,而且关系到生命的孕育成长。当前有的国家政局动荡、战乱频生,人民的生命和财产安全受到严重影响。在此情况下,孕产妇所需的营养、心理健康甚至人身安全都可能无法得到保障,对胎儿的生育造成了深刻的影响。有学者研究了"一战"和"二战"期间的妇女生育情况,发现胎儿流产、早产、死胎和出现畸形的比例比非战争时期增加了许多。究其原因,主要是政局的动荡给孕产妇的心理上造成的巨大恐惧和压力导致了这种现象的发生。

五、婚育观念

婚育观念指人们对于婚姻和生育的思想、观点和看法。它包括两性观、婚姻观和生育观三个方面。两性观是指人们对男女性别的看法。生育观包括生育态度、生育的性别取向、理想子女数、对子女质量的期望等。婚育观念有传统婚育观念和科学、文化、进步的新型婚育观念之分。婚育观念对人们的生育行为有直接的影响。

(1) 近亲结婚。一方面,在现代社会中,近亲结婚作为一种传统、落后的婚姻观念在一些国家和地区继续存在。家庭种族的通婚禁忌、通婚半径的狭小、喜爱"亲上加亲"等都是近亲结婚流行的重要原因。近亲婚配的后代出现遗传病的概率较大,胎儿容易出现各种先天性缺陷,多发畸形和智力障碍等。

(2) 重男轻女。重男轻女现象在印度和中国等发展中国家仍然存在。为了"传宗接代",也为了"养儿防老",人们试图人为控制胎儿的性别,为生一个男婴,不惜中止妊娠、多次流产、超生,甚至弃婴、杀婴。其后果从社会角度看,会导致出生人口性别比严重失衡;就个体生命角度看,会导致胎儿生长发育的进程被迫中断。

（3）晚婚晚育。随着社会的发展，以及人们受教育水平的提高，相当多的育龄人群在婚育观念上发生了较大变化，过去早婚早育、多子多福的观念正逐渐被晚婚晚育、少生优育的新型婚育观所取代，单身不婚、"丁克家庭"的现象已逐渐被人们所接受。结婚生育不再是从众的行为，而是个人经过深思熟虑的选择。这不仅有利于我国计划生育政策的实施，同时，也为胎儿的成长准备了较为成熟的物质、精神条件。但另一方面也应看到，在人们对婚姻的态度越来越宽容的同时，非婚同居等生活方式的盛行也给婚姻带来了许多不稳定因素，堕胎、私生子等问题对胎儿的健康成长造成了威胁。

第四节 胎儿期相关问题

一、不孕不育

在我国，通常把由女方引起的称为不孕症，由男方引起的称为不育症；两者统称为不育症。其严格的定义为凡育龄夫妇同居两年以上，未采取任何避孕措施，或曾有孕育但两年以上未再受孕的，称为不育症。而在国外则统称为不孕（infertility），指在尝试怀孕12～18个月仍无法怀孕。不孕的发生率与年龄相关，年龄越大越容易发生不孕。据医疗网2012年发布的《我国不孕不育现状调研报告》显示，一年不孕不育发病率为10％，两年不孕不育发病率为15％，10年内无子女占25％。就诊年龄最小的23岁，年龄最大的40岁；在女性不孕不育者中，炎症导致的不孕不育占70％，是困扰女性不孕不育的最主要原因；在男性不育的病因中，以少精弱精症、无精症最为常见。

1. 不孕不育的原因

受孕是一个复杂的生理过程。它必须具备以下几个基本条件才能成功：①女方的卵巢每月有正常成熟卵子排出；②男方在同房时能射精，精液中含有正常数量、形态和活力的精子；③女方的输卵管通畅无阻，使精子和卵子能在管内相遇受精；④受精卵必须能通过输卵管进入子宫腔，并能在子宫内膜内种植下来。以上任何一个环节有障碍，均可发生不孕不育。

男性不育主要是由性功能障碍（如阳痿、不射精）等原因造成的精子产量过少，而滥用毒品、吸烟以及性传播疾病的既往感染史也会增加不育的可能性。女性不孕的最常见问题是不能正常排卵，其原因包括激素紊乱、输卵管或子宫损伤、心理压力过大、滥用毒品或酗酒等（Gibbbs，2002）。

另外，外在的环境也可能造成不孕不育，例如：①环境污染或接触有毒、有害物质，如重金属铝、铅等以及棉酚、杀虫剂、除草剂、防腐剂都可能对男性生精机能造成损害;②物理作用,如温热对男性生精过程有抑制作用,如长期穿紧身衣裤使阴囊调节温度功能发生障碍,从而影响生精功能;③营养不良,微量元素缺乏,维生素缺乏也可导致不育不孕症(汪新建,2008)。

2. 不孕不育的治疗方式

目前有一些治疗不孕的方法。有些情况可通过手术或药物治疗。另一种选择则是人工受精(artificial insemination),即由医生将男性精子直接置于女性的阴道。有的情况下精子由孕妇的丈夫提供,有的则来源于精子库的匿名捐赠者。另一种情况是受精发生在母亲体外即体外受精(in vitro fertilization,IVF),是从女性的卵巢中取得卵子,并在实验室使其与男性精子结合受精,然后再把受精卵植入女性子宫。在这种情况下,配子或受精卵植入的对象通常是卵子的提供者。在极少数情况下是代孕母亲(surrogate mother)。代孕母亲同意代为怀孕直至孩子足月。无法怀孕的女性,也可以找代孕母亲代孕。代孕母亲通过和生父人工受精怀孕,并同意放弃对婴儿的所有权利。

3. 伦理问题

代孕母亲、体外受精以及性别选择技术带来了一系列伦理和法律问题,同时也带来了许多感情问题。在某些案例中,代孕母亲在孩子出生后拒绝放弃孩子,而另一些代孕母亲试图进入孩子的生活。在这些情况下,父母、代孕母亲以及孩子将会发生伦理冲突。性别选择技术引起更多争议。根据性别而终止一个胚胎的生命是否合乎伦理?这样是否尊重生命权利?如果允许选择性别,那么技术成熟,是不是应该允许对其他由遗传决定的特征进行选择?这是一系列悬而未决的伦理问题。不过可喜的是,研究证明,由生殖技术而助孕的孩子发育情况良好,与正常受孕的孩子并无任何差别。

二、人工流产

流产(miscarriage),这里指的是自然流产,是指胎儿可以在母亲体外存活之前发生妊娠终止的情况,胎儿从子宫壁分离并排出体外。15%~20%的妊娠以流产而告终,通常发生在妊娠的头几个月。有些时候流产发生得很早,母亲甚至不知道自己怀孕,更不知道自己流产。通常来说,流产可以归结为某些遗传障碍。

人工流产(abortion)是指孕妇自愿终止妊娠。在妊娠24周以前,采用人工方法,把已经发育但还没有成熟的胚胎从子宫里取出来,结束妊娠。意外怀孕面临的一个基本选择就是是否要这个孩子。对于每一位女性来说,人工流产都是一个艰难的选择,它涉及生理学、心理学、法律和伦理上的一系列复杂的问题。

在我国,每年都有相当数量的人因非意愿或计划外怀孕而导致人工流产,每年几乎有几千万人次的人工流产,人工流产的总数居高不下,并且有潜在的增长趋势。尽管人工流产在我国属于合法流产,其安全系数比较大,死亡率极低,但是任何一种终止妊娠的方法对于生殖健康,特别是未产妇(未曾分娩过正常子女的妇女)来说,都潜伏着一定的危害性。与此同时,值得注意的是,目前到妇产医院做流产手术的女性呈低龄化趋势,人流妇女年轻、未育的比例高,并且重复流产率高、间隔时间短。一些汇总文献的数据显示,人流妇女中25岁以下妇女的比例为47.5%,未育妇女的比例高达49.7%,首次妊娠人流的比例为35.8%。重复人流率为55.9%,其中3次以上的多次人流比例为13.5%,间隔在半年至1年半的重复流产率为45%(程利南,2012)。

1. 人工流产的原因

选择人工流产基本上是由意外怀孕导致的,而意外怀孕又主要是因为自我保护意识差,避孕知识不足和防护意识缺乏造成的。随着性观念的开放,男女青年之间性行为发生的概率增加,而有些人没有掌握避孕药具的使用方法或没有坚持使用而造成避孕失败,未婚妈妈承受不了社会舆论的压力只好选择人工流产。当然,一些是计划怀孕范围内的,不幸的是,怀孕之后发现了某种不宜生育的疾病或者受到了环境严重污染,因而不得不选择人工流产。

2. 人工流产的危害

诚然,人工流产是利用科学方式终止妊娠的一种有效的方式,但是它对于母亲的身体还是有一定的伤害性。一方面,人工流产手术有感染、出血、子宫穿孔等并发症的可能性存在,会严重影响到女性的身体健康。此外,少数人流产手术后可能发生月经失调、子宫腔粘连及子宫内膜异位症等不良后果,对今后的生育可能会造成难以逆转的负面影响。西欧的研究发现,人工流产时的宫颈扩张和吸刮,使以后妊娠流产率的危险度为正常人的1.5~2.58倍;多次人工流产,以后妊娠早产或分娩低重儿的危险度为正常人的2.5倍。国内相关数据表明,人流术后再次妊娠,产前出血、产后出血等发生率明显提高。继发不孕患者中,88.2%的人有人工流产史;重复流产使不孕率显著增加。另一方面则是对女性情绪上造成的伤害。很多妇女在选择流产后都会出现内疚、抑郁、后悔等负面情绪。

三、出生缺陷

出生缺陷是指胚胎或胎儿发育过程中结构或代谢发生的异常,出生后表现为肉眼可见或辅助技术诊断的品质性和功能性的异常,包括形态结构异常和代谢、功能异常所引起的先天性智力低下、聋、哑等。

我国一年大约有100万名新生儿患有出生缺陷,占每年出生人口总数的4%~6%,其中,第一位是先天性心脏病,每年约22万例;第二位是神经管畸形,每年约10万例;第三位是唇腭裂,每年约5万例;第四位是先天愚型,每年约3万例。

因出生缺陷导致的畸形儿,近年在我国呈上升趋势。据1986—1987年国家卫生部组织监测,出生缺陷率为31‰。但据国外专家研究表明,发展中国家,严重遗传病和出生缺陷到 5 岁时的累计发病率可达 78.6‰,但出生时仅仅能发现其中的 27.6‰。我国专家分析,我国出生发病率应在 40‰~50‰ 以上,每年至少有 80 万~100 万例,即每 30~40 秒就有一个出生缺陷儿降生。

(一) 导致出生缺陷的原因

出生缺陷是由于遗传因素或环境因素的影响所致。如前所述,遗传因素是指由于基因突变或染色体畸变导致出生缺陷,而环境因素则主要包括胎儿期受各种病毒感染、物理化学污染,母亲的营养、疾病、情绪状态,以及社会政治、经济、文化因素的影响等。据估计,所有的出生缺陷中约有 20% 主要是由缺陷性遗传引起的,另有 20% 则是对在母胎中发育的胎儿的环境产生影响的因素所致,大多数的出生缺陷则是环境和遗传因素相互作用的结果(詹姆斯·O.卢格,1996)。

除了各种因素造成的宫内发育异常外,产伤也是造成新生儿出生缺陷的重要原因之一。在分娩过程中出现的各种异常情况,对胎儿及母亲均可产生轻重不等的影响。受影响的胎儿,重则可导致死亡,轻则可引起由产伤所致的各种出生缺陷。例如,由于接生动作及助产器械使用不当或其他因素造成的婴儿骨折、脑及其他器官挤压伤等。这些都可影响婴儿的正常发育,甚至造成终生残疾。特别应该引起注意的是,由多种原因(如滞产等)引起的胎儿急性缺氧,在许多情况下可致大脑发育不全,出现痴呆、愚笨、鲁钝等各种智力低下的表现。胎儿的脑组织对缺氧最敏感,在胎儿缺氧初期,由于全身血管代偿性收缩,产生静脉淤血现象,使血管扩张,血管壁脆性及渗透性增加而发生脑组织渗血或血管破裂出血。胎儿或新生儿可因颅内出血而死亡,纵使能成活,也将造成程度不等的智能发育障碍。因此,为了避免由产伤引起的出生缺陷,必须加强分娩监护。

(二) 出生缺陷的危害

出生缺陷已成为影响经济发展和人们正常生活的社会问题。

出生缺陷在婴儿出生时易引起流产、死胎或先天性缺陷,在出生以后则会出现畸形症,成年以后出现的出生缺陷对人的危害更大。例如,亨廷顿氏舞蹈症这种脑疾病,一般在 30~50 岁时才被发现,其特征是出现不自觉的无规则抽搐痉挛动作,常常引起严重的精神障碍直至最后死亡。出生缺陷不但引起死亡,而且大部分造成残疾,负担比传染病严重得多,给社会和家庭带来沉重的负担。在发达国家,出生缺陷病例有 30% 死亡,30% 能治愈,治愈的主要是轻型先天性心脏病、唇腭裂、肢体畸形,40% 形成残疾。目前,在美国致残的第一、二位原因是脊柱裂和脑瘫。美国每年出生脊柱裂 3500 例,我国每年是 10 万例,美国有 2 亿多人口,我国是美国的 6 倍,但是神经管畸形病例是他们的 30 倍。我国每年因神经管畸形死亡造成的经济损失大约为 2 亿元人民币,每年先天性心脏病的手术费须需 120 亿元,每年先天愚型的治疗费用需 30 亿元。

另外,出生缺陷还引发了大量遗婴、杀婴的犯罪。有先天缺陷的婴儿出生后,父母除了忍受精神上的痛苦和心理上的压力外,往往还要花费大量资金给孩子治病。然而,让人难以面对的事实是,即使花了钱,孩子的病也不见得好,甚至根本治不好,最后还是终生残疾。有些家长因此铤而走险,将残疾婴儿狠心遗弃或杀害,从而触犯了法律。

(三) 出生缺陷的预防

作为影响经济发展和人们正常生活的社会问题,新生儿出生缺陷带来的危害是巨大的,必须积极加以预防。

1. 做好孕前预防工作

婚前检查和遗传咨询是在孕前减少出生缺陷的重要措施。婚前检查即对将要结婚的青年男女进行健康检查和婚前指导。健康检查包括询问病史、家族史,全身体检,生殖器检查及必要的化验,重点是遗传病方面的调查和生殖器官的检查。通过检查可以了解双方的健康状况,生殖系统是否有疾病或缺陷,是否有重要脏器的疾患或某种传染病,以及不宜立即结婚或生育等方面的问题。

遗传咨询是一种有关处理人类各种遗传疾病的发生或可能发生的沟通过程。它是由患者或其亲属提出有关疾病的问题,由医生或遗传学专业人员就该病的病因与遗传方式作出诊断、治疗和预测,以及患者同胞、子女再患此病的风险等问题进行解答的医学实践,其主要目的是防止遗传病和避免缺陷儿的出生。一般有下列特征的夫妇应该进行遗传咨询:

(1) 诊为遗传病或发育畸形患者及其家庭成员;

(2) 染色体平衡易位携带者;

(3) 以前出生的子女有过遗传障碍疾病;

(4) 有致畸物质和放射物质接触史的夫妇,如放射线、铅、磷、汞等毒物或化学制剂的接触者;

(5) 孕早期受病毒感染的孕妇及经常接触猫、狗的孕妇;

(6) 35 岁以上的高龄孕妇。

2. 做好孕期检查工作

对于高危孕妇,可通过以下途径来诊断胎儿是否健康。

1) 超声波产前诊断

这是一种最常用的产前诊断手段,尤其是近年来采用了先进的 B 型超声波扫描仪,使诊断水平有了很大提高。它的优点是无痛苦、快速(半小时以内),可以反复检查等。对明显的肢体畸形、无脑儿、胚胎发育异常、小头畸形、多胎妊娠以及羊膜腔穿刺时的盈盘定位,具有很高的诊断价值。到目前为止,尚未发现超声波检查后有副作用发生。据临床观察发现,经过超声波检查和未经超声波检查出生的新生儿,两者在孕龄、头围、出生体重、身长、先天畸形、新生儿感染等各方面均无区别。超声波检查对胎儿及其以后的生长发育没有什么不良影响。

2) 羊膜腔穿刺

羊膜腔穿刺是用于确诊胎儿是否有染色体异常、神经管缺陷以及某些能在羊水中反映出来的遗传性代谢疾病。穿刺时用穿刺针穿过孕妇的腹壁刺入宫腔吸出少许羊水,进行羊水细胞和生物化学方面的检查。有些孕妇认为这样的检查会影响胎儿或引起流产,因此不愿做该项检查,实际上这些担心和顾虑是没有必要的。羊膜腔穿刺并不可怕,是一项十分成熟、安全的产前诊断技术。医生怀疑胎儿有异常时,会建议孕妇做羊膜腔穿刺检查,如把出生异常儿的危险性与穿刺可能造成的危险性相比,权衡得失,应该理智地接受医生的建议。

3) X 射线检查

众所周知,X 射线对胎儿有一定的损伤,但这主要是在妊娠早期。开展超声波检查以后,X 射线检查已很少用于产前诊断了。但 X 射线检查在观察胎儿的骨骼发育方面具有其他检查手段所不可替代的优点。在妊娠晚期,医生怀疑胎儿骨骼发育异常时,往往需要用到这一检查手段。

4) 绒毛细胞检查

绒毛细胞检查是近些年发展起来的一项新的产前诊断技术。它主要用一根细细的塑料管或金属管,通过孕妇的子宫口,沿子宫壁入内,吸取少量绒毛进行细胞学检查。怀孕 40~70 天时,胚泡周围布满绒毛,是进行检查的最佳时间,比羊膜腔穿刺的最佳时间(第 16~20 周)要早得多,因此意义更大。目前它主要用于了解胎儿的性别和染色体有无异常,其准确性很高,国内已开始逐步推广使用。从前几年应用的情况来看,绒毛细胞检查对孕妇无不良影响,对新生儿及其日后的随访观察,也未发现有任何异常,是一种较为安全的产前诊断技术。

5) 胎儿镜检查

这是一项技术性较强的产前诊断项目。一般在怀孕第 15~20 周时进行检查。用超声波定位后,经过局部麻醉作一腹部小切口,将此镜插入羊膜囊,可以直接观察胎儿的外形、性别,判断有无畸形,进行皮肤活检或从胎盘表面的静脉抽取胎儿血标本。能对胎儿的某些遗传性代谢疾病、血液病进行产前诊断。它的应用使产前诊断发展到了一个新的水平。国外一些研究机构还用它给胎儿注射药物,甚至对胎儿脑积水和尿道梗阻进行外科手术。这些成果看上去确实很有吸引力。但事实上只有极少数孕妇需要进行胎儿镜检查,而且它造成的胎儿流产率达 5%,由操作引起的胎儿死亡率达 4.7%。因此,目前使用尚不广泛。

综上所述,对于可能有异常的胎儿进行产前诊断是优生的一项重要措施。其可能发生的副作用与生出异常儿的风险相比,显然是微不足道的,孕妇和家属应正确认识这些检查技术,与医生积极配合,以免失去诊断的最佳时期。

3. 社会政策的干预

我国是世界上人口出生缺陷率最高的国家,总体来讲,出生缺陷病例大部分发生在农村等一些比较落后的地区,出生缺陷的发生和当地的经济、文化水平有一定相关性。现在有一些出生缺陷的分布差别比较明显,特别是受环境因素影响的一些出生缺陷,比如神经管疾病,北方要比南方高好几倍,农村要比城市高好几倍,在冬春季怀孕的妇女中生的神经管畸形儿要比夏秋季怀孕的妇女中生的神经管畸形儿高几倍,所以这是有很大地区差别的。而且我国农村因为膳食条件、劳动保护条件和文化知识相对比城市要差,所以估计在全国的出生缺陷中有90%发生在农村妇女所生的孩子中(李竹,2002)。

针对我国的这一状况,2002年7月,卫生部和中国残联发布了《减少出生缺陷和残疾的行动计划》,提出了医疗干预和社会救助等多项措施。对于个人和家庭,要实施三级预防措施:一是孕前合理膳食、禁烟限酒,远离有毒有害物质,适量补充叶酸;二是孕中按时进行产前检查;三是孩子出生后进行疾病筛查。政府部门要做好监测和宣传工作,要让群众知道什么是出生缺陷,为什么这些出生缺陷会发生,用什么办法可以预防这些出生缺陷。同时,可以充分利用群众组织,例如一些出生缺陷者协会来做好出生缺陷的科普宣传工作。

四、性别偏好

在我国,性别偏好表现为"男孩偏好"(boy preference),即"重男轻女"。随着生育辅助技术的出现,胎儿性别鉴定和生育选择技术的便捷,我国存在普遍的群体生育行为选择。

1. 性别偏好的原因

"男孩偏好"的形成,既有物质技术方面的原因,也有社会制度上的影响,更有精神层面上的作用。首先,医疗技术手段发展带来的副作用。胎儿性别鉴定技术的运用,为个人生育意愿提供了客观条件,致使很多女婴被扼杀。虽然自2003年1月1日起实施了《关于禁止非医学需要的胎儿性别鉴定和选择性别的人工终止妊娠的规定》,对非医学需要的胎儿性别鉴定进行了专项治理,但胎儿性别选择现象仍屡禁不止。其次,社会保障体系不完善。现行的社会保障体系包括社会养老体系和救济体系,还无法完全满足养老的需要,政府和社会还无法承担由家庭负担的养老功能。如果一个家庭生了女孩而没有男孩,那么农民年老时可能会面临着晚年无人赡养的情况。此外,当今中国仍存在"父权"为主的社会生活方式和社会制度安排,现实中广泛存在男女不平等现象,如对女性就业方面的性别歧视,导致人们认为生男孩比生女孩更有用。最后,家族观念尚未转变。生男孩不仅关系到能否"养儿防老",还关系到"传宗接代"、人生的终极意义。在特定的社会环境和文化氛围中,"男性偏好"更在于人们的社会交往需要和尊重需要。父母通过生男孩可以获得外部社会对于他们的正面评价,获得相应的社会地位。

  2."男性偏好"的影响

  "男性偏好"一个最显著的影响就是影响我国的人口性别比,它是一个极其重要的衡量男女两性人口数量是否均衡的标志。国际上一般以某一个国家或地区某一时刻每100个女性人口相对应存在的男性人口的数值来表示。一般认为,出生的婴儿性别比为102~107被视为基本均衡状态。如果超过了107的警戒线,那么就很难保证婚龄段人口中男女两性之间的均衡。我国自20世纪80年代中期以来,出生人口性别比出现了长期偏高的趋势,其中很大程度上在于"男性偏好"的思想。这种思想不但剥夺女婴的生存权利,而且从长远看也不利于社会发展。男女比例失衡,会造成婚姻挤压,适婚年龄男性婚配难。婚龄男青年找不到适龄婚配对象,只能到下一个年龄阶段女性中去寻找,这样就造成了男女比例失衡的恶性循环,影响正常的社会婚姻秩序。另一方面,婚姻市场竞争,会造成婚姻关系的劫贫济富现象,落后农村地区女性向相对发达地区转移,偏远贫困地区单身男性越来越多,这势必会加重买卖婚姻、嫖娼、强奸等社会问题,从而影响社会稳定(汪新建,2008)。

本章小结

人类行为的发展从什么时候开始?是从新生命诞生之后还是从胎儿期就开始了?研究发现,人类行为的发展在胎儿期就已经开始,而且胎儿期是人的一生中发展最快、变化最快的时期。本章首先简要地描述了胎儿发育的三个阶段:胚前期、胚胎期和胎儿期。然后着重论述生物因素、心理因素和社会因素对胎儿发育的影响。其中,影响胎儿发育的生物因素主要包括遗传因素,母亲的身体状况因素等;影响胎儿发育的心理因素主要指母亲的情绪状况因素;影响胎儿发育的社会因素主要包括家庭因素、社会政策、社会政治格局和婚育观念等。总体来说,在胎儿期,生理因素特别是遗传因素往往发挥着比较重要的作用,心理因素次之,而社会因素对胎儿的影响相对来说最小。

本章参考文献

[1] (英)朱莉娅·贝里曼,等.发展心理学与你[M].陈萍,等,译.北京:北京大学出版社,2000.
[2] 华红琴,等.人生发展心理学[M].上海:上海大学出版社,2000.
[3] 徐愫.人类行为与社会环境[M].北京:社会科学文献出版社,2002.
[4] 王瑞鸿.人类行为与社会环境[M].上海:华东理工大学出版社,2002.

[5] 张向葵,等.发展心理学[M].长春:东北师范大学出版社,2002.
[6] 林崇德.发展心理学[M].杭州:浙江教育出版社,2002.
[7] 桑标.当代儿童发展心理学[M].上海:上海教育出版社,2003.
[8] 罗伯特·费尔德曼.发展心理学——人的毕生发展[M].4版.苏彦捷,等,译.北京:世界图书出版公司,2007.
[9] 林崇德.发展心理学[M].北京:人民教育出版社,2006.
[10] 汪新建.人类行为与社会环境[M].天津:天津人民出版社,2008.
[11] 韩晓燕,朱晨海.人类行为与社会环境[M].上海:上海人民出版社,2009.
[12] 程利南.中国人工流产的现状与思考[J].中国实用妇科与产科杂志,2012,28.

第四章 婴 儿 期

婴儿期指的是从个体出生到3岁左右的这段时期,它是人生发展中最快的时期之一。在这一特殊时期,婴儿的身心发展极为迅速,从襁褓生活到直立行走,从不会说话到学会用简单的语言表达自己的思想,从仅有感知发展到有一定的思维能力,从完全依赖他人到粗具一定的独立生活能力。总之,婴儿在生物、心理和社会性等方面都取得了长足的进展,特别是动作和语言方面。下面从婴儿的生物发展、动作发展、语言发展、认识发展和社会发展等几个方面详细论述这个问题。

第一节 生物系统及其对婴儿期的影响

人的发展是遗传因素和环境因素共同作用的结果,即生物因素、心理因素和社会因素共同作用的结果。在胎儿期,生物因素特别是遗传因素往往发挥着比较重要的作用,社会因素对胎儿的影响相对来说较小。到了婴儿期,社会因素发挥着越来越重要的作用,生物因素也仍然继续发挥着作用。

一、婴儿期的生物发展阶段

首先来看看婴儿期的生物发展情况。一般对于婴儿的生物发展可按不同的阶段进行描述,通常有两种做法,一种是将其分为新生儿期、乳儿期和婴儿期三个阶段,其中从出生到28天为新生儿期,从1个月到12个月为乳儿期,从1岁到3岁为婴儿期;另一种是将其分为0～1岁、1～2岁、2～3岁三个阶段。这里按后者对婴儿的生物发展阶段进行简单的描述。

(一) 0～1岁婴儿的生物发展

(1) 体重。3个月时体重约为出生时的2倍,1周岁时,体重约为出生时的3倍。

(2) 身长。1周岁时,平均身长增长25～26厘米,约为出生时的1.5倍。

(3) 脑重。脑重从出生时的0.35千克左右到1周岁时的0.95千克左右,是一生中脑发育最快的时期。

(二) 1～2岁婴儿的生物发展

(1) 体重。2岁时,体重达12千克左右,是出生时体重的4倍。

(2) 身长。约为85厘米,比1岁时增加10厘米。

(3) 前囟。于1岁半时闭合。

(4) 牙齿。乳牙共20颗,2岁时基本出齐。

(5) 脑发育。2岁时头围达48～49厘米,脑重为1.050～1.150千克,约占成人脑重的75%。大脑的绝大部分沟回均已明显,神经细胞约140亿个,并不再增加;脑细胞之间的联系日益复杂化,后天的教育与训练刺激大脑相应区域不断增长,个别差异开始表现出来。

(三) 2～3岁婴儿的生物发展

(1) 体重。2～3岁之间增加约2千克。

(2) 身长。全身增长7～7.5厘米。

(3) 牙齿。2岁半时乳牙完全出齐,共20颗。

(4) 脑发育。2～3岁时头围增加1厘米,3岁时脑重已接近成人,小脑的发育已基本完成,能维持身体平衡和动作的准确性。脑的功能日益复杂化,觉醒状态下脑电图的个体差异变大。

二、动作发展

随着生物系统的迅速发育,婴儿的动作能力也开始发展。不过,人类婴儿动作能力的发展与动物动作能力的发展比起来要低级得多。很多动物常常从出生的第一天就会行走,在很短时间内便表现出很好的动作能力。而人类婴儿的动作,则直接与大脑皮质的功能和水平有关,因此在动作发展上一开始就采取了与动物不同的路线。人类婴儿在出生后的几个月中只有两种活动:一种是吮吸、觅食、抓握等反射活动,利用这些反射活动,婴儿与陌生的世界取得了最初的平衡;另一种则是婴儿自发的蹬腿、挥臂、扭动躯干等身体反应活动,这种身体反应活动是婴儿自发的,既无目的,又无秩序,身体活动所涉及的身体部分极广,这些活动是婴儿今后动作发展的基础。在婴儿出生后的半年内,爬行、直立行走和手的动作能力发展得比较晚。

(一) 婴儿动作发展的规律

婴儿的动作发展是在大脑和神经中枢、神经、肌肉的控制下进行的,因此婴儿动作的发展与婴儿的身体发展、大脑和神经系统的发展密切相关。婴儿的动作发展在某种程度上标志着心理发展的水平,动作发展的同时也促进儿童的心理发展。婴儿的动作发展也具有规律性。

1. 从头到脚

婴儿头部动作先发展,其次是躯干动作,最后是脚的动作。婴儿最先学会抬头和转头,然后是翻身和坐,接着是使用手和臂,最后才学会腿和足的动作,能直立行走和跑跳。

2. 由近及远

婴儿动作发展从身体中部开始,越接近躯干的部位,动作发展越早,而越远离身体中心的部位发展越迟。以上肢为例,其动作发展最先是肩头和上臂,其次是肘、腕、手,最晚则是手指。下肢的动作发展也是如此。

3. 由粗到细

婴儿先学会大肌肉、大幅度的粗动作,以后才学会小肌肉的精细动作。如新生儿只会蹬腿、挥臂、扭动躯干这些粗大动作,四五个月的婴儿是用手臂甚至是整个身体来抓取放在面前的玩具,而不是用手或手指。随着神经系统和肌肉的发育,加上大量的自发性练习,婴儿开始学习控制身体各个部位的精细动作。

4. 从有意动作到无意动作

个体动作发展是从无意识的反射动作向有意识的、高度控制的技能动作发展,从刻板模式化的动作向越来越灵活的动作发展。

5. 整分原则

个体最初对刺激作出的动作反应是整体性的,动作是全身性的、笼统的、弥漫性的,然后逐渐分化为局部的、精确的、专门化的动作。例如对于一个玩具,刚开始婴儿是全身爬过去接触,后来发展为用手去拿(汪新建,2008)。

(二) 婴儿的基本反射性动作

先天反射性动作是个体赖以对外界进行适应并实现后续发展的基础。从胎儿期起,个体就已经具备反射性动作以适应胎内环境;出生后,新生儿主要通过一些先天反射性动作来适应周围环境,并逐渐在后天的经验环境中发展出更为复杂的动作。有些反射性动作一生都保留,一些反射性动作则在出生后几个月就消失。根据我国学者董奇、陶沙的研究,婴儿主要有以下几种反射性动作。

(1) 吸吮反射。奶头、手指或其他物体碰到嘴唇时,新生儿立即作出吃奶的动作。这是一种食物性无条件反射,即吃奶的本能。吸吮反射是最强的反射之一,当新生儿开始吸吮时,其他活动会被抑制。

(2) 抓握反射。物体触及掌心时,新生儿立即把它紧紧握住。如果试图拿走,他会抓得更紧,新生儿强大的握力可以使他的整个身体在被抓物上悬挂片刻,早产儿也能抓紧物体直至身体被提起。一般这种反射在婴儿出生后3～4个月内消失,如果继续存在则会妨碍手指的精细动作发育。

(3) 觅食反射。奶头、手指或其他物体并未直接碰到新生儿的嘴唇,只是碰到了脸颊,他也会立即把头转向物体,做吃奶动作。这种反射使新生儿能够找到食物。

(4) 拥抱反射。在婴儿熟睡时,突然将盖在身上的被子掀开,婴儿就会受惊而将双手猛地往上一举;或在婴儿熟睡时往其脸上吹口气,也会有同样的反应,这种反应就叫作拥抱反射。一般做这种反射时,婴儿的双手会同时上举,假如只举一手而不举另一手,则表明不举手的对侧大脑半球发育不太正常。如根本无反应,则为大脑发育异常或有颅内出血。拥抱反射应于新生儿2~4个月大时消失。

(5) 眨眼反射。物体或气流刺激睫毛、眼皮或眼角时,新生儿会作出眨眼动作。这是一种防御本能,可以保护眼睛。

(6) 惊跳反射。突如其来的噪声刺激,或者被猛烈地放到床上,新生儿立即把双臂伸直,张开手指,弓起背,头向后仰,双腿挺直。这也是一种自我保护动作。

(7) 击剑反射。当新生儿仰卧时,把他的头转向一侧,他立即伸出该侧的手臂和腿,屈起对侧的手臂和腿,作出击剑姿势。

(8) 迈步反射。大人扶着新生儿的两肋,把他的脚放在平面上,他会作出迈步动作,两腿协调地交替走路。

(9) 游泳反射。让新生儿仰卧在床上,托住他的肚子,他会抬头、伸腿,作出游泳姿势。如果让他俯伏在水里,他会本能地抬起头,同时作出协调的游泳动作。

(10) 蜷缩反射。当新生儿的脚背碰到平面边缘时,他会本能地作出像小猫那样的蜷缩动作。

(11) 巴宾斯基反射(Babinski Reflect)。物体轻轻地触及新生儿的脚掌时,他会本能地竖起大脚趾,伸出小趾,使五个脚趾变成扇形。

以上列举的新生儿本能活动,前几种对于维持生命和保护自己有现实意义,后几种并没有什么实际意义,或者在人类进化的历史上曾经是有意义的(汪新建,2008)。

(三) 婴儿动作发展的顺序

在上述基本规律的指导下,婴儿的动作逐步发展起来,在不同年龄时期具有不同的表现特点。

婴儿动作发展主要包括全身动作的发展和手的技能发展两个方面,前者又叫大运动的发展,后者又叫精细动作的发展。根据我国心理学者李惠桐、李世棵等人的深入调查研究,发现3岁前儿童的动作发展有其自然顺序。表4-1和表4-2分别介绍了婴儿身体动作的发展顺序和手的技能发展顺序。

表4-1 3岁前儿童全身动作发展顺序

顺序	动作项目	年龄/月	顺序	动作项目	年龄/月
1	稍微抬头	2.1	5	扶坐竖直	4.7
2	头转动自如	2.6	6	手肘支床,胸离床面	4.8
3	抬头及肩	3.7	7	仰卧翻身	5.5
4	翻身一半	4.3	8	独坐前倾	5.8

续表

顺序	动作项目	年龄/月	顺序	动作项目	年龄/月
9	扶腋下站	6.1	29	双手扶栏上楼	23.0
10	独坐片刻	6.6	30	双手扶栏下楼	23.2
11	蠕动打转	7.2	31	扶双手双脚稍微跳起	23.7
12	扶双手站	7.2	32	扶一手双脚稍微跳起	24.2
13	俯卧翻身	7.3	33	独自双脚稍微跳起	25.4
14	独坐自如	7.3	34	能跑	25.7
15	给助力能爬	8.1	35	扶双手举足站不稳	25.8
16	从卧位坐起	9.3	36	一手扶栏杆下楼	25.8
17	独自能爬	9.4	37	独自过障碍棒	26.0
18	扶一手站	10.0	38	一手扶栏杆上楼	26.2
19	扶双手走	10.1	39	扶双手双脚跳起	26.7
20	扶物能蹲	11.2	40	扶一手单足站不稳	26.9
21	扶一手走	11.3	41	扶一手双脚跳起	29.2
22	独站片刻	12.4	42	扶双手单足站好	29.3
23	独站自如	15.4	43	独自双脚跳起	30.5
24	独走几步	15.6	44	扶双手单脚稍微跳起	30.6
25	蹲坐自如	16.5	45	手臂举起作抛掷动作	30.9
26	行走自如	16.9	46	扶一手足站好	32.3
27	扶物过障碍棒	19.4	47	独自单足站不稳	34.1
28	能跑但不稳	20.5	48	扶一手单脚稍微跳起	34.3

表 4-2 3 岁前儿童手的动作发展顺序

顺序	动作项目	年龄/月	顺序	动作项目	年龄/月
1	抓住不放	4.7	8	堆积木 2～5 块	15.4
2	能抓住面前玩具	6.1	9	用匙外溢	18.6
3	能用拇指、食指拿	6.4	10	用双手端碗	21.6
4	能松手	7.5	11	堆积木 6～10 块	23
5	传递	7.6	12	用匙稍外溢	24.1
6	能拿起面前的玩具	7.9	13	脱鞋袜	26.2
7	从瓶中倒出小球	10.1	14	穿球鞋	27.8

续表

顺序	动作项目	年龄/月	顺序	动作项目	年龄/月
15	折纸长方形近似	29.2	18	一手端碗	30.1
16	独自用匙自如	29.3	19	折纸正方形近似	31.5
17	画横线近似	29.5	20	画圆形近似	32.1

(四) 婴儿动作发展的意义

大量研究表明，婴儿的动作发展不仅与其生长发育有关，而且与其心理发展也有一定的联系。通过动作，婴儿与客观世界建立了直接的相互作用关系，在这个过程中婴儿建立了自我和客体概念，并产生了自我意识和最初的主客体的分化（林崇德，2002）。具体来说，婴儿动作发展的意义可从以下两个方面来理解。

1. 行走动作发展的意义

在个体的发展过程中，行走给个体的心理发展带来了深刻的影响。

（1）行走不仅使婴儿能主动去接触事物，而且有利于其各种感觉器官的发展，大大地拓展了婴儿的认知范围，扩大了他们的视野。

（2）通过行走，发展了婴儿的空间知觉，婴儿从二维形体向三维形体的知觉发展，于是进一步认识了事物的多方面的关系和联系。

（3）行走动作的发展，能使动作有更精细的分工、协调一致、敏捷、灵活。于是婴儿能在直觉中分析综合并思考眼前的行动问题，即发展直觉行动思维，并孕育着具体形象思维。

（4）行走为婴儿有目的的活动——游戏、早期学习和劳动准备条件，并发展了独立性。

2. 手的动作发展的意义

手的动作是标志人和动物区别的重要特点，其发展具有重要的意义。

（1）手运用物体能力的发展，使婴儿逐步掌握成人使用工具的方法和经验。当拇指和四指对立的抓握动作出现时，也就是人类操作物体的典型方式的开始。随着这种操作方式的发展，手才有可能从自然的工具逐步变成使用或制造工具的工具。这是促使人的认知发展的重要基础。

（2）随着手的动作的发展，婴儿开始把手作为认识的器官来感觉外界事物的某些属性。手的自由使用，使婴儿动作的随意性不断发展。随着动作的随意性的增长，婴儿活动的目的性也日益增长，并与语言发展相协调，从而为人类的智力发展提供良好的条件。

（3）手的动作的发展，进而导致手与眼，即动觉和视觉联合的协调运动，这就发展了婴儿对隐藏在物体当中的复杂属性和关系进行分析综合的能力。于是就产生了直觉(视觉为主)行动(动觉)思维，即婴儿对眼前直觉的物体、动作着的物体的思考。这是人类思维的发生或第一步。随着手的动作的发展，特别是双手合作的动作发展，婴儿就进一步认识了事物的各种关系和联系，因而他们知觉的概括性也随之提高，这为发展表象(具体形象思维)及概念的产生准备了条件。

(五) 婴儿动作发展的影响因素

心理学家比较一致的看法是，影响婴儿动作发展的重要因素是生物成熟。因为不论经济条件、文化教育水平如何，世界各个国家和地区的儿童基本上都是按照同样的顺序发展其动作的。但是，许多人也认为环境因素对动作能力发展也起着重要作用。良好的环境能促进婴儿动作的发展，而不良的环境则会妨碍婴儿动作的正常发展。例如不同的教养方式可以影响动作发展的速度，照料孩子的不同方式会造成动作的差异。

既然婴儿的动作能力发展与环境因素有很大关系，那么婴儿动作能力发展是否可通过学习训练而加快呢？对这个问题的研究以美国心理学家格塞尔的双生子爬梯实验为代表。他选取了一对双生子T和C参加实验。从出生后的第48周开始，让T每日进行10分钟的爬梯训练，连续6周。而从第53周起C开始爬梯训练，每日10分钟。结果发现，C只接受了2周的训练，在爬梯的各项动作指标上就达到了T的水平。该实验表明，不成熟就无从产生学习，而学习只是对成熟起到一种促进作用。在个体发育尚未成熟到一定程度以前，进行过高的训练和学习，是不经济的，也是低效的。那么，到底在什么时候训练是有效而成功的呢？

首先，针对婴儿动作发展的特点，抓住动作发展的关键期进行培养。在培养中要遵守渐进的原则，如"三翻、六坐、九爬、十二走"，这是婴儿动作发展的自然顺序。遵循这一顺序进行合适的训练，可以使孩子的动作发展更加迅速，但违背顺序的"拔苗助长"则会损害婴儿的身心健康。总之，应按照婴儿的自然动作发展顺序，针对婴儿的具体情况安排活动，但要注意适宜，不可过量。

其次，增加婴儿的感官刺激，给孩子提供大量的练习机会。把婴儿放在襁褓里，对婴儿的动作发展较为不利。因此，最好让婴儿较少受限制和约束，对于婴儿正常的动作行为，应该给予鼓励和强化。例如，不要限制婴儿的"左撇子"的习惯，应该顺其自然，注意左右手的共同训练。可以有意识地经常变换环境，创造良好条件，使婴儿身体各部位的运动能力得到较为全面的发展。为此，可以鼓励婴儿多参加一些游戏和玩耍。例如，给一岁的婴儿买些活动的、色彩鲜艳的、有声的玩具，给两三岁的婴儿买些拼图玩具，尽可能增加婴儿的感官刺激，使其在活动中发展多种动作能力。

第二节　心理系统及其对婴儿期的影响

婴儿一出生便开始以自己的方式来感知世界,在生物系统发展的基础上,在外部环境的刺激下,逐渐形成和发展着自己的认知能力和情感体验。这一时期婴儿心理发展的特点表现出以下特征。

一、语言发展

语言是人类社会特有的现象,是人与动物的一个主要区别。作为人类进化过程中的一个巨大成就,语言能力的发展开始于婴儿期。婴儿语言的发展可分为两个阶段:第一阶段指生命的第一年,这是婴儿的口头语言开始发生和发展的时期,称之为语言准备期或前语言阶段;第二阶段指1~3岁,在该阶段中,婴儿语言发展主要表现在词汇发展和表达能力的发展(包括语法的获得)两个方面。

(一) 婴儿语言发展的第一阶段:语言准备期

儿童很多心理领域的发展从出生时候就开始了,甚至是出生前就开始了。与此不同,婴儿通常要到一岁左右才会发出可辨识的单词,并且大约要18个月才开始将单词联合起来使用。那么,在此前的一段时间,即前语言阶段,婴儿的语言发展过程又是怎样的呢?根据研究可以惊奇地发现,婴儿从出生时的哭声开始,经历一个固定的顺序,发展到能够发出可以辨别的音节和类似于成人语调模式的复杂牙牙语。不管抚养他们的语言环境如何,所有婴儿似乎均经历了相同的发音发展阶段。

阶段一:反射的发音阶段。其时间是从出生到两个月。该阶段的特征主要为反射性的发音,如哭声、烦躁时的发音以及诸如咳嗽、打嗝和打喷嚏等声音。另外,也可能出现一些类似元音的声音。该阶段的发音部分地取决于婴儿声道的生理结构。

阶段二:叽叽咕咕的声音和笑声。其时间是2~4个月。婴儿开始发出一些舒适状态的声音。这些声音似乎是从口的底部发出的,出现了软腭音和后元音,并且出现了持久的笑声和咯咯笑声。

阶段三:发音游戏阶段。其时间是4~6个月。婴儿似乎在检测他们的发音器官,以决定他们所能产生的发音范围。该阶段的特征在于出现了很响和很轻的声音,以及很高和很低的声音。一些婴儿产生了长久的双唇颤音和持久的元音,有时也会发出一些初始的辅音和元音音节。

阶段四:典型的牙牙语阶段。其时间是6个月以上。该阶段的特征是出现了系列的辅音-元音音节,并且在时间的控制上类似于成人。婴儿的声音第一次听起来像是试图发出单词。这一阶段多音节的发音包括重复牙牙语(如"bababa")或变化牙牙语(如"bagida")。起初重复牙牙语占优势,在 12 个月左右牙牙语的变化出现得更多。

阶段五:含混语阶段。其时间是 10 个月以上。牙牙语的最后阶段通常与有意义言语的早期阶段重叠,其特征是所发出的声音和音节串带有丰富的重音变化和音调模式。

(二) 婴儿语言发展的第二阶段:语言的产生和发展

当婴儿说出第一批能被理解的词时,标志着婴儿进入了语言产生和发展时期。在此阶段(1～3 岁),婴儿语言发展主要表现在词汇的发展和表达能力的发展两个方面。

1. 词汇的发展

词汇的主要功能在于其概括性与调节性,因而成为概念的基础。词汇的发展不仅是儿童语言发展的重要内容,而且也是其思维发展的指标之一。

1) 词汇数量的增加

婴儿最早可以在 9 个月时说出第一批有特定意义的词语,最晚则可能到第 16 个月才能说出。第一批词已经具备了交流的意义,且具有明显的表达性和祈使性的功能。1～3 岁婴儿的词汇就在第一批词汇的基础上,经过 2 年的发展逐步增多。一般认为,1 岁左右出现 20 个左右的词,2 岁末出现 300～500 个词,3 岁末出现近 1000 个词。每年的发展与增长速度并不相同。

2) 词汇范围的扩大

通过调查研究,发现婴儿的词汇范围扩大情况大致如下。自 1.5 岁后,名词和动词在婴儿口语中占有比较大的比例(占 24.2%～38.5%)。除了名词和动词之外,其他各类词,如形容词、副词、代词、连词等,是随着年龄增长而提高其百分比的。但对于各种关系词,如副词和连词等的内容还是非常贫乏、初级的。

3) 词语的获得与运用

到 15 个月时,婴儿一般能说出 20 个以上的词语。婴儿词语的获得过程有以下三个方面的内容:①在第一批词的基础上,继续掌握在某些场合限定性很强的词;②已掌握的词语开始摆脱场合限制性,获得了初步概括的意义;③开始直接掌握一些具有概括性和指代性功能的名词和非名词性词语。这三种现象交织在一起,从而构成了婴儿掌握词语和概念过程的独特画面。接着,是婴儿对确立的范围进行分析,找出并确定其基本特征的过程。此后,对包含这些基本特征中的一条或多条内容的事物,婴儿都会用该词语来称呼。

2. 语言表达能力的发展

0～3 岁婴儿语言表达能力的发展,大致经过两个阶段:一是理解语言阶段(1～1.5 岁);二是掌握合乎语法规则的语句,开始积极语言活动阶段(1.5～3 岁)。

1) 理解语言阶段

这个阶段可以说是正式学习语言的阶段。这一阶段婴儿对成人所说的语言的理解在不断发展,但是婴儿本身积极的语言交际能力还发展较慢。该阶段婴儿的语言发展主要有两个特点。一个特点是能说出词,这是婴儿语言发展中的一个重要质变。到1.5岁时,语言发展较早的孩子能说出少量的简单句子,出现了"以词代句"的现象。其中主要是生活中常常接触的人与事物的名称,还有少数的动作名称,如爸爸、妈妈、叔叔、阿姨、牛奶、袜子、再见等。这里的一个词,如"妈妈",常代表各种含义,有时指要妈妈抱,有时指要妈妈帮他捡东西。这种一个词代表了一个句子意思的现象就是"以词代句"。不过,有些1.5岁左右的孩子语言发展较快,能说出一些简单的短句,如"妈妈再见"、"爸爸好"、"姐姐乖"等。另外一个特点是对成人语言的"理解"发展较快,理解"词"比说出"词"发展要早。婴儿对成人的某些问话,如"要吃奶吗"、"和爸爸睡好吗"作出点头或摇头的回答。因此这是一个提高婴儿语言理解能力的重要阶段。

2) 积极语言活动阶段

此阶段是1.5～3岁,婴儿开始积极的语言活动发展,是婴儿语言发展上的一个飞跃的阶段。在这个阶段内,随着婴儿理解语言能力的发展,婴儿的积极语言表达能力也很快发展起来,语言结构也更加复杂化。与1.5岁以前的婴儿多是单词句的情况不同,1.5岁以后的婴儿掌握的词的数量增加,逐渐地开始出现多词句。到2～3岁,婴儿能够使用各种基本类型的句子,有各种简单句,也出现复合句,使用句子的字数也在增加,并对说、听等语言活动有高度的积极性,喜欢交际、听童话、故事、诗歌,并记住这些内容,成人有可能利用语言作为向婴儿传授知识经验的工具。在语法的获得方面,3岁末的儿童已基本上掌握了母语的语法规则关系,成为一个颇具表达能力的"谈话者"。

(三) 语言获得的理论

1. 后天学习理论

这种理论强调后天学习对儿童习得语言起决定作用,认为语言是一种习得的技能。美国心理学家阿尔波特于1924年提出了语言是从模仿得来的观点,认为儿童学习语言是对成人语言的模仿,儿童的语言只是成人语言的简单翻版。更具代表性的行为主义语言获得理论则认为,语言行为是通过强化、塑造、模仿形成的,认为环境因素即刺激和强化的历程决定语言的形成和发展。当儿童与成人相互作用时,儿童作出的语言行为(如说出一个词),如果受到听话人的奖赏(赞许、微笑),他就会再作出这种语言反应;如果受到听话人的惩罚(气愤或不高兴的评论),他就会回避这种语言反应。总之,学习理论认为,儿童通过制造类似语言的声音而获得奖赏的方式学习说话。经过不断的调整,他们的语言与成人的语言越来越相似。

然而,后天学习论却难以解释儿童语言获得的全过程。儿童约在3至3岁半就基本上掌握了母语的基本语法结构,会自由地说出各种句子。如果儿童说出的每一个句子都是通过强化(奖励或惩罚)而获得的,那么能把词组合起来成为有意义的句子的数量就太大了,一个人仅仅去听所有这些句子就要花费几乎数不尽的时间。显然,强化论是无法完全解释儿童语言获得的。另外,对多个民族儿童学习母语过程的比较研究发现,尽管英国、德国、俄罗斯、芬兰等国语种的语法规则很不相同,但各民族儿童开始学话时都表现出某些共同的特点。他们不仅经历大致相同的发展阶段,而且常犯类似的语法错误。这似乎说明语言的发展是不受外部学习条件影响的。所以,后天学习论是难以完善地解释儿童的语言获得的。

2. 先天成熟理论

这种理论则强调先天的遗传因素起决定作用,认为语言是一种天生的技能。乔姆斯基提出语言的发展是由一种受遗传决定的、与生俱来的机制所引导的。他通过对不同语言的分析表明,世界上所有的语言都有一个相似的内部结构,称之为"普遍语法"。人类在遗传上就具有非常独特的"语言官能",人类的大脑有一个称为"语言获得装置"(language acquisition device)的神经系统。通过"语言获得装置",儿童才能在周围听到的为数不多的素材的基础上,在较短的时间里建立起该种语言的语法规则。而勒纳伯格则以生物学和神经生理学作为理论基础提出自然成熟说,认为生物的遗传素质是人类获得语言的决定因素;语言是人类大脑机能成熟的产物,因此语言获得有一个关键期,从1周岁左右开始到青春期前(11~12周岁)为止。

关于语言是一种人类独有的、与生俱来的能力后来也遭到了批评。一些研究者认为,某些灵长类动物至少能够学会语言的基本要素。另一些研究者指出,尽管人类可能在基因上预先做好了使用语言的准备,但语言的有效使用仍然需要相当多的社会经验。

3. 环境和主体相互作用理论

该理论又称为交互作用观点,它认为语言的发展是通过将基因决定的倾向和帮助语言学习的环境相结合来实现的。既接受先天因素对语言发展总体框架的塑造作用,又认同语言发展的特殊进程是由儿童所处的语言环境和他们以特定方式使用语言时所受的强化共同决定的。由于成为某种社会和文化中成员所提供的动力以及与他人的相互作用,导致了语言的使用和语言技能的提高,因此社会因素也是影响语言发展的重要因素。简而言之,该理论认为儿童语言是在人脑和语言器官发育和认知发展的基础上,在与成人和其他儿童的交际过程中,经过成人的言传身教(示范、强化、激励等)和儿童有选择的模仿学习,并经概括而成的。

目前,关于语言获得的理论尚无定论,仍未有一种理论能详细而完善地阐释语言的获得过程和机制。总之,儿童语言的获得既依赖于人脑独特的生理机制,也依赖于后天的学习条件,是两者相互作用的产物。可能性较大的是,不同因素在儿期的不同时间发挥了不同的作用。

（四）影响语言发展的环境因素

根据研究，在4~6个月时婴儿开始咿呀学语，并且在他们产生单词后，即大致在一岁到一岁半，婴儿通常仍然继续这种牙牙语。虽然牙牙语的开始时间、音调和种类最初并没有因婴儿的国家、民族、文化等出现差异，但10个月后，不同社会语言背景的牙牙语开始出现不同的变化。

尽管婴儿的语言发展呈现出相同的阶段性，但同时也存在着明显的个体差异性，这说明婴儿的语言发展还受到了特定环境因素的影响。狼孩的事例充分说明了人类社会作为婴儿语言发展环境的重要性。"影响语言发展的环境因素中，起主要作用的是婴儿所接受的教养，即照顾者是否能在语言交流方面为婴儿提供互动的机会。"（徐愫，2002）因此，要重视这个阶段婴儿的语言表达能力的培养，要多给婴儿以语言交际的机会，要在已有词汇与经验的基础上，不断扩大与丰富儿童的语言。实际上，儿童早期的单词往往是他们的母亲最常使用的，父母对婴儿的言语越多，婴儿早期词汇的发展就越快。父母如果愿意花较多时间与婴儿进行交流，婴儿往往能用许多生动的语言来表达自己的意思。千万不要以为初生的婴儿听不懂而不去和婴儿交谈。婴儿可能比人们通常认为的要聪明得多。父母和婴儿说话时，声音要柔和，最好和婴儿面对面地说，内容应该涉及各个方面，如认人、穿衣、吃饭，以及物体的名称、形状、颜色、状态等。6个月以后的婴儿已经可以发出简单的音节，从这时候起，在和婴儿说话时，要鼓励婴儿说话，积极而机智地回答婴儿的发问。对婴儿语言中的缺点或错误，要正确地示范，不要讥笑以致造成"负强化"。除了说话外，父母还可以通过语言游戏、看书、聊天和讲故事等来促进婴儿的语言能力发展。

二、认知发展

婴儿的认知就是婴儿的认识过程，是指婴儿认识、理解事物或现象，保存认识结果，利用有关知识经验解决问题的过程。它具体包括感觉、知觉、记忆和思维等过程。婴儿期是一个认知迅速发展的时期，人类关于此领域的研究不断开展和深入，取得了非常丰富的材料和成果。

（一）感知觉发展

感觉是指个体对事物个别特性的直接反映。知觉是个体对事物整体的直接反映。对于人来说，感觉与知觉往往是一起发生，所以合称感知觉或感知。感知觉对于婴儿的发展具有重大意义，是其借以认识客观世界和自我的重要能力。在婴儿的认知能力中，最先发展且发展速度最快的方面就是感知觉。许多感知觉在婴儿时期就已达到成人的水平。

1. 感觉发展

（1）视觉。研究证明，视觉最初发生的时间是在胎儿晚期，4～5个月的胎儿已经有了视觉反应能力。人们一直以来都认为婴儿的视觉是一团模糊，但近来的研究发现，新生儿已经具备一定的视觉能力，有了基本的视觉过程。刚出生的婴儿就已能立即察觉眼前的亮光，区分不同明度的光，还能用眼睛追随视刺激。但新生儿的视觉调节机能比较差，视觉集中的时间和距离都是随年龄的增长而增长的。在14周左右，婴儿双眼视觉发育成熟，能够将两只眼睛的成像结合起来得到有关深度和运动方面信息的能力。在4个月左右，婴儿就能像成人一样作出调节适应，其颜色视觉的基本功能已接近成人的水平。从6个月大至1岁，婴儿的视觉已基本同成人接近，达到正常人的视力范围。另外，研究表明，婴儿天生对某些特殊的刺激有偏好。例如出生几分钟的婴儿对不同刺激的特定颜色、形状和结果有偏好。他们喜欢曲线胜过直线，喜欢三维图形胜过二维图形，喜欢人脸型胜过非人脸型。

（2）听觉。婴儿出生后是否立即具有听觉？或者说，人类个体的听觉能力是何时才形成的？对这个问题一直存在着相当激烈、复杂的争议。最近的研究结果证实，听觉能力早在胎儿期就已经开始存在了。"胎儿的听觉系统大约在胎龄30周，或预产期前10周时开始具有功能，但30周以前的胎儿或早产儿可能感受到振动的声音形式。"（朱莉娅·贝里曼，2000）关于婴儿的听敏度的研究发现，婴儿在200～2000赫兹之间的听觉差别阈限是成人的两倍，而在4000～8000赫兹范围内的听觉差别阈限与成人相同。同时实验还证明了刚刚出生的婴儿就有视听协调能力。婴儿能像成人一样根据听觉方向来进行视觉定向，3～6个月大的婴儿的视听协调能力已发展到了能辨别视、听信息是否一致的水平。另外，6个月以前的婴儿已能辨别音乐中旋律、音色、音高等方面的不同，并初步具有了协调听觉与身体运动的能力。

（3）嗅觉。大量的研究表明，个体在胎儿末期已具有了初步的嗅觉反应能力，开始感受嗅觉刺激。婴儿刚出生时，就已能对不同的气味作出相应的各不相同的反应，通过嗅觉分辨显示对自己母亲的偏爱，对母亲用过的物品能有明显的分辨，并出现嗅觉习惯化和嗅觉适应的现象。

（4）味觉。婴儿的味觉系统在胎儿3个月时就已开始发育，在婴儿出生时味觉系统已发育成熟，所以婴儿一出生就已有了味觉，而且还相当敏锐，能对比较淡的、带甜味的东西作出积极反应，而对咸、酸、苦的强烈味儿的东西作出消极反应。在2～3个月时，在对食物的好恶方面，婴儿的味觉能力已明显增强。

（5）肤觉。新生儿对压力和疼痛很敏感，但是在出生后的几天里，需要给以强刺激才能引发可观察到的反应。最初，婴儿以迅速的全身动作对这类刺激作出反应。之后，婴儿对这类反应渐渐变慢，到1岁左右时已能直接用手和眼睛确定受到刺激的部位。

2. 知觉的发展

婴儿知觉主要包括图形知觉和空间知觉两个方面，其中空间知觉又分为深度知觉、方位知觉和距离知觉三个方面。

1）图形知觉

婴儿的图形知觉发展也比较早。有研究表明，刚出生2天的新生儿就能分辨人脸和其他图形，他们注视人脸比注视其他图形的时间要长得多。6个月大的婴儿注视人脸的时间是注视其他图形时间的2倍。婴儿偏爱注视人脸的重要原因之一是他们更喜欢看到复杂的图案、曲线、活动物体和轮廓多的图形，而人脸则同时带有这些特点。

2）空间知觉

空间知觉指个体对外界事物一切空间特性的反映，主要包括深度知觉、方位知觉和距离知觉等三个方面。婴儿已基本具备了这些方面的知觉能力。

（1）深度知觉，也即立体知觉，是对立体物或两个物体前后相对距离的知觉。婴儿有没有深度知觉？这个问题通过著名的"视崖"实验已经有了肯定的答案。实验者将婴儿放置在一块很厚的玻璃上，玻璃下方有一半铺有方格图案，让人感觉婴儿趴在一块稳当的地板上；然而，另一半的玻璃下方，方格图案与玻璃具有几十厘米的落差，形成明显的视崖。当母亲召唤婴儿时，观察婴儿的反应。实验表明，6~7个月的婴儿显示出了深度意识，9个月的婴儿在接近视崖边缘时表现出了明显的害怕情绪。

（2）方位知觉，指对物体所处的方向的知觉，如对上下、左右、前后、东南西北的知觉。婴儿对外界事物的方位知觉是以自身为中心定位，并主要靠听觉、视觉来定向。刚出生的新生儿就已有基本的听觉定位能力，他们能对来自左边或右边的声音作出向左看或向右看的不同反应。

（3）距离知觉，指个体对同一物体的远近程度或不同物体的远近程度的反映。上述的深度知觉其实就是距离知觉的一种。除了用"视崖"实验研究婴儿的深度知觉外，学者还用"视觉逼近"实验研究婴儿的距离知觉。结果发现，新生儿已能对逼近物体有某种初步反应，2~3个月大的婴儿已经具备对逼近物体的保护性闭眼反应，但对物体明显的躲避反应则从4~6个月开始。

（二）记忆的发展

广义地说，认识都是记忆，儿童正是将所获得的关于世界的知识储存于记忆中。关于婴儿是否具有记忆能力，是婴儿发展研究的一个基本问题。研究发现，婴儿不仅很早就存在记忆，而且具有相当好的信息保持能力。例如，5个月的婴儿接触一张面部照片仅两分钟，在长达两个星期后他们仍有能够再认照片的迹象。尽管记忆可能很早就存在，但并非一开始就很完善。贯穿整个婴儿期，记忆会发生各种变化。对于1岁以前的婴儿来说，他们已经有了短期记忆，即信息一次呈现后，保持在一分钟以内的记忆。除此之外,他们可能也会有长期记忆,即信息经多次重复后长久保持在头脑中的记忆。1~2个月大的婴儿经过反复训练,可以形成长期记忆。3个月大时,他们已经能在几天内记住一个玩具。4~5个月大时,他们能寻找忽然消失在视线中的玩具。6个月大时,他们开始拒绝陌生人而依恋亲人,由以前的"平易近人"变得"认生",甚至会拒绝亲近曾离开过一段时间的亲人。从1岁开始,由于动作和语言的发展,婴儿的记忆能力有了长足的进步,不仅记忆时间有所延长,记忆内容有所增加,而且回忆能力也有很大的发展。婴儿开始用行动表现出初步的回忆能力,并喜欢做藏东西的游戏,也常常能帮助成人找到东西。总之,1~3岁的婴儿期是记忆发展的第一个高峰时期,在此期间婴儿的记忆能力有了极大的进步。婴儿记忆能力的发展对其思维能力具有明显的促进作用。

(三)思维的发展

思维是对客观事物概括的和间接的反映过程。它以感知为基础又超越于感知的界限,是认识过程中探索与发现事物内部本质联系和规律性的高级阶段。

3岁前是儿童思维的发生或萌芽阶段。严格地说,1岁前的婴儿,只有对事物的感知,基本上还没有思维。真正意义上的思维是从1岁后才开始产生的,因为婴儿思维的产生和初步发展是直接与婴儿以表象为基础和以词为中介的概括能力的形成相关联的。

从总体上看,3岁以前婴儿思维基本上属于直观行动思维的范畴。整个3岁以前的思维特点主要是直观行动性。所谓直观行动性,指婴儿的思维无法离开具体的活动过程,也就是皮亚杰强调的"感知"与"动作"协调性。也就是说,婴儿只能对目前看得见并能实际操纵的物体进行思维,否则便无法进行思维。

研究发现,从总体上来说,3岁前儿童思维可以分为四个阶段。

(1)条件反射建立时期。在出生后的第1个月,这是新生儿时期。

(2)知觉常性产生时期。从一到五六个月是婴儿感觉迅速发展的时期。触觉、嗅觉、味觉、视觉和听觉相继发展起来,从五六个月到八九个月,是知觉和知觉常性发展的阶段。从八九个月至1岁,婴儿开始认识客体的永久性,从此,知觉常性和客观永久性迅速发展起来。

(3)直观行动性思维时期。1~2岁,是婴儿动作和语言开始迅速发展的阶段。在动作发展的过程中,由于语言功能的出现,此时婴儿的直观行动概括能力逐步发展起来,这是人的思维的初级形式。当然,2岁左右的婴儿所概括的一般只限于事物的外表属性,而不是本质属性。

(4)词语调节型直观行动性思维时期。2~3岁,这是词的概括、概念,亦即语言思维产生的阶段。但这个阶段仍然带有极大的情境性和直观行动性。一般来说,2~2.5岁和2.5~3岁的婴儿思维水平是有区别的,前者更依赖于直观和动作,后者却有较明显的词的调节。

婴儿思维的产生和发展的意义是巨大的,它不仅仅意味着智慧活动,即智力的真正开始,而且意味着人的意识的萌芽。

(四)皮亚杰感觉运动阶段

皮亚杰认为,婴儿处于感觉运动期,是认知发展早期的主要阶段,又可以分为六个亚阶段,具体如表4-3所示。

表4-3 皮亚杰感觉运动阶段

亚 阶 段	年 龄	描 述	例 子
亚阶段1:简单反射	出生至第1个月	在这个阶段,决定婴儿与世界交互作用的各种反射是他们认知生活的中心	吮吸反射使婴儿吮吸放在嘴唇上的任何东西
亚阶段2:最初的习惯和初级循环反应	第1个月至第4个月	在这个年龄段,婴儿开始将个别的行为协调成单一的、整合的活动	婴儿可能将抓握一个物体和吮吸这个物体结合起来,或者一边触摸,一边盯着它看
亚阶段3:次级循环反应	第4个月至第8个月	在这个阶段,婴儿主要的进步在于,将他们的认知区域转移至身体以外的世界,并且开始对外面的世界产生作用	一个婴儿在床上反复地拨弄拨浪鼓,并且以不同的方式摇晃拨浪鼓以观察声音如何变化。该婴儿表现出调整自己有关摇拨浪鼓的认知图式的能力
亚阶段4:次级循环反应的协调	第8个月至第12个月	在这个阶段,婴儿开始采用更具计划性的方式引发事件,将几个图式协调起来生成单一的行为。他们在该阶段理解了客体永存	婴儿会推开一个已经放好的玩具,使自己能拿到另一个放在它下面、只露出一部分的玩具
亚阶段5:三级循环反应	第12个月至第18个月	在这个阶段,婴儿发展出皮亚杰所说的"有目的的行为的改变",这样的行为将带来想要的结果。婴儿像是在执行微型实验来观察结果,而不仅仅是重复喜欢的活动	儿童不停改变扔玩具的地点,反复地扔一个玩具,每次都会仔细观察玩具掉在哪里
亚阶段6:思维的开始	第18个月至2岁	第6个亚阶段的主要成就在于心理表征能力或象征性思维能力的获得。皮亚杰认为只有在这个阶段,婴儿才能想象出他们看不到的物体可能在哪里	儿童甚至能够在头脑中勾画出看不到的物体运动轨迹,因此,如果一个球滚到某个家具下面,他们能判断出球可能出现在另一边的什么地方

亚阶段1：简单反射。包括了出生后的一个月,在此阶段,婴儿通过各种先天性反射活动,如吸吮反射等,与外部世界展开互动。在练习过程中,他们开始将新刺激同化到已有的反射图式,并顺应新刺激而不断调整图式,这些活动标志着婴儿认知发展的开端。例如,对一个婴儿主要通过母乳喂养,但同时也辅助性地用奶瓶喂奶,那么这名婴儿可能已经开始根据碰到的是乳头还是奶嘴来改变他的吸吮方式。

亚阶段2：最初的习惯和初级循环反应。该阶段发生在1~4个月,当婴儿发现自己偶然作出的某些动作令人愉快时,他开始重复这些动作。这类动作的反复循环纯粹出自内部动机,而与外界无关。对随机运动事件的重复,可以帮助婴儿通过循环反应的过程来构建认知图式。并且此时,婴儿已经能够协调不同的感觉,开始将独立的行为协调为单一的、整合的活动。

亚阶段3：次级循环反应。该阶段主要发生在4~8个月,该阶段的反应更具目的性,儿童开始关注外面世界,开始学习控制其他东西,他们会重复练习新获得的行为模式,并注意行为的结果。该阶段的婴儿开始能够区分主客体,自我概念开始形成。

亚阶段4：次级循环反应的协调。该阶段主要发生在8~12个月,婴儿开始使用目标指向的行为,将几个图式结合并协调起来,从而产生一系列的行动来解决问题。并且,此阶段的婴儿发展出客体永存的概念,即使看不到人和物体了,也能够意识到他(它)们是存在的。但婴儿还无法理解物体的转移,即使当着他们的面把东西藏到别的地方,他们仍然会去前一个地方寻找。

亚阶段5：三级循环反应。该阶段主要发生于12~18个月,该阶段婴儿开始思考自己的行为,喜欢反复尝试不同的动作模式并探索其结果,这反映了婴儿了解事物运作方式的好奇心。婴儿有关客体永存性的概念进一步提高,他们能够追踪物体的转移并到新的藏匿处去寻找物体,直到找到为止。

亚阶段6：思维的开始。该阶段主要发生于18~24个月,该阶段主要成就是心理表征能力或象征能力的获得。心理表征是指对过去时间或客体的内部意象。到此阶段,婴儿可以想象看不见物体的可能位置,甚至可以在自己脑海里描绘出看不见物体的运动轨迹。同时,该阶段也是延迟模仿出现的时期,婴儿能够在模仿对象不在场时再现其行为。这意味着婴儿能够把经验转换为心理符号贮存在记忆里,并在适当的时候提取出来。

感觉运动阶段六个亚阶段的发展看起来似乎很有规律性,但是认知情况发展的实际情况并非如此。不同儿童真正进入特定阶段的年龄存在一定差异,进入某个阶段的确切年龄反映了婴儿身体成熟水平和所处社会环境特征之间的相互作用。另一方面,阶段性发展是一个循序渐进的过程,婴儿向下一个认知发展阶段过渡时存在相当稳定的行为变化。婴儿会经历过渡期,在这个阶段行为的某些方面会反映下一个较高阶段,而其他方面仍然显示当前阶段的特征。

三、情绪发展

一直以来,婴儿的情绪并没有像认知那样受到学者的广泛关注,近年来对婴儿情绪发展的大量研究,使人们从另一个新的角度更加深入和全面地认识了婴儿期的心理发展过程。婴儿情绪的发展与其生物、认知和社会领域的发展是同步进行的,而且发生相互作用。

(一) 最初的情绪表现

在出生后的头几个月里,婴儿用微笑、咿咿咕咕、视线接触对人作出反应,并未对人显示出明显的差别。但许多研究证实婴儿具有先天的情绪机制,在外部刺激的诱发下获得和发展出愉快、感兴趣、惊奇、厌恶、痛苦、愤怒、惧怕和悲伤等八种基本情绪。关于婴儿的情绪表现有许多不同的观点,其中以行为主义心理学创始人华生的观点影响最大。华生认为新生儿有三种主要情绪:爱、怒和怕。爱——婴儿对柔和轻拍或抚摸产生一种广泛的松弛反应;怒——如果限制婴儿的运动,婴儿就会产生身体僵直、屏息、尖叫之类的反应;怕——听到突然发出的声音,婴儿会产生吃惊反应,当身体突然失去支持时,婴儿就发抖、嚎哭、啜泣。但是华生的新生儿有三种情绪的理论在后来的经验中并没有得到很好的验证和支持。在根据自己研究和对前人研究的总结中,孟昭兰提出了婴儿情绪分化理论,主要观点有:①人类婴儿有 8~10 种从种族进化中获得的情绪;②个体情绪的发生有一定的时间次序和诱因;③情绪发展有一定的规律性,也有个别差异。

(二) 情绪的分化与发展

1. 婴儿的微笑

微笑是婴儿的第一个社会性行为,通过微笑可以引起周围对他的积极反应。婴儿微笑的发展经历了以下几个阶段。

第一阶段:反射性的笑(0~5 周)。这个阶段婴儿的微笑并不是完全的微笑,主要是用嘴作怪相。婴儿在笑的时候,眼睛周围的肌肉并未收缩,脸的其余部分仍保持松弛状态。这种早期的微笑可以在没有外部刺激的情况下发生,是反射性的笑或自发的笑,也被称为"嘴的微笑",不同于后来产生的社会性微笑。

第二阶段:无选择性的社会性微笑(5~14 周起)。这种微笑由外部刺激引起,如运动、发声物体或人脸。人的声音和面孔特别容易引起婴儿的微笑,但此时婴儿并不会区分那些对他有特殊意义的个体,因而是一种无选择性的社会性微笑。大约到第 5 周时,婴儿开始对移动着的脸微笑。到第 8 周时,会对一张不移动的脸发出持久的微笑。从 3 个月开始,婴儿的微笑次数增加,对视觉刺激特别是最初的照料者出现的时候发出更多的微笑。这种发展标志着有选择性的社会性微笑的开始,是婴儿发展的重要里程碑。但这时婴儿对陌生人的微笑与对熟悉的照顾者的微笑并没有多大区别,只是对熟人的微笑比陌生人要多一些。

第三阶段:有选择性的社会性微笑(5～6个月起)。这一阶段,由于婴儿视觉能力的增强,他能够认出熟悉的脸和其他东西,开始能对不同的人作出不同的反应。婴儿对熟悉的人会无拘无束地微笑,而对陌生人则带有种警惕的注意,渐渐地,陌生人的出现不仅不能激起微笑,反而会引起婴儿哭喊、恐惧等退缩行为。这种有选择性的社会性微笑增强了婴儿与照顾者之间的依恋。

2. 婴儿的哭泣

哭泣是婴儿表达情绪的另一种常见方式。就像微笑一样,哭泣可以加强婴儿与照顾者之间的联系。新生儿哭泣的原因有很多,最初主要是因为饥饿、冷、湿、疼痛及睡眠被扰醒等。婴儿发出的哭泣可以分为不同的类型,反映其痛苦的不同性质。婴儿的哭泣大致经过三个发展阶段。

第一阶段:生理-心理激活(出生至1个月)。新生儿的哭泣通常是由于饥饿、腹部疼痛或身体不适所引起的。这时,只要满足其生理需要或将其抱起、轻拍,稍加安抚即可停止哭泣。

第二阶段:心理激活(1个月起)。这一阶段婴儿表现为一种低频、无节奏的没有眼泪的"假哭"。当婴儿得到注意或照看时,哭声往往会停止。母子对视、吮吸拇指和身体接触等都可以减少哭泣,但以身体接触最为有效。

第三阶段:有区别的哭泣(2～22个月)。在这一阶段,不同的人可以激活或停止婴儿的哭泣。当父母或成人离开或不在附近时,婴儿就会哭泣。这种哭泣是一种社会行为,反映出婴儿的依恋需要。

3. 对他人面部表情的识别和模仿

婴儿除了能够表达自己的情绪之外,还能对他人的情绪进行辨别和作出反应。婴儿能够区别不同情绪的最主要的证据来自对婴儿面部表情的研究。有研究发现,婴儿运用面部表情和分辨他人情绪的能力是逐步发展起来的。婴儿很早就能识别和模仿成人的面部表情,并且能对照顾者的不同情绪作出不同的反应。当母亲表情愉快时,婴儿显得很快乐;当母亲出现悲伤表情时,婴儿就停止微笑;当母亲愤怒时,婴儿就把头转向一边并停止动作,甚至开始哭泣。对他人的表情和情绪状态的识别是婴儿与他人进行主动交往的一个重要条件。对他人情绪的识别提高了婴儿在社会生活环境中的适应性,特别是对母亲面部表情的识别可以加强母婴交流,为婴儿提供特定情境下的行动信息。例如,当婴儿不能肯定是否接受陌生人的拥抱或食物时,如果母亲的表情是鼓励和肯定的,婴儿就更可能接受对方的行为或物品,反之则会拒绝甚至哭泣。

第三节 社会系统及其对婴儿期的影响

一、依恋

依恋是婴儿与主要照顾者之间特殊的亲密关系,是婴儿出生后所面对的第一个人际关系。由于婴儿的主要照顾者通常就是母亲,婴儿的依恋对象通常也是其母亲,所以婴儿的依恋又称为母婴依恋。其具体表现为:婴儿对母亲发出更多的微笑,对母亲咿呀学语,依偎、拥抱母亲;喜欢与母亲在一起,接近母亲时就会感到非常舒适、愉快,与母亲分离时就会感到不安而产生悲伤;对陌生人的出现也会感到紧张和焦虑,母亲的出现则可以使婴儿感到安全。

(一) 依恋的发展

建立正常的依恋关系对于婴儿的发展有着极其重要的意义。许多研究者发现,与许多动物幼仔一出生就与母亲形成了亲密关系相比,人类婴儿与照顾者之间建立亲密关系的时间要晚得多。婴儿依恋的发展是在其出生后逐渐发展起来的。心理学家鲍尔比和艾斯沃斯将婴儿依恋的发展分为四个阶段。

1. 无差别的社会反应期(出生至 3 个月)

这个时期的婴儿对人的反应是不加区分的、无差别的反应。他们缺乏辨别不同个体的能力,因此他们对所有人的反应几乎是一样的,喜欢所有的人,愿意注视所有人的脸,看到人的脸或听到人的声音都会微笑、手舞足蹈。这个时期婴儿还没有表现出对任何人的偏爱,包括对母亲也未产生偏爱,而只是在物体和人中表现得更喜欢人,并表现出特有的兴奋。

2. 选择性的社会反应期(3~6 个月)

这个时期的婴儿对人的反应有了区别,对母亲很偏爱,对他所熟悉的人和陌生人的反应是不同的。他们更频繁地对熟悉的面孔微笑、发声,而对陌生人的微笑则相对减少,甚至消失。婴儿开始能辨认并偏爱所熟悉的人,喜欢与熟悉的人进行接触。这时的婴儿在母亲面前表现出更多的微笑、咿呀学语、依偎、拥抱,而对其他家庭成员和陌生人的反应就少了许多。婴儿所熟悉的人往往更容易安慰孩子,能更迅速、更广泛、更频繁地引起婴儿的微笑和发声。处理这个时期的婴儿还不怯生,同时也不拒绝所熟悉的人离开。

3. 特定依恋期(6 个月~3 岁)

从六七个月起,婴儿对母亲的存在极为注意,特别喜欢与母亲在一起。当母亲离去时,开始通过哭泣表示抗议,表现出分离焦虑。婴儿出现了明显的对母亲的依恋,形成了对母亲的特殊情感。同时,他们对陌生人的态度变化很大,见到陌生人不再微笑、咿呀学语、依偎,而是表现出更为明显的警惕、戒备和退缩,产生了怯生。

（二）依恋的类型

婴儿在六七个月时,基本上都能与母亲形成依恋,但其依恋的性质是各不一样的,而且婴儿对母亲的依恋表现并不相同。艾斯沃斯等人采用"陌生人情境程序"研究婴儿的依恋。他们将婴儿与其母亲和一陌生人安置在实验室里,通过母亲离去、返回及陌生人出现等系列程序,考察婴儿与不同人（陌生人、母亲和自己）在一起和其他人离开和返回时的情绪和行为。根据研究结果,艾斯沃斯认为,由于父母行为的影响,可能使婴儿形成四种类型的依恋:安全型依恋、回避型依恋矛盾型依恋和混乱型依恋。

(1) 安全型依恋。约70%的婴儿属于这一类。他们在与母亲独自相处时,能很安逸地玩玩具,并不总是依偎在母亲身边,而是积极探索环境,只是偶尔靠近母亲,更多的是用眼睛看母亲,对母亲微笑或交谈。母亲在场时使婴儿有足够的安全感,对陌生人的反应也比较积极,但当母亲离开时则明显地产生不安。当母亲返回时,就寻找母亲,很快地与她接触,以结束这种分离忧伤。

(2) 回避型依恋。约20%的婴儿属于这一类。他们对母亲是否在场表现出无所谓的态度,与母亲在一起时似乎对探索不感兴趣,与母亲分离后也没有多少忧伤;当母亲重新返回时,往往不予理睬,常常避免与母亲接触。他们对陌生人没有特别的警惕,但常采用回避和忽视的态度。这类婴儿实际上并未与母亲形成特别亲密的感情联结。

(3) 矛盾型依恋。约10%的婴儿属于这一类。即使母亲在场,他们也非常的焦虑,不愿意进行探索活动;当与母亲分离时,则表现得非常忧伤、苦恼、极度反抗;当母亲返回时,常表现出矛盾的心理,对母亲曾经离开感到非常不满,寻求与母亲的接触,但对母亲的接触又表示反抗。

(4) 混乱型依恋。后续的研究者发现,还存在第四种依恋类型。有5%～10%属于该类型。该类型儿童表现出前后不一致、矛盾和混乱的行为。当母亲回来时,他们会跑到她身边却不看母亲,或者最初显得很平静,后来却爆发出愤怒的哭泣。

在这四种依恋中,安全型依恋为良好的、积极的依恋;后三种被称为不安全依恋,是消极的、不良的依恋。相比之下,那些安全型依恋的婴儿,长大后更有能力,更独立自主,更善于与人交往,为人处世更积极,也更少经历心理障碍。混乱型依恋婴儿则在应对压力方面有困难,并可能出现更多的问题行为（韩晓燕、朱晨海,2009）。

（三）依恋对婴儿发展的影响

依恋是在婴儿与母亲的相互交往和情感交流中逐渐形成的。婴儿的依恋性质在很大程度上取决于父母与婴儿的交往方式。如果母亲能非常关心婴儿所处的状态,注意婴儿发出的信号,并能正确地理解,作出及时、恰当的反应,婴儿就能产生和发展出对母亲的信任和亲近,促进婴儿良好的发展,反之则不能。

鲍尔比认为,抚养者与婴儿正常依恋关系的缺乏可能会导致婴儿严重的心理障碍。婴儿如果缺乏关心和爱抚,就很难建立对任何人的依恋,从而给其今后的生活带来重要的影响。研究者在动物社会性剥夺研究中发现,长时间被隔离喂养的猴子会表现出极其异常的行为模式,与此类似,他们在对孤儿院里的儿童进行观察后发现,这些儿童表现出明显的发展迟钝,很少哭和发声,身体姿势僵硬,语言发展明显缓慢,表现出孤独,无法形成亲密的人际依恋。

马塔斯等人认为依恋性质对儿童今后的认知发展和社会性适应有一定的影响。他们用证据证实在12个月或18个月是安全型依恋的婴儿,到2岁时比那些当时是非安全型依恋的儿童能以更高的热情和更大的兴趣解决提供给他们的问题。当儿童遇到不能解决的问题时,安全型依恋的儿童很少发脾气,更多地接受母亲的帮助。

(四) 依恋类型的影响因素

1. 抚养方式

主要照顾者对婴儿喂养方式及与婴儿的互动方式是婴儿依恋关系形成的一个关键因素。母亲对婴儿所表现出的敏感性、反应性、耐心程度都直接影响着婴儿的认知模式。安思沃斯等人研究了母亲在婴儿出生后最初3个月的抚养行为对婴儿依恋类型形成的影响。研究者从敏感性、接受性、合作性和易接近性四个方面来衡量母亲的抚养行为,结果发现,婴儿的依恋类型与特定抚养方式密切相关。安全型婴儿的母亲多数有能保持一致、稳定的接纳、合作、敏感和易于接近等特性;回避型婴儿的母亲则倾向于拒绝、不敏感;矛盾型婴儿的母亲通常拒绝、忽略婴儿的需要,并干涉婴儿的自主行为。梅恩和所罗门(Main & Solomon,1986)进一步提出,混乱型婴儿之所以表现出既想接近看护者又要逃避看护者的矛盾行为,可能是由于他们曾经被忽视或虐待,这使得婴儿不知道在与看护者重聚时应该接近以寻求安慰,还是应该躲避以获得安全。总而言之,安全型婴儿的母亲能够快速并积极回应婴儿的情绪反应;而非安全型婴儿的母亲通常以忽视他们的行为线索、在他们面前表现得前后不一致,以及拒绝或忽视他们社交努力的方式来回应(汪新建,2008)。

2. 气质类型

气质是指那些主要是与生俱来的心理和行为特征,包含个体一致且持久的唤醒模式和情绪特点。托马斯和切斯根据婴儿行为的节律性、活动水平、接近与退缩、适应性、心境、情绪表达几个维度,将婴儿的气质划分为三种基本类型:容易型、困难型、迟缓型。具体特点见表4-4。

表 4-4 气质类型与特点

气质成分	容易型	困难型	迟缓型
节律性	吃、睡、排泄时间有规律	无规律	—
活动水平	—	高	低
接近与退缩	容易接近陌生人与陌生情境	怀疑陌生人和陌生情境	对新刺激有中等强度的初始消极反应
适应性	容易适应新情境并能接受挫折	适应慢且受挫后脾气暴躁	在无压力的反复接触后逐渐喜欢新情境
心境	积极	消极	—
情绪表达	中等强度的表达	高强度的表达（如大笑、大哭等）	低强度的表达

卡根认为婴儿的依恋类型在很大程度上限于婴儿的气质类型。他比较了婴儿气质研究与陌生情景测验的结果，从中发现，安全型、回避型、矛盾型、混乱型依恋类型婴儿的百分比与容易型、困难型、迟缓型婴儿的百分比十分接近。卡根解释道，这是因为在气质上属于困难型的婴儿通常拒绝生活或活动环境的变化，不愿接受新事物，可能在陌生情境中显得更加悲伤，并且不能被母亲抚慰，因此就被归为回避型。而一个气质属于容易型的婴儿则会表达非常友好，容易接受陌生环境，也容易接受母亲的抚慰，因此被归为安全型。迟缓型气质的婴儿害羞，对环境变化接受较为缓慢，在陌生情境中显得疏远、不依恋，因此被归为矛盾型。在卡根看来，婴儿的依恋类型实际上反映了他们的内在气质类型。

尽管婴儿气质类型在某种程度上与依恋类型相关，但是，婴儿的依恋类型会因照顾者抚养方式突然改变或者照顾者本身的改变而改变，而气质类型却是相对稳定的，因此气质类型并不能全面地解释依恋类型（汪新建，2008）。

3. 主要照顾者自己的依恋类型

母亲对婴儿通常的反应基于她们自己的依恋风格。母亲在婴儿时期是安全型依恋关系，可能对自己孩子的敏感度更高，更积极回应孩子的需求，孩子也更容易形成安全型依恋关系。因此，代代相传的依恋模式在本质上十分相似。

二、道德感的出现

心理学家林崇德在研究中发现，3 岁以前是儿童道德萌芽、产生的时期，是以"好"（"乖"、"对"、"好人"）与"坏"（"不好"、"不乖"、"坏人"）两义性为标准的道德动机，并依此引出合乎"好"与"坏"的道德需求的行动来。在此阶段，婴儿不可能掌握抽象的道德原则，其道德行为是很不稳定的。婴儿的主要任务是理解"好"、"坏"两类简单的规范,并作出一些合乎成人要求的道德行为。

(一) 婴儿的道德观念与道德判断及其行为表现

婴儿的道德观念、道德行为是在成人的强化和要求下逐渐形成的。当婴儿在日常生活中作出良好的行为时,成人就显出愉快的表情,并用"好"、"乖"等词给予正强化;当婴儿作出不良的行为时,成人就显出不愉快的表情,并且用"不好"、"不乖"等词给予负强化。在这样的过程中,婴儿就能不断地作出合乎道德要求的行为,并形成各种道德习惯。今后如果再遇到类似场合,婴儿就会立即作出合乎道德要求的行为来,对于不合乎道德要求的行为,则采用否定的态度或加以克制。当婴儿和父母外出遇到父母的熟人时,开始几次婴儿总是被鼓励喊对方叔叔、阿姨或爷爷、奶奶。如果婴儿顺利地喊了对方,就会受到来自父母和对方的称赞与表扬,如"真乖"、"好"、"聪明"等。等到了后来再次外出时,婴儿遇到别人时,往往会主动和对方打招呼和问好。

婴儿的道德判断也是在与成人的积极交往中逐渐学会的,先学会评价他人的行为,进而学会评价自己的行为。在评价自己的行为时,婴儿先是模仿成人对自己的评价。如成人说"好"、"乖",婴儿也认为是"好"、"乖";成人认为"不好"、"不乖",婴儿也认为"不好"、"不乖"。以后婴儿将逐渐学会自己评价自己的行为。但是,婴儿道德判断的习得并不代表婴儿的行为总是服从于一定的道德标准。由于易受情绪和周围环境的影响,婴儿的行为是极其不稳定的,其道德观念、道德行为还只是一些初步表现,对这些既不能作过高的估计,也不可片面就婴儿的某些过失行为轻下结论,只能经常给以提醒、鼓励和要求。

(二) 婴儿的道德感及其行为表现

如前所述,婴儿在掌握道德观念的基础上,已经产生了初步的道德感,如责任感、同情心和互助感等。1.5~2岁的婴儿已能关心别人的情绪,关心他人的处境,因他人高兴而高兴,因他人难受而难受,并且力图安慰、帮助他人。当自己的言行因符合他所掌握的社会准则而受到表扬时,婴儿便会产生高兴、满足与自豪的情感体验,反之就会产生羞怯、难受、内疚和气愤等情感体验。在成人的教育引导下,2~3岁的婴儿逐渐变得爱憎分明,在看书、观看动画片或听故事时,不喜欢其中的大灰狼、灰狐狸等角色,而特别喜欢成功战胜它们的小兔子、小鸭子等角色。当然,婴儿此时产生的道德情感体验还是非常肤浅的。只有当婴儿对自己的行为意义有了一定的理解或养成了一定的习惯后,他们才会有自主的情感体验。总之,婴儿的道德感只能说是在开始萌芽,各种道德行为也只是刚刚产生,并且逐渐出现最初的一些道德习惯。

三、社会性发展和自我的出现

从一出生起,婴儿就是一个社会的人,处于一个复杂的社会环境之中。他们以家庭为主要活动场所开始了其早期社会化进程,开始了社会交往的发展,并逐渐能够区分别人和认识自我。

(一) 早期社会化

社会化是个体在社会的熏陶和教育下,经过社会学习将社会文化逐步内化,从自然人发展成为社会人的过程。社会化的过程从婴儿期已经开始,从此不断发展并持续整个人的一生。

婴儿最初的社会化是在家庭中进行的。1岁以前的婴儿由于无法直立行走,其行动完全依附于母亲和成人,生活和活动局限于家庭。1岁以后,婴儿逐步学会了独立行走,并有了语言交流能力,其活动范围开始向家庭外扩展和延伸。但是家庭仍然是其主要的活动场所,以父母为主的家庭成员的言传身教使其有了初步的道德判断和行为标准。正是这种家庭教育使外在的行为规范逐步内化为婴儿的行为准则,从而成为其早期社会化的主要途径。

(二) 社会交往的发展

对婴儿来说,特别是1岁以内的婴儿,他们的语言技能相对缺乏,主要借助视觉行为、面部表情和身体姿势等非语言符号来进行交往。在出生后的头几个星期,婴儿的交往主要围绕着基本的生存需要展开。他们通过哭闹等方式向其照顾者表达自己的需要。随后,婴儿便学会区别父母和其他人,学会识别他人的表情和情绪,能够识别不同的交往对象并采取相应的行为。婴儿与其最经常接触的父母的交往带有不同的特点(林崇德,2002)。

1. 与母亲的交往

作为婴儿的主要照顾者,母亲是婴儿生存、发展的第一重要人物,也是婴儿社会性发展的重要基础。在母亲的要求、指导下,婴儿学会了参与、进入交往,主动发起、邀请批评指正交往,并学会如何维持交往,解决交往中的矛盾、冲突,使交往顺利进行。如前所述,从6~7个月起,婴儿对母亲的存在特别关心,特别愿意与母亲在一起,出现了明显的依恋,形成了特殊的母婴感情联结。2岁以后,婴儿能认识并理解母亲的情感,知道交往时应考虑母亲的需要和兴趣,并据此调整自己的情绪和行为反应。美国生育问题专家伯顿·L.怀特和他的助手在对婴儿正常发展、使认知能力最优化的手段研究中,曾对1~3岁的幼儿进行了长达一年半的跟踪观察,初步的研究结果表明,婴儿的行为方式与母亲的行为方式之间有密切的联系。母亲的行为不仅影响婴儿早期的行为,而且对之后儿童认知及社会交往能力的发展也有重要影响。

雷内·施皮茨曾主持的一项关于母爱剥夺的研究,从另一个角度证明了母亲对婴儿的重要作用。他指出,在婴儿发育的关键时期同母亲的分离对婴儿会产生毁灭性的后果。如果在3个月内母亲或起母亲作用的人回到婴儿身边,受到的影响可大大减轻。但是,如果不采取补救措施,对孩子的损害将是无可挽回的。同时,他也提出了相关的治疗建议,第一是预防,在婴儿生命的第一年里,必须尽力避免对婴儿的爱的对象的长期剥夺。在后 6 个月里,无论在何种情况下,婴儿的爱的对象离开时间决不能超过 3 个月以上。第二是恢复,如果在第一年里婴儿被长期剥夺爱的对象的话,在最长不超过 3 个月的时间内爱的对象回归到他们身边,则可以至少部分地弥补他们遭受到的伤害。第三是替代,如果既不能采取预防措施又不能采取恢复措施,则可另由一人来代替爱的对象。要特别注意促使婴儿的运动驱力得到最大限度的发展,要积极支持婴儿主动选择其曾被剥夺的爱的对象的替代者。

2. 与父亲的交往

对于婴儿来说,与父亲的交往同样也是必不可少的。父亲是婴儿重要的游戏伙伴,是婴儿积极情感满足、社会性、人格发展和性别角色正常发展以及社交技能提高的重要源泉。由于父亲与婴儿接触、交往的时间要明显少于母亲,因此表现出不同的特点。在交往内容上,父亲比起母亲更多的是与婴儿游戏;在交往方式上,父亲更多地通过身体运动的方式接触婴儿,而母亲则更多地通过语言交流和身体接触;在游戏性质上,父亲比母亲进行更多大动作的、激烈的、强烈刺激的身体游戏和新异、不寻常的游戏活动,而母亲的游戏多是语言、教育性或带有玩具的游戏。约格曼报告说,父亲的游戏式作用越使人兴奋、越不落俗套,就越有利于婴儿发展更具创造性的、以社交为目标的游戏活动。正是这些显著的特点使父亲在婴儿的成长过程中发挥着母亲不可替代的作用。阿特金和鲁宾曾这样描述道:"随着父亲的积极参与,他们同母亲一样给了婴儿需要的刺激。父亲增强婴儿体验的一种接触同母亲是不一样的。当父亲抱着婴儿时,婴儿会感觉到同被抱在母亲怀里是不一样的。当父亲看上去不一样、说话声不一样、体味也不一样时,他给孩子带来一种多样化的体验。婴儿需要听到一种深沉的声音,感觉到一个男子搂抱孩子的方式。是父亲把孩子在空中荡来荡去,让他骑在肩上。看看在父亲走进屋子时婴儿的神色吧,他的脸蛋变得快活起来,某种新的、使人兴奋的东西注入到他的日常生活中……"(比勒,1974)越来越多的研究表明,父爱剥夺及有缺陷的父爱作用,可能是影响婴儿社会化及其未来幸福的一个重要因素。

3. 与同伴的交往

同伴指儿童与之相处的具有相同或相近社会认知能力的人。婴儿很早就对同伴发生兴趣,在 3~4 个月时就会注视和触摸同伴了,在 6 个月时就会对同伴微笑并发出声音,到 1 岁时同伴互动中出现了较多的交流行为,如微笑、打手势、游戏中模仿等。在 2 岁左右,婴儿开始使用语言来影响和谈论同伴的行为,并逐步开始形成不同的同伴关系。至此,同伴关系逐渐成为婴儿生活中第二重要的社会关系。同伴关系为儿童学习技能、交流经验、宣泄情绪、习得社会规则、完善人格提供了充分的机会。与婴儿和父母之间形成的垂直关系不同,婴儿与同伴之间形成的是一种水平关系。婴儿与同伴最初的互动方式,是在与母亲早期所建立的互动方式的基础上发展起来。同伴互动主要由游戏和社会化构成,可以有效弥补亲子互动的不足,有着不可替代的特殊作用。例如,婴儿通过相互模仿,可以学会一个玩具的多种玩法,开阔了眼界,发展了动手操作、解决问题的能力。在家里,婴儿习惯于独占玩具,与家长做游戏遇到问题时,家长往往会迁就他。而和小伙伴一起玩耍时,一不能独占玩具,二要体谅别人,否则会遭到拒绝。当他向小伙伴们表现出微笑,愉快地发声或说话,友好地抚摸,高兴地拍手,关切地注意等积极的社交行为时,就能及时得到同伴的肯定与接受,进而得到分享与合作的欢乐;反之,如果他去抓人、打人、抢夺别人的玩具,就会引起同伴的反感或引起同样的行为。这样,就使他在各种各样的社交情境与场合中,在各种矛盾与冲突中,有机会学习调整自己的社交行为,去掉不友好的行为,以获得小伙伴的欢迎。这种学习机会是家庭与父母不可替代的。

因此,家长可以带婴儿多参加一些户外活动,为其提供与同伴交往的机会,几个月的婴儿最简单的社交行为就是对视、相互注意。彼此逐渐熟悉后,家长可以教他主动和小伙伴握握手、摸摸脚,互相亲亲脸蛋等。当婴儿学会称呼后,每次见面都互相称呼对方的名字,一岁半左右就可玩一些合作游戏,如互相扔球等。在有条件的情况下,应多带婴儿到有大型玩具的场所和同伴们一起玩耍。大的、不可独占的玩具,如荡船、滑梯、攀登架等,能减少小伙伴之间的冲突,使孩子学会守秩序、等待、谦让、互助等更复杂的、积极的交往活动,使孩子的社交能力健康发展。

(三) 自我意识的产生

自我意识是指人对自己的认识。婴儿的自我意识包括自我知觉、自我认知和自尊等方面。在1岁以前,婴儿还不能将自己和周围世界区分开来。从1岁起,婴儿才逐渐将自己身体的各部分和周围世界区分开来,出现自我意识的萌芽。在一项名为"点红实验"的经典研究中,试验者在婴儿(3～24个月)毫无察觉的情况下,在他们鼻子上点上一个红点,然后观察他们照镜子时的反应。根据假设,如果婴儿已能将自己的形象和加在自己形象上的东西加以区分,这种行为就可以作为自我意识出现的标志。结果发现,15个月大的婴儿才开始能够擦去自己鼻子上的红点,18～24个月的婴儿借助镜子立即去摸自己鼻子的人数迅速增多,这说明自我意识的发生出现了质的飞跃。

婴儿自我意识的产生是一个生物、认知、情感和社会能力总体推进的过程。其基本过程包括分离和个别化的双向过程:分离指的是逐渐同母亲、同别人、同外部世界的脱离分开,个别化指的是成为独立的个人的过程。精神分析学家玛格丽特·S.马勒把这一分离—个别化的过程分成六个小阶段,这六个心理阶段的顺利完成是健康的社会及个人的自我意识所必需的。在婴儿变成一个自我导向的个人以前,他先需要取得一个自己同别人分离的明确意识。

(1) 我向期(2个月)。在我向期阶段,注意的中心主要是内部情感。婴儿在显然缺乏对外部刺激的意识的情况下,作出的行为好像这世界就是一个扩大了的羊膜囊,婴儿本身似乎仍处于胎儿期环境中。对外部世界不注意或很少注意。可以说是胎儿期存在的延续。

(2) 共生期(2~5个月)。对内部和外部世界的注意来回往复,两者融合了起来。婴儿还没有能力把一个人同另一个人区分开来,还没有能力把自己和母亲区别开来,也未能把物体(如玩具)与自己对物体的感觉、运动经验区别开来。婴儿的想法、感觉和行为似乎都把自己和母亲作为一个共同享有的存在——一个共生体。在约5个月后,婴儿开始把自己同母亲、把母亲同他人区别开来,逐渐意识到自己不是母亲的一部分,自我概念开始形成。

(3) 分化期(5~10个月)。这一阶段注意的重点开始转向外部事件。这时婴儿在心理上开始成为一个人,具有他自己的超凡能力和表达方式。婴儿开始从共生"孵化"为具有个性的个体。作为个别化前兆的分离现在成为生命存在的特征,在婴儿的意识里开始有自己,有母亲,有其他熟悉的人和陌生人,有已经知道的物体、情境,还有需要认真探索的物体和情境。分离并不具有身体上的含义,而是指的关于母亲的稳定的心理图像的形成,还包括对自我躯体的心理图式的形成。

在这一同母亲脱离的阶段里,婴儿在发展自己的同时却比过去更具有依恋性,当母亲离开他时,婴儿表现出苦恼忧伤;但是与熟悉的人如父亲等在一起,或是在家等熟悉的地方,这种情绪则会有所缓和。随着自身或自我发展为自己行为的主要决定者,当婴儿从熟悉的地方到陌生的地方时,苦恼就比较少了。这一过程需要多经受新的体验,需要时间训练在新的环境中生活,这样来形成使他感到熟悉的新的心理图像。

(4) 实践期(10~15个月)。在这一阶段,婴儿由于图式形成和结合能力的增强,以及运动范围扩大而引起视野的开阔,在身体和心理上都同母亲分离,渐渐成为"非母亲"世界的一部分。其他人,尤其是父亲成为婴儿视觉和触觉探索的中心。在婴儿反复对外部世界进行探索、游戏和挑战的同时,每隔一段时间,他便会回到母亲身边,因为母亲是他的"本垒",是信息和情绪加油的主要"基地"。

(5) 和睦期(15~24个月)。随着学会走路、说话,以及用心理图像表现自己和各种关系能力的形成,婴儿的心理诞生了。尽管婴儿仍对母亲表示依赖和顺从,但同时也在不断努力争取进一步的独立性。这时的母亲或婴儿的主要照顾者应该与孩子保持一段距离,鼓励孩子脱离母亲,走向他自己,在婴儿需要时又能及时给予爱、信息和帮助。

(6) 个别化和心理常性期(24~36个月)。这个阶段婴儿的心理世界已经有了强烈而稳定的心理图像,其中最重要的图像是母亲,正是这一母亲的心理表象给了婴儿情绪常性。母亲的心理象征使得她不在婴儿身边时,也能给予他爱、信任、信心和保护关怀的情感,此外,随着认知、情感和社会能力的迅速形成和发展,婴儿已经有了对自我的明确的心理图像(詹姆斯·O.卢格,1996)。

第四节 婴儿期相关问题

一、早产儿与晚熟儿

早产儿,或者叫尚未完全成熟的婴儿,是指受精后不足38周就出生的婴儿。因为早产儿在胎儿阶段并没有发育完全,因此他们的患病和死亡风险都比较高。他们面临的危险大多数是由于他们出生时的体重造成的。出生体重是婴儿发展程度的一个显著指标。新生儿的平均体重在3.5千克左右,低体重出生儿的体重不到2.5千克。

如果早产不是很严重,或者出生时体重不是很轻,那么对于新生儿将来身体健康的威胁相对来说比较小。在这种情况下,主要措施就是让新生儿在医院里多待一段时间,让他们的体重增长。增加体重是很关键的,因为新生儿还不能很有效地调节身体的温度,而脂肪层可以帮助他们抵御寒冷。早产程度比较严重的新生儿和那些出生体重显著低于平均水平的新生儿则面临着非常艰苦的生存之路。对他们来说,首要问题是生存。由于他们的肺尚未完全成熟,在氧气的获得上还存在一定困难,因此他们非常容易受到感染,易患上呼吸窘迫综合征,存在潜在的死亡危险。这时,他们通常要求被放到保育箱中。保育箱是完全封闭的,其内部的温度和含氧量是受监控的,这样能够保护婴儿不受外在环境的伤害。因为早产儿发展上的不成熟使得他们对周围环境的刺激异常敏感。他们很容易被所看到的、听到的或体验的感觉所压垮。

尽管早产儿在出生时生存比较困难,但是只要保护措施良好,他们大多数能够正常发育。不过比起那些足月的孩子,早产儿发育的速度通常比较慢,而且之后会出现一些小问题。比如一些早产儿表现出学习能力丧失、行为障碍,或是智商分数低于平均水平。不过大约60%的早产儿基本上没有什么问题。

约有一半的早产儿分娩原因不详,另外一半多基于以下几个原因:一是母亲的生殖系统本身所造成的。例如怀有双胞胎的女性对自身的生殖系统带来了非常大的压力,这种压力会导致早产。母亲的生殖系统不成熟也可能导致早产。年轻的母亲(年龄低于15岁)比年龄大一些的母亲更可能早产。此外,分娩后6个月内再次怀孕的母亲更可能产下早产儿。二是影响母亲整体健康状况的因素,如营养、医疗护理水平、环境压力水平和经济支持,所有这些因素都可能引起早产。

晚熟儿是指超过预产期两周还未出生的婴儿。一般可能会认为婴儿在母体中多待一些时间可能对他有好处，但实际上这样的晚熟儿也会面临一些危险。例如来自胎盘的血液供给可能不足，由此对胎儿脑部的血液供应也可能出现不足，引发潜在的脑损伤风险。另外晚熟儿造成的更大的危险可能是分娩时的风险增加。随着医疗卫生水平的提高，这方面的危险有所降低。在分娩过程中，不仅可使用一些药物助产，还可以选择剖腹产。

二、婴儿猝死综合征

婴儿猝死综合征(Sudden Infant Death Syndrome, SIDS)是指婴儿突然且无法预期的死亡，多半在睡眠中发生，即使在事后的尸体解剖中，也找不到其真正致死的原因。婴儿猝死综合征是2周至1岁之间常见的死亡原因，其分布是世界性的。在美国活产婴儿中的发病率为1‰，发病高峰为出生后2~4个月(比尔斯，2006)，几乎所有死亡均发生在婴儿睡眠中。婴儿猝死综合征的主要风险因素如下：

(1) 寒冷的季节(如冬天)较常发生，可能是因为天气寒冷时，门窗紧闭空气不流通，婴儿比较容易感染呼吸道疾病，最后导致窒息死亡。

(2) 睡眠姿势，相对于仰睡，俯睡的婴儿睡眠较深，肢体动作少，所以容易忘记呼吸及挣扎。此外，婴儿控制头部转动的颈部肌肉较弱，一旦口鼻被外物掩盖时，不容易靠自己的力量把脸移开，或奋力挣扎哭喊，因此容易窒息而死。亚洲发生婴儿猝死综合征的比率少于欧美，可能与婴儿习惯仰睡有关。

(3) 男婴的危险性较高，原因不明，可能与体内激素分泌有关。

(4) 母乳哺育者较少发生，可能与母乳内含有某些保护因子，少感染疾病，少产生过敏反应有关。

(5) 早产与低体重出生儿较多，早产儿的器官发育不成熟，有可能因各种原因突然停止呼吸，或呼吸道被分泌物阻塞而无力挣扎，最终窒息死亡。

(6) 母亲缺乏养育经验与糟糕的生活环境，也会导致婴儿意外死亡，如室内空气污浊、婴儿营养失调等。另外母亲在孕期的某些不良习惯，如吸烟、喝酒、滥用药物等，都会对胎儿发育造成负面影响，使其出生后容易夭折。

婴儿猝死综合征可能是多重因素所致，但是其真正原因仍未知晓。发展心理学家刘易斯·利普斯特认为婴儿猝死综合征与婴儿的反射有关，特别是呼吸阻塞反射。当婴儿呼吸不畅时，他们一般会摇头，用手抓他们的脸，最后会哭着并且努力避开障碍物。利普斯特认为，有些婴儿的呼吸阻塞反射相当虚弱，因此他们没有响应的能力去学会必要的防御行为使得自己不被窒息。美国儿科学会建议婴儿应仰卧睡眠，研究证明自从仰卧指导出来之后，婴儿猝死综合征所导致的死亡数量明显下降。另外，应尽一切努力避免环境温度过高，避免过度包裹婴儿，避免在怀孕时或怀孕后吸烟。

因为这种死亡具有突发性,父母对于孩子的死亡毫无准备,他们通常会因孩子不明死亡而内疚与自责,其精神压力与创伤是巨大的。因此父母心理调适非常重要。

三、母乳喂养

2000年世界卫生组织(WHO)及联合国儿童基金会(UNICEF)倡导,婴儿出生后6个月内纯母乳喂养为最佳的喂养方式,然而实际的母乳喂养形势不容乐观。20世纪70年代起,母乳喂养率下降的国际化现象开始波及中国。而从20世纪80年代以来,欧美发达国家母乳喂养率已回升到60%左右,但在中国则继续呈明显下降趋势。纯母乳喂养率大城市低于小城市,城市低于农村,而且近年来有逐步下降的趋势(徐韬、于晓松,2009)。

(一)母乳喂养的优势

1. 对婴儿的好处

母乳是婴儿必需的和理想的食品,其所含的各种营养物质最适合婴儿的消化吸收,且具有最高的生物利用率。母乳喂养对婴儿的好处还表现在:①母乳比牛奶更容易吸收,导致过敏反应的可能性较小;②母乳中含有丰富的抗感染物质,不仅提高了婴儿对疾病的免疫力,也增强了成年期对多种疾病(包括癌症)的抵抗力,纯母乳喂养的婴儿发生腹泻、呼吸道及皮肤感染的几率较低;③母乳中还含有婴儿大脑发育所必需的各种氨基酸,为大脑和视网膜等组织的正常发育提供了必需的营养成分;④母亲在哺乳过程中的声音、拥抱和肌肤的接触,能刺激婴儿的大脑反射,促进婴儿早期智力发展,以及心理发育与外界适应能力的提高。

2. 对母亲的好处

母乳喂养对母亲的好处主要表现为降低了分娩后出血的风险,加速子宫复原;有助于恢复苗条的体形;减少卵巢癌与乳腺癌以及脊椎与臀部骨折的发病机会;完全实施母乳喂养的妇女产后6个月不须采取避孕措施;有助于母婴依恋的形成。

(二)与母乳喂养相关的影响因素

1. 母亲自身的因素

母亲的年龄、教育程度、职业、种族,以及自身健康水平等,都是影响母乳喂养的重要因素。年龄较大,文化教育程度较高,以及态度积极,信心充足,有较多喂养知识的母亲,母乳喂养比例较高,持续时间也更长(刘爱东等,2004)。单身母亲的母乳喂养率明显低于同配偶生活在一起的母亲;难产、剖宫产、产程延长等与正常分娩相比,母乳喂养率也更低,这可能与上述生产方式对产妇心理产生不良影响有关。另外,职业因素(如产假短,须尽快返回工作岗位等),疾病因素,母亲奶水不足,乳头疼痛等,也会对母乳喂养产生影响。

2. 家庭、社会因素

家庭成员、亲朋好友的态度和行为对母亲是否采用母乳喂养具有很大影响。尤其是丈夫的态度对产妇的影响最大。能否母乳喂养还取决于医护保健人员的知识、信心以及行为。经过培训的医护人员可以为母亲提供有说服力的母乳喂养建议，从而提高母乳喂养率（刘爱东等，2004）。

3. 大众传媒的影响

奶粉商日益强大的广告攻势，使许多人以为奶粉可以取代甚至优于母乳，从而对母乳喂养的普及造成了消极影响（韩晓燕、朱晨海，2009）。

如今医学与儿童护理专家们一直承认，对于12月内的婴儿，母乳喂养是最好的。因此，父母应提高自己的婴儿护理知识水平，自觉采用母乳喂养。另一方面，医疗卫生保健机构及其人员应积极宣传母乳喂养的优越性，为孕妇、婴儿母亲和婴儿家庭提供母乳喂养的必要帮助与指导。

四、母爱剥夺

母爱剥夺，通常是指母亲与子女的互动不足，以及一些导致亲子互动不充足的情境。母爱剥夺不能照字面上的意义，以有无母亲而定，而是儿童实际上有无收到此项效果而定（沙依仁，1986）。

（一）母爱剥夺的两种情形

（1）有母亲但无法享受足够的母爱。一种情形是，随着社会发展，核心家庭增多，生活节奏、生活压力增大，父母忙于工作而无暇照顾孩子。于是，城市里的父母过早地将孩子送到幼儿园或者交由保姆照看。而在农村，出现了大批的留守儿童。父母因外出打工挣钱而不得不将孩子留在老家，托付给老人照看。在孩子的成长过程中，父母亲并没有足够的时间与孩子相处，也没有给予孩子足够的爱。另一种情形是，父母关系紧张，无法为孩子提供一个安全温暖的生活环境。父母经常为生活琐事争吵，每天带着情绪生活，给幼小脆弱的婴儿带来的负面影响可想而知。此外，还有一部分是婴儿自身的缘故。婴儿患了自闭症或其他心理或神经上的障碍，使婴儿很难接受母爱，无法与母亲互动。

（2）失去母亲造成的母爱剥夺。一种情形是父母离婚，婴儿成为无辜的最大受害者。在这种残缺的爱中长大的孩子常常是冷漠的、孤傲的，他甚至会憎恨母亲。另一种更严重的情形是婴儿被父母抛弃。由于重男轻女的观念，或者由于婴儿有先天性残疾或是私生子，都易导致父母对婴儿的抛弃。这种剥夺母爱的方式是残忍的、恶劣的，由此给婴儿造成的伤害也是最深重的。因为这时的婴儿不仅失去了母爱，而且失去了父爱，甚至失去了所有应当获得的其他亲人的爱。更严重的是，婴儿由此失去了本来应有的社会身份，失去了所应得的社会认同，这种被遗弃是全面的、彻底的，给婴儿带来的伤害可能是毁灭性的（王瑞鸿，2007）。

(二) 母爱剥夺的影响

早期经验对人的心理发展产生持久的影响,个体的后续发展在很大程度上取决于其早期发展,如果能在早期获得良好的经历,则个体在日后的发展中比较健康,较易取得较大的成功。如果没能得到良好的早期经验,则容易形成不良的个性特征,出现某些严重的心理和行为问题。精神分析理论普遍强调童年经验的重要性,认为个人生活的不幸可以在其过去的经验尤其是童年时期的经验中找到根源,早期经验从某种意义上决定着成人的人格特征。研究表明,遭受母爱剥夺的孩子易形成自卑、孤僻、冷漠等不良人格,容易出现心理问题。但并不是所有的心理学家和实验证据都支持这样的观点。哈佛大学儿童心理学家卡根提出,许多重要行为和情感领域在很大程度上并不受婴儿期经验的影响。并且,许多研究表明,如果把早期成长条件受剥夺的儿童转移至新的环境,为他们提供良好的条件,他们的心理发展也会随之发生明显的变化,以至恢复到正常的水平。另外,并不是所有母爱被剥夺的儿童长大后都会成为心理和行为上有缺陷的成人。可见,环境的改善可以消除儿童早期经验的不良影响(汪新建,2008)。

本 章 小 结

婴儿期指的是从个体出生到 3 岁左右的这段时期,它是人生发展中最快的时期之一。在这一特殊时期,婴儿的身心发展极为迅速,在生物、心理和社会性等方面都取得了长足的进展,特别是动作和语言方面的发展。本章分别从婴儿的生物发展、动作发展、语言发展、认识发展和社会发展等几个方面展开论述。其中,论述了婴儿的生物发展的三个阶段;论述了婴儿的动作发展的规律、顺序、意义及影响其动作发展的因素;论述了婴儿的语言发展的两个阶段:语言准备期,语言的产生和发展,以及影响语言发展的环境因素;论述了婴儿的认知发展;论述了婴儿的情绪及社会性发展,主要包括婴儿情绪的发展,依恋,道德感的出现,以及社会性发展和自我的产生;探讨了婴儿期相关问题,主要包括早产儿与晚熟儿、婴儿猝死综合征、母乳喂养、母爱剥夺等问题。

总之,婴儿期是人类行为发展最为迅速的时期之一,因而也是最容易受社会环境因素影响的时期之一。

本章参考文献

[1] (英)朱莉娅.贝里曼,等.发展心理学与你[M].陈萍,等,译.北京:北京大学出版社,2000.

[2] (美)波顿·L.怀特.新生命的最初三年[M].陈德民,等,译.哈尔滨:黑龙江

人民出版社,2001.
[3] 华红琴,等.人生发展心理学[M].上海:上海大学出版社,2000.
[4] 徐愫.人类行为与社会环境[M].北京:社会科学文献出版社,2002.
[5] 王瑞鸿.人类行为与社会环境[M].上海:华东理工大学出版社,2002.
[6] 张向葵,等.发展心理学[M].长春:东北师范大学出版社,2002.
[7] 林崇德.发展心理学[M].杭州:浙江教育出版社,2002.
[8] 桑标.当代儿童发展心理学[M].上海:上海教育出版社,2003.
[9] 汪新建.人类行为与社会环境[M].天津:天津人民出版社,2008.
[10] 罗伯特·费尔德曼.发展心理学——人的毕生发展[M].4版.苏彦捷,等,译.北京:世界图书出版公司,2007.
[11] 韩晓燕,朱晨海.人类行为与社会环境[M].上海:上海人民出版社,2009.
[12] 沙依仁.人类行为与社会环境[M].台北:五南图书出版公司,1986.
[13] 王瑞鸿.人类行为与社会环境[M].2版.上海:华东理工大学出版社,2007.
[14] 徐韬,于晓松.母乳喂养影响因素分析[J].中国卫生统计,2009(4).

第五章 幼 儿 期

在了解婴儿成长过程的基础上,现在来看3~6岁儿童的发展状况,这一阶段的儿童不断从幼稚走向成熟,从家庭步入了更广阔的天地——幼儿园,因此这一时期被称为幼儿期。随着生活范围的扩大,幼儿主要以游戏的方式积极参与社会生活,与此同时,他们的大脑和神经系统、动作技能、知觉、语言、记忆、思维等生物、心理各方面都获得了迅猛的发展。在生物、心理和社会三因素的相互作用下,幼儿间的差异和独特性越来越明显,生物和环境因素对幼儿发展的支配力日趋减弱,心理因素的作用日益突出,这些发展变化不仅奠定了幼儿的个性形成,是其社会化的重要表现,而且为幼儿进入小学阶段打下了坚实的基础,所以这段时间又被称做学龄前期。

第一节 生物系统及其对幼儿期的影响

3岁以后,幼儿的大脑结构不断完善,机能进一步成熟,身体迅速发展,知觉与运动能力也不断增强,这些生物上的发展为幼儿的心理发展提供了直接的基础。

一、幼儿期生长发育的基本特征

这一时期幼儿的生物特点是身高和体重的发育速度变慢,头围已接近成人,但四肢的增长较快。体重增长落后于身高的增长,使身体显得细长。乳牙开始脱落,恒牙开始萌出。学龄前儿童乳牙患龋率较高,龋齿不仅使儿童感到疼痛,而且影响食欲、咀嚼和消化功能。因此,防治学龄前儿童的龋齿也很重要。学龄前儿童的消化功能已发育成熟,各种消化酶发育完全,肠道吸收功能良好。由于学龄前儿童一天的活动量很大,消耗热能与营养素也较多,所以需要的营养也较多;但每餐的进食量不大,容易饥饿,尤其当早餐进食量少时,易发生低血糖症。

二、脑和神经系统的发展

1. 脑重的增加

出生时新生儿的脑重量约0.39千克,占成人脑重的25%;出生后,脑重量随着年龄而不断增长,增长的速度先快后慢,到3岁时可达到0.99~1.011千克,相当于成人脑重的75%;到六七岁时,幼儿的脑重接近于成人水平,约为1.280千克,达到成人脑重的90%。幼儿脑重量的增加,并不是神经细胞大量增殖的结果,因为到了2岁以后,脑细胞基本停止增殖,脑重量的增加主要是由于神经细胞结构的复杂化和神经纤维的伸长。与此同时,幼儿神经纤维的髓鞘化(myelinization)已逐渐完成。髓鞘化使得神经兴奋沿一定的通道迅速传导,是脑内部成熟的重要标志。在新生儿期,脑的低级部位(脊髓和脑干)已髓鞘化,接着是与感觉运动、运动系统有关的部位,然后是与智力活动密切相关的额叶、顶叶区,到6岁末,几乎所有的皮层传导通道都已髓鞘化。

2. 大脑皮质发育成熟

脑电波频率是脑发育成熟的重要参数。其中,α波是人脑活动的最基本的节律,频率为8~13次/秒,它在成人期呈现稳定状态,一般认为10±0.5次/秒的α波是人脑与外界保持平衡的最佳节律。θ波的频率一般为4~7次/秒,正常成人在觉醒状态下很少出现θ波。对脑电波频率的研究发现,4~20岁个体脑电波频率趋于有规律,α波频率升高,其中5~6岁是第一个显著加速期,具体表现为枕叶α波与θ波的对抗剧烈,θ波减少,α波增多,表明幼儿的大脑结构趋于成熟。从大脑各区成熟的程序来看,幼儿脑成熟的过程为"O-T-P-F",即枕叶(occipital lobe)—颞叶(temporal lobe)—顶叶(parietal lobe)—额叶(frontal lobe)。到了幼儿末期,大脑皮质各区都接近成人水平,连发育最晚的额叶也相当成熟。

3. 大脑机能的成熟

伴随着大脑结构的完善,幼儿的大脑机能也不断成熟,具体表现为皮质的兴奋与抑制过程日趋平衡,兴奋过程也比以前增加了。此时,幼儿的睡眠时间由最初的22小时降到14小时左右,到了7岁儿童只需要11小时左右。在3岁以前,内抑制(一个刺激引起原来反应的停止或减少)的发展缓慢,儿童刚才在玩一个物体,马上又转向另一个有趣的活动,成人对他说的话,转身就忘了。3岁以后,随着神经系统结构的发展和语言的获得,幼儿的内抑制迅速发展,他们更易控制自己的行为,减少冲动性,这对于提高幼儿对外界变化着的环境的适应能力具有重要意义。

4. 大脑单侧化现象的形成

现代生理学研究表明,大脑单侧化现象自婴儿开始显现,而在幼儿时期明显形成。我国郭可教授通过对一个右半脑严重病变、损及颞叶后部的5岁幼儿的研究,发现其具有明显的左侧空间不识症,如在视野测定中,左侧视野不能见物。一个突出的表现是在医院的花圃里,当其姑姑在其近处左侧视野里,他竟看不见,大声呼喊"姑姑"、"姑姑",并向前走。但是,该幼儿的语言能力完全正常,日常会话和对答都没有任何问题。这一事实表明,儿童在5岁时大脑两半球机能已经单侧化,左右脑半球优势已经明显形成。

另外,优势手(即使用较多的手)的出现也是大脑优势半球的外部标志之一。

日本的田中敬二曾指出,优势手在1.5～5岁间形成。我国关于优势手的研究取得了基本相同的结果。李鸣果等人曾用幼儿抓物的方式研究不同年龄儿童优势手的形成,结果表明1岁的儿童分别使用左、右手的次数接近1:1,随着年龄增长,儿童使用左右手的次数逐渐增多,至5岁以后基本趋于固定值。钟其翔对广西幼儿园儿童的调查指出,小班幼儿左利手者占27%～30%,中班幼儿中只占9%,而大班幼儿中只占4%～9%。从上述研究材料可见,幼儿优胜半脑在5岁左右已经形成,左右脑已有明确的分工(林崇德,2002)。

三、运动能力的发展

据有关研究发现,墨西哥陶瓷制造业家庭的孩子掌握数量守恒的比非陶瓷业家庭的孩子多(Dasen & Heron,1981)。这可能是因为陶瓷业家庭的儿童在形状、外表知觉和泥块大小等操作(运动)方面具有丰富经验,而非陶瓷业家庭的儿童虽然拥有相关知觉经验,而缺少相应操作经验的缘故。这种运动(操作)能力更多地依赖环境在某种程度下促进生物发展上的成熟,而不是单纯学习的结果。河北省体质与健康调查的数据表明,3～6岁儿童男女表现出相同的趋势,即形态指标中的身高、体重、坐高、胸围在年龄间差异非常显著,这种差异随年龄增长而明显增加,其中男童大于女童,城市优于农村。这些都足以说明运动发展是一个成熟过程,但又要受到后天环境因素的影响。

运动技能是由意识或无意识控制的身体技能,因此运动能力的发挥离不开知觉过程。试想,骑自行车时必须考虑距离判断、大小恒常性、手脚协调、身体平衡等一系列知觉过程。经过多次练习后就能熟练地骑自行车,这时几乎意识不到知觉过程的存在,甚至认为这仅仅是一件体力活了。正因为如此,知觉-运动技能往往被简称为运动技能。

运动技能通常被分成两类:大运动技能和小运动技能。大运动技能指牵动大肌肉和大部分身体的行为,而小运动技能主要涉及手的使用或者双手动作的灵活程度。表5-1是描述2～5岁幼儿的大运动技能和小运动技能以及知觉-运动特点。

皮亚杰认为,知识来源于行动,了解一个物体就是对它发生作用并且改变它。在强调知觉经验与运动经验的结合方面,吉布森的观点与其不谋而合。在20世纪80年代后期,吉布森提出了"可知度"(affordance)的概念,意思是知觉行为的可行程度,知觉某一对象的可知度,就是学习它的意义以及了解下一步知觉行动的可行性,一个新的运动技能形成,意味着一个新的可知度已被发现。随着生理成熟和环境经验的不断增加,知觉-运动技能不断熟练,逐渐由有意识的认知控制阶段向无意识的运用阶段过渡,这些都为幼儿心理方面的良好发展奠定了坚实的基础。

表 5-1　大运动技能和小运动技能以及知觉-运动特点

大致出现的年龄	选择的大运动技能和知觉-运动行为	选择的小运动技能和知觉-运动行为
2岁	走;节奏均衡、上下楼梯,后退、侧行;奔跑,捡起物体而不摔倒	穿鞋、袜子;转门把、旋瓶盖;使用铅笔、模仿直划和圆划
3岁	能够走直线10英尺(1英尺=0.3048米);能够把球扔到约10英尺远处;骑三轮、自行车;单腿站数秒钟	描圆圈;解前面和两侧的纽扣;用9块立方体搭建各种形状;涂画各种形状
4岁	单足跳;下楼梯,每次下一足;奔跑时姿势良好、手腿动作协调;能够走平衡木	扣上全部纽扣;描十字形和正方形;粗略地画人形和房子
5岁	能抓住向自己弹来的大球;双足并跳;在11秒内大约单足跳50英尺	系鞋带;描三角形;画动物和细致的房子

四、我国幼儿的营养状况

儿童的营养状况是衡量社会经济发展、进步程度的重要指标。生长发育是儿童健康和营养状况的重要指标,也是反映儿童总的福利水准的综合指标。儿童的生长发育也能反映一般人群的健康和营养状况。

(一)我国幼儿营养的基本状况

据1992年全国营养调查的结果,按每个标准人日摄入的热量为9777.6焦耳,占推荐供给量的97.1%,城乡2～5岁儿童摄入的热量已达到推荐供给量的90%以上;蛋白质摄入量为68克,占推荐供给量的90.3%,其中城市儿童达到推荐供给量的85%,农村儿童约达到75%。各种矿物质以及维生素的摄入量除个别种类外均能满足人体需要。

1990—1995年101个贫困县儿童营养监测与改善项目的调查结果显示,6年间3～5岁幼儿的热量和蛋白质的摄入量及占推荐供给量的百分比均有所提高。1995年热量和蛋白质分别达到推荐供给量的74.4%和65.4%,钙和维生素A分别达到推荐供给量的41.6%和20%。上述结果说明,贫困地区学龄前儿童的热量和蛋白质的摄入量尚显不足,而钙和维生素A的供给则严重不足。

据调查,我国儿童膳食中钙、锌、维生素A、维生素B_2等营养素的供给普遍不足,还需要提高优质蛋白质的摄入量。例如我国5岁以下儿童生长发育迟缓的发生率为32.6%,矿物质中钙的摄入量仅接近推荐供给量的50%;铁在数量上虽然达到或超过推荐供给量,但3岁以下儿童贫血的患病率城市为11%～12%,农村为6%～29%;同时还存在维生素A和维生素B_2的摄入量不足,微量元素锌的摄入量也比推荐供给量要低得多。

(二) 幼儿期常见的营养缺乏病和预防

3~6岁学龄前儿童生长发育迅速,智力发展快,代谢旺盛,对营养物质特别是蛋白质和水以及能量的需要量比成人相对较大,但胃肠消化功能又不成熟,故极易造成营养缺乏和消化不良。儿童的饮食已接近成人,主食由软饭转为普通米饭、面食等,但是此阶段儿童常出现偏食、挑食、爱吃零食等不良习惯,如不及时纠正则易发生营养缺乏症。

1. 营养不良

这是一种慢性营养缺乏症,大多数因能量和蛋白质摄入不足引起,有时又叫蛋白质能量营养不良。随着我国居民经济状况的改善及卫生条件的好转,严重的营养不良明显减少,但轻度的营养不良仍较常见,多由于喂养不当、膳食不合理和慢性疾病引起。最初表现为体重不增或减轻,皮下脂肪减少,逐渐消瘦,体格生长减慢,直至停顿。长期营养不良也会影响身体增长。全身各部位皮下脂肪的减少有一定顺序,最先是腹部,之后是躯干、臀部、四肢,最后是面部。

预防营养不良的主要方法是普及科学育儿知识,强调合理喂养、平衡饮食的重要性。保证餐桌食物品种多样,色、香、味俱全,能引起孩子的食欲。选择适合孩子消化能力和符合营养需要的食物,尽可能选择高蛋白高热量的食物,如乳制品和动物蛋白质(蛋、鱼、肉、禽)和豆制品及新鲜蔬菜、水果。从小开始为孩子安排良好的生活制度,要有充足的睡眠和休息、适当的户外活动和体格锻炼,加上丰富的营养,才能保证孩子健康成长。

2. 儿童肥胖症

与营养不良相反,肥胖症是一种长期能量摄入超过消耗,活动过少,导致体内脂肪积聚过多而造成的疾病。一般认为按身高的体重超过标准平均值20%即可称为肥胖,也有人认为按年龄的体重超过同年龄平均值2个标准差以上即为肥胖。可按超重数量分为轻、中、重三度肥胖。轻度者超过标准体重2~4个标准差,中度者超过3~4个标准差,重度者超过4个标准差以上。

近年来我国儿童的肥胖率呈上升趋势,经研究发现儿童肥胖症与成人肥胖症、冠心病、高血压、糖尿病等有一定关联,故应及早重视并加以预防。儿童肥胖症大多数属单纯肥胖症。3~6岁儿童易发生肥胖症,孩子食欲极佳,喜吃甜食,体重增加迅速。一般体态的肥胖,皮下脂肪积聚增加,分布在颈、肩、乳、胸、背、腹和臀。这些孩子的智力发育正常,性发育一般也正常,有时可提前。肥胖可造成机体某些器官、系统的功能性损伤,活动能力及体质水平下降,对儿童的精神、心理也会造成严重损伤。国内外研究资料表明,此类儿童在活动中提前动用心力储备,致心功能不足,通气功能下降,有氧能力降低。学龄期肥胖儿童血压偏高,血脂升高,而血浆免疫球蛋白虽增加,但免疫机能降低,中性粒细胞功能减低,故呼吸道感染的发生率增加。重度肥胖儿易患皮肤感染,其血清中的铜、锌水平处于亚临床缺乏状态。

肥胖女童月经初潮早,多伴有各种月经紊乱。

心理 精神损伤短期内常不易察觉,但实际上比生理损害严重得多。肥胖儿的个性、气质和能力的发展均有不同程度压抑,肥胖发生越早,对其体型的压抑越大,丧失自信心,变得孤僻,易发生激烈的心理冲突,甚至自杀或绝食。此类患儿中41.1%智商减低,并且对成人期肥胖症和心血管疾病、糖尿病发生也有重要影响。儿童期肥胖持续至成人期者占80%以上。对幼儿肥胖症的预防可从以下几点做起。

(1) 从平衡膳食与合理营养开始,少吃淀粉类食品和甜食。一般摄入热量原则是5岁以下每日为2520～3360焦耳。饮食应做到高蛋白、低碳水化合物、低脂肪,维生素和矿物质的供给应满足需要量。可以摄入适量蔬菜和水果。

(2) 解除精神负担。有些家长为肥胖儿过分忧虑,到处求医,有些对患儿进食习惯多加指责、过分干预,都可引起患儿精神紧张或对抗心理,应注意避免。对情绪创伤或心理异常者应多次劝导,去掉他们的顾虑和忧郁。要使患儿加强信心,改变过食少动的习惯。

(3) 增加体格锻炼。增加孩子的活动量,加强被动和主动体格锻炼。要提高患儿对运动的兴趣。运动要多样化,包括慢跑、柔软操、乒乓球及游泳等。肥胖儿的父母或其他看护人最好同时参加,易见疗效。每日运动量1小时左右,可逐渐增加,但是要避免剧烈运动。由于儿童处于生长发育阶段,禁食、药物减肥和手术去脂等均不可取。

(4) 心理治疗及行为矫正。对此类儿童应定期进行门诊观察,鼓励和提高他们坚持控制食量及锻炼的兴趣,使其增强信心,坚持不懈。指导他们建立科学的生活方式,保持良好习惯;解除其对肥胖的心理负担,体重一旦减轻,精神自会好转。

3. 锌缺乏症

锌是人体的重要营养素之一,参与体内数十种酶的合成,调节热量、蛋白质、核酸和激素等合成代谢,促进细胞分裂、生长和再生。锌对体格生长、智力发育和生殖功能影响很大。锌缺乏症是人体长期缺乏微量元素锌所引起的营养缺乏病。第一,营养摄入量不足,挑食偏食是主要原因;第二,需要量增加,生长迅速的儿童易出现锌缺乏;第三,吸收利用障碍,慢性消化道疾病可影响锌的吸收利用,如脂肪泻使锌与脂肪、碳酸盐结合成不溶解的复合物影响锌的吸收。孩子开始出现厌食,味觉减退异常,甚至发生异食癖,常伴有复发性口腔溃疡,影响进食。继而生长迟滞,身材矮小,生殖器官发育落后,免疫力下降,伤口愈合较慢。

家长要随孩子年龄增长及时合理添加辅食,如蛋黄、瘦肉、鱼、动物内脏、豆类及坚果类含锌较丰富,要多摄入这些食物。现在市场上售有多种强化锌的食品,要注意其锌含量,不可食入过多,否则可引起急性锌中毒,主要表现为呕吐、腹泻等胃肠道症状。

4. 缺铁性贫血

缺铁性贫血是由于体内储存铁缺乏致使血红蛋白合成减少而引起的一种低色素小细胞性贫血。它对儿童危害大，是我国重点防治的小儿营养性疾病之一。据中国预防医学科学院营养与食品卫生研究所对5岁以下儿童的调查显示，北京地区儿童贫血的患病率为10.3%。过去儿童常常是因为营养不良和摄入量不足，导致缺铁性贫血。治疗上一般都是西医补铁、中医补血。现在大部分儿童患这种病多是吃出来的。铁摄入量不足是导致缺铁性贫血的主要原因，一般而言，孩子长期每日摄入的铁平均每千卡热量低于4毫克，即有可能发生缺铁。孩子生长快则相对需要量增加，随体重增加血容量也增加较快，如不及时给孩子增加富含铁的食物或补充铁也会发生缺铁。

患贫血的孩子皮肤黏膜较苍白，以唇、口腔黏膜最明显。易疲乏无力，不爱活动。有时可出现头晕、眼前发黑、耳鸣等症状。常有烦躁不安、精神不集中、记忆力减退等表现。研究发现，边缘铁缺乏会影响孩子的智力发育，即使补充也难以完全挽回损失。贫血引起的儿童的精神变化已逐渐引起重视，现已发现在贫血尚不严重时，即出现烦躁不安，对周围环境不感兴趣。智力测验发现贫血病儿注意力不集中、理解力降低、反应慢。

预防措施是做好卫生宣传，使家长认识本病对儿童的危害性，对孩子要精心喂养，及时添加含铁丰富且吸收好的食物，如动物肝脏、瘦肉和鱼等，注意食物的合理搭配。严重时需要到医疗保健机构看医生，给予铁剂补充。

第二节 心理系统及其对幼儿期的影响

与前一阶段相比，幼儿的心理水平有了很大的发展，在认知、思维、语言、情绪、记忆等方面出现了明显的变化。以下就从这几方面具体考察心理系统对幼儿期的影响。

一、知觉发展

知觉是指直接作用于感觉器官的事物的整体在脑中的反映，是人对感觉信息的组织和解释过程。

知觉的发展较少依赖生物成熟，而更多地取决于生活经验的丰富。早在1963年，赫尔德阳和海因所进行的实验就表明，单纯的视觉经验对知觉发展的影响远不如运动加上视觉经验对知觉发展的影响那么大。如果幼儿具有丰富的知觉经验，他就很容易从相似的一群猫中认出自家的猫。当然，更精确的知觉技能有助于幼儿根据颜色、大小和一般形状将物体进行分类。3岁的幼儿可以区分白狗、灰狗、黑狗和花狗等不同颜色的狗,到了6岁,他就知道"狗"这个概念代表整个此类动物,无论它的形状、大小和颜色如何。有时,幼儿不能在知觉对象之间进行区分,可以通过成对物(如苹果和橘子)比较的方法,让其认识到物体的多种属性,并说出成对物的相似点和相异点;或者为物体附上语言标记,这样有利于与已有知识相联系,促进短时知觉学习向长时记忆的转换,便于幼儿进行正确分类。

知觉差别能力的发展有助于人们进行阅读。因为从本质上看,阅读是从视觉符号获取信息的过程,书面词汇大约占人们平时语言的50%。当然,听觉差别能力的发展,也有利于人们更好地掌握语言。以下就从知觉的整体性和部分性、大小恒常性、对象恒常性等几方面进行简单介绍。

1. 整体性和部分性

4~7岁,儿童开始偏爱规则或对称图形,开始时,他们只对整个图形产生反应,对图形中的细节并不太在意,但是到了后期,他们开始对整体和部分同时产生反应。比如,对于"bad"这样的单词,既能看到整体,而且在与"bed"进行比较时,还能察觉其中的细节差异。对4~8岁儿童进行实验,发现随着年龄的增长,知觉差别的能力也在提高,年长儿童能区分与标准格式类似但事实上不同的书信形式,而年幼儿童则不具备这个能力。事实上,年长儿童对字母信息的经验有助于他们取得优异的成绩。同样,对于某些知觉对象较新,其中细节模糊,而周围边缘清晰时,幼儿更容易知觉到整体;如果图形中某些部分很突出的话,幼儿就会更多地注意到局部。因此,很多幼儿书籍常用丰富的颜色、线条来吸引幼儿的注意。大概到了6岁半,儿童能更多地表现出将部分综合成整体的技能。

2. 大小恒常性

物体的大小不随观察距离的变化而发生真正的变化,这种现象称为大小恒常性。虽然婴儿在8个月大小时已经能在70厘米内保持大小恒常性,但只有到大约6岁时,儿童才具有了日常的这种实际能力,到了10岁时,才达到正常成人的水平。有时,幼儿站在桥上时会伸手去抓桥下的轮船、飞鸟,或者仰望天空伸手去抓天上的星星,这些都是幼儿未获得大小恒常性的表现。

在知觉的发展过程中,视觉体验、视觉系统的神经发展及客体永久性的获得在促进幼儿大小恒常性方面起着共同的作用,这种恒常性不仅使幼儿的物质世界呈现稳定性和可靠性,还能促进其有效地阅读。幼儿一旦掌握了某个字母或单词,无论它是呈现在书上、黑板上还是电视上,无论阅读的距离有多少,幼儿都能轻易地再认。

3. 对象恒常性

当知觉对象的物理特性(如距离、空间形状、颜色和光线等)在一定范围内发生变化的时候,知觉形象并不因此而发生改变,知觉的这种特性称为对象的恒常性。比如,在观察一个苹果时,无论它放在什么地方,颜色和光线如何,都能将它知觉为苹果。

对于幼儿来说,当物体在空间中沿水平方向进行旋转时,这种对象恒常性就会发生困难。皮亚杰认为,2岁以前的孩子对物体位置改变是不加注意的,因为他们更多的是局限于从自身的角度去考虑问题,这个阶段叫"实践空间";2~4岁的孩子开始针对物体位置的实际变化相应调整自己的行为和动作,从而对物体作出反应,这个阶段被称为"经验阶段";4岁以后,幼儿进入"客观阶段",就能成功地调整自己的行为,以与相同位置的物体保持一致。有关研究证实了皮亚杰的这一观点。可见,知觉变化和行为变化的融合,是儿童成功作出反应的必要条件。

4. 对多余线索的需要逐渐减少

随着年龄的增长,幼儿在辨认一个熟悉的物体时,对多余线索的依赖逐渐减小,即年长儿童比年幼儿童能更快地认出某个熟悉的物体,只需较少的线索。谭思洁等人对1412名幼儿进行有关心理指标的测试与评价时,发现3~6岁幼儿的快速反应能力随年龄增长而明显增强,此阶段是发展灵敏、技巧、快速反应、平衡能力的良好时机。从阅读的角度来看,减少准确辨认变形的视觉符号的时间有利于个体发挥自己的认知或概念形成能力。随着年龄的增长和经验的增加,幼儿的概念范畴也发生相应变化,能将具有共同要素的物体或事件归为一类。例如,将父母、兄弟姐妹归为家庭,将各种颜色、大小的猫都归为"猫"这个种属。

幼儿知觉各方面的发展,无论是整体性与部分性、大小恒常性、对象恒常性还是对多余线索的需要逐渐减少,各种知觉并不是单一地发挥着作用,从生命诞生之日起,个体就不断地将各种感觉通道的信息综合成更详细、更精确、更有意义的关系,在此过程中,幼儿的知觉发展呈现三种趋势:知觉特异性不断增加,即知觉与刺激信息之间的一致性增加;实现注意最优化,排除无关信息的干扰,同时对细节进行分类,并对每类命名标签化;由于大大减少对刺激物的重新感知过程,从而提高了知觉过程的"经济效益"。可见,知觉的发展决定着幼儿如何来认识世界。单大卯通过对810名不同性别、不同地域的3~6岁学龄前儿童感觉统合能力的测试发现,我国学龄前儿童感觉统合失调的发生具有普遍性,并存在明显的地域、性别、年龄、出生状态以及后天教育差异。有鉴于此,儿童感觉统合训练已受到相关人员的高度重视,至于如何积极开展相关训练,以期预防和矫正儿童感觉统合失调,还需要进一步的探索和相关实证研究的支持。

二、记忆发展

与记忆能力相比,幼儿认知能力和语言能力的发展受到学者们的更多关注,相应的理论探讨和实证研究比较丰富。其实,记忆的发展是幼儿认知能力发展的基础。因为,只有当幼儿能记住和回忆事件与物体时,他们才开始形成概念,对事物进行分类,进行运算,才能够与他人进行有效沟通。所以,有必要先了解幼儿的记忆能力。具体来讲,幼儿的记忆发展呈现以下特点。

1. 以无意的形象记忆为主

无意记忆又称不随意记忆,是指事先没有任何目的,也不使用任何记忆方法的记忆。此时幼儿容易被生动、形象、色彩鲜艳、富有节奏感的事物所吸引,凡是引起了他们浓厚兴趣、强烈情感的事物或事件都易进行无意注意,并能长期保持。比如电视中的广告、歌曲,幼儿喜欢看,也喜欢唱。而对于比较抽象的词语材料、公式、定义之类的事物,幼儿通过意志努力、运用一定的方法有意识地进行记忆的能力还相对薄弱。如果成人采用一些方法,如告诉幼儿"我给你讲一个故事,讲完后你要讲给我听",可以培养幼儿的有意识记忆能力。

2. 以机械记忆为主

幼儿由于知识经验缺乏和理解力较差,对材料的识记经常根据事物的表面特征和外部联系进行机械记忆,他们能完整地唱出某首流行歌曲,却不知其含义;可以流利地背出很多唐诗宋词,却不知其所指。在幼儿后期,意义记忆开始出现,他们越来越多地在理解的基础上对记忆材料进行组织和加工,能够不引用原话讲述故事,其意保持不变。当然,成人在教儿歌时,如果一边向幼儿解释儿歌的含义,一边要求儿童记住儿歌,则可大大促进幼儿的有意记忆。

3. 易记易忘

由于幼儿的神经系统易兴奋,形成的神经联系不稳定,联结快,消失得也快,他们易记易忘,尤其是对于那些没有理解、比较抽象的事物。

4. 记忆精确性较差

当幼儿在复述故事时,他们很难讲出完整的故事,他们往往被其中的某些有趣情节所吸引,或者讲出的是些毫无联系的情节。这些在回忆材料时出现的脱节、遗漏和顺序颠倒现象,主要是由于幼儿的神经系统发育还不够完善,想象力十分丰富的缘故。有时,父母会非常苦恼,幼儿是否在撒谎?其实这并非幼儿有道德方面的问题,而只是因为其受制于幼儿的记忆特点。

除了以上的特点,一般来讲,幼儿的常识越丰富,记忆的效果越好,这可能是由于新事物更易与幼儿已有的认知结构形成联系。有一项研究对10个3岁的孩子和其母亲参观一家自然历史博物馆途中的谈话进行考察,其中,半数母亲在途中和孩子进行自然交谈,另一半应实验者的要求,只对孩子的看法作反应,而不作公开讨论。一周后的结果发现,所有这些孩子都只记得他们与母亲交谈过的事情。所以,与成人的互动在幼儿的记忆发展中也起着非常重要的作用。总之,幼儿的记忆呈现出具体形象性和自我中心性的特点,这与其认知特点相一致,换句话说,记忆发展是幼儿认知发展的基础,其中又渗透着认知发展的特点,体现着认知发展的一般趋势。

三、认知发展

关于儿童的认知发展,皮亚杰的理论最具影响力和说服力。他将儿童的认知发展分为四个阶段,3～6岁幼儿处于第二个阶段——前运算阶段,这时幼儿的认知特点主要表现如下。

1. 具体形象思维

2岁末,由于符号功能的发展(儿童用某种信号物代替另一事物的能力),如语言、想象性游戏和延迟模仿能力的出现,幼儿开始从具体动作中摆脱出来,进行初步的逻辑思维——表象思维。但由于知识经验的贫乏和语言能力的相对薄弱,幼儿的思维还必须借助外界事物的形象。比如,幼儿在算加减法时,必须要扳手指头。具体形象性思维还表现在,幼儿对事物不能凭借其内在本质下定义,他们往往只能根据事物的具体形象下功能性的定义,诸如花是香的、电视是看的之类。林仲贤、张增慧、张美珍等人探讨了3～5岁幼儿对物体的认知及对他人的认知过程。结果表明,儿童通过视觉认知外界物体时,物体的外观特性(形状与颜色)起着主要的作用;在认知过程中,通过触觉及视觉对物体认知的信息产生矛盾时,儿童对物体的真实性往往产生怀疑及犹疑不决,影响对物体的真实性认知。儿童对他人行为的认知发展水平,取决于儿童对物体认知结构的复杂性。3～5岁儿童对物体的认知能力随年龄的增长而提高。

同理,幼儿还无法根据事物的本质特征进行分类,当要求对9个积木块分类,其中4个是绿色的,5个是黄色的,当问及是黄积木多还是木块多时,幼儿往往回答是黄积木多。此时,他们容易被鲜艳的颜色所吸引,而没有注意到积木是木质的这个事实。林泳海和周葱葱通过实验法,探讨了3.5～6.5岁儿童式样认知的发生和发展过程。式样涉及序列,是重复出现的、有规则的图案、花样、动作、声音或事件等,它需要幼儿具备高度的思考推理能力,能意识到一组事物之间的异同并能分辨一组事物之间的主要及非主要特征,辨识事物之间的关系。结果表明:①3.5～4.5岁和5.5～6.5岁是儿童式样认知的两个快速发展期;②儿童式样认知发展的特点——3.5岁儿童处于式样认知发展的萌芽状态,4.5岁儿童式样认知开始发展,5.5岁儿童式样认知比4.5岁儿童有所发展,但仍处于开始发展阶段,6.5岁大部分儿童已基本上或完全有了式样概念;③儿童对各类式样的认知有一个由易到难的顺序,即循环式样→重复式样→滋长式样→变异式样。

可见,与3岁以前的思维特点相比,此阶段幼儿的认知思维发展出现了质的飞跃,主要是语言的发展,使思维的抽象性和概括性大大提高,直观-语言思维正在取代知觉-运动思维。可以说,思维起源于动作,经过表象思维,随着符号功能的进一步发展,必然要发展成抽象逻辑思维(abstract-logical thinking),达到形式运算阶段。

知觉-运动动作行程缓慢,按部就班,一次一个动作。符号表象的运算速度快,灵活性大,它可以在头脑中以一闪即逝的瞬间把握过去、现在和将来的一系列事件。前者按其本质是依赖于动作和具体操作的结果,而后者更多的是依赖于知识本身;前者强调对动作和结果的依赖,后者则侧重于知识和真理;前者是具体刻板的,后者是抽象灵活的。事实上,后者可以使自我成为认识的对象,即较成熟的头脑可以反省自己的思想。最后,前者必须是个人化的、特异的和非交流性的,每一个儿童拥有一个独自的认识世界。后者则自如应用具有社会意义的符号系统(自然语言),因而能够与他人交往,并在交流中逐步走向社会化。

2. 自我中心

某天,皮亚杰与儿子一同乘车旅游,他惊奇地发现儿子居然不认识久已熟悉的山峰;同样,他又发现,坐在桌子对面的孩子坚持认为对方所看到的、放在他们中间的事物和自己看到的是完全一样的。为了探究这些现象,皮亚杰创设了著名的"三山实验",揭示出"自我中心"这个概念。

在认知过程中,幼儿的思维推理受客体知觉或空间特性的限制,倾向于只关注客体的某一维突出特性,而不能对其整体性或一些不变的关系作出反应,表现在人际交往中,幼儿完全以自己的身体和动作为中心,从自己的观点和立场去理解事物,而不能认识他人的立场,不能区分自己和他人的观点。究其本质,自我中心是由于幼儿的思维缺乏可逆性,是同化与顺应对抗的结果。他们不懂得动作的结果是可以还原的。如果问一个 4 岁的孩子:"你有兄弟吗?"他说:"有。""他叫什么名字?"他说:"李刚。""李刚有兄弟吗?"他回答:"没有。"又如,幼儿知道 1+2=3,但如果问他 3-1 等于几,他就不知道了。

这种自我中心的特点在幼儿生活的很多方面都有所表现。张向葵等人对 120 名 3.5~6.5 岁儿童用访谈法研究了他们对死亡特征、外延和原因的认知,结果发现,他们对死亡认知是随年龄发展而提高的,对死亡抽象认知能力有所提前,对死亡认知表现出自我中心性和情感性。去中心化(decentration)是与自我中心相反的过程。随着年龄的增长,儿童开始摆脱自我中心的局限,逐渐脱离了一切以自身观点和情感为中心的倾向,并且开始理解他人的知觉、意图、思想和情绪,这种发展过程叫做去中心化。要做到去中心化,必须具备两个条件:①意识到"自我"是个主体,并把主体与客体相互区分开;②把自己的观点与其他人的观点协调起来,而不是认为自己的观点是独一无二的(奥布霍娃,1985)。

3. 泛灵论和实在论

"妈妈,我看见了星星,但是看不见他们的腿。是什么把他们举起来的?"在幼儿的眼中,山、水、植物、动物都是有生命的,都被赋予了人的特性。普拉斯基认为,到了四五岁,幼儿从认为所有物体都有生命转变为只有移动着的物体才有生命。所以,他们以为"月亮是跟着我走的"。可以看出,此阶段的幼儿受到具体形象思维和自我中心的束缚。同时,幼儿还认为,一切事物,包括物体、图片、词语、梦境都具有同样的真实性,词语"桌子"不代表桌子,它和桌子都具有同样的真实性。实在论的出现,是由于幼儿尚无能力把思维过程与物质世界区分开来,因此当成人威胁淘气的幼儿"大灰狼来了",可能会使他彻夜难眠或做噩梦。

4. 缺乏守恒

当着四五岁孩子的面,将两个同样大小的罐子装满水,问其容量是否相同,答案是肯定的,然后将一罐水倒进另一个形状不同的罐子,幼儿就会坚持说高的那个罐子水多。尽管幼儿见到了实验的全过程,他还是作出了缺乏守恒概念的错误判断。这主要是因为幼儿在认知上:①没有掌握可逆性,幼儿不能想象水倒回原来的水罐会怎样;②缺乏同一性,不能认识到事物的最终状态尽管不同,但有着它一贯的连续变化过程,同一事物还是能得到维持的;③缺乏互补性,幼儿只注意到物体的某个显著特征,如长或高,而不能同时兼顾考虑长度和宽度等多维特性的变化。从这种意义上看,缺乏守恒概念是自我中心的一个具体表现。

四、语言发展

随着生物成熟和环境经验的不断增加,幼儿出现了符号功能——语言系统,它对于幼儿来说,是一个质的飞跃,意味着他们不再仅仅停留在用一个一个具体动作去感知世界了。知道能够用词代表物,这是个体早期发展的重要成就。

在语音方面,声母、韵母的发音随着年龄的增长逐步提高。其他方面表现如下。

1. 词汇的发展

3~6岁是人一生中词汇量增长最快的时期,据调查,在我国,3岁幼儿词汇量为1000个词左右,4岁为1500个词,5岁为2500个词,6岁可掌握3000~4000个词。可见,6岁较3岁时词汇量增加了二三倍。

幼儿所掌握的词类范围在不断扩大,实词如名词、动词、形容词、代词、数量词,以及虚词如副词、介词、连词、助词、象声词在3岁前已初步掌握。虽然词类在不断扩大,但仍以名词和动词为主,名词和动词在词类中所占的比例逐年递减。其他词,如形容词、时间词、空间方位词、量词、人称代词,呈逐年上升趋势。

在词义的掌握方面,幼儿出现了名词的词义扩张与缩小现象。他们往往将一个名词包括很多不同的含义,例如,幼儿所认为的"狗"包含了羊、牛、猪等各种四足动物,他们在称呼时,好像在表达:我知道它不是狗,但我不知它叫什么,它像狗。词义的缩小表现为,幼儿有时会将"布娃娃"特指自己家的布娃娃。词义的扩张与缩小现象在2~6岁表现得最为明显。随着幼儿生活经验的丰富和抽象能力的不断提高,他们对词类的理解会更加完善。

2. 表达能力的发展

1）语法的发展

当幼儿掌握了丰富的词汇和基本的语法结构后,他们就尝试着将自己对事物的看法和观点表达出来,从单词句到电报句,到3岁时就基本能讲出完整句了。完整句的表达经历了无修饰语的简单句、有修饰语的简单句、复杂句到复合句的过程。

李文馥等采用口语表述和动作表达两个实验探讨了3~6岁幼儿语言表达能力的发展特点。结果表明,幼儿口语表达和动作表达能力随年龄增长逐渐提高,3~5岁是幼儿口语表述能力发展的快速期。口语表述内容由可视的、外在的特征逐渐转向内在特征,呈现由固有属性向关系属性发展的趋势。幼儿期动作表达特点以发展核心动作并进行扩展为主。4岁是动作表达的转折时期。4岁和5岁是两种表达方式关系发展最密切的时期。这一研究结果说明了3~6岁幼儿的语言表达能力兼具知觉-运动技能和直觉表象思维阶段的特点,从某种意义上证实了语言发展与认知发展的密不可分性。

2）语用技能的发展

语言是人际间交流的重要工具。在交流的过程中,除了能够掌握句法和语义,还要能正确地理解说话当时的具体情境和语境,知道在什么场合使用怎样的语言。这就涉及一个概念:语用技能。所谓语用技能,是指个人根据交谈双方的语言意图和所处的语言环境有效地使用语言工具达到沟通目的的一系列技能,包括说和听两方面的技能。研究发现,即使3岁的幼儿也能掌握依次轮流谈话的技能,只有5%抢先说话,不过一般只会抢说1~2个词。相比较说的语用技能,听的语用技能掌握得相对缓慢。有一项研究,给一年级和三年级小学生的游戏指导语中省略了关键信息,三年级的学生迅速发现并报告,而一年级学生并未意识到信息的缺乏。同样,学龄前的幼儿也很难辨别信息。

五、情绪发展

情绪是个体心理体验的一个重要组成部分,是与他人进行沟通的重要途径。早在婴儿期,儿童的情绪体验就以高兴、愤怒、轻蔑、惊讶、恐惧和厌恶的顺序发展。

从总体上讲,幼儿期的情绪和情感发展具有以下几个特点。

（1）情绪理解能力增强,情绪冲动性减少。随着神经系统的不断成熟以及语言、认知、思维能力的不断发展,加之游戏、集体活动经历的增多,儿童能够理解他人的情绪,对规则的认识和体验有了初步的发展,儿童对情绪的调节能力逐渐增强,情绪的冲动性也就相应减少。国外研究发现,幼儿阶段是儿童情绪理解迅速发展的时期,儿童开始掌握情绪词汇。另有研究发现,从3岁开始,儿童能够评价引发情绪的原因,能意识到引起一种情绪可以有不同的原因,并开始自发地追问这些原因。

（2）情绪情感以外显性为主,内隐性逐渐增强。该阶段的儿童,情绪情感的表现几乎丝毫不加控制和掩饰,但随着语言能力和认知随意性的初步发展,儿童逐渐能调节自己情感的外部表现,这是由外显性向内隐性过渡的表现。例如,在幼儿园里受到和其他小朋友不同的待遇,可能不会当时表现出来,而会在回家面对家长时才哭。当然,这种控制能力还是相对较弱的,其内隐性发展仍然不是太好。

（3）情绪表现形式日益多样化,情感不断丰富深刻。婴儿的情绪表达形式较为单一,基本上是与生理需求相联系的情绪体验,如哭、笑、恐惧等。随着年龄的增长和认知能力的增强,个体的情感体验层次不断增加,对母亲、父亲、小伙伴、老师、亲戚等会有不同的爱的情感,这种爱可以分成依恋、喜爱、友爱、尊敬等不同的层次。同时,情感所指向的事物也从表面特征向内在特点发展,情感内容逐渐深刻。在游戏中,与思维、自我意识相联系的情绪情感也开始表现出来,个体开始辨别善恶,幼儿可能会因为扮演警察而自豪,扮演小偷而羞耻(汪新建,2008)。

我国学者姚端维等人采用测验法和问卷法,考察了150名3～5岁中国儿童情绪能力的年龄特征、发展趋势和性别差异。结果表明:①3~4岁幼儿的情绪理解能力有显著变化,对积极情绪的理解要高于对消极情绪的理解,女孩推测他人情绪状态的能力高于同龄男孩;②幼儿能够运用多种策略来应对同伴之间的冲突情境,使用频率最高的策略是建构性策略,其次是回避和情绪释放策略,最后是破坏性策略;③幼儿的情绪观点采择能力能够预测情绪调节的发展。

郑政英通过问卷法对500名幼儿进行情绪状态调查与分析。结果表明,女孩的恐惧感、嫉妒感强于男孩,同情心和谅解别人的能力也强于男孩;随着年龄增长,幼儿情绪、情感过程的自我调节能力越来越强,情绪的交往协调能力也不断发展,如"能愉快听从劝告"、"不嫉妒同伴"、"具有同情心"等项目,中大班(4～6岁)儿童作出"肯定"选择的明显高于小班(3岁)。

尽管上述两个研究的数据资料所显示的结果不完全一致。但仔细分析后仍可以发现一些共同的结论。

（1）随着年龄的增长,幼儿的情绪调节能力越来越强,面对冲突情境时,幼儿能采用具有建设性的策略,如建构性策略、愉快听从劝告、具有同情心等。

（2）在情绪调节方面,具有性别差异,女孩推测他人情绪状态的能力高于同龄男孩,因为她们更能同情与谅解他人。

第三节 社会系统及其对幼儿期的影响

一、自我意识的发展

自从詹姆斯将自我划分为主体我与客体我以后,自我意识就作为自我研究中的核心一直备受关注。

自我作为一个相对独立的亚系统和集合体,有着自己的组成要素并且这些要素以一定的方式联系着并形成一定的结构。它具有两个特点:一是区分于他人的"分离感",意味着自己作为独立的个体,有着区别于他人的身体、情感和认知等方面的独特性;二是跨时间、跨空间的"稳定的同一感",即知道自己是长期持续存在着的,无论空间和自身的变化如何都能认识到自己是同一个人。

我国研究者认为,自我意识是由知、情、意三方面统一构成的高级反应形式。知,即自我认识,包括自我感觉、自我评价等;情指自我的情绪体验,包括自我感受、自尊、自爱等;意指自我意志调节,包括自我控制和自我掌握(韩进之,1989)。其中,自我评价、自我体验和自我控制是比较主要的方面。以下就从这三个方面作进一步的阐述。

1. 自我评价

幼儿的自我评价具有一致性较高、区别性较小的特点,这主要是由于此阶段儿童还未消除自我中心现象,其自我评价内容往往不符合现实,评价水平较高。发展过程为,首先是依从性评价,然后发展到对自己的个别方面进行评价,接着是多方面的评价。总体而言,幼儿的自我评价的主要特点如下。①以表面性和局部性为主要特征。主要集中于对别人或对自己外部行为的评价上,同时也出现了从外部行为向内在品质转化的倾向。集中于对某个具体行为作出评价,慢慢地向整体性评价发展。例如他们往往用"我很漂亮"、"我有辆小汽车"来评价自己。②模糊性和笼统性。幼儿的自我评价往往比较含糊和概括。若涉及心理方面的表达,也只是笼统的表达,如"小丽是个好孩子"。由于其认知发展处于具体形象思维阶段,幼儿往往把自我、身体和心理混为一谈。③情绪性和不稳定性。幼儿的自我评价常常带有明显的主观情绪性,随着自己情绪不同而对自己产生不同的评价(汪新建,2008)。

2. 自我体验

幼儿的自我情感体验往往发生在 4 岁左右。具体表现为,从生物性体验(如愉快、愤怒等)向社会性体验(如委屈、羞怯等)发展(高月梅等,1993),社会性体验呈现逐年丰富的趋势,并表现出易变性和暗示性的特点。此外,幼儿自尊的发展主要依赖于他人外在的、积极的反馈与评价。

3. 自我控制

受大脑皮质兴奋机制中相对抑制机制占有较大优势的影响,幼儿到二三岁才出现自我控制和自我调节能力,此时,幼儿的自控能力相对较弱,时常有冲动性的行为表现。另有研究者发现,自控能力受多种因素的影响,自控能力随年龄逐步提高,语言指导在幼儿自控行为中起着重要作用。

在自我控制能力中,幼儿"独立自立"的需要最受学者们的关注,埃里克森对此有经典的阐述。随着幼儿知觉的精确性、运动的灵活性以及语言能力的大大提高，幼儿不再满足于狭窄的世界，开始渴求探索新奇的事物，他们会闯入父母的卧室，会大喊大叫破坏宁静的环境等。此时，幼儿一方面享受着自主感，另一方面又会体验着歉疚感。假设成人对其行为进行严厉斥责，就会使其内化为严厉的超我，窒息了大胆的主动性。因此，如果父母放手让孩子做一些他们力所能及的事情，以平等的身份介入幼儿的活动，而不是限制太多、惩罚太多，就会有利于其获得"成就感"、自信和独立自主的能力。当然，也应对幼儿的行为有一定的限制，这样有助于其对社会规范的学习。

国外有学者将自我控制划分为五个方面内容：①抑制行为冲动；②抑制诱惑；③延迟满足；④制订计划和完成计划；⑤在社会情景中，根据场合不顾自己的喜好而采取恰当的行为方式(Kopp，1982)。其中延迟满足被认为是自我控制中的核心部分，它是指个体为更有价值的长远结果放弃即时满足的选择取向，以及在等待中展示的自控能力(Mischel，1999)。有关延迟满足和自我控制的中外跨文化比较研究的结果表明：一方面中国的传统文化和父母都十分重视自控能力的培养，而另一方面中国幼儿又呈现出任性、自控能力差的局面，中国幼儿的家长最担心孩子的就是任性(杨丽珠、吴文菊，2000)。自我延迟满足同样随着年龄增长，尤其是4～5岁，发展较为显著(杨丽珠等，2005)。

我国学者韩进之对学前儿童自我的发展进行了探索性研究，主要涉及儿童的自我评价、自我体验和自我控制三个方面，发现我国学前儿童自我意识随儿童年龄的增长而发展。儿童自我系统中各成分的发生时间比较接近，但基本不同步。其中自我评价发生于3～4岁，自我体验发生在4岁左右，自我控制则开始于4～5岁。3岁时，40%的幼儿处于依从性评价。4岁时，63%的幼儿能进行个别评价。到幼儿末期，大部分孩子都能进行多面性评价。

二、性别认同

(一) 性别概念

幼儿期的儿童产生了最初的性别意识。在这一时期，男孩更倾向于与男孩一起玩，女孩更倾向于与女孩一起玩。并且，男孩比女孩花更多时间玩追逐打闹游戏，女孩则花更多时间玩有组织或角色扮演的游戏。性别概念主要表现在性别认同、性别角色、性别化行为上。性别认同是指对一个人在基本生物学特性上属于男或女的认知和接受，即理解性别。性别认同包括：正确使用性别标签；理解性别的稳定性，如男孩长大之后成为男人；理解性别的恒常性，一个人不会因为其发型、服饰或喜欢的玩具的类型而改变自己的性别。性别角色是指社会规定的与某一生物性性别(男性或女性)相对应的一整套心理与行为模式。性别化行为则是指个体在意识到自己的性别之后，学习了有关性别角色的社会规定，自觉地认同这一套规范，掌握相应的性别角色行为,在社会场合表现出适宜的性别角色行为。

研究表明,在3岁左右,儿童基本上能够确定自己的性别,并且能区分其他人的性别;到4岁左右,幼儿可以认识到性别不随情景的改变而改变,能够理解性别稳定性的概念。到5～7岁时,儿童能够理解性别的恒常性概念,性别不会随着表面特征的改变而改变。关于性别角色,儿童在3岁时,就具备了相当多的关于男性、女性期望的知识,形成对性别模式的认知和理解。像成人一样,幼儿期的男孩更倾向于涉及能力、独立性、竞争性的特征,而女孩则被认为应该更具友善、善于表达、服从等特征。在性别行为上,儿童2岁左右,男孩更偏爱于飞机、汽车等玩具,而女孩则更喜欢洋娃娃之类的玩具。

(二) 性别角色的影响因素

从仅具有生物差异的男女幼儿到承担社会性别角色,实际上是一个复杂的性别社会化的过程,是在先天遗传素质的基础上,通过幼儿与社会环境相互作用而逐渐实现的。可以具体划分为生物因素、认知因素、社会因素。

1. 生物因素

先天遗传素质是性别角色形成的自然基础。性染色体决定着男女差别的遗传基因,这是性别角色差异的生物学开端。性染色体决定着男女性腺的形成和性激素的分泌,进而导致男女两性生理差异的形成,为以后的性别角色分化奠定了生理基础。另有研究证明,性激素影响以性别为基础的行为。出生前接触高水平雄性激素的女孩,与没有接触雄性激素的姐妹相比,更可能表现出与男性刻板印象相关的行为,更喜欢与男孩同伴玩耍,更喜欢汽车之类的玩具。与此类似,男孩如果在出生前接触高水平的雌性激素,也会表现出与女孩刻板印象相关的行为。

2. 认知因素

儿童在对性别概念理解的过程中渐渐形成了性别图式,即组织性别相关信息的认知框架,通过观察、学习社会文化中所呈现的两性差异而形成的认知结构,它包括了对于男性或女性而言哪些是适宜的,哪些是不适宜的"规则"。性别图式支配着儿童信息加工的过程,并通过影响儿童的信息选择,加强了性别认同以及性别角色刻板印象。

3. 社会因素

(1) 家庭教养方式。家庭教养方式对幼儿性别角色的形成和发展有直接的、最初的,也是最有力的影响。孩子一出生,父母因性别而给予不同的待遇,对不同性别的孩子给予不同的教养方式。在一般情况下,父亲对儿子比较粗鲁,而对女儿则比较和善;父母对男孩子的教育是期望型的,着重于获取成功和控制自身的情绪这两个方面,而对女孩子的教育是保护型的,总是对其给予更多的保护、爱抚和更多的身体接触;在穿着上,父母几乎从婴儿性别被确认的那一刻起,就开始为其购买带有不同性别色彩的服装。同时,父母的言传身教都会对子女性别角色的形成产生重大影响。

(2) 幼儿园教师的教育态度。幼儿园教师的教育态度在幼儿性别角色形成过程中起着十分重要的作用,幼儿园教师对幼儿在人格特质方面有着与社会一致的看法且受到社会上性别角色刻板印象的影响,认为女孩比较文静、顺从、易于控制,而男孩比较调皮、具有攻击性等。教师对幼儿的不同看法和态度,会以各种不同的方式影响孩子的自我评价,影响男女幼儿性别角色的形成和发展。

(3) 大众传媒。在现代社会里,电视、电影、广播、书籍、报刊等大众传媒对人们的社会生活产生着巨大而深刻的影响,它们也在帮助延续有关性别角色的规范和标准的传统观点,对儿童性别角色的形成产生着重要影响。儿童在观看影视作品的过程中,会以片中的人物为模仿对象,并将社会对性别角色定型的看法内化到自己的认知系统中,进而形成自己的性别角色观念和行为。

(三) 性别认同的理论

1. 心理分析理论

心理分析理论为男女两性的性别认同设立了不同的发展模式,其中男性生殖器的优越性和重要性是一个关键性的假设。男性因恐惧被阉割而放弃恋母之情,与父亲认同,并将社会的准则融为自己个性的一部分。而女性则因为没有阴茎而自卑,把希望寄托于父亲身上。当其愿望最终不能实现时,又转而认同母亲。

2. 社会学习理论

社会学习理论通过"认同"的概念解释了性别角色定型的现象。他们认为,认同是一种特殊的模仿,指幼儿不需要专门的培训和直接的奖励,就把与自己关系密切的人视为被模仿者,同时复制他或她的完整的行为模式。

3. 认知发展理论

认知发展理论主要强调的是幼儿的性别概念而非行为。科尔伯格认为,性别认同是幼儿性别学习的基本的组织者和管理者。幼儿从他们的所见所闻中形成了性别刻板概念。当他们获得了性别一致性时,他们的性别信念就固定了下来并且不可逆转。他们积极地评价自己的性别认同,并且表现出与性别概念相一致的行为。

4. 性别基模理论

性别基模理论是对性别发展和差异的解释理论。其假设是幼儿和成人都有关于性别的基模,这些基模直接影响行为和思维。贝姆指出,性别基模是信息的重要组织者。性别基模使个体搜索与基模一致的信息,而与基模不一致的信息则被忽视或转化。性别基模形成后,幼儿就被期望按照与传统性别角色一致的行为行事。

5. 社会结构假说

性别角色社会化的过程受到家庭结构和家长性别的影响。在男孩和女孩的性别角色发展过程中,父亲比母亲所起的作用更重要。男孩和女孩在婴儿时都体验到来自母亲的母性角色,形成了对母性角色的最初认同,而父亲角色包括给予幼儿有关外面世界的规范和期待等。

上述理论虽然存在很大差异,但其共同点在于都认为幼儿可以通过由社会提供观察学习的榜样(如父母、其他成人与其他幼儿等)和直接指导(如强化与惩罚)这两种途径来完成性别角色认同的过程(龚晓洁、张剑,2011)。

三、幼儿的社会性游戏

在日常生活中,幼儿最开心的时候是处于搭积木、拍皮球、讲故事、过家家等各种游戏中时。游戏给幼儿带来不少欢笑与快乐,也是其积极参与社会生活的主要方式。因为,随着幼儿的成长发展,家长对他们提出了更高的要求,如独立吃饭、穿衣、上厕所、收拾玩具等;在幼儿园,幼儿们需要完成手工、绘画、唱歌、跳舞等任务,这些都要求幼儿以力所能及的方式参与社会生活。一方面幼儿渴求与成人一样的生活方式,另一方面由于其能力还比较有限,暂时无法实现这一伟大目标,因此游戏就成为解决这一矛盾的最佳方式。有人据此将幼儿期称为游戏期。

游戏不仅是幼儿积极参与社会生活、认识世界的主要方式,而且是幼儿心理治疗的首选方法。因为,幼儿还处于不断地学习和掌握语言的阶段,不善于用语言表达出自己的思想和情感,而在游戏中,他们往往能将所思所想投射出来,因此,幼儿的游戏活动备受理论与临床实践工作者的重视。当然,要想使游戏达到治疗效果,还必须在治疗过程中娴熟、灵活地运用心理学方法和技术。

(一) 游戏的理论

关于游戏的实质,有不少精彩的学术观点和理论解释。

1. 经典的游戏理论

从19世纪下半叶到20世纪30年代,学者们从各自的哲学观点提出了一系列游戏理论。如,席勒-斯宾塞(Schiller-Spencer)提出了剩余能量说,他认为,当个体完成了与生存相关的行为之后,如果有多余的能量,就要以一定的方式发泄出来,游戏即是最好的方式。对于这种观点,不少学者提出了批评,我们经常见儿童即使玩得"精疲力竭",还要接着玩,他们好像不是在用剩余的精力,而是用全部的精力;此外,还无法确定哪些行为使用的是生存的能量,哪些是过剩的能量。

德国的拉扎鲁斯(Lazarus)的休闲和放松说与剩余能量说正好相反,他认为,人们生活中有太多令人劳累和疲惫的事,需要放松和休息,游戏就是用来使机体得到恢复的。这种理论似乎认为,体力劳动者不会感到劳累,而实际上脑力劳动和体力劳动者都需要游戏,这正是该理论被攻击最多的地方。

美国心理学家霍尔(Hall)提出了复演论,认为儿童期就是在重复整个人类的演化过程。到了渔猎时代,男孩就玩打猎方面的游戏;到了畜牧时代,儿童就玩宠物游戏；到了部落时代，儿童就玩团体游戏。这个观点的问题是，儿童的游戏内容并非全按照人类的演化历程进行发展。

2. 精神分析学派的理论

弗洛伊德对儿童的游戏提出了补偿说（compensation theory）。其主要观点为，儿童在现实生活中有很多不能实现的需要和愿望，借助于游戏，儿童从中可获得一种非现实性的满足和"控制感"，因而增强"自我"的发展。弗洛伊德对游戏的看法与精神分析学说的整体理念是一致的。

埃里克森不仅认为游戏可以降低焦虑与满足潜意识中的愿望，还认为游戏是情感和思想的一种健康的发泄方式。在游戏中，儿童可以复活他们的快乐经验，也可以修复他们的精神创伤，促进自我对生物因素和社会因素进行协调和整合。目前这一理论已被应用于投射技术和心理治疗（韩晓燕、朱晨海，2009）。

3. 皮亚杰的游戏理论

皮亚杰从认知结构的图式出发，认为同化与顺应之间的平衡是有机体适应活动的组织方式。如果同化超过顺应，儿童就出现游戏，比如说一个孩子张开手臂满屋子做着飞扑动作可能表示"我是一只飞翔的鹰"。当然，如果顺应超过同化，儿童就出现模仿等行为，产生一个新的图式。儿童就是在不断同化与顺应的过程中，通过游戏去实现某种愿望。通过练习所获得的图式，可以为将来所需要的种种技能做好准备。在感知活动阶段，婴儿会从事一些能获得机能性快乐的游戏，如吸吮手指头；到了前运算阶段，象征性游戏（functional pleasure）成为幼儿的典型游戏，幼儿们会玩各种"过家家"游戏，扮演爸爸、妈妈、医生、病人等各种角色。此时，游戏的内容已经超越了幼儿当前的现实生活空间。可见，游戏为练习图式提供了机会，大大满足了儿童的认知兴趣。

4. 学习理论

桑代克认为游戏是一种学习行为，遵循效果律和练习律，受到社会文化和教育要求的影响。各种文化和亚文化对不同类型行为的重视和奖励，其差别将反映在不同文化社会的儿童的游戏中。儿童在游戏中学习，在游戏中成长。通过各种游戏活动，幼儿不但练习各种基本动作，使运动器官得到很好的发展，而且认知和社会交往能力也能够更快、更好地发展起来。游戏还帮助儿童内化了该社会的文化价值，对于学习社会规则和参与社会生活有着重要的作用（林崇德，2006）。

以上几种游戏理论虽然分析角度极不一致，但是仍有共通之处。具体来讲，首先，游戏能满足儿童社会生活中的身心发展需要，它是生物性、心理性和社会性发展的统一；其次，游戏是一种具有多种心理活动特点的活动，具有虚构性、愉悦性、主动性和"控制感"；最后，这些理论在某种程度上挑战了传统意义上的认知观念——"业精于勤，荒于嬉"，有助于人们更好地了解幼儿的发展。

(二) 游戏的种类

游戏的种类有很多。依儿童的行为表现分类,游戏分为语言游戏(language play)、运动游戏(motor play)、想象游戏(imaginative play)、交往游戏(intercourse play)、表演游戏(dramatic play)(它可以被看做是前四种游戏的综合体)。其中,3岁时,幼儿开始合作式的想象游戏,在游戏中建立起轮换规则;6岁是想象游戏的高峰期,交往游戏也逐步成熟。根据儿童的认知特点分类,游戏可分为练习性游戏(practice play)(感知运动游戏)、象征性游戏(symbolic play)、结构性游戏(constructive play)和规则性游戏(game-with-rules),这是依照皮亚杰的认知发展游戏理论划分的;按照社会性特点,游戏可分为独自游戏(solitary play)、平行游戏(parallel play)、联合游戏(associative play)、合作游戏(cooperative play)和旁观游戏(onlooker play);依创造性特点,游戏可分为累积性游戏(accumulative play)(一种把不同内容的片断性游戏活动连接起来的游戏类型)、幻想游戏(fantastic play)、假定游戏(make-believe play);依幼儿教育的内容,游戏可分为自发游戏(spontaneous play)和教学游戏(teaching play)。

(三) 游戏的发展及意义

游戏与幼儿的关系十分紧密,可以说游戏是伴随着幼儿的成长而不断发展的,其具体发展经过了由简入繁的过程,以下从内容、形式和技能三方面展开。

1. 游戏的内容越来越丰富

幼儿的游戏内容最初从动作开始,如拍皮球、推小汽车、跳房子、捉迷藏等。到了幼儿中期,他不再满足于身体的游戏,开始玩一些想象性游戏,如女孩给洋娃娃喂饭时,不仅用汤匙,喂完后还轻轻地拍着娃娃的背部,力图展现母女(子)关系。幼儿人多的时候,他们还喜欢聚在一起玩"过家家"游戏,幼儿们分别扮演着医生、护士、病人,从入院、询问病史、测量体温、吃药、手术、术后恢复等一系列过程反映了医院的日常生活,揭示了成人活动的社会意义。即使是"过家家"游戏,幼儿们也会在其中重现过去和现在,预测将来的生活情境,比如说披着纱巾扮演公主,戴着头盔假装外星人等。

2. 游戏的形式越来越多样化

美国学者佩根根据实验研究、非正式观察和被试者的自我报告,提出了游戏的发展模式:①探索性活动始于婴儿早期并持续终身,但其花费的时间因经验的积累而减小;②知觉-运动/练习性游戏是婴儿期最初的游戏形式,以后继续发展,每当掌握新技能时就会有这种游戏;③象征性游戏在将近1岁时出现,在幼儿期达到明显的高峰;④规则性游戏开始于婴儿参与成人发起的嬉戏活动,在幼儿期仍然是由成人发起的简单的规则性游戏,至小学中期达到高峰;⑤结构性游戏在练习性游戏开始衰退、象征性游戏开始减少时,逐渐成为主要的游戏形式;⑥象征性游戏虽然早期有一定的表现,但直至小学时期才成为主要的游戏形式。这些游戏形式虽然出现的时间先后不一致,但其发展却持续终身。

在这些游戏中,所需要的道具也越来越复杂,起初只是一只小皮球、一个洋娃娃,后来,发展到一套炊具、一套医疗器具。参与的人数也越来越多,最初是独自游戏或旁观游戏,即一个人玩或看别人玩;后来出现了平行游戏,虽然在一起玩,却各玩各的,有时也讲话,但主题都是自己的活动,没有交流,不是真正的"对话";接着又出现了联合游戏和合作游戏,这时他们由于认知上以自我为中心,容易发生冲突,为了游戏的继续,幼儿们又会去缓和矛盾、化解冲突,在协调互动的过程中,他们开始理解别人的观点和立场,逐渐实现以自我为中心。

3. 游戏所需技能越来越高级

随着游戏内容和游戏形式的日益复杂化,游戏所需技能也越来越高级。比如,知觉-运动游戏需要幼儿知觉与运动技能的协调一致;象征性游戏不仅对幼儿的知觉与运动技能提出了要求,还需要幼儿记忆、表象思维、语言及情绪的表达能力参与;当然,到了结构性游戏、联合游戏和合作游戏时期,幼儿的认知能力、创造能力、独立能力和合作能力都得到了综合提高。

可见,在游戏内容、形式和所需技能的变化过程中,幼儿的身心都得到了全面的发展。首先,游戏能让幼儿享受愉快、幸福的童年,"游戏是孩子的天性",游戏不仅仅满足了孩子好动、好奇、好模仿的特点,还能给孩子带来快乐感、成功感、自主感,满足孩子好合群、好交往的特点,使其在需要和愿望的满足中产生快乐和喜悦,身心朝着健康的方向发展。其次,幼儿的认知能力得到明显的提高,在换位思考方面能够站在对方的角度思考问题,增加角色获取能力,培养团结协作精神。同时,在思考的深度方面,也能促使幼儿逐步从关注事物的表面现象向内在本质特征的方向转变。再次,让幼儿体验到学习与创造的乐趣。游戏所具有的虚构性、愉悦性、主动性和"控制感"特点,能极大地激发幼儿的学习兴趣和求知欲,即使遇到了困难,他们也极力地去克服,这样就有利于意志力的培养。最后,游戏能使幼儿获得生存和生活的经验。

四、幼儿期的道德发展

(一) 道德发展概述

道德发展(moral development)是指人们的公正感、对于正确与否作出判断的意识以及与道德问题相关的行为的变化。从心理学的角度,一般可将道德发展划分为三个基本成分:道德认知,道德情感,道德行为。三者是相互联系、相互制约的统一体。婴儿已经能初步理解好与坏,并能作出一些合乎成人要求的道德行为。同时道德感萌芽,如害羞、初步的同情心等。到了幼儿期,儿童的道德进一步发展。这里着重介绍道德认知的发展。

(二) 道德发展理论

1. 皮亚杰关于道德发展的观点

皮亚杰是第一个系统研究儿童道德认知的心理学家。他认为,儿童的道德认知发展是从他律道德向自律道德转化的过程。他将儿童道德发展划分为三个阶段:前道德判断阶段、他律道德阶段、自律道德阶段。

幼儿期儿童所处的大致阶段是道德发展的他律性阶段。这种道德的形成是源于儿童对成人权威单方面的尊重。但是由于认知的局限,儿童并不能真正理解成人制定规则的意图,也不能理解道德规则的发生和他们的运用。他们只注意规则的字面意思,认为只要服从于规则就是"好"的,否则就是"坏"的。对于过失行为,该阶段的儿童倾向于根据物质损失的大小来评判,不注重过失行为的动机。对于惩罚的公正,这一时期的儿童认为所有惩罚都完全是必要的、合理的,并将惩罚的公正程度与严厉程度联系起来,认为最严厉的惩罚就是最公正的惩罚。

2. 科尔伯格的道德发展论

在皮亚杰道德阶段理论的基础上,科尔伯格继续研究了儿童的道德心理,他在长期实验研究的基础上,将道德品质分成是非观念、权利观念、责任观念、赏罚观念、道德意图、行为后果等不同类别,并完整提出了道德发展三水平六阶段模型。具体如下。①前习俗水平。分为两个阶段:惩罚与服从的定向阶段与朴素的工具性享乐主义阶段。②习俗水平。分为两个阶段,即第三阶段和第四阶段,分别是好孩子定向阶段及维护权威和社会秩序定向阶段。③后习俗或原则性水平。分为社会契约的定向阶段和普遍性的道德原则定向阶段,即第五阶段和第六阶段。根据这一模型,幼儿期的儿童处于道德发展的前习俗水平,这个水平的特点是:儿童的道德判断着眼于行为的具体后果与自身的利害关系。儿童的道德评价,首先考虑的是是否符合自己的需要,有时也包括别人的需要,也初步考虑到人与人的关系,但这种关系常常被看成是交易的关系。凡是对自己有利的就好,否则就不好。好与坏的根据是以自己的利益为准,是比较实用的。

3. 道德的社会学习观点

社会学习理论认为儿童的道德的发展是因为儿童表现出符合社会规范的行为得到正强化。然而,并不是所有的道德行为都会直接得到强化。根据社会学习理论,儿童还可以通过观察他人的行为来间接学习道德行为。儿童会模仿行为受到正强化的榜样,最终学会自己表现出这些行为。例如当看到其他小孩分享糖果受到表扬后,他更有可能在以后的生活中表现出分享行为。并且,儿童并不是简单地、不假思索地模仿他们看到的其他人得到奖赏的行为。他们注意到某些特定情境和某些行为之间的联系,这就增强了相似情景激发观察者相似行为的可能性,由此出现抽象模仿。幼儿模范榜样的过程为更为普遍的规则和原则的发展创造了条件,在观察到榜样由于作出了符合道德期望的行为而受到奖赏的重复事件后,儿童开始推理和学习道德行为的普遍原则。

道德发展对于幼儿参与社会生活,由生物人转变为社会人有着重要意义,它是一个逐渐习得社会规范、社会价值观的过程。其影响因素是多方面的,认知发展是基础,同时幼儿周围的环境对于幼儿道德发展也起重要作用。

(三) 幼儿期道德发展特点

幼儿3岁前只有某些道德感的萌芽,进入幼儿园以后,特别是在集体生活环境中,幼儿逐渐掌握了各种行为规范,道德感也逐步发展起来。小班的幼儿道德感主要是指向个别行为的,如知道打人、咬人是不好的。中班幼儿不但关心自己的行为是否符合道德标准,而且开始关心别人的行为,并由此产生相应的情感。如中班幼儿的告状行为就是幼儿对别人行为方面的评价,它是基于一定的道德标准而产生的。幼儿在对他人的不道德行为表示出愤怒或谴责的同时,还对弱者表现出同情,并表现出相应的安慰行为。到了大班,幼儿的道德感进一步发展和复杂化。他们对好与坏、好人与坏人有鲜明的不同感情。这个年龄幼儿的集体情感也开始发展,表现为幼儿喜欢自己的班级、愿意维护自己班级的荣誉或利益。幼儿的羞愧感或内疚感也开始发展起来。特别是羞愧感从幼儿中期开始明显发展起来,幼儿对自己出现的错误行为会感到羞愧,这对幼儿道德行为的发展具有非常重要的意义。

总体来说,幼儿期的道德感是不深刻的,大都是模仿成人、执行成人的口头要求,他们的道德感是在集体活动和在成人道德评价的影响下逐渐发展起来的(龚晓洁、张剑,2011)。

五、社会交往对幼儿的影响

幼儿在成长的过程中,必然会受到多方面环境因素的影响。其中,社会性交往对幼儿的影响重大而深远,是其社会化过程中的主要动因。婴儿刚出生时首先接触的是家庭,虽然随着接触范围的日益扩大,幼儿的交往对象不再局限于父母,但许多研究仍证实,父母是影响幼儿成长的"重要他人";同时,同伴的交往,尤其是与同伴的游戏活动在幼儿的发展中占据着难以取代的地位;最后,教师对幼儿的影响力日益上升,尤其到了幼儿末期与童年期,他们逐渐成为新一轮的"重要他人"。

(一) 家庭

家庭是由家庭成员及成员间的互动关系组成的一个动态系统。家庭系统中的诸多因素对儿童的发展或多或少会产生这样或那样的影响,如父母的人格特点、父母的教养观念、父母的教养方式、父母的婚姻关系、出生顺序、是否独生子女等。其中,父母的教养观念与教养方式和家庭结构等对儿童的社会性的发展更加重要,尤为值得研究者关注。

1. 父母的教养观念与教养方式

通过教育期望,父母将一定阶层的观念文化和价值取向渗透到幼儿的生活中,影响着幼儿的价值观、人生观和行为准则,不仅如此,父母的教养观念与教养方式还对幼儿成年后的人格特点、自我概念、行为方式、事业成就和婚姻状况都有着深远的影响。我国学者陈会昌等关于家长教养观念和儿童发展关系的研究表明,父母家庭教养观念、父母对学校教育的看法和孩子的社交能力间有一定程度的相关性;家长对孩子独立性、礼貌及整洁等个性品质培养的重视程度与儿童社会交往能力呈显著相关。

最早研究父母教养方式的是鲍姆令特。麦考贝和玛丁在鲍姆令特的基础上,将父母教养方式分为四类:权威型、专断型、放纵型和忽视型。其具体特点如表5-2所示。

表 5-2 教 养 方 式

父母对孩子的要求	有 要 求	无 要 求
父母对孩子的回应	权 威 型	放 任 型
高回应	特点:坚定的,制定清晰一致的规则限制 与孩子关系:尽管他们倾向于严格,像专制型父母,但是他们深爱着孩子并给予情感支持,他们尝试与孩子讲道理,解释为什么应该按照特定的方式行事,并且与孩子交流他们所施加的惩罚的道理	特点:不严格且不一致的反馈 与孩子关系:基本上不对孩子作出要求,并且不认为自己对孩子的行为结果负有很大的责任,他们很少限制孩子的行为
	专 断 型	忽 视 型
低回应	特点:控制、惩罚、严格、冷漠 与孩子的关系:他们的话就是法律,崇尚严格、无条件服从,不能容忍孩子的反对意见存在	特点:表现出漠不关心以及拒绝行为 与孩子的关系:他们与孩子的感情疏远,视自己的角色仅仅是喂养、穿衣以及为孩子提供庇护的场所,在最极端的情况下,忽视型父母会导致忽视——儿童虐待的一种形式

父母所采取的特定教养方式常常导致儿童行为上的差异。①专断型父母的孩子更倾向于性格内向,表现出相对较少的社交性,不是非常友好,在同伴中经常表现出不自在。其中,女孩特别依赖父母,而男孩往往表现出过多的敌意。②放任型父母的孩子倾向于依赖他人和喜怒无常,社会技能和自我控制能力较差。他们与专断型父母的孩子拥有很多同样的特点。③权威型父母的孩子表现最好。他们多表现为独立、友善、有主见且有合作精神。他们追求成就的动机很强,也常获得成

功并受到他人喜爱。无论在与他人关系还是自我情绪调节方面,他们均能够有效调节自己的行为。④忽视型父母的子女表现最差,在情感发展方面较为混乱。他们感到被忽视以及感情上的疏离,并且也阻碍了其生理和认知方面的发展。不过值得注意的是,没有哪一种分类系统能够完全地预测儿童是否会发展得很好。很多专断型和放任型家庭的父母教育的孩子也发展得很成功。而且,父母的教养方式并不是稳定不变的,有时候也会从一种类型转变成另一种类型。

近年来,我国学者也对父母教养方式问题进行了大量研究。如陶沙等采用母亲教养行为问卷对408名3~6岁儿童的母亲的日常教养行为的结构进行了考察,并对其中142名母亲进行了儿童消极行为特征问卷调查。研究发现:①3~6岁儿童母亲的教养行为包括敏感性、接触与参与、交往指导、认知发展指导、积极情感的表达与消极情感的表达等6个主要成分;②儿童的年龄对母亲教养行为的参与程度、促进儿童认知能力发展、积极情感与消极情感表达等方面具有显著影响,儿童性别仅在母亲的敏感性方面具有显著影响;③儿童的消极行为特征与母亲教养行为的不同方面具有不同的关系。

父母对幼儿行为、态度的影响主要通过二者之间的人际交往而实现。在交往过程中,父母一方面以其自身行为、言语、态度等特征,为幼儿提供观察和模仿的范型;另一方面还通过对儿童行为的不同反应方式对儿童行为作出积极或者消极的强化,以此巩固或改变儿童的某些具体行为。此外,父母还经常根据一定的社会准则、规范向幼儿直接传授有关的知识和技能,以促进其认知和社会性的发展。

2. 家庭结构

和谐的婚姻关系和配偶支持对儿童的成长是有利的。一个经常争吵、挑剔、不和的家庭环境对父母和儿童都会产生不良影响。而离婚对于儿童的影响是比较明显的,国内外许多研究表明,离异家庭的儿童在智力、同伴关系、亲子关系、情绪障碍、自我控制和问题行为等方面,与完整家庭的儿童相比都存在着显著差异。高月梅也发现,4~6岁离异家庭儿童与同龄的完整家庭儿童在心理发展上存在着差异,在学习情况和认知发展的某些方面,离异家庭儿童明显较差;在社会性发展方面,离异家庭儿童的同伴关系(结伴的难易、与好友的关系、与伙伴的交往等)明显不如完整家庭的儿童。总之,离异家庭的孩子往往处于不利的境遇中。

在家庭中,父母会影响儿童,儿童也同样会影响父母,两者是相互作用的。比如,幼儿的年龄和发展水平会影响父母的教养方式,对于年龄小、心理发展水平低的幼儿,父母多采用简单的惩罚方式;而对于年龄稍大的幼儿,父母喜欢采用摆事实、讲道理的方法。此外,幼儿的行为特征也会影响父母的行为方式,如易激动、孤僻的幼儿与安静、反应灵敏的幼儿唤起的易焦虑父母的反应是不同的,前者可能会增加父母的焦虑,而后者则可能会减弱父母的焦虑。

(二) 同伴

大多数幼儿期的儿童渴望寻找同伴并喜欢自己的同伴,并且此时的社会交往更加密切、频繁和持久。从3岁起,儿童偏爱同性同伴,经常与同性同伴发生联系,相互间面对面的接触增加,进行更多的互动以协调他们的活动,常常合作解决问题。这一时期,群体游戏明显增加,游戏的象征性趋于复杂,趋向更多角色,提出与角色相关的规则,并且他们还相互学习,交流、分享生活中的经验(汪新建,2008)。

皮亚杰在他的早期著作中论述了同伴关系及同伴间的游戏在儿童发展中的作用。他认为,正是产生于同伴关系中的合作与情感共鸣使儿童获得了关于社会的更广阔的认知视野。可以说,良好的同伴关系可以帮助幼儿获得熟练的社交技巧。布郎恩特经研究认为,来自能提供更多与同伴接触机会地区的儿童发展了更好的社会技能,良好的同伴关系有助于幼儿获得安全感和归属感,还有利于其自我概念和人格的发展。

在幼儿的同伴交往过程中,有不同的互动方式,依照同伴的接纳程度,可分为四种。①受欢迎幼儿。这类幼儿喜欢与同伴交往,其交往行为积极友好,因而普遍受到同伴的喜爱和接纳,在同伴中地位较高,有较强的影响力。②被拒绝幼儿。这类幼儿同受欢迎幼儿一样在交往中表现活跃、主动,但常常表现出不友好的交往方式,如强行加入其他小朋友的活动、抢玩具、大声喊叫等,攻击行为和消极行为较多,友好行为较少,因而被多数同伴拒绝。③被忽视幼儿。这类幼儿不喜欢交往,常常独处或一人活动,在交往中退缩或畏缩,不积极不主动。对同伴既很少有友好、合作行为,也很少有不友好、攻击行为。因而没有多少同伴喜欢他们,也没有多少同伴讨厌他们,在同伴中地位较低。④一般幼儿。这类幼儿在同伴交往中表现一般,既不特别主动、友好,也不特别不主动、不友好;同伴有的喜欢他们,有的不喜欢他们,在同伴中地位一般(庞丽娟,1991)。一般来说,受欢迎幼儿比不受欢迎幼儿对社交问题能提出更好的解决办法(Brochin & Wasik,1992),被拒绝幼儿解决冲突的策略最不恰当,高社交地位幼儿比低社交地位幼儿能更好地解决冲突(Ewin,1994)。

(三) 教师

入园后,教师就成为幼儿交往的重要对象。教师对幼儿的影响主要表现在四个方面。

(1) 教师的期望效应。罗森塔尔随机从某班抽出20%的学生,告诉教师,这些学生"具有智力上的优势,在学习期间将有超常的智力表现"。结果8个月后,经过测试,这20%的学生的智力增长远高于其他学生。由此,罗森塔尔提出了著名的"罗森塔尔效应",又称"教师期望效应",即由于教师对学生抱有的主观期望而导致的学生在学业和行为方面发生改变的现象。

(2) 教师的榜样作用。幼儿善于观察和模仿,教师在日常生活中的待人接物更是幼儿模仿的对象。如果幼儿的手划了一道口子,给教师看时,教师应给予关怀与帮助,而不是随口说"哭什么哭,自己去医务室上点儿红药水",这样不仅使幼儿感到温暖与被接纳,而且有助于幼儿学习助人等亲社会的技能。

(3) 教师的强化。在幼儿园里,得到教师奖励、表扬的行为幼儿易于保持,而受到惩罚与批评的行为幼儿会相应减少。

(4) 与父母相比,幼儿更重视教师的评价,他们会依据教师的评价调节自己的行为,努力达到教师的期望。

第四节 幼儿期相关问题

一、儿童孤独症

(一) 儿童孤独症的症状

儿童孤独症又称自闭症,1943年由美国医生肯纳(Leo Kanner)首次报告,早期被混同于精神分裂症,并被认为与父母亲在情感方面的冷漠和教养过分形式化有关;20世纪80年代之后,才被正式列入广泛性发育障碍之中。它是一类以严重孤独、缺乏情感反应、语言发育障碍、刻板重复动作和对环境的怪异反应为特征的疾病,发病率为0.2‰~0.5‰,近年来的调查则发现数字有明显升高,男生发病率比女生高3~4倍。1982年陶国泰在我国首先报告该症,但对孤独症的大规模流行病学调查直到20世纪90年代后期才开始,2001年全国6省市0~6岁残疾儿童抽样调查显示孤独症患病率为0.101%。

孤独症的主要症状如下。

(1) 社会交往障碍。患儿表现得极度孤独,兴趣单调,注意力分散,缺少与他人的交流或交流技巧。对自己家庭的亲人以及周围人均缺乏情感联系,回避与他人的目光接触,不与外界接触,情感反应冷淡。

(2) 言语交流障碍。语言发育延迟最为多见,如二三岁后仍不会说话,或者在正常语言发育后出现倒退,出现吐字不清等现象。语言理解能力低下,对他人的语言和形体动作缺乏反应,常常表现为重复刻板语言,常发出叫声或无意义的音节,以及模仿、重复别人简短的字句。

(3) 活动方式或兴趣狭窄。常表现为重复行为或刻板动作。日常生活方式与内容要求维持原样不变,一旦出现微小的变动,就会发脾气、哭闹。常有特殊的兴趣或迷恋,喜欢或着迷于一两件东西,如沉迷于瓶子盖、门锁等。爱听某一段或几段特别的音乐,但对动画片通常不感兴趣。

(4) 感觉反应异常。表现为对外界刺激反应迟钝或过分敏感，如反复自伤亦不表示痛苦，而对触痒却忍受不了。

(5) 智能障碍和其他损害。患儿外貌一般无明显呆滞，但适应能力明显落后，生活不能自理，自我防卫功能减弱，约29%存在轻度到中度智力障碍，42%为重度智力障碍，但由于语言和社会交往障碍，因而很难对其智力作出准确的评估。有极少数患儿可表现出某一方面的特殊才能，如超常的机械记忆和计算能力，即所谓"白痴天才"（韩晓燕、朱晨海，2009）。

（二）儿童孤独症的发病原因

孤独症的病因目前尚无定论，普遍认为，该症是遗传因素、器质性因素以及社会环境因素共同作用的结果。在遗传因素方面，有研究显示，单卵双生儿孤独症的一致性为90%以上，双卵双生儿孤独症的一致性则为24%，孤独症患儿的同胞患孤独症的概率较正常人高3~4倍，41%的患儿为长y染色体，而他们的父亲和兄弟也有长y染色体，这些提示本症与遗传因素相关，但其具体的遗传方式尚不明了。在器质性因素方面，研究表明，大脑有某些不正常，导致行为改变，如幼年时期得过脑炎、怀孕期的风疹、结节性脑硬化以及出生时严重并发症。1/3以上的患儿有影响大脑的病史。另有研究发现，孕期情绪焦虑紧张、病毒感染史、用药史、高龄产妇、低体重儿等都会使儿童孤独症的发病风险增高。在环境因素方面，社会性孤独和漠不关心是导致儿童孤独症的首要原因，可能与父母的抚养方式不当有关。还有研究者认为，儿童孤独症与儿童成长环境中缺乏丰富和恰当的刺激有关，长期处在单调环境中的儿童，会用重复动作来进行自我刺激，久而久之就会对外界环境不感兴趣（黎艳，2011）。

（三）儿童孤独症的测量

美国精神病学会公布了孤独症DSM-V诊断标准，统称为孤独症谱系障碍（ASD），患者必须符合以下四个标准。

(1) 在各种情景下持续存在的社会交流和社会交往缺陷，不能用一般的发育迟缓解释，符合以下三项。①社会-情感互动缺陷，轻者表现为异常的社交接触和不能进行对话，中者缺乏分享的兴趣、情绪和情感，社交应答减少，重者完全不能发起社会交往。②用于社会交往的非语言交流行为缺陷，轻者表现为语言和非语言交流整合困难，中者目光接触和肢体语言异常，或在理解和使用非语言交流方面有缺陷，重者完全缺乏面部表情或手势。③建立或维持与其发展相符的人际关系缺陷（与抚养者的除外），轻者表现为难以调整自身行为以适应不同社交场景，中者在玩想象游戏和结交朋友上存在困难，重者明显对他人没有兴趣。

(2) 行为方式、兴趣或活动内容狭隘、重复，至少符合以下四项中的任两项。①语言、运动或物体运用刻板或重复，例如简单的刻板动作、回声语言、反复使用物体、怪异语句。②过分坚持某些常规以及言语或非言语行为的仪式,或对改变的过分抵抗,例如运动性仪式行为,坚持同样的路线或食物,重复提问,或对细微的变化感到极度痛苦。③高度狭隘、固定的兴趣,其在强度和关注度上异常,例如对不寻常的物品强烈依恋或沉迷,过度局限或持续的兴趣。④对感觉刺激反应过度或反应低下,对环境中的感觉刺激表现出异常的兴趣,例如对疼痛、热、冷感觉麻木,对某些特定的声音或物料出现负面反应,过多地嗅或触摸某些物体,沉迷于光线或旋转物体。

(3) 症状必须在儿童早期出现,但是由于对儿童早期社交需求不高,症状可能不会完全显现。

(4) 所有症状共同限制和损害了日常功能。

儿童孤独症的测量结果分级如表 5-3 所示。

表 5-3 儿童孤独症的测量结果分级

ASD严重程度	社 会 交 流	狭隘兴趣和重复刻板行为
三级:需要非常高强度的帮助	严重的语言和非语言社会交流技能缺陷导致严重的功能受损;极少发起社交互动,对他人的社交示意反应低下	迷恋、固定的仪式和/或重复行为,显著影响各方面的功能。当这些行为被中断时表现出明显的痛苦反应。很难从其狭隘的兴趣中转移出来或很快又回到原有的兴趣中去
二级:需要高强度的帮助	明显的语言和非语言社会交流技巧缺陷,即使给予现场支持也表现出明显社交受损。较少发起社交互动,对他人的社交示意反应较低或异常	重复刻板行为和/或迷恋或固定的仪式频繁出现,即使随意观察也可以明显发现。在很多场合下影响患者的功能。当这些行为被中断时表现出明显的痛苦反应或挫折反应。较难从其狭隘的兴趣中转移出来
一级:需要帮助	当现场缺乏支持,社会交流的缺陷引起可察觉的功能受损。发起社交困难。对他人的社交示意的反应显得不正常或不成功。可能表现出社交兴趣降低	仪式和重复行为在某一个或多个场合中显著影响患者的功能。若他人试图中断其重复刻板行为或将其从狭隘兴趣中转移出来,则会表现出抵抗

(四) 儿童孤独症的治疗

儿童孤独症的治疗方式以教育和行为训练为主,如注意力训练、感觉统合训练、日常生活能力训练、语言认知训练、社会交往技能训练等,其目的在于纠正异常行为,提高其语言使用能力,促进患儿社会性适应行为的发展。其次以药物治疗为辅,对严重行为紊乱、刻板行为、模仿语言、情绪不稳定、尖叫等症状的患儿可以使用抗精神病药;对注意力不集中、自伤行为的患儿可使用神经中枢抑制剂。同时在治疗过程中,患儿的家庭成员也要注意克服焦虑、自责、急躁情绪,这样才能对患儿的治疗产生良好的效果。

近年来新出现的一些研究和实践倾向,更加重视幼儿的内在感受和个人意义的表达,注重真实情境中的功能性社会交往。其中,一种简称为 SCERTS(social communication, emotional regulation, and transactional support)的治疗模式明显地体现了这种倾向。这个模式把家庭生活中全面的人际交流、幼儿情绪情感的自我调节、交往支持作为三个主要的干预维度,具有很强的综合性特征。SCERTS 模式针对孤独症患者的核心缺陷,重点关注幼儿意义感受和表达能力的发展,注重运用象征手段实现家庭中的人际交流,促进幼儿的自我调节和互动能力,为直接处理孤独症幼儿的主要问题提供了一个具有综合性的框架。该模式广泛吸收了当代孤独症干预研究的成果,提供了个别化干预的新动向和新策略,值得进一步发展和完善(龚晓洁、张剑,2011)。

二、攻击行为

(一) 攻击行为概述

攻击行为,是针对他人的敌视、伤害或破坏性行为(林崇德,2006)。儿童的攻击性行为一般表现为打人、骂人、推人、踢人、抢别人东西等。一般 3～6 岁是儿童攻击性行为出现的第一个高峰,第二个高峰是 10～11 岁。它主要表现在三个方面:一是身体侵犯,即利用身体的一些部位或物体攻击他人;二是语言攻击,指通过取笑、讽刺、诽谤、谩骂方式对他人人格进行侮辱;三是关系侮辱,是指通过恶意造谣和社会拒斥等方式使他人在同伴关系中处于不利地位。儿童的攻击性行为存在明显的性别差异。攻击性行为常见于男孩,一般男孩多以动手动脚的攻击行为为多,而女孩偏重于语言上的攻击行为(汪新建,2008)。

又有学者将攻击性行为分为工具性攻击和敌意攻击。工具性攻击指向渴望得到的东西,以伤害他人作为达到目的的手段。而敌意攻击以人为定向,旨在伤害他人(身体、感情和自尊等)(林崇德,2006)。幼儿通常表现出更多的攻击性,而且攻击的类型多属于工具性攻击,主要是为了获取玩具或其他物品。随着年龄的增长,儿童更多地表现为敌意性攻击,这一转变的原因之一可能是年龄较大的儿童具有了推测对方意向和动机的能力(汪新建,2008)。

(二) 攻击行为的影响因素

1. 本能中的攻击根源

精神分析理论认为,人生来就具有死亡本能,追求生命的终止,从事各种暴力和破坏性活动,是敌意的、攻击性冲动产生的根源。有时也指向内部,如自我惩罚、自残、自杀等。

生态学理论认为,人具有基本的攻击本能,它是人类进化的产物,是从最原始的保护领土、保持稳定的食物供给以及淘汰弱者的动机中衍生出来的(林崇德,2006)。

2. 攻击行为的社会学习理论

社会学习理论强调社会和环境条件如何教会个体具有攻击性。它认为攻击行为是通过直接的强化而习得的。攻击行为的保持是因为它:①具有工具性价值,是达到其他目的的手段;②得到了社会强化;③是自我保护的手段(林崇德,2006)。同时,攻击性行为的强化也可以是间接的。相关研究表明,与攻击性较强的榜样的接触导致了攻击性的增加,尤其是当观察者本身处于生气、受辱或者挫败的状态下。例如,班杜拉及其同事在一项关于学龄前儿童的经典研究中说明了榜样的力量。在研究中,一组儿童观看成人带有攻击性、粗暴地对待玩偶波波(一个大的充气塑胶小丑,是为儿童设计的拳击吊袋,推倒之后还能够恢复到原来站立的姿势)的录像。作为对比,另一组儿童观看成人安静地玩万能工具玩具。之后,实验者让学龄前儿童玩很多玩具,其中包括玩偶波波和万能工具玩具。但是开始时,实验者不让这些儿童玩自己最喜欢的玩具,以导致他们感到沮丧。正如预测那样,那些看到成人粗暴地对待玩偶波波的儿童比那些看到成人平静地玩万能工具玩具的儿童表现出更多的攻击性。

3. 攻击行为的认知理论

认知理论认为理解道德发展水平的关键是考察幼儿对他人行为及当时情境的解释。研究发现,一些儿童比另一些儿童更倾向于认为行为具有攻击性动机,他们无法注意到情境中的适宜线索,而是错误地理解情境中的行为,认为事件的发生是具有敌意性的。随后,在决定如何反应时,他们会基于那些错误理解,对事实上并不存在的情况作出攻击性反应。

4. 攻击性行为的社会环境因素

家庭在儿童行为的社会化过程中起着很重要的作用。首先家庭的抚养方式影响儿童的行为。管理方式过严易致孩子的愤怒情绪,容易导致孩子不安好动、攻击性强等行为问题和心理障碍。管理方式过松,放任式管理,会使孩子的攻击性行为在某种程度上合法化,没有利用机会恰当地控制攻击性行为,易使攻击性行为习惯化。其次,家庭情绪氛围也影响孩子的攻击倾向。来自充满矛盾和冲突的家庭的儿童有情绪方面的困扰和大量的行为问题,其中包括攻击性行为。此外,大众传媒中的暴力传播可能会增加儿童的攻击性行为。研究证明,传媒中的暴力内容给儿童提供了攻击性榜样,减弱了儿童对攻击性行为的控制,使儿童曲解了幻想与现实,增加了儿童对攻击性行为的容忍度,从而鼓励了攻击性行为(汪新建,2008)。

(三) 攻击行为的干预

首先,消除对攻击性行为的奖赏和关注。攻击性行为既可习得,也可以通过负强化、惩罚等措施消退。在儿童攻击性行为发生后，家长和教师应该进行干预，使他们意识到攻击性行为是不能接受的，懂得什么行为是错误的，应该遵守哪些行为规则，鼓励幼儿通过参与拥有共同的活动进行同伴互动，鼓励他们的亲社会行为的发展。其次，教会幼儿宣泄情感，将自己的烦恼、愤怒通过恰当的途径宣泄出来，尽可能使幼儿的攻击行为减少到最低程度。再次，培养儿童的移情能力。移情能力是指在人际交往中，个体感受、理解和体验他人需求和情绪的能力。家长和教师可通过角色扮演、情感换位等方式培养儿童理解他人的能力，帮助儿童认识到同伴行为有多种可能的解释，提高对情景理解的准确性。最后，创造非冲突的环境，远离暴力和不良诱因。家长应该对儿童所看的电视节目加以选择和控制，净化儿童的生活环境。

本章小结

幼儿阶段处于学龄前，是人的一生中发展非常迅猛的一个时期。幼儿的发展受到生物、心理与社会三方面的影响。

在生物方面，幼儿的脑重量不断增加，脑神经纤维髓鞘化已完成，大脑结构不断成熟，大脑机能也日趋完善。幼儿知觉的整体性和部分性、大小恒常性、对象恒常性等方面发展迅速，为知觉学习做好了准备。幼儿的大运动技能和小运动技能得到了进一步的发展，知觉-运动技能不断熟练，为幼儿的心理发展打下坚实的基础。

在心理方面，幼儿的记忆具有以无意的形象记忆为主、以机械记忆为主、易记易忘和记忆精确性较差等特点。幼儿的认知具有具体形象思维、以自我为中心、泛灵论与实在论和缺乏守恒等特点。在幼儿的语言发展中，词汇量增长最迅速，词类范围不断扩大，出现了名词的词义扩张与缩小现象。幼儿能说出完整句，结构从无修饰语的简单句到有修饰语的简单句，从复杂句到复合句，并掌握了一定的语言应用技能。幼儿的情绪调节能力越来越强，面对冲突情境时，幼儿能采用具有建设性的策略，如建构性策略、愉快听从劝告、具有同情心等。在情绪调节方面，具有性别差异，女孩推测他人情绪状态的能力高于同龄男孩，因为她们更能同情与谅解他人。

在社会方面，幼儿的自我意识状况主要围绕自我评价、自我体验和自我控制三方面展开。幼儿的自我评价具有一致性较高、区别性较小的特点，主要表现为对自己外部行为的评价。自我情感体验表现为从生理性体验向社会性体验转变。幼儿的自控能力相对较弱，时常有冲动性行为表现，尽管如此，成人也要为其提供适当空间去发展其"独立自主性"。幼儿的社会性游戏有很多理论，如经典的游戏理论、精神分析学派的游戏理论和皮亚杰的游戏理论等，这些理论揭示，游戏能满足儿童社会生活中的身心发展需要,具有虚构性、愉悦性、主动性和"控制感"等特点,便于更好地了解幼儿的发展。游戏的种类繁多。伴随着幼儿的成长,游戏的内容越来越丰富,游戏的形式越来越多样化,游戏所需技能也越来越高级。在社会交往中,父母是"重要他人"。同伴交往能使幼儿获得良好的社交技能、安全感和归属感,还有利于其自我概念和人格的发展。教师的作用主要体现在期望效应、榜样、强化和评价方面。

在此阶段的问题主要表现为营养不足与营养过剩等生物问题、儿童孤独症等心理问题、攻击性行为等社会性问题。生物、心理和社会因素并不是独立地对幼儿发展起作用的。在权衡三者的关系中,应该从相互影响、相互依存、相互转化的角度来看。例如,一个结实的、举止优雅的儿童可能发展范围更广泛的兴趣和爱好,拥有更多的朋友,而一个体质虚弱或动作笨拙的同龄儿童可能遇到更大的困难和限制。父母教养观念的复杂性与儿童自我认知的精确程度呈正相关,与儿童在智力测验中的成绩呈正相关(Martin & Johnson,1992)。如果父母的教养方式属于权威型或专断型,且幼儿经常、长期遭受严厉的体罚,那么幼儿的身心发展也会受到严重阻碍。

本章参考文献

[1] 刘金花.儿童发展心理学[M].上海:华东师范大学出版社,1997.
[2] 黄希庭.心理学导论[M].北京:人民教育出版社,1998.
[3] 王振宇.儿童心理发展理论[M].上海:华东师范大学出版社,2000.
[4] 谭思洁,孔令芹,于学礼,等.3~6岁幼儿心理测试指标与方法的研究[J].山东体育学院学报,2000(1).
[5] 单大卯.对城市与乡镇幼儿园810名3~6岁学龄前儿童感觉统合能力的测试研究[J].山东体育学院学报,2000(2).
[6] 周宗奎.现代儿童发展心理学[M].合肥:安徽人民出版社,1996.
[7] 何海燕.河北省体质调查3~6岁儿童形态指标的比较分析[J].河北体育学院学报,2004(2).
[8] 叶新新,陈品.我国海岛地区3~6岁幼儿的体质研究[J].北京体育大学学报,2004(1).
[9] 余绍森,郭海英,袁朝霞,等.浙江省3~6岁幼儿运动素质增长发展的初步研究[J].浙江体育科学,2002(5).
[10] 赵健.潍坊市3~6岁城乡儿童体质指标变化的比较与研究[J].山东体育学院学报,2002(2).
[11] 吕慧,田玲,武杰.新疆哈萨克族与汉族3~6岁幼儿体质的比较研究[J].山

西师大体育学院学报,2003(1).
- [12] 林仲贤,张增慧,张美珍.3~5岁儿童对物体认知及对他人认知过程的研究[J].心理学探新,2000(3).
- [13] 林泳海,周葱葱.3.5~6.5岁儿童式样认知发展的实验研究[J].心理学探新,2003(1).
- [14] 张向葵,王金凤,孙树勇,等.3.5~6.5岁儿童对死亡认知的研究[J].心理发展与教育,1998(4).
- [15] 奥布霍娃.皮亚杰的概念[M].史民德,译.北京:商务印书馆,1985.
- [16] 华红琴,翁定军,陈友放.发展心理学[M].上海:上海大学出版社,2000.
- [17] 林崇德.发展心理学[M].杭州:浙江教育出版社,2002.
- [18] 李文馥,周小彬,陈茜,等.3~6岁幼儿言语表达能力发展特点[J].心理科学,2002(3).
- [19] 姚端维,陈英和,赵延芹.3~5岁儿童情绪能力的年龄特征、发展趋势和性别差异的研究[J].心理发展与教育,2004(2).
- [20] 高月梅,张泓.幼儿心理学[M].杭州:浙江教育出版社,1993.
- [21] 陈会昌,王莉.1~10岁儿童父母的教育观念[J].心理发展与教育,1997(1).
- [22] 林崇德.离异家庭子女心理特点[J].北京师范大学学报,1992(1).
- [23] 汪新建.人类行为与社会环境[M].天津:天津人民出版社,2008.
- [24] 林崇德.发展心理学[M].北京:人民教育出版社,2006.
- [25] 罗伯特·费尔德曼.发展心理学——探索人生发展的轨迹[M].苏彦捷,等,译.北京:机械工业出版社,2011.
- [26] 韩晓燕,朱晨海.人类行为与社会环境[M].上海:上海人民出版社,2009.
- [27] 龚晓洁,张剑.人类行为与社会环境[M].济南:山东人民出版社,2011.
- [28] 黎艳.解读儿童孤独症[J].教育战线,2011(17).
- [29] 邹小兵.儿童孤独症诊断与治疗新动向[J].中国儿童保健杂志,2012(4).

第六章 儿 童 期

儿童期指的是从7岁左右到性成熟以前即13岁左右这段时期。7岁左右的儿童开始进入小学,接受正规的教育,他们接触社会的领域扩大,从依赖双亲尤其是母亲到学习逐渐独立。进入小学以后,"自己已经是一个独立的人"这一观念渐渐趋于明显。由于此时他们意识到自己不论在学习、生活还是在社会中,人们已经开始衡量、确定他们的优劣,所以他们会有由于自己表现得好或坏而产生的成功或失败的经验。发展心理学家郝洛克(Hurlock Elizabeth)描述这时期是人生重要的里程碑,儿童进入小学后,其态度及行为将有一些改变。

第一节 生物系统及其对儿童期的影响

儿童在生长发育过程中,由于遗传和生活环境(营养、体育锻炼、疾病)等因素的影响,会出现各方面(形态、机能、性成熟等)的个体差异,但总体上儿童生长发育的一般规律还是存在的。

一、身体的发展

人体在性成熟(女性约18岁,男性约20岁)之前一直处于发展变化之中,儿童期在这一段时期内,身体是缓慢而又稳步地发展的,但到了儿童末期,即男孩在13~15岁,女孩在11~13岁便开始进入了青春发育期,身体上的发展变化即成为继婴儿期后的第二个高峰期。

1. 身高与体重

儿童身体发展的重要标志是身高和体重。它们标志着内部器官,如呼吸、消化、排泄系统以及骨骼的发育,体格检查时首先量身高、称体重,道理即在于此。此时儿童的身高、体重都比以前显著增加。骨骼肌肉茁壮成长,尤其下肢骨骼增长比身体增长还快,八九岁后小肌肉发育较快。这一时期,儿童整个躯体构造形式也发生了较大的变化,躯干和手臂变长,臀部变宽,整个骨骼结构变大变宽,整个身体显得修长了。

2. 神经系统的发展

(1) 大脑结构的发展。根据生理学研究材料显示,3岁幼儿的脑重为0.99~

1.011千克,六七岁儿童的脑重为1.280千克,9岁儿童已接近成人达1.395千克,12岁儿童的脑重已与成人一样达1.400千克。由此可见,儿童期脑重的增加还是非常显著的。脑重增加表明脑神经细胞体积增大和脑细胞纤维增长;同时,儿童的额叶此时显著增大,额叶的发展对其高级神经活动的发展具有重大的意义。

(2) 大脑机能的发展。在儿童的高级神经活动的基本过程中,兴奋和抑制的机能都有了进一步的增强。大脑兴奋机能的增强可以从儿童睡眠时间逐渐缩短看出。在皮质抑制机能方面,儿童的内抑制机能约3岁以后就蓬勃发展起来,儿童在其生活条件下,特别是由于语言的不断发展,随着儿童年龄的增长,内抑制机能也更加发展起来,这表现在儿童能更细致地综合分析外界事物,并且更善于调节控制自己的行为。同时,由于儿童语言的进一步发展,第二信号系统活动日益发展起来。

3. 淋巴系统的发展

人体的淋巴系统在出生后第一个十年中发育速度特别快,这是因为这一阶段机体对疾病的抵抗力弱,需要强有力的淋巴系统来进行保护,所以儿童前期即7~10岁处于一个极快的发展之中,到了10岁左右发展达到最高峰,几乎已达到成人时期的200%,这也表明儿童中期即10岁左右的儿童已获得相当的免疫力,身体健康处于最良好的阶段。之后在儿童中后期即10~13岁,由于其他各系统逐渐成熟和对疾病抵抗力的增强,淋巴系统也会逐渐退缩,达到与成人基本一致的水平。

二、动作的发展

这一时期,儿童动作的精确性和灵活性日益增加,但是男女儿童的动作发展存在差异(刘金花,2002)。儿童在进入学校以后,无论是在动作的速度、强度、灵活度和平衡度等方面,还是在动作的具体内容上都有很大的发展变化。与此同时,男女儿童动作发展上的差异开始比较明显地表现出来。这种差异在学前期已初露端倪,男孩在长肌动作协调方面,如抛球、上下楼梯比女孩强,而女孩在短肌动作方面,如单足跳、跳跃、奔跑比男孩略胜一筹。埃斯佩·斯查德认为,跑、跳、投掷是儿童活动中的共同因素,于是就用这三个因素作为测定男女儿童动作差别的根据。他发现男女儿童随年龄的增长,这三方面的活动都有增进,但是男孩活动的增进是在5~17岁间,而女孩活动的增进是在5岁到学龄早期,大约到13岁时发展到顶点,此后的活动水平或是保持原状或是下降。青春期前的男孩在动作技能方面的优势很微弱,而从青春期开始男孩的动作优势则越来越明显。

三、运动的发展

在儿童期,运动和知觉-运动能力迅猛发展,孩子们能够进行持久的、竞争性的运动而不感到疲劳。在入学前儿童已经掌握了一些基本的运动技能,绝大多数儿童能以十分协调的手臂和大腿运动进行跳跃、跳绳、弹跳、爬绳等活动。6~12岁，儿童基本的运动技能仍稳步地改善和发展。动作的力量增强了，如手抓握的力量稳步提高，男孩优于女孩；从刺激的出现到身体作出动作所需的时间（即反应时间）缩短了，男孩仍优于女孩（占登那夫，1935）；平衡，也就是在静止或运动的体验中，控制躯体的能力在儿童期渐渐提高，这是通过让他们走平衡木测定的（西肖尔，1949）。

知觉、运动协调发展的一个重要意义表现在学习中。有些儿童在学习中表现出种种问题，尤其是阅读、写作和数学学习困难，究其原因并不在于儿童本身不认真、不努力、不用功，而是出于知觉、运动发展落后和知觉-运动不协调。研究表明，触觉和运动的知觉相关运动能促进视觉的发展，视觉又是学习阅读和写作的关键。如果因为种种原因，例如中枢神经系统的障碍、情绪不安或经验缺乏，造成知觉发展方面的显著落后，那么儿童的智力发展就受到了阻碍。因此，有必要在一切儿童入学前就接受知觉发展方面的测验，以判断是否落后。如果发现儿童知觉发展落后，就应当及时作进一步的检查和测验，然后根据儿童的具体情况，进行训练，尽快、尽可能有效地提高儿童的运动技能，提高知觉-运动的协调性，从而促进儿童的智力学习。

第二节 心理系统及其对儿童期的影响

一、感觉发展

感觉是事物在人脑中的直接反映，同时又是思维发展的直接基础。正如列宁所指出的：感觉是运动着的物质的映象；不通过感觉，我们就不能知道实物的任何形式，也不能知道运动的任何形式。同时他也指出：感觉的确是意识和外部世界的直接联系，是外部刺激力向意识事实的转化。因此，儿童感觉的发展，在儿童心理发展上具有重大意义。

1. 视觉的发展

（1）视敏度的发展。视敏度俗称视力，指在一定距离内感知和辨别细小物体的视觉能力。儿童期视力的绝对感受的增长慢于幼儿期，但差别感受性的增长却很快。另外，在儿童期，随着年龄的增长，视力调节能力也在不断发展着，特别是10岁的儿童，其水晶体的弹性最大，这种能力的发展最快（韩晓燕、朱晨海，2009）。

（2）颜色辨别能力的发展。学前晚期儿童，一般已能很好地辨别各种主要颜色（如红、黄、蓝、绿），也能知道各种色调的细微区别（如红与紫、青与蓝），但用词来标志这些色调或根据词的指示来选出各种色调的颜色，还是有困难的。

许多研究指出,学龄儿童的颜色视觉是随着年龄的增长而不断发展的,而在良好的教学条件下,这种发展的速度会大大加快起来。根据有关研究可得出以下结论。①儿童在学校学习期间,颜色视觉感受性获得显著发展。如果7岁儿童的颜色差别感受性是100%,那么10～12岁的儿童和7岁儿童比起来,增长率很大,即可以提高60%。②女孩比男孩的颜色视觉能力一般要强一些。原因当然不是先天性的,而是由于女孩在生活中接触有颜色的东西更多些,对颜色更有兴趣一些。③7～15岁儿童的差别感受性的增长要比绝对感受性的增长高很多倍,在视觉和听觉方面,尤为显著。另外,在小学学习的儿童,随着年龄的增长,视力调节能力也在不断发展着,特别是10岁的儿童,这种能力的发展更快些。

2. 听觉的发展

原苏联卫生部中央耳鼻喉科学研究所生理科研究了4～80岁正常人听觉的年龄变化后指出,人的听觉感受性随着人的年龄而发生有规律的变化。虽然各个人之间存在着个体差异,但年龄特点是非常明显的。

很多研究也一致指出:儿童时期的听觉感受性是随着年龄的增长而不断增长的。根据研究材料可知,儿童辨别音调高低的能力,从6～19岁之间有显著的提高。如以6岁儿童辨别音调的能力为单位(单位为1),则7岁时为1.4,8岁时为1.6,9岁时为2.6,10岁时为3.7,19岁时为5.2。必须强调,小学儿童辨别音调能力之所以不断提高,是和学校中的教学,特别是音乐教学分不开的。

二、知觉发展

知觉是事物的整体在头脑中的反映。事物具有各种不同的属性(可以看见的、听见的、有味的等),因而在知觉中,经常有各种分析器参加,是各种分析器分析综合的结果。为了更好地知觉事物,一方面必须有精确的分析,另一方面又必须有整体的综合。例如,知觉一幅画,既要精确知觉图画中所画的各种事物,又要能知觉图画中各种事物的联系,分出主要的和次要的东西,认识它的意义。

人的知觉是一种有目的、有意识的心理过程。它不是生来就有的,而是在儿童的生活活动过程中,在教育的影响下,随着儿童整个心理的发展而逐步发展起来的。进入儿童期,在教学的影响下,儿童知觉的有意性、目的性很快地发展起来,知觉中分析与综合的统一性水平也在不断地提高。同时需要明确的是,虽然儿童知觉发展的年龄特征是存在的,但也并不是统一的、不变的,它是和教育影响密切相依存的。同时,它的发展又是不平衡的,在知觉的发展过程中,各个儿童不完全一样,同一儿童在知觉不同事物的时候,水平也不完全相同。而这种不同,主要和儿童的经验有关。

在空间知觉方面,实验研究表明,在5～7岁,儿童能比较固定化地辨别自己的左右方位;在7～9岁,儿童初步、具体地掌握左右方位的相对性;到9～11岁,儿童能比较概括、灵活地掌握左右概念和理解左右的相对性。

同时,儿童进入小学以后,在教学影响下,时间观念能很快地发展起来。随着年龄的增长,儿童能使用时间标尺的人数逐渐增多。此外,儿童使用时间标尺的技能也随年龄增长而提高。

三、注意发展

注意是对事物的定向活动,是对于某些事物的指向和集中。注意是产生各种心理过程时必不可少的心理属性。没有对事物的注意,就不可能有对事物的认识。一切学习和工作如果没有集中的注意,就不可能很好地进行,就不可能获得成效。注意一般可以分为"无意注意"和"有意注意"两种,前者是指没有自觉目的和不加任何努力而不自主的、自然的注意,是被动的,是对环境变化的应答性反应;后者是指自觉的、有预定目的的,必要时还须作出一定努力的注意活动,是注意的一种积极、主动的形式。注意服从于一定的活动任务,并受人的意识的自觉调节和支配。例如,我们正在听课,忽然从窗外传来一阵动听的歌声,我们可能不由自主地倾听歌声,这是无意注意;但由于我们认识到学习的重要,因而迫使自己把注意力集中在听课上,这就是有意注意了。

儿童注意的发展变化受儿童主导活动的制约,低年级时以无意注意为主,到了高年级有意注意逐渐发展起来。在教学活动的影响下,儿童对抽象材料的注意也在逐步发展;与此同时,具体的、直观的事物在引起儿童注意上仍然发挥着重要作用。学龄期的儿童由于语言能力的进一步发展,第二信号系统活动日益发展起来,这样,儿童的抽象逻辑思维能力的发展就有了可能,同时,也就加强了儿童各种心理过程的有意性和行为的自觉性,所以到了中高年级,儿童对一些抽象的词和能够引起智力思考的作业,比年幼儿童的注意力更容易集中、稳定。与此同时,儿童的注意范围也随着年龄的增长而有所扩大;注意力的分配和转移能力的发展,也随之发展起来。年龄越大的儿童,其注意力的外部表现越不明显,如"开小差"也不易从外表看出。这一时期儿童的注意力虽然有了较大发展,但还不能作过高的估计,仍需进一步提高。

四、记忆发展

儿童进入学校以后,学习成为其新的主导活动。学习是有一定要求的认识活动,儿童必须学会识字、算术,准备回答问题和接受检查等,这就要求记忆达到一个新的水平。因此,在儿童期,儿童的记忆发展有了新的特点。主要表现如下。①有意记忆和有意再现逐渐超过无意记忆成为这一阶段儿童主要的记忆方式。儿童的有意记忆是随着年龄的增长而不断发展的。随着学习动机的激发,学习兴趣的发展,学习目的的明确,有意记忆的主导地位越发显著。②意义记忆逐渐超过机械记忆,并在记忆活动中逐渐占有重要地位。③抽象记忆发展的速度逐渐超过形象记忆。形象记忆是指对过去感知的事物或活动的形象的再现;而抽象记忆则是对概念、公式、定理等抽象材料的记忆。随着教育的影响、知识的丰富以及思维的发展,儿童的抽象思维能力不断提高。④记忆策略的使用。通过分析策略使用的自发性与受益性,米勒(P. H. Miller)把记忆策略的发展划分为四个阶段:无策略阶段;部分使用或使用策略的某一变式阶段(有些场合会使用记忆策略,有些场合却不会);完全使用但不受益阶段(能够在各种场合使用记忆策略,但并没有提高回忆成绩,即出现策略利用缺陷现象);使用且受益阶段(儿童使用记忆策略,并且还会提高回忆成绩,策略有效性有了很大的提高)。6岁以前的儿童基本上不会自发地使用策略来帮助记忆,8岁左右的儿童处于过渡期,10岁以上的儿童开始自发地运用一定的策略来帮助记忆。记忆策略主要包括复述、组织、精细加工等。各种记忆策略的发展很大程度上依赖于儿童自身的知识经验,而学习与训练则可以帮助他们有效提高运用策略的能力(韩晓燕、朱晨海,2009)。

记忆是有个体差异的,不仅记忆能力有高有低,而且记忆类型也各有所长。成人应当关注孩子的日常活动,从中发现他擅长哪方面的记忆,并尽量为孩子创造条件,发挥其优势记忆。如果没有发现他有什么特殊之处,也应当注重平时的训练,从小培养孩子有意记忆和理解记忆的能力,创造有利条件,为孩子的学习打好基础。

五、思维发展

儿童思维的发展经历了一个非常复杂而漫长的过程,是一个从低级到高级、从不完善到完善的发展过程。这个过程进行的情况和速度,在很大程度上取决于正确组织起来的教学和教育工作。童年期儿童思维正处于由以具体形象思维为主向以具体形象为支柱的抽象逻辑思维为主转变的过渡阶段,具有过渡性质,虽然抽象逻辑思维日益占主要地位,但思维中的具体形象成分仍然起重要作用。皮亚杰认为7~12岁儿童的思维是属于所谓具体运算阶段。此时,思维的自觉性不断随着年龄的增长而发展,思维由缺乏批判性、灵活性(年龄越小的儿童越明显)向独立性、批判性转变,但还是容易产生片面性和表面性。儿童数的概念的发展随着年龄的增长而逐渐扩大和加深,7~8岁初步形成三位以内整数概念系统,9~10岁形成整数、小数概念系统,11~12岁整数、小数、分数的概念系统逐步趋于统一,分数概念也已基本掌握。判断的发展是从简单到复杂,从反映事物单一联系到反映事物多方面联系,从反映外部联系到反映内部联系。随着概念和判断水平的发展,相应的推理能力也发展起来。这一时期儿童还有了逆向思维,可以倒过来、倒回去思考问题。儿童还能重建事物,并能对人的、社会的、自然的,甚至是数学的过程作出新的解释。也就是说,他们能用心理行为代替实际的、感觉上和运动上的体验,从而能够接受不同观点、不同难度、更复杂和更高级的学习任务的挑战。

六、想象能力的发展

想象在儿童生活中同样起着重要的作用。儿童入学以后,为了能真正掌握教材,就必须有积极的想象参加。如阅读文学作品,只有借助于想象才能更好地理解原文;学习数学,经常要求有丰富、精确而又灵活的空间想象(数量、形状等);学习自然常识教材,也要借助于丰富的想象来重现自然事物。同时,对于儿童个性发展来说,想象也是极为重要的,因为在信念、理想的形成上,想象也是必不可少的心理因素。

儿童期随着年龄的增长,想象有了进一步的发展,主要表现在:想象的有意性迅速增长,想象中创造性成分日益增多,想象更富于现实性。同时,儿童在教学影响下,由于表象的积累,由于抽象逻辑思维的发展,不但再造想象更富于创造性成分,而且以独创性为特色的创造想象也日益发展起来。此外,学龄初期儿童的想象仍然带有幻想的性质,仍然非常喜爱童话和神仙故事,但是他们和学前儿童想象的最大不同之处在于:学龄初期儿童虽然仍很喜爱童话和神仙故事,但是他们已日益明确地懂得了童话和神仙故事的虚构性。只是随着年级的升高,儿童对童话和神仙故事的爱好才逐步降低,而代之以更富有现实性的或结构复杂、想象丰富的文艺作品,如描写英雄人物的作品,或像《西游记》一类的小说。这也足以表明,学龄初期儿童的幻想正处在从远离现实的幻想逐步向现实主义的幻想发展的过程中。

七、语言能力的发展

在一般情况下,幼儿已基本掌握了口头语言,能够熟练地与成人交谈。儿童的口语交际能力和技巧是以后书面表达的基础。童年期儿童的语言发展,除了进一步完善口语能力外,最主要的特点和任务就是书面语言和内部语言的发展(华红琴等,2000)。

儿童到了六七岁就进入小学,开始接受正规、系统的学校教育。一方面,在学校系统的教育下,儿童的词汇不断丰富,词汇量不断扩大,言语的连贯性大大提高,但口头表达能力还比较差,常常显得神态紧张、声音偏低、发音不准确、语句重复、出现病句等现象;另一方面,儿童也开始了书面语言的学习。

书面语言比口头语言复杂,包括识字、阅读、写作三个阶段。汉字是形、音、义三部分的统一,儿童要掌握汉字,就必须能辨别汉字的形状、读音、意义。小学低年级儿童由于知觉还不够精细,因此在刚开始学习书面语言时,存在不少困难。随着大脑功能的发育与增长,小学生渐渐能掌握汉字的形、音、义,掌握大量的词汇。然后在掌握词汇的基础上,开始运用分析综合的能力来理解课文,学习并增强阅读技能,最后进入书面语言的最高阶段,即写作阶段。写作是儿童词汇量、语法修饰、思维能力的综合体现,小学儿童的写作能力相对来说是比较低的,还处在初级阶段,有待于继续提高。

内部语言是指人们对自己发出的、不起交际作用的语言。是对有关自己所要说的、所要做的思想活动本身进行分析综合,用批判的态度来对待自己的思想内容和思维活动。换句话说,内部语言的主要特点在于以自己的思想活动作为思考对象。例如:儿童在回答教师的问题时,必须先考虑怎样回答;在写作文或做书面作业的时候,必须先考虑怎样写或怎样做;在演算习题的时候,必须先考虑运算的层次、方式方法等。内部语言与外部语言不同,外部语言是用完整的句子来表达,而内部语言往往是以一个词、一个短语代替一个完整的句子的方式来进行的。小学低年级儿童内部语言还很不发达,往往一边思考问题一边说出声音,他们读课文时是读出声音的,还不会默读。到高年级,儿童才会默读,这标志着外部语言转化成了内部语言。

研究表明,小学儿童入学时的口语熟练程度对今后的听、说、读、写有深远的、不断积累的影响,所以口语能力是其他语言技能发展的基础。

八、智力的发展

1. 什么是智力

关于智力的定义,目前尚无统一的观点,斯滕伯格和德特曼在综合各学者观点的基础上,认为智力包括以下几个基本内容:①社会适应能力;②学习能力;③知识;④元认知能力;⑤推理和想象能力;⑥问题解决和决策能力;⑦信息加工能力。一个人的智力发展水平受多种因素的影响。遗传因素是智力发展的物质基础,它提供了一种发展的可能性。而环境和教育对智力发展起推动作用,决定其发展的方向、水平和速度。一个人的智力发展水平受多种因素的影响。遗传素质是智力发展的物质基础,它提供了一种发展的可能性;环境和教育对智力发展起推动作用,决定其发展的方向、水平和速度。在个体发展的不同阶段,智力发展也各具特点。儿童期正处于智力快速发展的时期,智力水平不断提高,智力结构也在不断完善中(韩晓燕、朱晨海,2009)。

2. 智力的构成

(1) 智力双重模型。就像上述智力的定义,智力是一个具有多因素、多层次的复杂结构。卡特尔提出了智力双重模型,认为智力包括流体智力和晶体智力。流体智力指一般的学习和行动能力,反映了个体的信息加工能力、推理能力和记忆能力,并随着个体生理成长曲线的变化而变化,在成年早期达到高峰后逐渐下降。晶体智力指个体已获得的知识、技能和策略,反映了个体的常识、社会推理能力,它有利于个体更好地面对自己的生活和处理具体问题。晶体智力随着年龄的增长而增长(韩晓燕、朱晨海,2009)。

(2) 智力三元论。心理学家斯滕伯格认为最好把智力看做是信息加工的过程,这就需要了解人们是如何把材料贮存在记忆中以及之后如何用它来解决智力任务的。信息加工的成分要素、经验要素、情景要素说明了智力的概念。成分要素反映了人们加工和分析信息的有效程度,这方面的有效性使得人们能够推理出一个问题的不同部分之间的关系,解决问题,然后评估解决方案。经验要素是智力中涉及洞察力的成分。在经验要素上具有优势的人能够轻易地把新材料与他们已知的材料进行比较,并能以新颖和创造性的方式把已知的事实结合并联系起来。最后,情景要素涉及实践智力,是处理日常生活需要的方式。根据斯滕伯格的观点,在多大程度上拥有每一种要素是因人而异的。人们完成任何任务的优异程度,都反映了任务与个人特有的要素模式之间的吻合程度。

(3) 智力多元论。美国心理学家霍华德·加德纳提出了多元论,认为人们至少有八种不同的智力,而且每种都是相对独立的。①语言智力:对语言文字的感受、运用,以及欣赏语言作品深层内涵的能力。包括阅读、写作、日常会话能力等。②逻辑-数学智力:数学运算及逻辑思维与推理能力。③空间智力:对三维空间的知觉与思维能力,包括导航、辨别方向、设计构图等。④音乐智力:对音乐的感知、辨别、欣赏与表达能力。⑤身体-运动智力:操纵物体或支配肢体完成精密作业的能力。⑥人际智力:对他人情绪、期望、动机的知觉、理解与恰当反应的能力。⑦自我认知智力:关于自己内部各方面的知识,对自己的感受和情绪的认知。⑧感受自然的智力:对自然与文明相互作用,以及对自然生命周期的理解能力。

3. 智力的测量

智力测验是一种通过测验的方式衡量人的智力水平的科学方法。法国心理学家比奈和西蒙制定了世界上第一个标准化智力测量表。现在应用最广泛的也是在比奈量表的基础上修订的斯坦福-比奈智力量表第五版,另外还有韦氏儿童智力量表第四版、瑞文推理测验量表等。人类的智力呈正态分布,低于常模的,称为智力障碍;高于常模的,称为智力超常。有1‰~3‰的儿童被认为是智力障碍,主要是以智力功能和涉及概念、社会和实用技能的适应行为上存在局限性为特征。不过轻度或中度的智力障碍儿童可以通过特殊教育改善其状况。

九、社会认知的发展

社会认知是指对人及其行为的认知,而不是对物以及非人的客观存在的认知,它包括感知、判断、推测和评价。社会认知不是生来就有的,而是有一个发展过程。儿童在与他人的不断接触中,在与客观世界的互动过程中,逐渐形成了对自己、对他人的知觉和评价,获得了关于道德和社会规则的判断以及社会习俗方面的知识(华红琴等,2000)。

1. 儿童社会认知发展的特点

儿童社会认知的发展有不同的阶段和不同的层次方向,大致有如下特点:①由浅入深,也就是说儿童对人和社会关系的认识从注重表面现象到考虑比较持久的特征;②由简单到复杂,也就是从狭隘地注重问题的一个方面到能够同时考虑问题的各个方面;③由刻板到灵活;④从以自我为中心,主要关心自己和此时此地的事物到关心其他人的幸福和将来的事情,逐渐学会从他人的角度考虑问题;⑤从具体到抽象;⑥从零乱的、弥散的甚至是矛盾的观念到系统的、有组织的、完整的思想。

2. 儿童社会认知发展的原则

(1) 区分人和物。婴儿最初区分的是有生命的物体和无生命的物体。到了幼儿期知道了人具有独立行动的能力,人具有情感,而物没有。另一方面,儿童在和他人特别是照看者的接触中获得了对社会关系的初步知识和理解。他们认识到人们之间的相互作用、相互交谈以及对权威的关系。在儿童与同伴的互动过程中,逐渐建立起信任、亲密和友谊的情感联系。总之,由于儿童和他人的相互作用,他们逐渐形成了社会关系的概念以及关于自己和同一性的概念。

(2) 理解他人的观点。这一时期,儿童与以前不同,他们开始比较明显地认识到别人有自己的思想和喜好,他们不再是以自我为中心的,而是经常会考虑别人的需要和兴趣,从而改变自己的行为。比如,一个4岁的孩子,看到弟弟在喝牛奶,就从弟弟那里拿走了牛奶。因为他自己不喜欢喝牛奶,所以他认为弟弟也不喜欢喝牛奶,他拿走弟弟的牛奶在他看来是因为爱弟弟而在帮他的忙。可是,如果是一个八九岁的孩子则不会这样做。

3. 关于人的概念

(1) 自我概念的发展。在儿童期,儿童产生了一种"我"是谁、"我"在哪里的感觉。到了儿童期末期,他们形成了比较复杂和稳定的自我知觉和情感网络。自我评价能力是自我概念发展的主要成分和主要标志,是在分析和评价自己的行为和活动的基础上形成的。儿童期的自我评价总体水平比较高,但是到12岁时便开始下降。具体而言有以下特点:①从依从性评价发展到独立性评价,儿童逐渐减轻对他人评价的依赖性,开始独立地进行自我评价,自我评价的独立性随年级而增高;②从比较笼统的评价发展到对自己个别方面或多方面的评价;③评判的标准从外部特征转向内在的稳定特质;④自我评价的稳定性逐渐增强。有研究发现,高自我评价的男孩更富有创造性,更为自信、坦率,愿意表达自己的意见,善于接受批评,而低自我评价的男孩往往比较孤独,有不良行为习惯,学习成绩不好。

自我概念一般可以通过自我描述来测定。7岁前,儿童所描述的大多是自己的身体特征,如身高、体重,或者是自己喜欢的活动,他们不会描述自己内心的体验和特征。到了儿童期,儿童对自己的描述从身体转向内心。他们开始考虑自己,认识到他们能控制自己的思想和言行,并对他人隐瞒自己的真实想法。他们感到自己与别人是不同的,自己具有独特的思想和情感。杨国枢对小学高年级儿童的自我概念发展在量和质两方面进行的调查分析表明,小学生自我概念的发展趋势视性别而定。男生的自我接受度(self-acceptance,指个人觉得自己有价值的程度或好坏的程度,这是一种主观经验或感觉)和自我谐和度(ego integrity,指真实自我与理想自我的相似程度)并未表现出随年龄增加而渐增或渐减的趋势,而女生的自我接受度和自我谐和度表现为随年龄的增大而渐减的趋势,也就是说,年龄越大,对自己印象越差。还有研究者发现,自我概念的内容因年级不同而有所不同。小学高年级学生选用人数较多的形容词都是一般人认为好的形容词,选用人数较少的形容词则都是一般人认为坏的形容词,这表明小学高年级学生的社会化已有了很大的发展。

(2) 关于他人的概念。从儿童期开始,儿童对他人的概念也随之发展起来,表现在儿童对他人的描述越来越多地使用一些指向内心心理特征、行为特征、价值、态度的抽象的形容词,他们不再局限于外表,而是能推理出他人的行为动机及特征。但儿童对自己和他人的关系认识还很不够,他们很少关心自己和他人的关系。

(3) 朋友和友谊。儿童友谊概念的发展是有阶段的。达蒙采用了几种不同的方法对儿童友谊概念的发展进行了研究,认为在5岁到青少年之间,儿童友谊概念的发展经过了三个主要阶段。第一阶段是5～7岁,对儿童来说,朋友就是自己的游戏伙伴,通常是邻居和同学。"友谊"是不长久的,容易建立也容易中断。第二阶段是8～11岁,儿童认为朋友是帮助他的人,是彼此能分享某些东西的人。朋友之间具有某些共同的兴趣,能相互满足一些需要和愿望。友谊的主要特征是友好和体谅。之后是第三个阶段,这时的友谊在一段时期内是相对稳定的。朋友之间互相帮助、相互理解,交流思想、情感和秘密,求得心理上的安慰,排除孤独、悲伤、恐惧的感觉。

4. 道德判断

道德原则对于一个人的生活具有重要的指导意义。那么儿童是如何获得并内化社会道德原则以及获得服从规则的动机的呢? 皮亚杰对此做了许多研究,并为以后他人的研究打下了基础。

(1) 皮亚杰的理论。皮亚杰采用谈话法研究儿童的道德思想,考察儿童关于道德问题的认知和判断的发展变化,他把儿童的道德发展分为两个阶段——受外界支配阶段和自主阶段,以六七岁为界限。这两个阶段的区别如下:①道德约束从"他律"到"自律",即从受外在力量支配转变为受自身价值标准支配;②道德判断的依据从"结果"转为"意图",并发展到两者的统一;③对错误行为处理从笼统的惩罚到具体采用不同方式的惩罚。从六七岁开始,儿童越来越多地经历到涉及相互尊重的人际关系。他们被卷入地位平等的同辈关系之中。由此,他们不可避免地会遇上并非总和自己持相同观点的其他儿童,对不同观点的意识逐渐增强。到10岁时，道德系统已经历了相当大的变化，此时的儿童认识到，规则是人为制定的。道德很像是一件谈判和解事务；规则是灵活的，只要达成协议就可予以改变。责任被视作一种平等或对他人福利的关心。皮亚杰相信，对规则的理解趋于成熟就伴随产生了遵从这些规则的能力。

(2) 科尔伯格的理论。科尔伯格认为皮亚杰的划分太粗，他和他的助手们对此进行了进一步的研究，扩大和延伸了皮亚杰的工作，提出了自己的理论。他们向儿童提出一系列两难问题，要求儿童进行判断并说明理由。最经典的事例是"海因兹偷药"。海因兹的妻子生病快要死了，有一种药可以救她的命，可是药太贵了，海因兹没有足够的钱去买可以救妻子性命的药。药商以高出成本很多倍的价钱出售，不肯降低价格，也不肯延期付款，于是，海因兹就破门而入，偷了药店的药。问儿童：海因兹是否应该这样做，为什么？在分析了儿童对这些两难问题的反应后，科尔伯格提出了道德发展的三个水平（前习俗水平、习俗水平和后习俗或原则性水平），每个水平又分为两个阶段。道德判断的水平不在于回答是"对"还是"错"，"对"和"错"都可能得高分。分数的高低取决于判断的理由，取决于人们论证的结构和种类。

一般说来，小学中低年级的儿童处于前习俗水平的工具性相对主义的道德推理阶段。他们判断是非时是以自己的利益为依据，对自己有利的就是好的，否则就是不好的。高年级的儿童逐渐从前习俗水平转向习俗水平。他们开始有了满足社会需要的愿望，也比较关心他人的需要。这时，儿童的道德发展进入"好孩子"的定向阶段。儿童主要根据是否被他人喜欢、受到他人称赞等而行动。他们开始懂得按照别人的要求和期望来行事；另一方面，他们也开始关心他人、维持相互关系等（汪新建，2008）。

(3) 吉利根的女孩道德发展理论。男孩与女孩的受教育方式不同，导致了男孩与女孩看待道德行为上有差异。在批判科尔伯格的理论对女孩道德发展解释力不足的基础上，吉利根提出了女性道德发展的三阶段论。阶段一：个体生存的定向。女孩首先关注的是对自己实际的、最有利的东西。然后逐渐由自私过渡到责任感，即考虑什么对他人是有利的。例如一年级的女孩在和朋友玩耍时可能坚持只玩她自己选择的游戏。阶段二：自我牺牲的善良。女孩开始认为必须为他人而牺牲自己的愿望，但逐渐从"善良"过渡到"真实"，即同时考虑他人和自己的需要。例如这个阶段的女孩认为应该玩好朋友喜欢的游戏，即使自己不喜欢。阶段三：非暴力的道德。在他人和自己之间建立起道德等价性，认为伤害任何人，包括自己，都是不道德的，这是道德推理的最复杂阶段。

总体而言，儿童的道德知识已初步系统化，在道德认识方面，儿童从比较肤浅的、表面的理解逐渐过渡到比较精确的、本质的理解，但具体性较大，概括性较差；在道德品质的判断上，儿童从只注意行为的效果到比较全面地考虑动机和效果的统一关系，但常常有很大的片面性和主观性；在道德原则上，从简单依附于社会的、他人的规则逐步过渡到受内心的道德原则所制约，但同时也常常受外部的、具体的情景所制约。

十、情感、意志和个性的发展

1. 情感的发展

情感是人对客观现实的一种特殊的反映形式，是人对客观事物是否符合人的需要而产生的体验。情感也和其他心理过程一样，是在人的实践活动中产生的，同时，它又反过来对人的实践活动起着重要作用。

儿童进入小学后，生活环境改变了，在已有的心理发展水平上，情感有了进一步的发展。①情绪调节控制能力增强，情绪的稳定性增强。步入小学阶段后，儿童会发展出一套控制情绪的技巧，懂得在一定的情境中如何表达自己的情绪情感，并对结果有所预期。对情绪情感的有效掌控有利于儿童较好地适应学校生活，并与他人保持良好的社会交往。但同时需要注意的是，儿童情绪情感的自制力有限，需要家长和教师的耐心指导，帮助他们调节和控制自己的情绪。②情绪情感的内容不断丰富，社会性成分不断增加。儿童情绪情感的发展由对个别事物产生的情绪情感，逐渐转化为对社会、对集体和对同伴的情绪情感；由事物的外部特征引起情绪情感转化为由事物的本质特征引起情感体验。③高级情感进一步发展。随着年龄的增长和生活范围的拓展，儿童的社会性需要越来越丰富，进而促进其高级情感的发展。儿童在道德感、理智感、意志感、美感和荣誉感等方面均得到迅速提高。如儿童具有强烈的集体荣誉感，能够在团体活动中团结一致，共同努力。因为个人原因而影响到班级荣誉时，儿童往往会表现出内疚、自责、懊悔等（龚晓洁、张剑，2011）。

2. 意志的发展

意志是调节人的行动的心理过程，是人的心理活动能动的表现。低年级儿童的主动性和独立性较差，不善于向自己提出学习和工作的要求，不会主动完成任务。到了中高年级，意志的主动性和独立性逐渐发展起来。但整个小学阶段儿童的主动性、自觉性还是比较差，在学习和工作中坚持性较差，意志常会动摇，特别是年幼儿童，因此需在实践中培养儿童的意志品质。同时，儿童的意志品质存在着很大的个体差异，这些个体差异和儿童的生活条件、教育条件以及神经系统的发展都有密切关系。

3. 个性的发展

儿童从进入学校的时候起，开始真正成为集体的成员，学校中正式组织起来的儿童的集体关系和集体生活，是学生个性发展的最主要的条件（朱智贤，1981）。进入小学，在系统学习和各种集体活动中，儿童个性进一步发展起来，但总体来说，这一时期儿童的个性尚未定型。此时的发展表现在：自我评价的独立性日益增长，自我评价的原则性逐渐形成，自我意识的批判性有一定程度的发展，自我评价内容逐渐扩大，水平逐步提高，但儿童道德意识和道德行为的发展还很片面，最大特点是容易从行为的结果来评价行为的好坏，而考虑不到行为的内部动机；中高年级儿童对道德概念的理解水平都不高，增长速度都很慢。

第三节 社会系统及其对儿童期的影响

一、儿童社会交往的发展

交往是同儿童的生活紧密联系的。童年期生活的重大变化使儿童的社会交往也发生了相应的变化，表现在以下几个方面。

1. 儿童与同伴的交往

与幼儿相比，儿童之间的交往更密切，孩子们共同学习，共同活动，不仅交往频率增多，而且同伴间有组织的活动、协同活动也增多。在交往过程中，一个重要特点是小朋友之间开始建立友谊。友谊是和亲近的同伴、同学等建立起来的特殊亲密关系，对儿童的发展有重要影响。它为儿童提供了相互学习社会技能、交往、合作和自我控制，以及体验情绪和进行认识活动的机会，为以后的人际关系奠定了基础。进入小学，儿童已经很重视与同伴建立的友谊关系。当朋友在场时，其学习和活动会更加快乐。儿童对友谊的认识是逐渐发展的，随着儿童年龄的增长，对友谊的认识也逐渐清晰。友谊的发展表现在亲密性、稳定性和选择性等方面。随着人从童年向少年、青年过渡，友谊的这些特性也都处在不断的发展变化之中。在交往活动中，有的儿童更善于结交朋友。心理学家认为，这可能与其社会认知发展水平较高有关。由于与同伴交往的经验发展了儿童的角色转换技能，而较高水平的角色转换技能又有助于儿童建立良好的交往关系。有关研究发现，角色转换技能较好的儿童比角色转换得分较低的同龄伙伴社会化程度更高，更受同伴欢迎，更善于与他人建立亲密的友谊。

同伴团体的形成是童年期交往发展的另一个特点。儿童在同伴群体中与同伴交往的需要是逐步建立的，儿童与同伴的交往随年龄的增长而增加。埃利斯(Ellis)等人观察了436名2～12岁儿童在家庭中以及邻居附近的游戏活动，以了解儿童与成人的交往、与同龄伙伴的交往，以及与其他年龄儿童的交往情况。结果发现，从婴儿期到青少年前期，儿童与其他儿童的交往稳步增加，而与成人的接触则相对减少。此外，儿童更多与同性别伙伴玩耍的趋势随年龄增加而加强。

小学时期是开始建立同伴团体的时期，因而也被称为帮团时期（或帮派时期）

(gang period)。同伴团体的影响是通过同伴交往实现的。同伴团体之所以会产生,是由人的社会性决定的。人是社会动物,是社会群体的一分子,具有交往与归属的需要。当人离群索居或置身于陌生人群中时会产生孤独、焦虑。作为社会个体的人,他的一切活动都需要与他人相互联系。儿童的同伴团体能满足其交往与归属的需要,在促进儿童社会化过程中产生着重大影响。虽然从学前期开始,儿童就已初步具有了一定的同伴交往经验,但这种同伴关系还是很不稳定的,是很容易发生变化的。因此,同伴对幼儿的影响还不是很明显。进入小学以后,随着儿童独立性的逐渐增强和社会性的不断增加,他们开始建立比较稳定的同伴关系,寻求较为长久的友谊关系。在此基础上,就开始形成了同伴团体。

日本学者广田君美认为,整个朋辈群体形成和发展的过程可以分为五个时期。①孤立期,儿童之间还没有形成一定的团体,各自正在探索与谁交朋友(一年级上半学期)。②水平分化期,由于空间的接近,如座位接近、上学同路等自然因素,儿童之间建立了一定的联系(一至二年级)。③垂直分化时期,凭借儿童学习水平和身体能力的高低,分化为属于统治地位的儿童和被统治地位的儿童(二至三年级)。④部分团体形成期,儿童之间分化并形成了若干个小集团,并出现了统帅小集团或班级的领袖人物,团体成员的团体意识增强了,并出现了制约成员行为的规范(三至五年级)。⑤集体合并期,各个小集团之间出现了联合,形成了大团体,并出现了统率全年级的领袖人物,团体成员的团体意识增强了,并出现了制约成员的行为规范(六年级)。

儿童在团体中的地位、儿童是否被同伴团体接纳等就开始对儿童心理发展产生一定的影响。总之,一方面要鼓励儿童进行广泛的同伴交往,指导、培养和锻炼他们的交往技能,帮助他们掌握各种交往策略,使他们在同伴团体和同伴交往中学习社会技能、发展社会性。另一方面,正是由于同伴团体对儿童可能产生巨大的影响,教育者就需要密切注意儿童的同伴交往对象和范围,指导儿童建立良好的同伴关系,使儿童能从同伴交往中受到积极的影响。

2. 儿童与父母的交往

儿童的人际交往逐渐丰富起来,与同伴的交往也明显增多,这势必导致与父母的交往相对减少,但依然会保持与父母的亲密关系,父母、家庭仍然是他们的"避风港"。儿童对父母怀有深厚的感情,因此,儿童与父母的关系对儿童的发展仍起着重要作用。这种作用主要体现在家庭生活中,父母通过几种社会化心理机制对儿童施加影响(林崇德,2002)。

(1) 教导。父母的言传身教,直接向儿童传授各种社会经验和行为准则。

(2) 强化。父母采用奖惩的方式强化儿童的行为准则,并巩固这些行为准则的地位。

(3) 榜样。父母往往是儿童最早开始模仿的对象。儿童仿效父母,学习父母的行为方式。

（4）慰藉。儿童对父母形成的依恋感使他们易于向父母倾诉不安和烦恼,以得到父母的安慰和帮助。除此之外,父母对儿童的态度、教育方式、家庭教育气氛等,也对儿童的人格产生着影响。

伴随着我国社会改革进程的深入和社会发展的加快,我国家庭中的亲子互动关系也出现了一些新的特点。

第一,家庭结构逐步核心化,使得家庭内部的结构关系简单化。在家庭中,孩子的主要关系即与父亲或母亲发生的单方面联系,这样父母对孩子的关注更多,这是家庭关系简单化有利的一面。但不利的是,孩子的交往范围受到局限,缺少了与兄弟姐妹间的相处,这影响孩子以后的人际交往方式和态度的正常发展。此外,家庭中这种单一的互动模式,加重了父母与子女之间的心理依恋。对于学龄期的儿童,主要表现在很难适应新环境,不愿意上学,产生入学适应困难等。

第二,互动内容之间狭窄化。面对激烈的社会竞争,父母"望子成龙"的心情更急切,父母对孩子的主要关注点就是学习。他们花更多时间陪同孩子写作业、辅导功课,与孩子谈论学习问题,而忽视孩子其他方面的需求。更有甚者,有些父母还要求孩子参加各种培训班、特长班。孩子的学习压力越来越重,父母与子女之间的互动片面集中于学习活动上。

第三,溺爱和过度保护,剥夺了儿童的独立性。许多家长都尽最大能力满足孩子的要求,孩子大小事务全包揽。孩子无论遇到了什么问题,家长都亲自过问,帮孩子作决定,替孩子解决问题。但是,过度保护容易使孩子缺乏自信心和自主性。儿童期独立性的培养对于学龄期儿童是至关重要的,因为孩子要作为独立个体走进学校,这不仅影响着孩子对新环境的适应,而且会对孩子的人格发展起到一定的作用。因此父母应鼓励孩子自己作决定,引导他们独立地处理问题,允许他们犯错误,并通过纠正错误尽快成长起来。

第四,生活方式的变化,降低了亲子互动的频率。一方面,随着生活节奏的不断加快,许多父母忙于生计和事业,很少有时间与孩子接触,互动频率降低,致使亲子之间产生隔阂和陌生感。另一方面,电子信息媒介大量进入家庭,孩子的闲暇时间被各种电子媒体侵占,与父母交流的机会越来越少,这也在一定程度上疏远了亲子之间的关系(汪新建,2008)。

3. 儿童与教师的交往

儿童与教师的交往形成师生关系。师生关系也是其人际关系中的一种重要关系。与幼儿园的教师相比,小学教师更为严格,既引导儿童学习,掌握各种科学知识与社会技能,又监督和评价学生的学业、品行。与中学教师相比,小学教师的关心帮助更加具体而细致,也更具权威性。由于小学师生关系的特殊性,小学教师对儿童的影响是重大而深远的。

人际交往通常都是双向性的，师生交往也同样如此。教师的教学水平、人格等影响着学生，而学生的学业成绩、活动表现、外貌等对教师作出的评价也起着重要作用。同时，学生也利用种种指标来评价教师。师生关系作为一种双向互动的人际关系，对其进行研究可以由学生或教师两个角度着手。就学生而言，儿童对教师的态度是师生关系的一个重要成分；就教师而言，教师的期望是师生交往中颇为重要的因素。所以在分析小学生的师生关系时，可以从儿童对教师的态度和教师的期望这两个角度来讨论。

几乎每一个学生在刚跨进小学校门时，都对教师充满了崇拜与敬畏，教师的要求甚至比家长的话更有权威。然而，随着年龄增长，儿童的独立性和评价能力也随之增长起来。当儿童的道德判断进入可逆阶段后，他们就不再无条件地服从、信任教师了。他们对教师的态度开始变化，开始对教师作出评价，对不同的教师也表现出不同的喜好态度。他们对自己喜欢的教师报以积极反应，极为重视所喜欢教师的评价；而对自己所不喜欢的教师则报以消极的反应，对其作出的评价也可能作出相应的反应。由此可见，儿童对教师的态度中情感成分比较重，教师努力保持与学生的良好关系有助于其教育思想的有效实施。

教师的期望对学生的行为会发生显著的影响。教师在情绪、身体语言、口头语言教学材料、赞扬与批评等不同水平上，都表现出他们的期望。大量观察研究表明，教师对有高期望的学生和认为能力差的学生的对待方式有所不同，当教师对学生有高期望时，教师就表现得更和蔼、更愉快，他们会更经常地发出微笑，表现出友好的行动，点头，注视学生，谈话更多，提问更多，并提供较多的有挑战的材料，提供更多的线索，经常重复问题，给予密切关注，等待学生回答的时间也更长，更经常地赞扬学生。通过上述的各种传递方式，教师实际上在传递这样一种思想：期望高的学生的失败是由于没有好好努力，而期望低的学生的失败是由于缺乏能力。

教师的期望和他们与学生的关系受许多因素的影响：教师自己的态度，儿童的外表、种族、社会阶段、能力和兴趣，以及教师和儿童的人格、学业和家庭等。此外，对学生的控制程度也影响教师的期望。如果学生的表现是可预见的，则回答教师的问题、交作业、参加考试、阅读课外书等，会给教师留下好印象，并提高教师的期望。因此，在教育过程中，教师应善于向学生表现自己良好的期望，尤其对待后进学生更应满腔热忱，更多地采取积极鼓励的方式激励学生努力学习。

二、学习活动的开展

儿童进入学校之后，学习活动逐步取代游戏活动而成为儿童期这一阶段的主要任务，并对儿童的心理产生重大影响。它是指学生在教师的指导下有目的、有计划、有系统地掌握知识技能和行为规范的活动。在学习的过程中，学生的认知活动需利用一定的学习策略，越过直接经验的阶段，而进入间接经验的阶段。

(一) 学习活动的特点

1. 学习动机

学习动机是指引起学习活动,维持学习活动,并使这一学习活动趋向教师所设定的目标的内在心理过程(张春兴,1998)。儿童的学习动机直接影响着儿童的学习态度和学习成绩。研究证明,高动机水平的学生,其成就也高;反之,高成就水平也意味着较高的动机水平。根据动机的来源,可以将学习动机分为外在动机(为了得到奖赏)和内在动机(爱好、兴趣)。根据动机的远近和起作用的时间,又可以将学习动机分为直接的近景性动机(学习是因为父母管得紧)和间接的远景性动机(如学习是为了长大后成为某种人)。调查显示,低年级的学生还没有显露出与社会责任相联系的动机,学习动机比较具体,更多地与学习活动本身直接联系,与学习兴趣相关。随着年龄的增长,学习动机发展的主要趋势是由近景性动机向远景性动机,由实用性动机向社会性动机发展。

2. 学习兴趣

学习兴趣是促使儿童自觉地从事学习活动的一种重要的推动力。儿童期的学习兴趣特点主要表现为以下几个方面:①儿童最初对学习过程、学习的外部活动更感兴趣,此后逐渐对学习的内容、对需要独立思考的学习作业感兴趣;②学习兴趣从不分化到逐渐产生对不同学科内容的初步分化性兴趣;③对有关具体事实和经验的知识较有兴趣,对有关抽象因果关系的知识兴趣有初步发展;④对游戏活动的兴趣逐渐降低,对社会生活的兴趣逐步在扩大和加深。

3. 学习态度

学习态度受学习动机和学习兴趣制约,是儿童在学习活动中逐渐形成的,它也是影响学习效果的一个重要因素。

(1) 对作业的态度。儿童认真负责地对待作业,是展现学习态度发展的一个重要方面。初入学儿童还没有把作业看做学习的重要组成部分,还不能以负责的态度来看待作业。随着教师的教育和引导,儿童对作业态度的发展主要表现在以下几个方面:其一,儿童开始按一定时间来完成作业,并能自觉停止其他活动,主动安排学习时间,准备功课;其二,儿童开始按一定顺序来完成作业,而不是毫无章法;其三,儿童开始按教师要求集中精力完成作业,并能排除外在干扰。然而,目前学生作业负担过重,事实上降低了儿童学习的积极性,也不利于培养其良好的学习态度。

(2) 对评分的态度。考试、测验、评分作为教育评价的重要手段,是反映儿童学习成绩与学习成果的客观指标之一,也是激励其不断进步、追求上进的有效手段。低年级的儿童逐渐了解分数的意义,从中年级起,儿童开始了解学习是一种社会义务,优良分数是高质量完成这一社会义务的客观表现。然而在"应试教育"的影响下,分数的功能被异化为"唯分数论",反而成为约束和禁锢儿童的工具。社会调查普遍显示,学龄期儿童对考试感到紧张,绝大多数儿童不喜欢,甚至害怕和厌恶考试(徐建达,1987);因考试或学业压力而不想学习的学生超过受调查者的1/4,70%以上的调查对象认为考试带来的压力过大。

学生对分数的态度,很大程度上受父母和教师左右。因此,教育者首先要正确认识评分的意义,既肯定分数的现实作用,同时必须认识到它只是教育工作的一个极小的组成部分,不要把分数视为衡量儿童学习的唯一标准,多鼓励孩子学习,激发他们的学习兴趣。

4. 学习策略

学习策略是指儿童为了有效地学习知识而采取的各种行动和步骤。儿童期的学习策略的基本趋势表现为,在获得学习策略的早期阶段,儿童多使用单一的策略;当儿童的作业从非技能性向技能性过渡时,策略运用的多重性表现明显。学习策略主要受制于儿童本人,它干预学习环节,调控学习方式,直接或间接地影响主体达到学习目标的程度。

(二) 学习活动的作用

首先,学校学习是在教师指导下有目的、有系统地掌握知识、技能和行为规范的活动,有利于儿童知识的积累及社会化的完成。与学前儿童的游戏相比,学生的学习不但具有更大的社会性、目的性和系统性,还带有一定的强制性。儿童必须明确认识学习的目的,使自己的活动服从这一目的,并对这一目的的实现情况进行检查。为了实现这一目的,教师要进行有计划、有步骤、有组织的教学活动,组织儿童的注意、记忆、思维等心理过程。学习是社会对儿童提出的要求,是儿童必须完成的社会义务,因此,儿童不能完全按自己的意愿或兴趣行事。儿童在这种特殊的学习过程中,产生了责任感和义务感,在完成学习任务的过程中,儿童的意志力也得到了培养和锻炼。这对其个性发展具有重要意义。

其次,学校学习有利于儿童心理发展。学习是通过教学活动来实施的,小学儿童必须通过教学活动,掌握读、写、算等最基本的知识技能,为进一步掌握人类的知识打下最初的基础。在掌握这些知识的过程中,儿童不但心理活动的内容有了改变,而且各种心理过程也起了变化。心理活动的有意性和自觉性都明显地发展起来,其思维活动也逐渐从具体形象思维过渡到抽象逻辑思维。

再次,学习活动是以班集体为单位的,在共同的学习活动中,儿童相互交流、相互帮助,不仅发展了社会交往技能,提高了社会认知水平,培养了合作、互助的集体精神,自我意识也进一步发展起来。儿童之间形成了班集体和各种同伴团体,掌握了各种基本的社会行为规范,有利于儿童道德的发展。

三、儿童社会化的发展

吉登斯在《社会学》一书中谈到,社会化是儿童或其他社会新成员学习他们那个社会的生活方式的过程,可分为初级社会化(primary socialization)和次级社会化(secondary socialization)两个阶段。初级社会化发生在幼年和儿童时期,家庭是这一阶段最主要的社会化机构;次级社会化发生在儿童阶段晚期并持续到成年期,学校、同辈群体、组织、媒体,最后是工作单位成为个人社会化的主要力量(吉登斯,2003)。就社会化的内容而言,美国一位影响颇大的心理学家墨森认为,社会化是儿童学习社会情绪、对父母的依恋、气质、道德感和道德标准、自我意识、性别角色、亲善行为、对自我和攻击性的控制、同伴关系,等等。

儿童期是人生发展的一个重要转折阶段,一方面,儿童要逐渐脱离对父母的强烈依赖,开始独立面对一个新的社会环境。在这个新的环境中,儿童不仅要自己学会读书、写字、计算,还要学会如何与周围的同学、教师相处,如何适应团体的生活,如何掌握基本的社会技能。面对生活中的这些变化,儿童往往会显得茫然失措。另一方面,根据皮亚杰的理论,儿童期的认知发展水平已从前运算阶段过渡到具体运算阶段,这一阶段的心理运算特征是自我中心日益薄弱、非中心化、可逆性和分类思维。学龄期儿童随着认知水平的提高,他们已经开始区分自我和外部世界,自我意识已逐渐萌芽。这时,如何培养儿童良好的自我意识和自我评价,对儿童未来的人格发展是非常重要的。因此,做好儿童的社会化工作,帮助其发展新的、更有力的心理能力,使儿童平稳地渡过这个转折期,对人一生的发展都有着极其重要的意义。

1. 培养儿童的自尊心、自信心,形成积极的自我概念

在研究儿童的自我概念对现实生活的影响时,学者发现对能力的自我知觉和实际的学业成绩之间,存在着密切的关系。帕基报告得出的结论是较高水平的自尊和每一年级学生的学习成绩之间有着显著的联系,"一方面的变化似乎也伴随着另一方面的变化"。

根据埃里克森的人生发展八阶段理论,学龄期的儿童面对的基本冲突是勤奋感对自卑感,这一阶段的儿童都应在学校接受教育。学校是训练儿童适应社会、掌握今后生活所必需的知识和技能的地方。如果他们能顺利地完成学习课程,他们就会获得勤奋感,反之,就会产生自卑感。当儿童的勤奋感大于自卑感时,他们就会获得有"能力"的品质。因此,儿童社会化的一个主要任务就是要培养儿童的自尊心和自信心,克服可能产生的自卑感,使儿童感到自己是有"能力"的,这对儿童今后的独立生活和承担工作任务是非常有利的。

心理学者一般把自尊心定义为儿童在想到或评价自己具备的品质和能力时的内心体验。

美国心理学家苏珊·哈特于20世纪80年代编制了一个适用于少年儿童的自我概念量表,发现儿童的自尊心是由四个维度组成的。①认知能力。在学校学习好,感觉自己聪明、记东西快,看过的东西能理解。②社会能力。朋友多,受欢迎,在同学中是个重要人物,觉得自己被别人喜欢。③体育能力。体育好,很早就被选拔参加比赛,学新项目快,上场比赛的时候比当观众的时候多。④一般自我价值。确信自己是个好人,对现状很乐观,希望像这样生活下去(陈会昌,1995)。

因此在对儿童的教育过程中,一定要以欣赏和宽容为基本准则,尽力做到"三要三不要"。所谓"三要"是指以下内容。第一,要多听孩子的意见,经常与孩子做一些象征"平等"的活动,让孩子感到自己是受重视、受尊重、受信任的。这样,在保护孩子自尊心的同时,还有利于培养孩子的责任意识。第二,要学会欣赏孩子的优点,对孩子的优点给予恰如其分的肯定。在我国的传统观念中,虚心是一个人的美德,因此,为了避免儿童产生骄傲自满的情绪,父母或教师,往往对儿童的优点和进步视而不见,这一点对儿童自我概念的形成是不利的。儿童特殊的生物、心理特征决定了他们对自己的认识更多地依赖于外界的评价,因此经常的肯定性评价(例如"你真棒"、"你是好样的"等),会给儿童传递一种信息:"我"是有能力的,"我"可以把事情做好。这种有意识的强化会逐渐被儿童内化成他们对自己的评价。这种鼓励的教育方式可以激发儿童的热情,使他们以积极的态度投入到各项社会活动中去。第三,要宽容孩子的过失,儿童在日常生活中犯错误是在所难免的事,不论是家长还是教师,对于有错误的儿童一定要给予耐心的引导,帮助他们认识到错误的原因所在,告诉他们为什么错了,怎样能做好。

所谓"三不要"是指:第一,对孩子的一些错误和缺点不要动辄打骂斥责,甚至用挖苦、讽刺、厌恶、嫌弃、不信任、漠视等对孩子进行心理惩罚,特别是不要当众训斥孩子,这样很容易使儿童形成孤僻、悲观的性格;第二,不要凭借父母或教师的权威,强迫孩子按成人的意图行事,这样会使儿童感觉到自己在父母或教师心中没有地位,受不到重视,自己心中的想法无法表达从而产生精神压抑;第三,在生活中,不要轻易使用"笨"、"蠢"、"没有人家聪明"、"没出息"等带有强烈贬义色彩的词语。无论是家长还是教师,往往会因为恨铁不成钢的心态,对孩子口无遮拦,然而,恰恰是这样一些无心之举,会给孩子带来沉重的心理压力,使他们产生严重的自卑感,觉得自己处处不如别人,害怕见教师,回避同伴,使孩子的自尊心受到深深的伤害。

儿童的自尊心是非常脆弱的,苏霍姆林斯基曾说:儿童的尊严是人类最敏感的角落,保护儿童的自尊心,就是保护儿童前进的潜在力量。我们一定要"小心得像对待玫瑰花上颤动的露珠"一样,用我们的爱为儿童的健康发展创造一个和谐、宽松的社会环境。

2. 培养儿童的社会技能,形成良好的适应能力

社会交往技能,是人的社会性当中最重要的内容之一,它指的是人在与别人进行交往时所表现出来的运用口头语言、身体语言、情绪和认识等方面的技能。社会交往技能在很大程度上决定着人的社会关系的好坏、事业的成败以及人在社会上的吸引力和别人对他的满意度。大量的研究表明,良好的社会技能所导致的良好的同伴关系,是儿童和青少年心理健康和取得学业成功的必要前提。

20世纪七八十年代以来,国外心理学者掀起了一股研究儿童、青少年和成人的社会交往技能的热潮。在儿童期的研究中,人们发现,儿童社会技能的发展与遗传、母子关系、孩子在家庭中的出生顺序、家庭的文化与教育背景等有密切关系。那么,在家庭教育中,怎样才能培养儿童的社会交往技能呢?下面介绍一些已有的研究成果。

第一,家长应该注意多表扬那些符合社会期望的"好行为",如合作与分享行为;而不鼓励孩子那些"不好的行为",如攻击性行为和独自游戏、目中无人等。我国古代著名的"孔融让梨"的故事,就是一个很好的实例。当家里吃好吃的东西时,可以让孩子充当分东西的人的角色;当孩子有机会与别的孩子一起玩时,鼓励孩子想到别人,把玩具分给别人等。

第二,要经常向孩子提供好的榜样。有的研究者做了这样的实验,让一名善于交际的孩子充当榜样,向那些性格内向、不善于交际的孩子演示各种社会技能,如对别人微笑、分享行为、发起积极的身体接触、给以口头赞许等,结果,这种方法有效地增加了榜样所演示的各种行为。研究者还发现,榜样与儿童越相似,效果就越好(例如充当榜样的孩子起先也是内向、退缩的孩子);对榜样演示的行为当场作出评价,提醒孩子这样做的好处是什么,也会增强榜样演示的效果。在家庭教育中,可以充分利用看电视、做游戏等机会,发现这种榜样,向孩子做解释。

第三,经常性的训练非常必要。有些社会技能是需要家长教授的,如怎样参与到别人的游戏活动中去,怎样对同伴的友善行为作出回报,怎样与同伴分享食物、玩具,怎样给予同伴关心、帮助和同情,在这些时候应该说什么话,作出什么样的表情和动作等。经常向孩子讲述这些,比单纯让孩子模仿别人效果要好得多。

关于家庭教育方式的许多研究发现,如果家长热情而态度鲜明地要求孩子遵守社会礼节所要求的各种规则,他们就往往能教育出懂规矩、善于和别人交往的孩子;相反,那些不大向孩子提要求、纵容孩子的家长,培养出的孩子往往是攻击性强、不受同伴欢迎的孩子,他们对别人提出的要求常采取对抗的态度。有的研究还表明,对孩子过于保护的母亲培养出的孩子(尤其是男孩子)在和成人打交道时表现得非常善于交际,但他们在周围同伴中常显得不安和拘束。因此,对孩子过分保护并不是一种可取的教育方法(陈会昌,1995)。

3. 儿童的性别角色社会化

人类的性表现和性行为不是无缘无故发生的,而为性心理所制约。性心理又受生物因素,特别是社会因素所影响。人从一个婴儿成长为真正的男人或女人,必须经历一个社会化的过程。从幼儿开始,怎样会意识到自己是男孩或女孩,为什么要按照男孩或女孩那样去行动,怎样承担起做丈夫、父亲或妻子、母亲的职责,在性行为方面如何才能不越轨等,都要学习、领会、改造,即实行社会化。树立健全的性心理,确立自己的性别角色,并按照性别角色规范去做。如果在社会化的过程中发生障碍,就会产生性变态等现象。

儿童性心理的发展,主要是以下四要素的形成和发展。儿童通过观察和模仿所得到的自身感受,周围人对他们一些行为表现是赞许或反对的反应这两条途径来得到某种心理刺激。

1) 认清性别标志

性别标志就是同是男是女联系在一起的语言和行为。它既包括对主体(自身)的认识,也包括对客体(他人)的认识。儿童通过衣服、头发、胡须、称呼等认清自己或他人的性别。例如:幼儿通过父母对他说"你是男孩子",自己穿男孩的衣服,站着小便等认清自己是男孩;从别人的头发、服装等方面认清他是"哥哥"或"姐姐"。如果把自己或他人的性别搞错,会引起别人的笑话,这就使他的认识得以纠正。例如,一个小男孩同妈妈一起去女浴室洗澡,阿姨们都取笑他,说:"你到底是男孩还是女孩呀?怎么到女浴室洗澡?"他就会很不好意思,那么下次洗澡就会让爸爸带他去而不与妈妈一起去了。

对于性别标志的认识,一般人都是不会发生错误的。但有极少数人主体的性别认识有倒错现象,即所谓"性别同一性障碍"。这样的人在生理上是正常的男人或女人,但往往从幼年开始就强烈地认为自己是异性,即男人认为自己是女人,女人认为自己是男人。他们认为"肯定是上帝把我的性别搞错了"。这种倒错心理往往终身难改,他们发展下去就要求做变性手术。现在,世界上进行这种手术的人数以万计。据报道,我国首例性别重塑手术于 1992 年 7 月在北京医科大学附属三医院获得成功,这也是世界上第一例男女性器官内部互换手术。这两位变性手术者都是自幼起就喜欢按异性的方式打扮自己,虽多次挨骂,但仍不悔改,经鉴定都患有"易性癖"的精神疾病。他们都强烈要求做变性手术。经过手术,两个年轻人都改变了从前的性别。若人在幼年时的性别社会化过程中发生障碍,以及没有认清性别标志,那么就有可能产生这种心理。

2) 学习性别角色规范

性别角色规范就是在社会生活中,人们以不同的性别角色出现,而社会对不同的性别角色有不同的期望和要求。例如,男孩子要**勇敢坚强**,女孩子要文静淑雅;丈夫应主要承担养家的责任、保护妻子,妻子要操持家务、带孩子、体贴丈夫等。个人只有按此实行,才能和社会达到和谐一致。

性别角色的规范是从幼儿开始就点点滴滴地灌输而逐渐形成的。父母在孩子很小时,就对他们的行为是否符合其性别角色而加以赞许或批评。孩子从赞许或批评中逐渐懂得了怎样做才符合自己的性别角色规范。例如,男孩子比较顽皮,摸爬滚打,喜欢舞枪弄棒,大人们就说:"这孩子以后准能当个将军。"若女孩子顽皮,到处爬上爬下,大人们就要说:"怎么一点也不像女孩子?疯疯癫癫的。"同时,姓名、服装、玩具也有性别角色的区别。男孩的名字多用"勇、虎、强"等,女孩的名字多用"丽、红、云"等,这也明显地反映出对不同的性别角色期待。另外,父母对待孩子的方式也有性别角色的区别。一般对男孩子给他们买枪、车等玩具,培养他们坚强勇敢的性格;而对女孩子则买娃娃、花等玩具,培养她们文静贤淑的性格。所以,性别角色的规范同父母的教育和他们所期待的理想性别角色的要求是分不开的。

同时,性别角色的规范受社会文化因素的影响也很大,在《儿童性别社会化的新视点》一文中,作者王海英提到,儿童的性别,在其刚出生时仅具有生物学意义,随着儿童的成长,其性别角色中的社会文化烙印越来越深。由于社会所赋予的男性文化和女性文化具有不公平性,使儿童性别社会化带有一种根深蒂固的刻板认识:男孩要勇敢、冒险、独立,女孩要柔弱、温顺、服从。因此,为了使儿童在其性别社会化的过程中,最大可能地降低性别角色的消极影响,在对儿童的教育过程中应努力注意以下几个方面:①淡化性别角色,鼓励个人特色;②重视儿童身边重要他人的再社会化;③增加低幼阶段的男性影响。

3) 形成性别角色的情感倾向

性别角色的情感倾向是指一个人对那些和性别相联系的活动所持的态度和偏好。比如,男孩对电视、电影中的打仗等情节特别感兴趣,女孩对花卉、布娃娃等特别感兴趣等。

这种情感倾向在一生中可以有多次变化。例如,一个女孩在幼小时与男孩、女孩一起玩耍,到六七岁以后就只和女孩玩耍,和男孩的界限分得很清楚。据研究发现,无论怎样,3岁左右的孩子就具有比较稳定的性别角色的情感倾向了。这种情感倾向的形成和发展受到多种因素的影响。

四、电视对儿童期的影响

随着电视的普及,儿童不可避免地受其影响。近年来,儿童看电视的时间直线上升。据调查,美国8~16岁儿童中超过25%每天看电视超过4小时。我国相关调查显示,我国中学生最经常的课外活动就是看电视,多数孩子每天看电视时间达100分钟(卢德平、郑丹娘,2004)。电视已成为儿童生活中的一个重要组成部分。

1. 儿童依赖电视的原因

学龄(包括学前)儿童依赖电视的原因是多方面的。首先,我国现代家庭中父母大多是双职工,无暇照顾子女,孩子单独留在家里的次数越来越多,时间越来越长;同时现在的儿童几乎都是独生子女,在家中也没有兄弟姐妹一起玩耍,所以只得看电视。其次,现代城市中人与人之间的隔阂与戒备都比较深重,家长通常认为让孩子在家里看电视远比让他们出去玩耍要安全得多,电视发挥了"保姆"的作用,也使得儿童受电视的影响越来越深。最后,电视呈现出的五光十色的画面和逼真的声音效果,更能迎合儿童的口味。同时,电视对受众的文化水平要求很低,直观易懂,也更易于被儿童接受。

2. 儿童依赖电视的影响

(1) 积极影响。北京师范大学发展心理研究所对儿童电视收视率及其质量状况的调查表明,对儿童来说,电视主要具有三大功能:信息功能、教育功能、娱乐功能。电视是一个强有力的教学工具,也是社会化的重要途径。儿童电视节目扩大了儿童的知识面,教会他们新的社会技能、正确的社会观念及社会规范,并对儿童知识学习、技能学习、学业学习、智力发展、个性及社会性发展均有一定的促进作用。

(2) 负面影响。①电视中不健康的内容对儿童的发展有负面影响。在早期的研究中,主要关注电视与儿童的攻击行为之间的内在关系。例如班杜拉认为,电视上的暴力镜头具有示范作用,儿童在观看的时候会通过观察学习而进行模仿。②长时间地看电视牺牲了儿童参与其他活动(如看书)的时间,容易造成儿童的思维不够深刻、不能认真思考问题等现象。③电视还可能刺激儿童的消费主义和物质主义心理。现在,电视节目中都会插播广告,商业味十足,甚至在儿童节目中也附有大量的广告。儿童在观看了电视广告后,会怀着好奇的心理要求家长为自己购买电视广告中的商品,甚至养成追求物质享受、争相攀比的不良习惯。④对电视的过度沉迷还会给儿童带来许多消极影响。例如,儿童的近视、肥胖大多是因为过多看电视而引起的。过多看电视,还会使儿童转向自我封闭,不愿与别人交往,产生孤独症。

3. 对儿童依赖电视的干预

对儿童而言,电视是一个强有力的社会化工具,它对儿童既有消极影响又有积极影响。学龄儿童缺少正确的价值判断能力,社会经验不足,"自我防御功能"较弱,这就需要父母进行监控。父母要尽量控制孩子每天看电视的时间,并指导他们选择合适的电视节目。美国儿科学会为家长所提的相关建议有:①参与选择电视节目;②与孩子共同观看、讨论电视节目;③教会孩子带着批判的眼光观看电视节目;④将每天看电视时间控制在 2 小时以内;⑤要以身作则,为孩子树立良好的榜样,不长时间看电视;⑥强调体力活动的益处;⑦不在孩子的卧室放电视;⑧避免用电视作为孩子的"保姆"(马冠生等,2002)。对于电视中的暴力场面或其他儿童不宜的内容(如性爱等),父母可以采取的措施包括:①向孩子及时指出,虽然电视中的角色并没有受伤或被杀,但实际生活中暴力会造成伤害或死亡;②拒绝让孩子观看已知的充满暴力的节目,在暴力镜头出现时换频道或关掉电视机;③向孩子解释这样的节目错在什么地方等。

第四节　儿童期相关问题

一、注意缺陷多动障碍

注意缺陷多动障碍(attention-deficit hyperactivity disorder,ADHD)的表现为,同时有明显注意集中困难、注意持续时间短暂及活动过度或冲动的一组综合征。它发生在各种场合(如家里、学校和诊室),并且男童多于女童。它是学龄期儿童最常见的心理卫生问题,也是导致小学生学习困难的最主要原因。大多数评估结果表明,18岁以下儿童中3‰~7‰有此障碍,我国儿童患病率为1.3%~13.4%。其起病始于学龄前,但能确诊者多为学龄期,占全体小学生的1%~10%。男多于女,其比例为4∶1~9∶1。

1. 注意缺陷多动障碍的症状

该障碍的基本症状是注意力涣散、易冲动、情绪不稳定、多动等。最常见的症状有:①在完成任务、遵照指令和组织方面有困难,难以忍受挫折;②坐立不安,扭曲身体,不能看一个完整的电视节目;③频繁地打断别人或说话过多;④往往在听完所有指令之前就急于开始某项任务;⑤很难等待或久坐。

2. 注意缺陷多动障碍的诊断

按美国精神病学会颁布的《精神障碍诊断和统计手册》,注意缺陷与多动障碍包括三个症候群、18条诊断标准。一是注意力不集中,即使是一般孩子最喜欢的游戏与活动(如观看动画),也不能专心完成;二是多动,总显得忙忙碌碌、烦躁不安,不能安静地坐上一会儿;三是冲动性,自控能力差,不分场合地作出越轨举动。患儿必须具备第一个症候群(注意力障碍),或者第二及第三个症候群(多动及冲动)的症状,才能被确诊。而在《中国精神疾病分类和诊断标准》第三版中,该症被命名为"注意缺陷多动障碍(儿童多动症)",同样强调必须同时具备显著的注意力不集中和活动过度。具体诊断标准参见表6-1。

表6-1　注意缺陷多动障碍的诊断标准

分　类	(1)童年和少年期的多动障碍、品行障碍、情绪障碍 (2)多动障碍
定　义	发生于儿童时期(多在3岁左右),与同龄儿童相比,表现为同时有明显注意力集中困难、注意持续时间短暂,以及活动过度或冲动的一组综合征。症状发生在各种场合(如家里、学校和诊室),男童明显多于女童

续表

诊断标准	【症状标准】 (1)注意障碍,至少有下列症状中的4项:①学习时容易分心,听见任何外界声音都要去探望;②上课不专心听讲,常东张西望或发呆;③做作业拖拉,边做边玩,作业又脏又乱,常漏做或做错;④不注意细节,在做作业或其他活动中常常出现粗心大意的错误;⑤丢失或特别不爱惜东西(如常把衣服、书本等弄得很脏很乱);⑥难以始终遵守指令,完成家庭作业或家务劳动等;⑦做事难以持久,常常一件事没做完,又去干别的事;⑧与别人说话时,常常心不在焉,似听非听;⑨在日常活动中常常丢三落四 (2)多动,至少有下列症状中的4项:①需要静坐的场合难以静坐或在座位上扭来扭去;②上课时常做小动作,或玩东西,或与同学讲悄悄话;③话多,好插嘴,别人问话未完就抢着回答;④十分喧闹,不能安静地玩耍;⑤难以遵守集体活动的秩序和纪律,如游戏时抢着上场,不能等待;⑥干扰他人的活动;⑦好与小朋友打逗,易与同学发生纠纷,不受同伴欢迎;⑧容易兴奋和冲动,有一些过火的行为;⑨在不适当的场合奔跑或登高爬梯,好冒险,易出事故 【严重标准】对社会功能(如学业成绩、人际关系等)产生不良影响 【病程标准】起病于7岁前(多在3岁左右),符合症状标准和严重标准至少已6个月 【排除标准】排除精神发育迟滞、广泛发育障碍、情绪障碍

注意缺陷多动障碍的儿童一般智力正常,但学业表现低于其智力水平,其中高达20%～25%的儿童伴有学习障碍,而且人际关系不佳,喜怒无常,不合群。

3. 病因

注意缺陷多动障碍是由生物、心理和社会等因素共同作用而引起的复杂的、具有多种问题的精神障碍。一般认为遗传因素、脑损伤或脑发育不成熟导致的脑功能轻微失调、分娩期的有害因素是该障碍的主要因素;不良家庭环境以及不当的教育方式也是影响该障碍的重要因素。

(1)生物因素。①出生前或出生时的不利因素。母亲在孕期摄入大量尼古丁或巴比妥酸盐,早产、难产、出生时大脑缺氧或窒息等。②神经系统发育迟滞,因而患儿的注意力维持和行为控制不能达到与年龄相称的水平。③脑部结构与功能异常。"最小脑损伤假说"认为患儿的症状是因为轻微的脑损伤所造成的。近年来的研究发现,与该症相关的脑部区域包括大脑前额叶、基底神经节的尾状核、胼胝体及小脑蚓部等。而且那些童年时患有多动症的成人,其大脑的糖代谢明显比正常人慢。④遗传因素。患儿的直系亲属中有10%～35%可能同样患有此症,并且家族成员其他精神障碍的发病率也很高。中国的调查也发现,大约1/4有注意缺陷多动障碍子女的家长,他们自己也有多动的病史(陶国泰,1999)。

(2)心理社会因素。社会环境因素对注意缺陷多动障碍的形成与发展也起着至关重要的作用。生活在动荡的家庭环境中的儿童,如父母离异、经常搬家、生活没有规律等,都会增加罹患该症的风险。患儿与父母的交流方式往往也存在问题,如有研究发现,多动症儿童的父母与对照组父母在教育方式上存在显著差异(季军等,1994)。

4. 治疗与干预

对注意缺陷多动障碍儿童的治疗,一般采取整体治疗技术,包括心理治疗(以行为疗法为主)、药物治疗和教育干预三个层面。自20世纪30年代起就开始使用兴奋性药物治疗多动症,目前常用的有右旋苯丙胺与利他林。在接受药物治疗的儿童中有70%～85%的行为症状有所改善,但这些药物具有某些副作用,如食欲减退、头痛、失眠、易怒等。一些研究表明,进行药物治疗的儿童,其几年后的学业表现并没有好于之前没有服用药物的儿童。

除药物之外,行为疗法也常常用于治疗有注意缺陷多动障碍的儿童。它主要包括环境控制与行为矫正。

首先是对学校环境的干预。①调整教室。由于孩子注意力容易分散,任何视觉或听觉的信号都会转移他的注意力,最好让他在肃静的小教室上课,调整患儿的座位,让他坐在教室的前边,靠近教师,使教师能够经常注意到患儿并针对其不良行为采取措施,这样儿童也不易分心。②对教师的要求。要求教师用灵活、有趣、快乐的教学方式授课,善待麻烦儿童,以鼓励和表扬等肯定方式为主。③选择适宜的学习目标,降低期望值,找出适合患儿的学习方法,尽量减轻孩子的作业量,减轻学习负担,加强学习技能培训。

其次是对家庭管理的干预。①家庭生活要尽量做到有条不紊,使孩子在家里的活动规范化,强调按时作息,生活规律。同时,要求和培养患儿形成一心不二用的习惯。家长的规定要简明扼要,从小事做起,规定越具体,孩子就越容易约束自己。②自我控制能力训练,鼓励家长培养孩子独立学习和生活的自我管理能力,而不是事事都要父母代为,日日都陪在孩子身边做作业。父母应为孩子制订学习计划,让孩子自己整理书包,教孩子学会记笔记,提高学习效率。

另外,教育干预对于患儿来说也十分重要。例如加强孩子的社交技能训练。父母与教师给予孩子更多关心,多与孩子沟通互动,并鼓励孩子与同龄儿童交往,教会孩子与他人交往的基本礼貌和技巧。

二、儿童虐待

儿童虐待(child abuse)是指父母、监护人或其他年长者对儿童施以躯体暴力或性暴力,造成儿童躯体与情感的伤害,甚至导致死亡;或对儿童的日常照顾、情感需求、生活监护、医疗和教育的忽视现象。儿童虐待的类型是特定的社会文化环境下对儿童虐待方式的概括。1981年国际儿童福利联合会将以下四个方面的问题界定为儿童虐待类型：①家庭成员忽视或虐待儿童；②有关机构忽视或虐待儿童；③家庭以外的剥削（如童工、卖淫等）；④其他方式虐待。其中家庭成员忽视或虐待儿童又分为躯体虐待、性虐待、忽视和心理情感虐待等。目前，较系统的研究主要是家庭成员虐待儿童。

1. 虐待的类型

（1）躯体虐待。不同文化对这一虐待形式有不同的定义。美国目前的定义为：有一个明确的、极有可能的或可能的有意行为，这个行为对儿童造成了伤害或有可能造成伤害。英国和我国香港地区关于躯体虐待的定义是：对儿童造成身体伤害或痛苦，或不作任何预防使儿童受伤或遭受痛苦（杨子尼，2003）。

（2）性虐待。无论儿童是否同意，任何人在任何地方对儿童直接或间接作出的性利用或性侵犯都是性虐待。它包括所有形式的性活动，例如让儿童接触黄色书刊或利用儿童制作色情品等。

（3）忽视。总体而言，忽视的内涵包括：严重地或长期地、有意或忽略了儿童的基本需要（例如足够饮食、衣服、住宿、教育及医疗照顾），以致危害或损害了儿童的健康或发展；或在本来可以避免的情况下使儿童面对极大的威胁（包括饥寒、长期缺乏照料、强迫儿童从事与其体力或年龄不相符的工作等）。目前国际上普遍认为忽视应包括身体的、情感的、医疗的、教育的、安全的和社会的六个方面内容。①身体忽视。即看护人忽略了对孩子身体的照料（如衣着、食物、住所、环境卫生等），它可以发生在孩子出生前（例如怀孕的母亲饮酒、吸烟、服用违禁药品）。②情感忽视。没有给予儿童足够的爱，父母间长期的或极端的虐待，对儿童拒绝心理上的关心和爱护，拖延或没有给予心理上的安慰，忽略儿童的情感需要，任其滥用毒品，任其行为不当。③医疗忽视。拒绝或拖延医疗需求和医疗保健（如忽略口腔保健，拖延牙科疾患就诊，不能按时完成预防接种）。④教育忽视。不能最大限度地适时提供接受各种教育的机会，从而延误了智力的开发（也包括道德教育和心理健康的忽视）。⑤安全忽视。由于看护人的疏忽使得孩子的生长和生活环境存在安全隐患，而有可能使儿童发生危险（例如将孩子独自留在家中）。⑥社会忽视。

（4）心理情感虐待。心理情感虐待主要包括以下几个方面：①对一个儿童的情感及心理行为发育造成了不良结果，即时或永久性地导致了儿童行为、认知、情感、机能活动的损害；②这些不良结果是由羞辱、恐吓、拒绝、孤立、藐视、剥夺、漠视儿童的情感需要等行为方式所造成的。与躯体虐待相比较，它更容易对儿童造成不良的负面结果，对儿童有长期的严重影响。正因为如此，现在越来越多的个人和组织开始把注意力投向儿童在精神、心理方面所受到的伤害（汪新建，2008）。

国外科学地研究儿童虐待问题已有40多年的历史。美国20世纪80年代调查的儿童躯体虐待的年发生率为3.4%～5.7%。据估计，美国每年约有240万儿童受到虐待，有5000名儿童被虐待致死。美国儿童虐待多发生在3～14岁，大约

30%属于躯体虐待,20%为性虐待,50%为忽视。日本的相关调查表明,躯体虐待在婴幼儿和小学生发生率最高,初中多见性虐待。Claussen调查认为,儿童虐待发生在1~17岁,平均5.6岁,小于1岁的占3.5%,心理虐待的发生与儿童年龄无关,并且对受虐儿童而言,受虐方式往往是两种以上。国内孟庆跃等对1139名儿童所作调查表明,一个月内儿童受父母责打的发生率为43.11%,人均被打次数为3.43次,低年龄组被打次数高于高年龄组。

2. 发生的原因

(1) 儿童个体因素。部分受虐儿童有智力和躯体发育迟缓,或有出生前后脑损伤、早产及低出生体重的病史,致使被父母视为负担,遭受虐待。一些儿童属于困难气质类型,从小就易激怒、哭闹无常、难以安抚,稍长大后有攻击性行为等易招致父母打骂。某些受虐儿童在心理发育上不成熟或发育异常,给抚养造成困难,容易形成负性亲子关系,导致受虐的发生。

(2) 家庭因素。家庭经济情况欠佳、社会地位低下、过频的应激事件、家庭破裂或夫妻不和睦等可能成为父母或监护者虐待儿童的直接原因。另外,多数施虐父母本身在儿童期就有被虐待的经历。而且许多施虐父母存在智力偏低,有酗酒、吸毒、人格和情绪异常等精神和行为障碍。

(3) 社会因素。某些落后的文化模式对儿童虐待有重要影响,如信仰某些宗教的人拒绝送患病儿童就医而导致患儿死亡。社会稳定因素,如战争、社会动荡不安等,儿童往往是首要的受害者。再如社会环境、风俗习惯等对儿童躯体虐待有着重要的影响。在中国,从古至今都以"不打不成材,棍棒出孝子"的教育方法来教育儿童。因此家长与教师体罚儿童的现象很常见。受传统性别歧视观念的影响,一些偏僻农村地区目前仍有丢弃女婴、虐待女童的现象存在。在印度,女儿出嫁时要花费大量钱财,因此许多家庭因贫穷常将女婴淹死以减轻以后巨大的经济负担。

3. 受虐表现

儿童躯体受虐表现取决于受虐的方式,可出现多部位的皮肤青肿、紫块和伤痕,以及皮肤烧灼伤、头皮下血肿、骨折、内脏损伤等,有的儿童在暴力虐待后死亡。受虐儿童常表现出极度自卑、焦虑、抑郁,伴有噩梦和睡惊、惊恐发作、惊跳反应、警觉性增高等,一些儿童变得长时间苦恼和悲伤,缺乏快乐感,自尊心降低,甚至有自杀企图和自杀行为。也可表现为对他人的攻击行为、对动物残忍和虐待、自虐自残等。长期受虐儿童可出现智力与躯体发育延迟,语言能力差。受虐儿童较多发展为成年期精神障碍、攻击倾向及反社会行为。

凡因躯体损伤而就诊的儿童都要考虑被虐待的可能,要仔细了解病史,作躯体检查和特殊检查。有下列病史者应高度怀疑受虐待的可能:反复受伤史,受伤后没有就医,病史前后矛盾,父母把受伤归咎为儿童本人或其他人,就诊时父母对儿童的伤情漠不关心,父母对儿童期望过高,父母本人在儿童期有受虐待史,儿童报告受他人虐待,病史与检查结果不符等。有些父母或监护人就诊时可能表现焦虑、神经质或内向木讷。躯体检查时发现有下列特征的损伤时要高度警惕被虐待现象的存在:耳郭、臂部、腰部、会阴部和大腿内侧的青肿淤血,皮肤掐挠痕,皮带抽打痕迹,新旧疤痕同时并存,烟蒂烧灼伤,会阴和大腿内侧的开水烫伤以及头皮下血肿等。结合有受虐待病史、躯体检查有损伤存在、放射学检查有骨折证据等即可作出诊断,但应排除骨骼系统疾病、出血性疾病和意外受伤等情况。

4. 预防和治疗

（1）社会干预及家庭危机干预。立法是最重要的干预措施,我国已颁布实施《未成年人保护法》。全社会都来宣传儿童保护法,保护儿童的合法权益,反对体罚和虐待儿童的行为。通过妇联、工会和街道居委会以及专业的社会工作者,咨询、教育和监督虐待儿童的行为,必要时对施虐者予以处罚。对虐待儿童的家庭进行直接干预和家庭治疗,缓和家庭矛盾冲突,增进亲子之间的正常情感交流,纠正不正确的教子方式,从根本上消除体罚行为。对父母存在的病态人格和情绪异常等应进行必要的心理治疗。

（2）治疗儿童。积极治疗躯体损伤的同时,采取行为治疗和心理治疗方法治疗儿童的情绪创伤。治疗者求得儿童的信任是治疗的关键。对于创伤后应激性反应的儿童,可以通过木偶等象征性游戏的表演方法,重复受虐事件促使其回到现实生活中来,而控制创伤反应。创造温暖的环境以提高儿童的自尊心,消除不信任感和过度警觉。在治疗期间,受虐儿童一般应继续留在家中,只有当存在继续受虐的可能时才暂时寄养于健康家庭而与施虐者隔离。

三、儿童厌学

厌学是由于人为因素所造成的儿童情绪上的失调状态,它主要是因社会病理现象引起的,儿童本身无生物、心理缺陷。

1. 小学儿童的厌学现状

小学儿童厌学的主要表现是对学习不感兴趣、讨厌学习。厌学的儿童对学习有一种说不出的苦闷,一提到学习就心烦意乱、焦躁不安。他们对教师或家长有抵触情绪,这正是由于面对学习时产生的焦躁不安引起的。这类儿童大多数厌学情绪严重,当受到一定诱因影响时,往往会发生旷课、逃学或辍学现象。

厌学情绪对小学儿童的健康成长极为不利。接受教育、学习知识是每个人成长的必由之路,迈进小学的大门,正是儿童接触各种信息,遨游知识海洋的开始。假如儿童在这一阶段产生了厌学情绪,将会影响其对知识的吸收。另外,由于厌学儿童没有过正常的学习生活,久而久之可能会形成自卑、孤独等心理障碍。

2. 造成小学儿童厌学的成因分析

小学儿童的厌学情绪是受学校、家庭和社会环境中多种不良因素影响而造成的。

(1) 学校教育中的失误。当前教育处于转变的非常时期，"应试教育"依然存在。例如，"填鸭式"的满堂灌教学，考试频繁，学习难度与儿童能力不相吻合，使学生学习负担重、压力大；再如，课外活动少，忽视"第二课堂"活动特别是游戏对小学生的意义，或者教师对儿童缺少关心等，都有可能造成儿童的厌学情绪。

(2) 家庭教育方式不当。父母望子成龙心切，重分数而不重实际潜能的开发，经常就学习问题责骂或毒打孩子，会使儿童对学习产生畏惧心理。父母如果重钱轻学，特别是个体经营或利用工余时间从事"第二职业"的父母，时常要子女前去助工或有意无意地灌输"拜金主义"，对儿童的厌学情绪也有重大影响。

(3) 社会不良风气的影响。社会上的某些不正之风，如"读书无用论"，以及农村中的一些不良习俗如早婚，都是造成儿童厌学的社会因素。

由此可见，小学儿童的厌学心理是一种受多种因素影响的复杂现象。消除儿童厌学情绪刻不容缓。

3. 解决小学儿童厌学的对策

(1) 努力营造儿童喜欢的学习生活。首先，要营造快乐的学习气氛。著名教育学家卢梭说：兴趣是一切学习活动的根源。可见培养浓厚的学习兴趣在学习过程中十分重要。因此，学校教育工作者应积极行动起来，减轻学生学习、考试负担，积极提高课堂教育的效果和艺术性，激发学生的学习兴趣。开展丰富多彩的课余活动，如饲养、种植、书法、舞蹈等，让学生参加力所能及的课余活动，多角度地感受学习的快乐，也有利于厌学儿童逐渐消除厌学情绪。其次，要多给儿童关心和爱护。教师的关心和爱护，是小学儿童热爱学习的心理力量。教师应对学生一视同仁，少用惩罚、责骂等强硬教育方式，坚持正面教育，经常去寻觅、发现学生身上的闪光点，及时表彰学生的点滴进步。对于已有厌学倾向的儿童，教师要经常与他进行心灵的交流，把爱和期望传递给他，帮助他发掘学习的兴趣。

(2) 家庭教育方式要科学。首先，不要过分注重考试成绩。"望子成龙"原本是人之常情，可子女的学习成绩一旦成了家庭关注的中心，甚至成了一家人喜怒哀乐的晴雨表，则反而对儿童的学习起到负面作用。因而，家长应对子女的学习持科学的态度，期望水平不能太高，要求也不能太严，要与儿童的接受能力和心理发展水平相适应。儿童一旦学习成绩不理想，家长应帮助儿童分析原因，寻求解决方法，而不是一味责罚。其次，要教育孩子崇尚科学、尊重知识。"家庭是真正的学校"是俄罗斯思想家洛扎诺夫一个广为认同的观点。家庭尤其是父母的思想对儿童的影响特别大。家长应该认识瞬息万变的现代社会中科学知识的重要地位，认识基础教育的重大意义，纠正在教育子女问题上的不正确认识，积极鼓励孩子立志向、爱学习。

(3) 抵制不良的社会现象。全社会形成尊重教育的强大舆论，大力培养热爱学习,以读书为荣的社会风尚,并及时对"拜金主义"、"读书无用论"等不良倾向进行抵制。只有创造一种社会都关心学习、重视教育的良好的社会心理气氛,儿童厌学甚至弃学、辍学的问题才能从根本上得到扭转。

本 章 小 结

7~13岁的儿童期,是人生发展的一个极其重要的阶段,这一阶段的发展变化对人的一生都会产生非常深刻的影响,本章主要围绕这一时期儿童的生物、心理和社会等方面的发展进行探讨。这一阶段的儿童在外貌和行为方面已经接近年轻的男子和女子,无论是心理还是身体的能力都有所增强,而这些能力又使儿童的决断和行为更加独立。随着儿童自我力量、思维能力以及对自身社会地位的认识能力的提高,他们可以更自由地接触同龄人和成年人。此外,这一阶段儿童所面临的一个重要转折就是从家庭走向学校,环境的改变会给儿童带来一定的心理压力。因此,家长和教师应给予儿童更多的关注,帮助其顺利适应新的生活环境,为今后的发展奠定良好的基础。对于出现学习或行为障碍的儿童,则要付出更多的爱心和耐心,通过特殊教育等方式进行矫治。

本章参考文献

[1] 陆士桢,任伟,常晶晶.儿童社会工作[M].北京:社会科学文献出版社,2003.
[2] 华红琴,翁定军,陈友放.人生发展心理学[M].上海:上海大学出版社,2000.
[3] 刘金花.儿童发展心理学[M].上海:华东师范大学出版社,2002.
[4] 朱智贤.儿童心理学[M].北京:人民教育出版社,1981.
[5] 林崇德.发展心理学[M].杭州:浙江教育出版社,2002.
[6] 徐愫.人类行为与社会环境[M].北京:社会科学文献出版社,2002.
[7] 王瑞鸿.人类行为与社会环境[M].上海:华东理工大学出版社,2002.
[8] 汪新建.人类行为与社会环境[M].天津:天津人民出版社,2008.
[9] 韩晓燕,朱晨海.人类行为与社会环境[M].上海:上海人民出版社,2009.
[10] 龚晓洁,张剑.人类行为与社会环境[M].济南:山东人民出版社,2011.

第七章 青春期与青年期

青春期(adolescence)一词来源于拉丁语 adolescere，本意为"发育、成长，向成熟发展"，这个阶段是人生发展中继婴幼儿之后的第二次身体快速增长时期，被称为"第二次发身期"。

随着对自身了解的加深，人们逐渐发现在儿童期与成年期之间存在着一个特殊的过渡时期，在这个生命阶段，从身体的外形或生理构造来看，和儿童差异较大，趋向于成年人；但是从心理发展、社会适应方面来看，又呈现出与儿童、成年人都迥然不同的新特征。对这个人生发展的新阶段，我们称之为青春期。根据贝肯的观点，现代意义上的青春期理论主要是在美国南北战争结束后通过的义务教育法、童工法、少年犯罪的特别法定程序等基础上创立发展起来的。

青春期的延续被称为青年期。凯尼斯顿指出，青年是青春期后依然在成长的一小部分人，他们仍然被成年社会认为处于过渡阶段，因为他们仍在大学求学，职业不稳定，经济不独立，社会或生活方式尚未"固定下来"。因此，可以认为，青年期是介于青春期与成人期之间的一个生命阶段。

目前，学术界对青春期和青年期的起始时间还有很大的争议。生理学界根据个体生理和心理发展的特点，认为13岁是青春期的开始，25岁则标志着青年期的结束。人口学是以个体在青春期生理发育的正态曲线分布为基础，把15~25岁这一时期确定为青春期和青年期，并据此进行人口统计。由上可以看出，青春期的起始时间是比较确定的，即以性成熟的某些特定指标为标志：女孩是月经初潮的到来，男孩是遗精的出现。但是，在青年期的结束时间上，学者们尚不能达成共识。从社会学的角度来看，青春期和青年期是个体社会化的必经阶段，个体与青年期的告别是以获得职业、经济独立、成立家庭为标志的，即把结束学业和获得职业（经济独立）、结婚（心理上的成人感）、成立家庭（有单独的住所，脱离对父母的依赖），作为社会成熟的3个标准，并以此确定青年期的结束。

随着我国教育事业的发展，人们接受教育的机会越来越多，受教育年限越来越长，特别是近年来，大学生就业压力加大，许多学生毕业后因各种原因继续寄居在高校周围，成为游走在校园和社会之间的一个特殊群体——"校漂族"。这些情况的出现使许多青年长时间处于非成年状态，造成了青春期延长现象。

考虑到以上生物、心理和社会因素的影响，我们认为，青春期的年龄为13~18岁，青年期则为18~25岁。

第一节 生物系统及其对青春期与青年期的影响

一、身体发育成熟

身体开始发育,造成外形的显著变化是青春期的鲜明特点,青春期开始最显著的外部特征是身高和体重的增加。

1. 身体长高

身高的快速增长是个体进入青春期发育的最直观的标志之一。个体虽然自出生以来就在不断地发育成长,但是进入青春期后的生长率远远超过其之前的平均水平。在进入青春期以前,男女儿童平均每年增加 2~3.6 厘米,而进入青春生长期后平均每年可增长 6~8 厘米,多者达 10~12 厘米。一般来说,女孩的身高发育高峰比男孩开始得早,结束得也早。女孩在 8~9 岁就进入生长突增阶段,11~12 岁达到生长高峰期,在这之后增长速度会逐渐减慢,一般在 19~23 岁就不再长高了。男孩在 10 岁左右进入生长突增阶段,到 13 岁后达到生长高峰期,直至 23~26 岁才停止。因此,11~12 岁的时候女孩要比男孩个子高,这种现象会持续到 13~14 岁。由于男孩的生长突增期要比女孩晚 2 年左右,且生长期较长,所以到成年时男子的身高平均要超过女子 10%。

在身高突增阶段,人体各部位的生长发育是不同步的,但会按照一定的顺序进行。坦纳指出,一般情况下腿的长度首先达到顶点,然后是躯体的宽度,最后是肩部。最先达到成人水平的身体部位是头部、双手和双脚。由于上下肢的增长要比脊柱的增长速度快一些,因此,在身体其他部位发育起来之前,手和脚看起来会显得奇长无比,导致青春期的少年会出现长臂长腿的不协调体态。不过等到完全发育后,脊柱的增长又会超过四肢的增长,形成成人体型,这时身高就基本定型了。

2. 体重增加

在青春生长期,个体身高迅速增长的同时,体重也以同样的速度在增加。和身高的突增相比,体重的突增值略显逊色,但它有增长时间长、变化幅度大,而且在性成熟之后仍然可以继续增长的特点。一般来说,女孩较之男孩会早些进入体重的突增阶段,但增加的总量却比男孩要少。据统计,青春生长期结束后,男孩的体重平均增长 31.2 千克,女孩平均增长 24.1 千克。女孩在 8~9 岁以后进入快速增长期,12 岁左右达到增长高峰,其后增长速度逐渐减缓。男孩的体重在 12~13 岁时开始快速增长,到 13 岁左右,男孩的体重开始超过女孩。

体重的增长不仅和骨骼有关,同时和肌肉、脂肪的增长也有密切的联系。肌肉组织的发育在青春发育初期主要是指肌纤维随身高的突增而增长。青春期两性肌肉的增长都非常突出,其增长与骨骼的生长保持平衡,已经接近和达到成人水平。不仅肌肉重量在体重中的比例增加了,而且肌肉组织也变得更为紧密,肌肉的力量大大增强,因而体力也随之增强。但这种发展仍然有较大的性别差异,男孩的肌肉组织生长更快,显得粗壮有力,在力量、速度和动作协调方面迅速超过女孩,而女孩的肌肉则偏向柔软,具有相当的灵活性。

在肌肉生长发育的同时,身体中的脂肪也在增加。两性皮下脂肪的增加在1~6岁之间一直很缓慢,女孩从8岁、男孩从10岁起才开始加快增长。但女孩比男孩拥有更多的皮下脂肪,并且女孩以更快的速度增加,这在青春期刚开始的几年中表现得尤为突出。实际上男孩在青春期开始前身体的脂肪是略有下降的,这导致的最终结果是男孩在青春期结束时,肌肉和脂肪的比例大约为3∶1,而女孩的比例大约为5∶4。因此,到青春期时个体在力量和运动能力方面会出现性别差异。据估计,青春早期身体成长方面的性别差异大约有一半是由于皮下脂肪的差异造成的。

二、生理机能发育成熟

在青春生长期,个体体内的器官和组织迅速发育、增强,并在青年期逐步趋向成熟。

1. 心血管系统的发育

心血管包括心脏和全身的血管。心脏是人体的重要器官。婴儿出生后的一年内,心脏的重量可增加1倍。青春期时心脏迅速生长,重量增加到新生儿的10倍左右,17~18岁时心脏重量可接近成人水平。心脏机能的强弱可以由脉搏、血压来判断。新生儿的脉搏在安静时达120~140次/分钟,青春期后达到成人水平,稳定在72次/分钟。成人的脉搏跳动慢于新生儿,是因为通过青春期的发育,心肌纤维弹力增加,心肌变得厚实,使得心脏的收缩力增强,能充分满足生理机能对血液的需要。

心脏所产生的压力称为血压,它是随年龄的增长而逐渐增加的。年龄小时,血液输出量也少,而血管发育比心脏早,相对管径大,血流阻力小,所以血压较低。随着年龄的增长,血压会逐渐上升。但在青春发育期,由于性腺、甲状腺分泌旺盛,血管的发育反而落后于心脏的发育,血管口径相对血流量来说过于狭窄,阻力增大,会出现青春期高血压,这是发育过程中的一种暂时现象,随着年龄增长会自然消失。到18~19岁时血压趋于稳定,一般高压90~130毫米汞柱(1毫米汞柱=133.322帕),低压60~80毫米汞柱。

2. 呼吸系统的发育

青春期之前,儿童肺的弹力组织发育较差,肺泡数量少,血管丰富。由于儿童的胸廓狭小,呼吸肌较弱,肺容量相对较小,而代谢旺盛,需氧量大,所以他们的呼吸频率较快。婴儿出生时呼吸频率约为40次/分钟,5岁儿童约为25次/分钟。直到7岁,肺结构才发育完全,12岁左右时肺的重量可以达到出生时的9倍,此时,肺的呼吸功能急剧增强。随着肺组织和呼吸肌的发育,肺活量在14岁时迅速增大,到17~18岁时接近成人水平。但肺活量存在着明显的性别差异,19~25岁城市男青年的肺活量平均为4124毫升,而女青年的肺活量则小得多,平均只有2871毫升(龚维义,2004)。在青春期发育过程中,血红蛋白的含量也在显著升高,当青少年的肺活量进入稳定期后,他们的血液可以携带更多的氧气,有利于进行较持久的体力劳动和体育锻炼。

3. 神经系统的发育

青春期是智能高度发展的年龄阶段,而智能的发展又以大脑和神经系统的发育为基础。大脑和神经系统的高度发达为青少年的身心发展打下了坚实的基础。

婴儿出生后,脑和神经系统便迅速生长发育,相对于身体其他部位来说,脑的发育一直处于领先地位。神经系统在个体出生后的5~6年内一直保持着最快的发育速度。到6岁左右,大脑半球的一切传导通道都完成了髓鞘化,脑的重量达到成人的90%,因此这个阶段的教育对儿童智力的发展具有重要影响。脑的生长到12岁时约为1.40千克,这时脑的重量基本达到成人水平,脑的容积接近成人脑的容积,神经系统的结构也已与成人无异。脑的重量和容积在青春期增加甚少,但皮层细胞的机能在迅速发育,在13~14岁时会出现第二次飞跃。此后一直到20岁左右,脑细胞的内部结构和机能不断进行复杂的分化,沟回增多、加深,神经联络纤维的数量大大增加,大脑机能进一步完善,并在整体上趋于成熟。具体表现为感觉和知觉非常敏锐,记忆力、思维力不断提高,为个体系统、深入掌握知识提供了物质基础。

4. 内分泌腺的发育

青春期的发育主要受内分泌的控制和影响,所以内分泌腺的发展具有特殊意义。所谓内分泌腺是指通过导管,直接在血管内分泌一种叫激素的化学物质的器官。激素在血液中的含量很少,但它能刺激生长、影响代谢,在生物发展过程中起着重要的调节作用。

1)脑垂体(前叶)

脑垂体被称为腺的首领组织,出生时已经发育得很好了,在4岁以前和青春期生长最为迅速,功能也比较活跃。从前叶分泌出的成长激素有甲状腺刺激激素、副肾皮质刺激激素、性腺刺激激素等主要激素。除成长激素外,其他激素起着刺激其他内分泌腺,使其开始活动的作用。如果脑垂体出现异常,那么身体的发育必然会出现紊乱。

2)甲状腺

甲状腺位于气管的两侧,主要分泌甲状腺素,其主要功能为促进骨的生长发育,促进神经系统的发育,具有调节新陈代谢的作用,对全身的发育都有广泛的影响。甲状腺在青春期发育最快,重量达 20 g 左右,此时生理功能达到最旺盛时期。女孩甲状腺的体积较男孩稍大,有可能出现甲状腺代偿性肥大。

三、性发育成熟

1. 第二性征

青春期的发育除了表现在身体外形和内部机能的成熟外,还明显地反映在第二性征的出现和性成熟上。

第二性征是相对于第一性征而言的。所谓第一性征是指由遗传决定的生殖器官和性腺上的差异,如男性的睾丸和阴茎、女性的卵巢和子宫。第二性征是个体性成熟的更为明显的标志,主要指那些重要的能够区分男女性别特征但对于生殖能力无本质影响的身体外部形态特征。第二性征的发育是青春期最重要的身体变化之一,它标志着个体的生殖能力开始成熟。第二性征的出现存在着明显的性别差异,女孩一般要比男孩提前 1~2 年,同时由于受到种族、地区和所处社会环境等因素的影响,第二性征开始出现的年龄存在很大的个体差异。尽管具体时间会因人而异,但变化顺序对于每一个个体都是相同的。

2. 男孩的性成熟

男孩生长期的开始一般表现为睾丸的发育和阴囊的增大,并伴有阴毛的出现。睾丸是男性的主性器官,可以分泌雄性激素,从而刺激阴茎、前列腺、输精管等性器官的发育和第二性征的出现。随着睾丸的发育,生长期开始的时间从 10~15 岁不等,发育始于 12 岁左右,14 岁开始加快,17 岁达到高峰。

3. 女孩的性成熟

女孩生长期开始的标志一般是乳房的发育,但也有女孩阴毛的出现要早于乳房的发育。体内的性器官几乎同时开始加速成长,包括卵巢、子宫、阴道以及输卵管。卵巢是女性的主性器官,卵巢产生卵子或卵细胞,可以分泌雌性激素和孕激素。雌性激素可以刺激其他性器官的发育和第二性征的出现。孕激素可以进一步促进子宫内膜和腺体的增长,以及乳腺的生长。月经初潮发生在生长期中段,正常的出现年龄范围是 10~16 岁,在初潮之后往往有一段不孕期,时间为 1 年或 18 个月(坦纳,1970)。

4. 早熟和晚熟

青春期的性发育开始时间从 8~9 岁到 13~14 岁,也就是说个体的成熟年龄差距可以达到 6 年,由此导致的一个比较突出的问题是个体的早熟与晚熟问题。由于性别的差异,这些早熟者和晚熟者所面临的困境也不尽相同。

一般来说,早熟的男孩比同龄晚熟男孩处于更有利的地位。由于女孩的生长期要比男孩早 1~2 年,导致早熟男孩可以与同龄女孩保持一种生物意义上的同步,被同龄群体认为更有吸引力、更有能力、更易成功,但同时他们也更经常地经历强烈的愤怒情绪,更僵化、顺从、缺乏幽默感(Livson & Peskin,1980)。而晚熟男孩的问题则是损伤性的,他们由于生长期来得晚,在同龄群体中身体显得弱小,力量不强,较少有机会承担社会责任和任务,导致自我评价低下。结果,这样的男孩常采取一些令人讨厌的补偿行为,包括引起注意的手段。有些晚熟男孩会接受激素治疗,但也有反对意见:一个青年可能会感到他的性成熟是人为的,或者第二性征的较快发展可能强化早期的神经过敏模式。不过,实验结果表明,如果在激素治疗时伴以适当的心理治疗,这样的并发症就很少发生(斯特普弗尔,1967)。

与早熟男孩的有利地位不同,早熟女孩需要克服适应不良问题。有研究表明,早熟女孩比同伴更沉闷、无主见、不自信、不善于表达,更顺从、更不受欢迎和孤僻,有更多的情绪障碍。早熟女孩的情绪障碍与所处的社会文化背景有密切关系,如果社会将苗条的身材看做是女性有吸引力的重要标准,那么早熟女孩由于体重和脂肪的急剧增加而容易导致低下的自我形象(Brooks-Gunn & Reiter,1990);如果整个社会对青少年性特征的看法较为一致,那么早熟女孩会拥有较高的自尊(Silbereisen,1989)。晚熟的女孩由于和正常发育的男孩处于相同的发育水平,因此被认为好交际和富于表现力,并且具有更高的活动性、社会性和领导能力(Livson & Peskin,1980)。但也有不利的一面,晚熟女孩第二性征出现得晚,身体单薄、纤细,会被认为缺乏身体上的吸引力,被同伴忽视或排斥,从而产生困惑和烦恼。

5. 成长加速,成熟前倾

近年来有研究表明,青少年的身体发育和生物成熟指标不仅在绝对量上有所增大,而且其发展的过程也有前倾化的趋势(依田新,1972)。这种现象被称为发展加速现象,可以从两方面去考察:一方面是身高、体重等成长速度的加快,即"成长加速现象";另一方面是月经初潮、首次遗精现象的低龄化,即"成熟前倾现象"(张日昇,1993)。

成长加速现象自19世纪以来就引起了欧美学者的密切关注。有统计表明,"二战"后,许多国家的青少年都出现了成长加速的情况。"一战"时,美国人平均身高为167.8厘米,"二战"时为171.3厘米,在"二战"后则迅速上升为177.3厘米。依照国外一些学者的研究,与"二战"时相比,"二战"后身高和体重的发育高峰年龄提前了2年左右(杨雄,2004)。

随着社会经济的发展,中国青少年的发育情况也呈现出加速增长的趋势。根据有关资料推算,从1955年至1979年,7~18岁的男孩身高平均提高5.60厘米,女孩身高平均提高5.10厘米。杜树发通过对全国2~18岁青少年的身高、体重值的统计,指出在1982—1992年的10年间,7~17岁的男孩平均长高了5.85厘米,女孩平均长高了4.25厘米,体重也都有较大的增长。在发达国家,近一个世纪以来,青少年平均每10年增长1厘米,而我国青少年的身高增长速度明显高于这个水平。

相对于成长加速现象,成熟前倾引起了学者的更多关注。根据欧洲医院1840年以来的医疗记录,女性青少年的初潮年龄一直在下降之中,在130多年里,平均每10年提前了4个月左右(坦纳,1963)。挪威的女孩在1840年时初潮年龄是17岁,而在1970年时大约是13岁。在美国,女孩的初潮年龄在1970年为12岁零1个月,自1980年以来,初潮年龄已经低于12岁。亚洲的数据也得出同样的结论,如日本1909年的调查数据显示,平均初潮年龄段为10～14岁,而1977年则提前到6～12岁(泽田,1977)。当今的中国社会,同样也出现了性成熟不断提前的趋势。根据上海市社会科学院青少年研究所在1989年与1999年做的两次全国性的青春期调查,初潮年龄在10年间从13.38岁下降至12.54岁。男孩的青春生长期开始时间一般比女孩晚2年,但是也在逐步提前之中。根据我国上海市社会科学院青少年研究所的调查数据表明,1989年全国男青少年初次遗精的平均年龄为14.43岁,1999年我国城市男青少年初次遗精的平均年龄已经提前至13.85岁。成熟前倾及相关的心理、社会问题引起了广大青少年和家长的担心,人们担心青春生长期会不会无限期地提前。根据英国伦敦和挪威奥斯陆的调查表明,在过去的20余年中初潮的平均年龄没有发生实质性的变化,因此有学者认为,如果地区环境条件的改善已经达到一定水平,青春生长期的平均年龄会接近其遗传所设定范围的底线。

四、影响青少年生物系统发育的因素

对个体青春生长期的时间和发育速度产生重要影响的因素有很多,但归纳起来,基本上可以分为以下两类。

(一)遗传因素

遗传是一种生物现象,通过遗传基因,传递着祖先在长期的进化过程中所形成的某些适应环境的结构与机能。青春生长期开始的时间和速度在很大程度上是由遗传因素决定的。人们普遍相信,个体的身高、体重等身体形态以及内脏机能的发育受遗传素质和各种生物因素影响较大。一般认为,父母的身高体形对孩子有重大影响,据研究这种影响至少占60%(黄志坚,1988)。

以前人们相信,不同种族和民族的青春生长期开始的时间及速度都是有差异的,其根本原因在于他们具有不同的遗传因素。但最近研究表明,这种差异事实上并不存在。例如,以前人们相信亚洲女孩的初潮年龄要比欧洲的同龄人要晚,但实际上中国女孩的初潮年龄与北美和西欧的同龄人几乎是相同的。由此,学者认为这些差异可能不是由于种族、民族造成的,而是与青少年的生活条件有关(Brooks-Gunn & Reiter,1990)。

(二)环境因素

这里所说的环境因素包含自然环境因素和社会环境因素两大类。

自然环境因素主要是指季节与地理气候条件对青少年生理发育的影响。春季是万物复苏的季节，身高增长快，而秋、冬季则体重增长快。季成叶通过分析1995年中国学生体质与健康的调研资料，证实青少年的身高受气候的影响，即生活在高纬度、昼夜温差大、日照充裕地区者身高水平高；而生活在温暖湿润、昼夜温差小、降水量多的地区者身高水平相对低。

社会环境因素主要包括营养因素、运动因素、健康因素以及环境污染的程度。

1. 营养因素

营养是生长发育的最主要的物质基础。在青春期，由于身体在短时间内发生急速变化，新陈代谢旺盛，活动量大，因此需要充足、合理、平衡的营养输入。在进行营养供给的同时，还应该注意到对营养需求的两性差异。随着身体迅速发育直到逐步成熟停止，女孩身上的脂肪组织生长超过肌肉组织，与女孩相比，男孩的肌肉组织发展约为她们的2倍，脂肪组织则少得多。这种组织发展要求的差异导致男孩要比女孩摄取更多的钙、蛋白质、锌和铁质等。

青少年特别容易受到营养或饮食失调的影响，因为人的食欲受到情绪和生理饥饿的制约，青少年正处于生长发育的关键时期，生理、心理都发生着急剧的变化，如果他们不能很好地适应青春生长期的各种变化，就会引起或加剧营养失调，典型的例子是肥胖症和厌食症。

导致肥胖症的基本原因除了遗传因素之外，主要是摄入的热量超过了新陈代谢的需要。随着我国人民生活质量的提高，肥胖症在青少年群体中所占比例越来越高。有数据表明，我国儿童青少年中的肥胖检出率正以每5年翻一倍的速度增长。2000年，我国城市儿童青少年中的肥胖检出率已上升到6%~8%，成为大城市儿童青少年最突出的营养问题。肥胖症严重威胁着青少年的健康成长，青少年体内蓄积的过量脂肪会侵蚀脑垂体，使脑垂体后叶脂肪化，阻碍促性腺激素和生长激素生成，从而严重危害青少年的生长发育、生殖发育和性发育成熟。肥胖男孩易出现前列腺发育萎缩、睾丸萎缩，生殖器发育停滞。肥胖女孩往往月经初潮提前发生，成年后易出现排卵障碍症，卵子发育不良，雌激素和孕激素大幅度降低乃至消失。另外，肥胖还会造成血液循环系统疾病、糖尿病等内分泌系统疾病，严重危害心理健康，影响智力发育、思维及动手能力。

与肥胖症相反的是厌食症，由坚持拒绝摄入足量食物引起体重的急剧减轻（减幅可达到50%）、基础代谢率降低、活力减退、女性闭经，而且由于免疫力的减退使人易患各种疾病，由此引起的死亡占死亡率的10%~15%。据统计，厌食症的患者大多数是女青少年（平均年龄15岁），男性比例不到10%（卢格，1996）。因为在青春期的女孩，无论她们的饮食习惯怎样，都会正常地出现脂肪的累积，但是由于一些女孩不理解这种现象，可能会对过重的体重感到惊恐并采取强制节食的办法。一般来说，女孩会在生活发生巨大改变期间开始节食，这类重大影响事件包括青春生长期的开始、失恋、突然进入一个陌生且倍感压力的新环境等；当女孩自我感觉节食成功时，会因为害怕再次变胖而继续拒食，最后可能出现的结果是健康开始恶化，体重减轻，营养不良导致身心功能的衰退，产生诸如心脏病、肾衰竭、肝脏损坏、肺炎等并发症。

2. 运动因素

"生命在于运动"，适当的体育锻炼可以平衡骨骼以及全身钙、磷代谢，加速矿物质在骨骼中的沉积，使骨骼密度增加；锻炼还能使骨骼直径增粗，骨髓腔增大，血液循环加快，供给骨骼更多的营养。据统计，业余体校的青少年学生比其同龄人要高10厘米左右。刘振玉指出，只要坚持6个月的身体训练，可使个体体内生长激素含量提高，促进生长发育，平均增高2厘米以上。

3. 健康因素

许多急性或慢性疾病，如贫血、缺钙、慢性寄生虫病等，都会明显限制青少年的生长发育。随着我国计划免疫工作的深入开展，许多传染性疾病得到了有效控制，但仍有一些重要器官及全身性疾病影响着青少年的生长发育，常见的有慢性消化道疾患、寄生虫病、地方病（如甲状腺肿）、先天性疾病、内分泌疾病、遗传性疾病及哮喘、结核病等。

4. 环境污染

环境污染不仅可以影响青少年的健康，引发各种疾病，而且会明显阻抑其正常发育进程。如铅、汞等污染物可影响青少年智力的发育，氮氧化物、尘粒等可引起上呼吸道疾病。黄皓、王家林指出，学生身高、体重、肺活量、收缩压、舒张压与环境污染物的关联顺序基本相同，按其关联程度的大小依次为工业废水或废气中的烟尘，废气中二氧化硫的含量，废气、工业废渣和废水中的铅含量。

第二节 心理系统及其对青春期与青年期的影响

一、思维的发展

（一）形式运算思维

形式运算思维在皮亚杰的认知发展理论中属于第四个阶段，是对命题之间的意义联系进行思考的运算。有了形式运算能力就能够进行抽象的逻辑思维，运用符号逻辑进行命题运算。个体进入青春期后，思维从具体运算过渡到形式运算，智力就发展到了一个较为成熟的阶段，青年期及以后的发展仅仅是经验和知识的增加，思维方式不再有质的变化。

在形式运算阶段，青少年能够在头脑中把事物的形式和内容分开，可以离开具体事物,超出事物的具体内容或具体感知,根据假设来进行逻辑推理,进行更为抽象的思维。与具体运算相比,二者主要有以下几个方面的差异。

1. 思维范围的扩大

具体运算思维有较大的局限性,处于具体运算阶段的儿童只能把逻辑运算应用到具体的事物上,他们对事物性质和关系的思考离不开当时情境中的具体事物,思维的对象局限于现实所提供的范围。而形式运算的思维范围突破了具体心理运算的界限,能将逻辑运算运用于纯粹用言语表达的假设的问题中,思维的范围扩大了。这意味着青少年能够更快更多地探索未知领域,因为更强的分类技能和概念形成能力使得他们可以储存更多的信息,使其恢复、修正的速度更快。

2. 概括能力的加强

具体运算阶段的儿童的抽象概括能力有了较快的发展,但受知识经验和认知水平的限制,他们不能充分利用事物的所有特征进行概括。而青少年的概括能力则大大加强,能够超越具体的内容,把同样的逻辑过程运用于其他相近问题的分析和解决中。但沃森认为,概括的效果并没有皮亚杰等所认为的那么显著;某一情境的特征和任务的特别要求也是成功解决问题所必需的推理方法的强大决定因素,即随着推理能力的发展,内容越来越成为形式和方法的附庸。

3. 创造力的增强

创造力的增强是指把心理运算结合到更高级的联合结构中去的能力。当青少年在具体解决问题的过程中,依靠以前学习过的知识和理论,不能直接解决问题时,能够在已有知识经验的基础上,经过独立的分析综合,把已经掌握的推理方法结合起来,组成皮亚杰称之为"总体结构"的新的更有意义的单位。

(二)青少年思维的特点

与儿童的思维方式相比,基廷(Keating)提出青少年的思维有如下特点。

1. 对可能发生事物的思考

儿童可以对他们直接观察到的事物进行推理,即把现实性放在首位;而对青少年来说,现实性和可能性这两个范畴的比重发生了变化,他们能够思考现实中并不存在的、未来的事物,或者是有可能发生但实际上没有发生的事物。

2. 提前计划性思维

有了对"可能性"事物思考的能力之后,青少年开始思考他们今后的人生了,会时时向自己提问——"我从哪里来,我要到哪里去"、"我长大后会干什么"等问题。同时,在解决问题和进行思考的时候,会突显整体性的特征,能事前作出一个完整的计划。

3. 善于提出假设并进行检验

青少年在解决问题时,倾向于先提出各种假设,然后运用逻辑思维和实验的方法去检验每一个假设,根据检验结果确定最佳答案。

4. 反省思维

青少年对自己思维过程的思维即反省思维的能力也逐渐提高。思维活动中的自我意识成分增多，能对自己的思维活动进行自我监控和调节，为不断改进和提高思维策略奠定了基础。

5. 创造性思维

创造性思维在10～11岁就开始萌芽了，并随着年龄和知识经验的不断增长而增长，到青少年时期增长速度加快，成为人生创造性思维的关键时期。一般来说，青春期个体的聚合思维多于发散思维，青年期个体的发散思维多于聚合思维，并都随着年龄的增长而提高。

（三）思维发展的性别差异

男女青少年在思维能力发展上存在着一定差异，主要表现在思维能力的发展特色上具有不平衡性。有研究表明，早期男孩的空间思维和数学能力与女孩的语言能力方面的某些差异在青春期呈现扩大趋势，对此的解释是大脑单侧化或特殊化发展时间的不同。

国外学者的系列研究显示，女性青少年由于其社会化模式的结果，更易于显示出社会关系领域的形式推理能力，因此人际关系推理成为女性自我发展的主要方面，而物理-数学推理则成为男性青少年思维发展的环节。我国学者（林崇德等，1990）也作了相关研究，得出的结论是：在归纳推理的发展水平上男女生没有显著差异，但是在演绎推理的发展上，男生明显优于女生；在逻辑法则运用能力方面，女生明显优于男生。在形式逻辑思维的推理能力上，男生思维呈两极型，女生思维发展则较均衡；在辩证逻辑思维方面，男女生发展水平没有显著差异，表现为同步发展的状态。

二、青少年的自我中心主义

青少年这一时期的自我中心主义主要表现为一种过于膨胀的自我意识状态，似乎自己是世人瞩目的焦点，他们十分关心自己的外表及内心。此外，他们对权威，如教师、父母充满了批评，自己却不愿意接受批判。埃尔凯德提出，青少年自我中心主义主要包括两个维度，即假想观众（imaginary audience）与个人传奇（personal fable）。

1. 假想观众

假想观众是指青少年觉得自己的一举一动都吸引着大众的目光，其他人，特别是同伴一直在关注他们，并且对他们的各种想法和行为会作出评价。青少年尤其担心自己的外貌特征与身体变化，因此会花费大量的时间与精力装扮自己，以增强吸引力或掩饰不足。当他们感到自责时，便感到别人也在责备自己，因此常有双重的内疚感。在公众场合中，他们会感到无数双眼睛在监督自己，因而常常感到手足无措。他们也常常将自己的是非观、审美观与别人的混淆起来,认为自己认为美的,别人也应该喜欢;自己认为正确的,别人也应该接受。埃尔凯德认为这是青少年初期自我意识过于高涨而造成的。假想观众使得青少年必须时刻保持警觉以避免作出任何可能导致尴尬、嘲笑或拒绝的行为,在真实的和假想的情境中去预期他人反应,因此他们常会有焦虑、不安、自信心不足的情况。不过到了青春期的中后期,假想观众逐渐被真实观众取代,青少年的自我概念也从不稳定的外部特征向稳定的内部特质转变。

2. 个人传奇

青少年常常将别人如此关注他们的原因解释为自身的"与众不同"。因此他们常常将思想集中于自己的情感上,常常过度夸大自己思想、情感、主观体验及经历的独特性与唯一性,这就是所谓的"个人传奇"。埃尔凯德把个人传奇划分为三个主要成分:独一无二、无懈可击、无所不能。这些使他们在分析事物、评价事物时带有强烈的主观性色彩,他们会依照自己的意愿,创造出一套独立的推理体系,并试图按照自己的推理模式对现实中的一切进行分析。他们经常强调只有他们自己才能感受到那种极度的痛苦与极度的欢喜,经常强调:"你们怎么会了解我的感受呢?"因而个人传奇有助于解释青少年与成人之间的冲突,以及某些自毁行为或高风险行为。正因为青少年往往夸大自己对危险的防御能力,以及过分强调自我价值和自我意识,认为糟糕的事情不会发生在自己身上,所以他们常常明知有危险也不管不顾。

在青春期,这种自我中心比较明显,这与他们当时所具有的身心特点紧密联系。随着思维的发展,他们会逐渐区分出自己与他人思想上关注点的不同,认识到自己的主观意见与现实之间的差异,更好地掌握分析问题的客观标准,自我中心主义逐渐削弱。

三、情绪的发展

(一)情绪理论

1. 早期理论

早期理论对情绪的产生较为关注,侧重于研究情绪的生物机制及最基本的原始情绪形式。这些学者都认为,在儿童出生时就已经具备了一定的基本情绪反应能力,情绪的产生与儿童的神经生理结构尤其是大脑的功能联系紧密。

(1)詹姆斯-兰格情绪理论。美国心理学家詹姆斯提出"反常识"理论,认为情绪并不是因为外部刺激而引起,而是身体的生理变化的结果,具体来说就是内脏器官和骨骼肌活动在脑内引起的感觉。比如人开心地笑,是因为笑而开心,而不是开心才笑。丹麦生理学家兰格也提出类似的看法,他强调血液系统在情绪发生中的主导作用。总体来说,他们把情绪的产生归因为身体外周活动的变化,情绪刺激引起身体的生理反应,而生理反应进一步导致情绪体验的产生。

(2) 坎农-巴德情绪理论。美国生理学家坎农及其学生巴德反对詹姆斯-兰格情绪理论,主张情绪产生的机制在于中枢神经系统丘脑的生理过程的激活与传递,继而提出丘脑学说,认为由外界刺激引起的感觉器官的神经冲动,通过内导神经传至丘脑,再由丘脑同时向上下传递。向上传递至大脑产生情绪的主观体验,向下传递引起机体的生理应激状态。由此,情绪体验和生理变化应该是同时发生的。

2. 认知理论

认知理论强调情绪的发展以认知能力的提高为前提,情绪产生是受到环境事件(刺激因素)、生理状态(生物因素)和认知过程(认知因素)三个条件的影响,其中认知过程是决定情绪性质的关键性因素。认知协调就会产生愉快、肯定的情绪体验,认知不协调则会导致痛苦否定的情绪体验。

(1) 沙克特的情绪归因理论。美国心理学家沙克特从情绪产生的角度入手,强调生理唤醒与认知评价之间的紧密联系及相互作用决定着情绪。该理论提出,如果个体在生理上被唤醒但不能解释其原因,那么他会根据认知来称呼这个状态并对其进行反应;如果个体对同一种生理唤醒状态常体验到同一种认知,那么他会把这种感觉称为情绪。

(2) 阿诺德-拉扎勒斯的情绪认知评价理论。美国心理学家阿诺德认为,情绪刺激本身并不能决定情绪的性质,必须要通过认知评价才能引起一定的情绪,对同一情绪刺激,如果对其评价不同,那么产生的情绪也会不一样。拉扎勒斯进一步发展了认知评价理论,将"评价"扩展为评价、再评价的过程。他认为情绪产生的认知评价过程是由筛选信息、评价、应付冲动、交替活动、身体反应的反馈以及对活动后果的知觉等环节组成的。

3. 动机-分化理论

最早提出动机-分化理论的是加拿大的心理学家布里奇斯。她认为情绪是原始的、未分化的反应,3个月大的婴儿就可以把原始情绪逐渐分化和发展为痛苦和快乐。

美国的伊扎德认为大脑新皮质体积的增加和功能的分化同面部骨骼肌肉系统的分化以及情绪的分化是平行的、同步的,它们都是不断进化的产物,因此,情绪具有多变的社会适应功能。情绪包括神经生理、神经肌肉的表情行为、情感体验这三个子系统,并与情绪系统以外的认知、行为等人格子系统相互作用。认知是情绪产生的一个重要因素,但并不等同于情绪,也不是产生情绪的唯一原因,而只是参与情绪激活与调节过程。

(二) 青少年情绪发展的特点

情绪是一种非常复杂的心理现象,具有多成分、多维度、多种类、多水平等特点。随着自我意识的发展和社会经验的丰富,青少年的情绪表现出了许多新特点

(张文新,2002)。

1. 情绪的表现方式由外在冲动性向内在文饰性转变

青春期情绪的特征之一是容易冲动、爆发快、强度大,而且很不稳定。但另一方面,这种表面情绪表现的强度并不与体验的深度成正比,一种情绪容易被另一种情绪所取代,具有不稳定性。

随着阅历的增长和经验的丰富,以及自我意识的逐渐完善,自我控制和自我调节能力的增强,处在青年期的个体开始走向成熟。主要表现在:开始对冲动的情绪进行克制和忍耐,情绪反应的强烈程度逐渐降低,情绪的表现不再顺从于心理意识,而是服从于社会要求。

2. 情绪持续时间逐渐增长,出现心境化趋势

心境是指比较平静而持久的情绪状态,具有弥漫性特点。心境化,是指情绪反应的时间明显延长,一方面表现为延长反应过程,另一方面表现为延迟作出反应。一般来说,女孩的心境体验比男孩多,男孩较多地体验到振奋的心境,女孩较多地体验到伤感的心境。青春期的个体已经具有心境化的特征,但还不是很稳定持久,一直到青年后期,心境体验才逐渐趋于稳定和持久。

3. 情绪体验的内容更加深刻丰富,社会性情绪占主导地位

随着知识结构的完善、社会经验的丰富及想象力的发展,青少年情绪体验的内容日益广泛,道德感、理智感、美感等社会性情绪逐渐上升到主导地位。另外,伴随着认知能力的发展,青少年的情绪体验变得更深刻、丰富。

4. 情绪的结构更加复杂,表情认知能力得到很大发展

随着抽象思维能力的增强,青少年能够在深刻认知的基础上把不同的情绪成分联结在一起,形成稳定的情绪结构。表情是情绪区别于其他心理过程的独特表现形式,是指各种情绪体验在身体姿势、语言表达及面部上的外在表露,具有非常重要的社会交往功能。表情认知的发展,为青少年使用非语言手段提高社会交往能力创造了条件,也为情绪文饰现象在青少年期的出现提供了可能性。

(三) 情绪管理

青少年时期身心发展不平衡,自身定位的不明,成熟感与幼稚感的冲突,使他们的情绪变得不稳定,对事物容易激动,易产生不安与焦虑,这在一定程度上影响青少年同一性的建立,因此掌握恰当的情绪管理方法对于青少年心理健康有着重要意义。下面浅谈几招情绪调节术。

1. 五招冲破忧郁网

第一招:动——多运动多活动。慢跑、骑自行车、游泳等都能增强自信心,改善情绪,有提高活力的作用。每周坚持体育运动3~4次,每次20分钟即可收效。

第二招:娱——多参加娱乐活动,多放声大笑。心由境生,欢快的情绪必然产生快乐的心境。

第三招：说——把心中的不满说出来。可以找亲人、朋友倾诉，也可以向陌生人诉说，还可以自言自语。

第四招：听——音乐是医治忧郁的良药。可以先听使人忧郁的曲子，3～4 小节之后逐渐改变乐曲，直到与你所需要的情绪相似的曲调，不要一开始就找欢快的曲调。

第五招：吃——吃高蛋白质食物。贝壳类、鱼肉、鸡肉、瘦肉等高蛋白质食物，可以使人振奋起来，食用少量即有效果。

2. 受挫后的心理对策

现实生活中，人人都可能遭遇挫折，当你受到挫折心理失衡时，不妨采用以下几种心理对策。①倾诉法。也叫发泄法，即向他人倾诉自己的心理痛苦。你会在一番倾谈之后收到意想不到的效果。②优势比较法。首先去想想那些比自己受挫更大、困难更多、处境更差的人，从而使失控的情绪趋于平和；接着找出自己的优点并加以强化，从而扩张挫折承受力，增强自信心。③目标法。经过一番分析思考，确立一个新的目标，并开始新的奋斗历程。

3. 控制急躁情绪四步曲

第一步：加强耐性和韧劲的训练。急躁往往和个性密切相关，比较难以克服，可以通过下棋、练习书法、钓鱼、做小手工艺品等方法磨炼自己，慢慢养成习惯。

第二步：事前制订计划。办事之前首先要冷静地思索一番，订出计划，以免毛手毛脚、乱中出错。

第三步：做事时多作自我暗示。可以心中默念"沉着、沉着"、"冷静、冷静"，不断地提醒自己。

第四步：善始善终。虎头蛇尾是急躁者的共性，事情做到一半时，千万不要忘记告诫自己，以免前功尽弃。

4. 巧用"想象"

人生无常，不如意之事十有八九。当你被烦恼、忧伤、不安、紧张等不良情绪包围时，不妨用"想象"化解。想象天——想象蔚蓝的天空，使人宁静爽朗；想象蓝天与草原，令人心旷神怡，舒适豪放；想象蓝天中飘浮着的朵朵白云，有轻松安逸之感。想象地——想象青山幽谷，使人神清气爽；想象甘甜的泉水，使人心平气和；想象桃红柳绿，令人心悦神驰。想象海——想象一望无际的大海，令人心胸开阔；想象大海上自由翱翔的海鸥，令人舒展飘逸；想象在海滨漫步，令人轻松自如。想象事——想象经历过的喜事，欣喜之情油然而生；想象已取得的成就，令人信心百倍。

四、自我同一性的发展

埃里克森提出，青少年期的发展课题就是同一性对同一性扩散。同一性的形成对个体的发展具有重要意义，因为它关系到了过去、现在和未来这一发展的时间维度中青少年对自我的整合。自我同一性的形成代表着青少年个性的获得与建立,代表着个体基本心理结构、价值取向和追求水平的稳定,意味着个体本质体现的连贯性。

(一) 自我同一性的含义

自我同一性是用来说明青少年时期心理发展的关键和人格成熟状态的一个术语,自从埃里克森提出这个重要概念以来,很多学者从不同的角度进行理解,但一般来说,主要涉及三个层面(张日昇,2000)。

(1) 同一性是指在过去、现在和将来中,对"自己是谁"、"自己还是原来的自己"、"自己自身是同一实体的存在"等的主观感觉或意识。它重视主观的意识体验,强调的是内外部的整合及自身内在的不变性和连续性。

(2) 同一性意味着以社会性存在确立的自我,即被社会认可的自己和所确立的自我形象。如"我是学生"等。

(3) 同一性是一种"感觉"。例如"感觉到身体很舒服"、"清楚自己在干什么"。

当这三种自我同一性的意识在自己心中确实产生的时候,称为自我同一性的形成或确立。此时,个体就会形成"忠诚"的美德。忠诚代表一个人有能力按照社会规范生活,履行自己的社会角色与社会义务。尽管一切并非尽善尽美,但忠诚意味着个体能接受现实,并从中找到自己的位置,然后奉献自我,实现自己的价值,在有益于社会的同时也品味生活的真谛。然而,同一性建立的过程是一个混杂着困惑、焦虑、痛苦的过程。埃里克森认为,很多青少年为了逃避这种压力会追求一种"心理延缓偿付期"。心理延缓偿付期是指青少年推迟承担即将面临的成人责任,利用这一时期,探索各种角色和可能性,并检验其是否符合自身需要,经过多次循环往复,才最终决定自己的人生观、价值观、未来的职业等,并确立自我同一性。如果个体难以忍受这一探索过程中的孤独状态,或者听任他人操纵自己的选择,或者回避矛盾,拖延决定,那么最终将会造成同一性涣散或形成消极同一性。同一性涣散是指当没有形成清晰而牢固的自我同一性时,自我处于一种毫无布局的扩散、弥漫状态,个体不知道自己究竟是什么样的人和想要成为怎样的人,也无法正确选择适应社会环境的生活角色,从而不得不推迟树立和实现职业与个人的目标,并且退缩到童年期的幻想和行为中去。而消极同一性则是指个体形成与社会要求相背离的同一性,成为社会不予承认的、反社会的,或社会不能接纳的危险角色(韩晓燕、朱晨海,2009)。

(二) 自我同一性的形成

自我同一性的形成并不是一蹴而就的,把生物变化、认知机能和社会期望融洽地结合在一起,是需要一个过程的。马西亚认为青少年形成、获得同一性要经历早期"解构"、中期"重构"和后期"巩固"三个阶段(张文新,2002)。

1. "解构"阶段

在青少年早期,个体正经历着人生中的新事件:青春期的生物变化,较复杂的思维方式,对自我的重新定义,发展与同伴的新型关系,适应由小学到中学系统的复杂要求等。这些急剧的生物、心理和社会知觉的变化唤起了早期青少年对同一性问题的重要思考,他们开始重新考虑童年期的价值观和身份(Kroger,2000)。因此,研究者常常把青春早期描述为"同一性的解构"。

生物的变化对青少年同一性的发展冲击很大,这一时期青少年的主要任务是要把新的身体形象融合到自己的同一感中去。研究发现,这一整合过程存在着明显的性别差异:一般来说,男孩对身体形象的感知比较积极,因为他们看到的是体形提升和身体力量增长的优势;而女孩对于身体形象的感知则较为消极,因为她们看到的是体重的增加和脂肪的积累。同时,青春生长期的早晚对早期青少年同一性的发展也具有重要意义。有研究表明,与同伴相比,男性的青春生长期越晚,越容易体验到同一性危机;女性的青春生长期越早,越容易经历同一性危机。也就是说,早期青少年的青春期体验在时间上与大多数同伴存在显著差异可能使个体产生同一性危机。

在青少年早期,个体还面临着很多心理任务,比如要从父母以及"重要他人"处分化出自己的兴趣、需要、态度以及品质等。但凯根认为,是否被同龄群体所喜欢和接受成为许多青少年早期重要的同一性问题,即归属的需要和被认可、被支持的感觉是同一性形成的必要条件。这时他们试图从父母的禁令和期望中解放出来,开始寻求家庭以外的渠道来释放自己的能量。

2. "重建"阶段

在青少年早期急剧的生物和认知变化之后,青少年中期的主要任务是调节和巩固这些变化以整合到不断完善的同一性中。如果说青少年早期的个体经历了同一性的毁灭阶段,青少年中期则开始重建同一性,尽力寻求同一性对同一性扩散之间的最佳平衡。

在这个时期,个体开始把他们的生物变化看做是理所当然的事情,并通过运用发展较好的形式运算逻辑想象未来的各种可能性选择。同时,个体开始认真考虑以前所认同的选择和决定,思考关于价值观、道德以及生活的意义等更为广泛、抽象的问题。青少年中期的个体此时面临着形成性别同一性问题,他们要清楚地定义自己是男性还是女性并且把自己的性别同一性整合到个体中,并进行尝试性的职业探索和决策,为成年期需要承担的责任和义务奠定基础。

3. "巩固"阶段

青少年晚期的个体要对童年期形成的重要认同进行筛选并把它们整合到新的同一性结构和自我系统中去。与此同时,他们也在寻找有意义地表达自己以及被社会所认可的方式。

在青少年晚期，个体生长的速度显著下降，生物发育已基本成熟，自我的生物感觉已经稳定。同时，进入到皮亚杰所提出的完全形式运算阶段，出现辩证性思维，对价值观和社会角色的思考更为深入。这一时期，个体出现第二次的个体分离过程和对新型亲密关系的接受(Kroger,2000)。前者产生了更加自主的感觉，个体具有了较高的独立评价、决断以及承担责任的能力；后者包括亲密的友谊关系和恋人关系。这些都在一定程度上促进了个体各方面同一性的形成。

（三）同一性状态的类型

以埃里克森的理论为出发点，心理学家詹姆斯·玛西娅认为可以根据两种特性——危机或承诺来看待同一性问题：存在或缺失。危机是指同一性发展的一个阶段，在这个阶段中，青少年有意识地在多种选择中作出选择。承诺是对一种行动或思想意识过程的心理投资。一名青少年可能在不同的活动之间换来换去，而另一名青少年则完全投入到志愿者工作中。在对青少年开展了深度访谈后，玛西娅提出了青少年同一性发展的四种类型。

(1) 同一性获得(identity achievement)。处于这种同一性阶段的青少年已经成功地探索及思考过他们是谁和自己想做什么的问题。在思考各种选择的危机阶段后，这些青少年已经确定了某一特定同一性。已经达到这种同一性阶段的青少年往往心理最为健康，相比处于其他任何同一性阶段的青少年，他们的成就动机更高，道德推理也更强。

(2) 过早自认(identity foreclosure)。有些青少年还没有经历过对各种选择进行探索的危机阶段就已经形成了同一性。他们接受的是别人为他们作出的最好决定。这种类型中典型的情况是：一个儿子进入家族企业，因为这是他人所期待的；而一个女儿决定成为一名医生也仅仅是因为其母亲就是医生。尽管过早自我认同者并不一定会不开心，但他们往往具有所谓的"刚性力量"：他们是快乐的和自我满足的，他们也有对社会赞许的高度需要，并倾向于成为独裁的个体。

(3) 同一性延缓(moratorium)。虽然处于同一性延缓的青少年在一定程度上探索了各种选择，但他们没有作出承诺。因此，玛西娅认为，尽管他们经常是活跃和有魅力的，也寻求与他人发展亲密关系，但是他们还是表现出较高的焦虑，并体验心理冲突。这一类青少年正在努力解决同一性问题，但只有经过一番努力后才能达到同一性。

(4) 同一性弥散(identity diffusion)。这一类青少年既不探索也不去思考各种选择。他们容易变来变去，倾向于从一件事转到另一件事上。根据玛西娅的说法，当他们似乎无忧无虑的时候，承诺的缺乏损害了他们建立亲密关系的能力。实际上，他们通常表现出社会性退缩。

应当注意的是，有些青少年会在这四种类型中变化。实际上，有些青少年被称为"MAMA"(moratorium—identity achievement—moratorium—identity achievement)循环,在同一性延缓和同一性获得两个状态之间摆来摆去。或者,即使一个认同过早者可能在没怎么积极思考的情况下,就在青春期早期确定了职业道路,但是,他仍可能在后来重新评价这个选择,并作出更主动的选择。因此,对于某些个体来说,同一性可能在过了青春期之后才得以形成。然而,对于大多数人而言,同一性形成于20岁左右。

(四)自我同一性确立失败的影响因素

同一性的形成对个体的发展具有重要意义,如果不能形成内在的、实体的同一性,那么就不可能有稳定的自我形象,会影响到健康人格的建立。因此,对导致自我同一性确立失败的影响因素进行分析是非常有必要的。总体来说,影响自我同一性形成的因素分主观和客观两个方面(张日昇,2001)。

1. 主观方面

(1)青少年自我意识中的矛盾。主要表现为两个方面:主观我与客观我的矛盾;理想我与现实我的矛盾。主观我是个人对自己的认识和评价,客观我是客观而真实的自我存在。二者会处于一种不一致的状态,这种不一致可能是自我膨胀,也可能是过度自卑。理想我是现实我通过努力可以达到的一种境界,现实我是自我的目前状态,理想我与现实我是有一定距离的。如果没有处理好两者的关系,自我同一性就会长期处于扩散状态。

(2)青少年对自我与社会关系认识上的偏差。当青少年感到自己从属于某一个社会或集团时,他接受自己所属社会或集团的价值观念,可以容忍社会的一些不足。他了解社会的期望,并按照一定的社会角色规范去行事,在社会中找到自己的位置,并感受到自己的存在是有意义和有价值的。如果青少年不能正确认识自我与社会的这种连带关系,或没有获得适应社会应具备的知识与技能,就会给他的同一性的确立带来困难。这可能表现为:过高地期待社会,希望社会能按自己的愿望存在;不能接受正常的社会规范的约束而肆意行事;对现存的某些社会现象无法容忍而采取一些极端的方式加以反抗或彻底逃避。这样的青少年,思想上很偏激,很可能发生人际交往障碍、逃学、攻击、厌世等行为。

2. 客观方面

(1)家庭。亲子关系对自我同一性的形成有重要影响。父母与子女之间有开放的交流和民主的气氛会有利于青少年正确认识自我,对有关自我的发展进行思索,自主地选择自我的发展道路。相反,父母对子女过于溺爱或滥用权威,都不利于青少年自我同一性的确立,可能使青少年长期处于早期完成状态或扩散状态。另外,父母的期望也会对个体自我同一性的确立造成影响,过高的期望会给孩子带来心理上的压力,使孩子感觉"我无论如何也无法成为他们所期望的那样的人",这在客观上剥夺了青少年在确立自我同一性过程中的"试行错误"。还有一种不当的期望,即父母的期望不符合孩子成长的要求或发展愿望,导致个体可能会选择消极自我同一性。

（2）学校。我国的教育长期以来以"应试"为中心，无休止的"应试战争"，对学生统一要求和一味追求升学率，再加上作业负担沉重，学生失去思考的时间，个性发展的空间受到限制，也剥夺了青少年自我探索的机会。同时，学校是青少年人际交往最主要的途径，如果青少年在家庭尤其是在学校集体中找不到归属感，他们就会向校外寻找这种归属感。结果，很容易选择消极同一性，从而出现问题并给社会带来危害。

第三节 社会系统及其对青春期与青年期的影响

一、青少年社会化的特点

青年期个体的社会化发展比儿童期更为进步，他们参与社会活动的机会比较多，依赖家庭的情况越来越少，仅仅是经济上需要父母亲负担。随着年龄的增加，与家庭的互动会减弱，与同伴和社会的联系逐渐加强，会获得一些社会经验。这个时期青少年社会化的特点如下。

1. 摆脱依附，力求独立

青少年会要求获得自己在家庭中的独立自主地位，以及其他成员对自己的尊重，任何对他们的溺爱、包办都会引起他们的反感和反抗。为了显示自己有独立的能力，在这一时期，青少年通常会与同伴关系较亲密，而与家庭关系较疏远，当他们有问题时倾向于与同伴商议，而不是向家长请教。

2. 积极参与社会生活

青少年的社会交往范围不仅仅限于家庭和学校，在进入高中和大学后，他们会主动寻找参与社会生活的机会。例如参与社会活动、娱乐休闲活动，代表学校参加各项比赛等。由于社会参与的增加，青少年可以获得不少社会经验及相关才能。

3. 沟通及表达能力的增强

随着社会参与度的增加，许多青少年获得了锻炼的机会，从前只能和同龄群体沟通，见到陌生人或不同年龄的人就没有话题。进入青年期后，青年社会交往的空间范围扩大，与中老年群体的交往频率增加，这种新的变化促使青年不断地发展自我表达能力，增强了与他人的沟通能力。

4. 社会化发展不良的情况有所增加

有的青少年对同伴的不良习惯和行为辨别不清，或好奇模仿，容易越轨甚至犯罪。有的青少年只知道从书本上学习知识，完全没有社会参与，导致在人际交往以及将来的就业、婚姻上出现障碍。

二、青少年期的社会关系

与儿童期相比,青少年受家庭的影响相对减少,同伴和学校的影响越来越大,并且随着生理系统的发展,与异性交往开始增多。

(一) 与父母的关系

1. 亲子关系格局

随着青春期的到来,青少年的身心发生了急剧变化,他们开始有独立意识、寻求自主,思维的批判性和逻辑性也越来越强,他们与父母的关系也开始发生变化。这一时期是青少年摆脱对父母与家庭的依赖,追求独立的时期。在这一过程中,他们常常以审视和质疑的眼光看待甚至公开反对父母权威,表现出各种各样的"反叛"行为,反对父母的过多干涉,从而导致原有的亲子关系格局被打破,进入由父母居支配地位的单向权威模式向亲子双方居于相对平等地位的双向权威模式的转变阶段。虽然青少年希望自己"心理断乳",即摆脱对父母的依赖,但另一方面,青少年尚未完全成熟和获得经济独立,父母仍然是他们寻求帮助和建议,获得情感满足的重要来源。

2. 与父母的冲突

在这一独立与依赖的阶段,青少年与父母之间的冲突增加。一方面是因为青少年的身心发展,使他们乐于争辩和过分自信,开始带着质疑、批判的眼光看待他人的观点。另一方面是因为亲子关系的变化,父母试图维持自己的权威,而子女对父母正在经历"去权威化"、"去理想化"的过程,父母不再是任何事情的权威。因此,作为父母应该正确看待孩子的反叛行为,将其视为一种成长的表现,调整与子女相处的模式,以尊重、平等的眼光看待他们,既维持良好的亲密关系,同时在行为、思想和情感上给予他们更多的独立性与自主性,并在重大问题上给予及时、恰当的引导。

3. 逆向社会化

在现代社会,信息日新月异,社会急剧变迁,亲子两代的适应能力不同,父母往往跟不上快速的技术变迁与文化转型,而子女对新事物的理解和吸收速度较快。尤其是在互联网、通信工具、娱乐方式等方面,许多新概念和新东西先在青少年群体中流行开来,然后再通过他们传递给父辈。于是出现了逆向社会化,即晚辈将文化规范和知识传授给长辈。这种现象的出现,在一定程度上改变了家庭社会成员之间的关系和结构,年轻一代在家庭中的地位和决策权提高,同时父母对快速变化的社会的适应能力也得到提高,有利于缩小"代沟",形成良好的亲子关系(汪新建,2008)。

(二) 与同伴群体的关系

美国学者哈里斯认为,儿童长大之后,家庭外的行为系统逐渐取代和超越家庭内的行为系统,成为个体人格后天习得的重要部分。青少年在清醒时有一半时间是和其同伴一起度过的,由此可见,同伴关系是青少年成长中关键的环境因素。

1. 青少年时期的同伴关系特点

与儿童期相比,青春期青少年的朋友圈子缩小,但是亲密性和相互支持加强。他们选择与自己相像,有共同兴趣,并且能够彼此分享内心世界的人交朋友,重视相互忠诚和沟通。在性别差异上,男孩的朋友较多,但朋友之间较少有情绪上的依赖;女孩的朋友则更亲密、更知心。由于青少年认知能力的发展,他们对于自我与他人的认知进一步深化,因此更愿意表达自己的感受,同时能够从他人的立场考虑问题(韩晓燕、朱晨海,2009)。

2. 同伴关系的重要性

(1)社会比较。青少年互相提供机会来比较和评价意见、能力,甚至生理变化。因为青春期的生理和认知变化是这个年龄阶段所特有的变化,同时变化非常显著,尤其是在发育期早期,因此他们求助于其他有共同经验的个体,最终让他们自己理解这些经验。

(2)参照群体。参照群体是个体用来与自己进行比较的一群人。青春期是一个尝试新的同一性、角色和行为的实验期。同伴可以作为参照群体提供有关最容易被接受的角色和行为信息。因此参照群体为青少年提供了判断其能力和社会成功程度的系列规范或标准。

(3)归属于一个群体。从朋辈群体中获得支持是青少年追求独立性的一个重要反映。在朋辈群体中,他们感觉更自在,更愿意彼此表达爱与被爱,感受自尊与被尊重,享受友情,在团体中形成价值感与归属感,并体验成长。

(三)与异性交往

随着生理发展,青少年时期的男女进入发育期,开始在个性和性方面对异性产生兴趣,他们逐渐热衷于结交异性朋友,增加与异性交往,并与一些异性形成亲密关系。沃建中等对11743名中学生的调查发现,中学生的异性交往水平总体上随年级升高而呈上升趋势,并且与异性同伴关系好于与同性同伴关系;各年级女生与异性同伴关系好于男生。从心理学的角度看,异性关系的发展能够有效地促进个体的自我发展,增进心理健康,增进友谊并为以后获得成熟爱情积累经验等。但也存在一些问题,其中突出表现在早恋问题上,目前这一问题出现低龄化、普遍化趋势。一份对423名有恋爱经历者的调查显示,其初恋年龄最小的仅12岁,18岁以下开始体验初恋感受的约占30%,平均初恋年龄为18.7岁。与之相对应的是,由于缺乏异性交往经验和结婚准备,初恋的成功率很低,只有16%后来还维持着恋爱关系(徐安琪、李煜,2004)。

早恋对于青少年的成长会形成一些负面影响,主要是由于处理不当而对学业和身心健康产生不利影响。首先,初涉爱河的少男少女的爱情,常常带有朦胧性、单纯性、不稳定性,他们难以摆正爱情在生活中的位置,不能用理智去支配感情,故而在恋爱中常常陷入神魂颠倒、胡思乱想的境地,难以在学习上做到聚精会神,从而导致学习成绩下滑。其次,周围环境(学校、家庭)对青少年恋爱的否定、反对,会加重他们的思想负担、精神压力。再次,恋爱使他们局限于二人世界,阻碍了和同学的交往,不利于建立社会支持网络。还有极少数人由于堕入爱河过深,未婚早孕,有可能造成终生痛苦,贻误自己的前程。

但是,恋爱如果处理得当也会给其身心发展带来好处。例如可以向异性朋友倾诉生活中的烦恼,有利于释放心理压力,满足被尊重及归属感;通过与异性朋友交往学会处理感情,慢慢懂得对感情负责;同时能够在学业上互相帮助,共同进步和提高。因此对早恋问题要结合实际情况,采取恰当措施进行引导,让其转化为青少年进步的动力,而不是一味地予以反对和否定(汪新建,2008)。

第四节　青春期与青年期相关问题

一、青少年的性行为

1. 青少年性行为的现状

随着物质生活水平的逐渐提高,青少年的青春生长期也在日益提前。与此同时,网络、光碟、影视等各种媒体为他们获取性信息提供了更为便捷的渠道,导致青少年性观念的改变和性行为的增加。

在不同的地区和国家,青少年有性行为的比例从5%~60%不等,但总体上说,这一比例呈现出增长趋势。美国有性行为的青年人中,4/5 的人第一次性行为发生在青少年时期,且年龄显著降低:1953 年 15 岁女孩中 3% 有过性经历,18 岁以下女孩中 14% 有过性经历;而 1990 年美国疾病预防控制中心的数据表明,2/3 的男孩和半数的女孩 17 岁以前已有性经历。2002 年美国疾病控制和预防中心的报告显示,青少年的性行为不仅没有减少,还呈现低龄化的特点,几乎有 1/10 的男孩或女孩在 13 岁以前就有了第一次性体验,这比 1997 年增加了 15%(赵海翔、陶建荣,2003)。

瑞典的研究发现,近半数的男孩和半数以上的女孩 16 岁时已有性经历。1996 年瑞士的 Francoise 进行的一项对 423134 名中学生所做的调查结果显示,44% 的女学生已有性经历,这一比例从 15 岁时的 27% 上升到 20 岁时的 74%。按联合国艾滋病规划署 1997 年的报告,瑞典 15 岁青少年有性行为者达 69%,丹麦为 38%,英国初次性行为的中位年龄为 17 岁,美国平均为 15.95 岁,瑞典为 16.8 岁。

在我国,由于社会开放、经济发展等各方面的原因,青少年的性行为数量也在增加。李爱兰等人于2000年对北京市1581名大学生所进行的性观念调查显示，有半数以上的学生认为婚前性行为是可以接受的，在被调查的学生中，男孩有15%、女孩有13%有过性行为。根据余小鸣等2002年对北京和天津两市7个城区的10所共2531名中学生所做的调查结果显示，中学生性行为发生率为2.73%，其中男生性行为的发生率为3.83%，女生为1.70%。这些数据说明，中国青少年的性行为与其他国家一样值得关注。

2. 青少年性行为带来的问题

（1）怀孕。在美国每年有100万名女性青少年怀孕，这一数字占15～19岁女性青少年总数的10%，占有性经历的女性青少年的19%。与美国的女性青少年怀孕率相比，欧洲的女性青少年怀孕率相对较低。在英格兰和威尔士，女性青少年怀孕率为65‰，在法国和荷兰这一数字分别为43‰和14‰。但1990－1996年，美国女性青少年怀孕率在不断降低，从117‰降低到97‰，1999年这一数字为95‰。这一现象的产生，20%是由于青少年的性行为有所减少，80%是由于青少年更多地采用了避孕措施。发展中国家女性青少年怀孕的比例则更高，如牙买加有40%的女性青少年在20岁前至少怀孕过一次（王瑛、吴擢春，2002）。

（2）流产。由于学校、家长对子女性教育和引导的匮乏，意外妊娠问题成为严重的社会问题，尤其是女性青少年的意外妊娠问题，更是人们关注的焦点。据报道，全世界处于15～24岁的青少年有10亿，其中中国有2亿。在全球范围内，进行流产的人中有50%是青少年，平均每分钟有10名少女进行不安全流产。如果卫生条件不好、提供流产的人不是医务人员的话，流产很可能会带来疾病、感染、不育甚至死亡。有数据显示，对于15岁以下的少女，因为生育和怀孕引发并发症的死亡危险是25岁以上年轻妇女的25倍。

（3）未婚妈妈。在怀孕后，并不是所有的女性青少年都会选择流产，有的也会当未婚妈妈。在美国，每年就有100多万名少女怀孕，其中有50%选择生育。美国每年用于解决少女生育的经费高达70亿美元。而在英国，每14个新生儿中，就有一个是由未成年少女所生。据统计，在全球范围内，15～19岁少女生育孩子的数量已占年出生总人口的10%以上（肖扬，2004）。由于这些年轻妈妈在生理上还不是生育的最佳时机，因此在诸如婴儿夭折、智力迟钝、失明、癫痫等方面要面临更大的危险。此外，未婚妈妈会因为生育而错过正常的求学期，继而在孩子出生后的学习、就业、生活等方面发生困难，对孩子的照顾、抚养和教育也会力不从心。

3. 对策

面对青少年性观念的开放、性行为的增加，以及由此带来的一系列经济社会问题，要想实现青少年的全面发展，青春期性教育是不可或缺的重要环节。

近年来，国际上通常采用的青春期性教育方法和比较成功的模式主要包括：欧洲瑞典的早期学校性教育，源于澳大利亚并流行于美英等国的"同伴教育"，以及联合国艾滋病规划署倡导的"ABC"(A:避免婚前性行为。B:对配偶或一个性伴侣保持忠贞、不搞性乱。C:正确使用安全套)性教育活动等。

瑞典是世界上最早开设性教育课程的国家之一,从1942年开始对7岁以上的少年儿童进行性教育。教师采用启发式、参与式和游戏式的教学方法,生动活泼。性教育课程的内容是在小学传授妊娠与生育知识,中学讲授生理与身体机能知识,到大学则把重点放在恋爱、避孕与人际关系处理上。1966年,瑞典又尝试通过电视实施性教育,打破了家长难以启齿谈"性"的局面。事实证明,瑞典的性教育和咨询活动成效显著,在1991—1996年的5年间,15~19岁青少年的艾滋病感染率下降了32.4%,淋病和梅毒的感染率也分别下降了65.8%和55.9%。

目前,在一些国家较为流行的"同伴教育",是利用朋友同辈间的影响力,通过发展青少年的自我教育和自助群体,抵御来自社会和媒介的消极影响。这一方式改变了青春期性教育中传统教育者(教师、家长)与受教育者之间的沟通障碍。由于教育的双方都是青少年,具有更多的共同语言和"经验范围",有利于坦诚平等地交流。"同伴教育"的内容是融生物学、社会学和心理学知识为一体的系列模式,每个模式又由讲课、讨论、游戏、讲故事、知识竞赛等多种形式组成,并配合多种传播载体和实物模型,既生动又有效。目前,这一方法已引入我国和亚洲、南美的一些国家。根据WHO(世界卫生组织)等对国际上50个相关研究的回顾分析,证实开展性健康教育可以达到推迟性行为年龄、减少青少年性病和意外妊娠的目的。

二、青少年网络成瘾

随着互联网技术的发展,青少年网民的数量不断增长。网络对于青少年的社会化具有一定的促进作用,有利于扩大青少年的交往空间;同时方便了青少年掌握社会最新信息,了解社会发展动态。但网络不可避免地带来了一些负面影响,网络中低俗信息的泛滥妨碍青少年健康成长,更有甚者,一部分青少年沉迷于网络,无限制地使用网络,严重妨碍了正常的生活和学习,对其身心健康造成一定损害。美国心理学家将这种无限制地使用网络的现象称为"网络成瘾"。网络成瘾的一般定义是,由重复地使用网络所导致的一种慢性或周期性的着迷状态,并产生难以抗拒的再度适应的愿望。世界卫生组织对青少年网络成瘾的定义为:青少年网络成瘾是青少年由于过度使用网络而导致的一种慢性的或者周期性的着迷状态,并产生难以抗拒的再度使用欲望;同时会产生想要增加使用时间、耐受性提高、出现戒断反应等现象,对于上网带来的快感会一直存在心理与生理上的依赖。

1. 青少年网络成瘾的现状与特点

根据我国互联网络信息中心于2012年7月发布的《中国互联网络发展状况统计报告》,截至2012年6月底,我国的网民总数为5.38亿,其中年龄结构中比重最大的群体是20~29岁,比重为30.2%;其次是10~19岁,比重为25.4%。网民向低学历人群扩散的趋势继续保持,小学及以下、初中学历人群占比均有上升,其中初中学历人群升幅较为明显,由35.7%上升到37.5%。《2011年中国网络青少年网瘾调查数据报告》显示,2011年我国青少年网瘾的比例高达26%,网瘾倾向比例高达12%。

最新调查显示,我国青少年网瘾群体主要三大特点。①男性略高于女性。男性成瘾网民高于女性成瘾网民近8%,男生为27.6%,女生为19.9%。主要因为男性更倾向于利用网络来宣泄心中的负面情绪,更容易被网络上的新鲜事物吸引。②中专以下学历的青少年网瘾现象严重。这些学生群体的学习课业压力较轻,相比而言在学校及家庭的监管力度弱,学生自身有很多的可支配时间,加上自制能力较差,使他们占据了青少年网瘾群体的较大部分。③网瘾现象分布广泛,与地理位置和经济因素无关。东部地区青少年网民中网瘾比略高于中部和西部,因此网瘾和经济发展的程度相关性较弱,只要有网络的地方就有可能出现青少年网瘾现象。

2. 青少年网络成瘾的原因

(1) 个体原因。自制能力欠缺、认知能力有限是青少年网络成瘾的主观原因。青少年所处的时期是令人产生遐想的美好时期,这一时期求知欲旺盛,对新事物好奇且接受能力强,开始独立并寻求自我,渴望自我实现、友谊和交流,而自控能力和认知能力较弱。互联网的开放性与互动性给他们提供了一个可以满足猎奇心理的条件。正是由于这些特点,加上现在激烈的竞争压力,他们的自我实现、人际交往、社会支持等各种需求强烈,在虚拟的网络世界里,他们可以不受任何拘束来表达、展现自我,获得自我成就感比现实世界来得更容易,在这里可以忘记现实中的一切,以减轻心中的压力和成就他们的自我满足感。

(2) 家庭原因。不良的家庭关系,父母教育方式不恰当,过分关注孩子的成绩,过分限制孩子的自由,过高的期望,缺乏家庭沟通,忽视孩子的情感需求等,导致青少年在现实生活中得不到感情满足,从而使青少年到网络中去寻求现实中得不到的东西。

(3) 社会因素。社会文化的进步、科技不断发展、人际关系越来越复杂、生活方式的改变都使得自我评价在长期的积累下不断降低。网络的特殊性使得在压力环境下的人寻求一种新的生活乃至生存方式。另一方面,相关部门对网吧监管不严。虽然相关的法律法规不断完善,但行政监督管理执行力度不强,社会上的"黑网吧"仍广泛存在,为青少年网络成瘾提供了便利场所。

3. 青少年网络成瘾的干预

对青少年网络成瘾,首先,应当采取以预防为主的整体性矫治措施。①引导青少年正确看待网络,使用时要扬长避短,尽量减少其负面效应,特别是不可沉溺于网上娱乐。②学校应该发挥教育作用,正确引导青少年使用网络。要引导青少年加强对电脑、网络知识的系统学习,把网络作为知识的来源和学习的手段。此外,要加强对青少年上网本身的心理健康教育,端正其上网动机,要教会青少年克制自己,抵御各种诱惑。同时丰富校园文化生活,适当开展有利于学生心智发展的娱乐活动,大力组织学生活动,发展学生社团,通过各种活动展示自己,发挥特长、塑造良好自我,获得较完全的道德观念。③加强网站和网吧的监督与管理。政府有关部门应加强对营业性网吧的监察和管理,取缔非法经营,严格控制网吧的数量和法人资格,严禁网吧传播色情、暴力和赌博等信息,对于非法传播不健康信息的网吧要坚决取缔。其次,要重视对网络成瘾青少年的心理治疗和家庭治疗。①帮助青少年认清网络成瘾的原因及危害,帮助他们认清自身的需要,发现满足自己心理需要的其他途径,并给予有针对性的指导,从而引导他们摆正网络的位置,改善上网的心态。②给予相应的现实生活方面的心理指导,如学习人际交往、心理学等方面的知识,帮助他们以健康、科学的态度融入和适应现实生活与社会。③改善家庭关系,营造温馨的家庭氛围,加强家庭沟通,改变不当的教育方式,满足青少年的被尊重需求和情感需求。

三、青少年药物滥用问题

药物滥用是一种规律性或过量使用药物的行为,这里所说的药物不是日常生活中所理解的"能防治疾病、病虫害等的物质",而应该看做是一种能让人养成习惯去使用它的物质,并且这种物质会影响人们的大脑及神经系统。吸毒是最为人熟知的药物滥用的一种,在生活中还存在多种被忽视的药物滥用类型,如对烟草、酒精的迷恋等。

1. 药物滥用的有关理论

(1) 失范理论。"失范"这个概念最早是由迪尔凯姆提出来的,默顿从功能主义的观点出发,用这个概念来解释偏差行为。所谓失范是指一套被接受的行为标准被破坏了。默顿认为,在一个理想的社会中,所有的成员都可以用社会所认可的手段来获取社会所提倡的目标,但现实之中,社会往往没有办法为所有的社会成员提供正常途径去达到理想目标,而个人就会用偏差的方法达到社会所认可的目标,造成官方所认可的目标同达到这些目标的合法的制度化的手段之间的断裂,于是就出现了失范。把这个理论用在药物滥用上,会发现如果个人所要达到的目标受阻时,他们会迫使自己大量饮酒或使用其他药物来缓解自己的挫折感,从中得到解脱,避免面对失败感;或者使用一些使自己感到兴奋的药品,希望能使自己体验到成功的快乐。

(2) 标签理论。标签理论是由库利、戈夫曼、贝克尔等学者发展出来的。以标签理论的观点来看药物滥用,是由于偶尔使用者被贴上了"药物滥用"的标签。因为使用者沉迷于其他人并不赞同的药物,比如酗酒、吸食大麻等,但是这些使用者并不认为自己是药物滥用者,不承认自己的行为和其他人有什么不同,可是如果使用者一旦被"重要他人"如父母、警察、教师等所发现,并且被公然贴上"酒鬼、瘾君子"的标签时,他们会加倍谨慎小心,掩藏自己的喜好和行为。在众目睽睽之下,如果他们被发现仍然继续使用药物,那就会实实在在被认定为瘾君子。这个理论主张可借由避免贴上标签来降低药物滥用的情形,即不要给偶尔使用者贴上标签,就可避免他们成为真正的药物滥用者(Charles Zastrow,1998)。

(3)差异交往理论。差异交往理论是由萨瑟兰提出的。他强调行为是后天学习的结果,通过与亲密他人和首属团体的互动交往,学习互动中所产生的价值及行为。将差异交往理论运用到药物滥用上,可以认为人们之所以会学习及使用药物,是因为生活中关系密切的小团体间互相影响而造成的。这些相关的亲密小团体包括家庭、邻里伙伴、宗教团体、社会团体等。

2. 青少年药物滥用的危险因素

导致青少年药物滥用的因素很多,它们之间是相互作用、相互依赖的(陈科文,2000)。

(1)生物遗传因素。目前的研究成果对青少年药物滥用中的生物遗传因素还缺乏系统的论证,但有许多文献提出了遗传因素决定酒精依赖的证据。对双生子和寄养子的研究表明,酒精的滥用有一定的遗传性,并且不同的滥用方式导致其遗传结果不同。酗酒者之子的脑电波与非酗酒者之子不同,与对照组相比,酒精依赖者之子有更多的上体摇摆和更差的记忆、语言、精神运动技能。对药物滥用进行的大规模流行病学研究也发现,在怀孕期间吸烟的母亲所生女孩吸烟的可能性比在怀孕期间不吸烟的母亲所生女孩大3倍。对寄养子的纵向跟踪研究表明,父母的酒精滥用可能通过两种途径影响后代:一种是酒精依赖性的直接生物遗传,另一种是亲子之间有与酒精依赖和药物使用有关的共同的气质和性格。然而,Dusenbury等人指出,遗传易感性与环境因素需要相互作用才能显现,因而生物因素可能不是导致青少年药物滥用的决定性因素。

(2)人格因素。心理学家发现,许多人格特征都与药物滥用行为高度相关。这些性格特点包括无主见、缺乏自尊、孤僻、不自信、无自我调节或自我控制力、反传统、焦虑、情感紊乱、好奇心、冒险性、好冲动等。虽然可以根据个体的人格特点来预测随后的药物滥用行为,但是两者之间的因果关系和作用机制还并不十分明确,因为药物滥用也可能改变一个人的人格特点。另外,青少年药物滥用与精神病理学密切相关,人格特点与社会环境(或压力)相互作用可能导致与药物滥用高度相关的精神苦恼和抑郁。然而,Robins等则认为,在15岁以前便开始使用药物的青少年中,药物使用本身可以促进精神病理症状的出现。

(3)认知和态度因素。对药物滥用后果的认知和态度将直接影响人们的用药行为。对药物使用的不良后果知道得较少的青少年会对药物持相对肯定的态度;

那些认为药物使用是正常现象,对受教育和成就期望较低的青少年更容易使用药物。影响青少年药物滥用的其他认知因素包括:解决问题能力低下,缺乏对付烦恼和减轻紧张压力的技能,自认无能为力,自暴自弃,认可药物效应或期望正面的药物效果。期望理论认为,药物滥用者知道药物滥用的某些危害,当个体希望获得比可能的不良后果更多的积极效应时,便产生了滥用行为。压力和紧张减轻理论也起源于认知原理,当个体认为药物能减轻压力和紧张(害怕、冲突或挫折)时,药物滥用便产生了奖赏效应。

(4) 行为和发展因素。研究者发现,有许多行为和生活方式都与青少年药物滥用高度相关,如反社会行为、儿童早期的进攻性、较差的学校教育、较差的学习成绩、较差的社会责任心、较低的信仰及其他问题行为。药物使用也被看做成长发育过程的一部分,即药物使用是某些青少年体验成人行为和角色、建立自立和自主及交友合群的重要途径。药物滥用本身也有一定的发展过程,Kandel 的闸门学说提出了一个阶段发展模型,即青少年从使用合法药物(啤酒或葡萄酒、香烟)到体验使用温和的非法毒品(如大麻),然后到使用和滥用别的更严重的非法毒品的发展过程。也就是说,青少年开始使用合法药物的时间越早,以后越容易使用非法药物;开始使用非法药物的时间越早,以后更可能滥用和产生依赖。因而,有效地预防或推延青少年开始使用合法药物,能大大降低他们以后滥用非法药物的可能性。

(5) 家庭和同伴因素。家庭对青少年药物滥用有较大影响,如父母的生活方式、父母的性格特点、父母的药物使用或滥用、父母对药物的态度和忍耐程度、家庭关系的好坏、兄弟姐妹的药物滥用情况,都与青少年药物滥用有关,因为青少年也许会因为单纯的模仿而滥用药物。如果在家庭中还存在着父母与子女缺乏沟通、缺乏适当的监督和纪律、父母的反社会行为、家族精神障碍病史和家庭破裂等因素,那么青少年药物滥用的概率会大大增加。不良同伴对青少年药物滥用的影响是得到普遍认同的,同伴影响包括:同伴中使用药物者的比例、同伴对药物使用的态度、与同伴的感情强于与父母的感情、与药物使用同伴有许多共鸣和同感。调查表明,有大部分青少年将初始药物使用归咎于同伴压力或影响。

(6) 社区和环境因素。以上讨论的许多影响因素,都是与环境因素相互作用才表现出来的。对青少年药物滥用产生影响的社区和环境因素包括:①较低的社会经济状态;②较高的人口密度;③人口流动性差;④健康状况恶化和生理剥夺;⑤较高的犯罪率;⑥失业人口增加;⑦宽容药物使用和滥用的道德规范;⑧市民邻里感情冷漠;⑨获得药物的可能性;⑩药物使用在大众传媒中的形象。此外,还包括学校的纪律和规则以及社区解体的程度。

3. 对青少年药物滥用的预防与矫治

个体对药物的使用存在两个易受期,第一个易受期是对化学药物的依赖期,一般开始于12~21岁,18~25岁达到高峰期;第二个易受期是中年晚期,把药物滥用作为面对生活压力、身体不适和社会支持不良时的一种应对策略。由此,应该对处于青春期和青年期的青少年们做好防治工作。

1) 预防

为了从根本上遏制青少年药物滥用人数不断增长的势头,应该重视预防工作。首先要加强宣传教育工作。即在青少年中开展健康教育,使青少年形成共同的价值观念,对药物滥用的危害性达成共识,能自觉地抵制,最好能掌握抵制药物滥用的某些方法,为远离药物奠定坚实的心理基础。其次要完善相关的法律法规。由于贩卖药物具有相当高的利润,因此借着商业买卖,非法药物会以各种管道流传到各地。有关部门要尽快制定或修订相关法令,对运输、持有、贩卖者科以重刑。同时还要积极参与国际合作,联合各国力量打击非法药物的走私。最后要发动群众,积极营造无毒环境。可以以社区为单位凝结社区意识,真正做到不遗漏每一个角落。

在预防青少年药物滥用的工作中,家庭和学校所肩负的责任重人,当青少年有以下行为时要予以密切关注:①暴躁,易怒;②缺钱用;③对自己所有物占有欲强;④朋友中有滥用药物者;⑤态度及情绪有明显改变;⑥不服管教、抗拒责罚;⑦常逃学、离家出走或学业成绩退步。

2) 矫治

对于已经成瘾的青少年,可以做心理治疗,或者送进医院进行戒断。这里介绍一种家庭治疗方法——多维度家庭治疗(multidimensional family therapy, MDFT),它是1985年由Liddle等专门针对存在药物滥用及其他行为问题的青少年而提出的一种门诊家庭治疗(赵敏,2002)。

MDFT主要是对产生和维持青少年药物滥用的四个方面进行干预:①青少年;②父母;③家庭环境和家庭关系;④与青少年及父母有关的家庭外系统,如学校、司法系统、同伴和社会支持网络。通过对这四个方面的评估,对各个案例进行个体化治疗,同时或先后改变与药物滥用及相关行为问题有关的内、外部因素,达到减轻药物滥用、改善青少年各方面社会功能、促进其健康发展的目的。表7-1列出了MDFT干预的主要方面和内容。

表7-1 多维度家庭治疗(MDFT)干预的主要方面和内容

治疗方面	危 险 因 素	MDFT干预内容
青少年	疏远、孤立	青少年建设性接触
	学业成绩差	与学校教师及有关人员合作提高学业成绩,职业培训
	不良同伴	加强父母的监督,避免不良同伴影响,同伴的干预
	疏远学校等社会机构	使其参加社会娱乐活动、俱乐部或课外活动

续表

治疗方面	危险因素	MDFT 干预内容
	行为问题和犯罪	与司法部门配合,加强父母对其行为的控制,对青少年进行应付愤怒和冲动控制训练
父母	治疗不投入	与父母建立良好的治疗关系
	父母药物滥用	鼓励动员其参加匿名者协会等
	父母责任不够	加强父母监督,设置纪律,限制和适当强化
	父母应激,缺乏支持	为父母或其他家庭成员寻求社会支持
家庭内环境	家庭冲突与不和	处理失望和冲突
	交流缺乏	提高青少年和父母的交流技巧,在治疗过程中进行引导以增加相互交流
家庭外环境	药物可获得性	增加拒绝技能
	贫穷	提供经济援助和就业服务

MDFT 的主要原则如下。

(1)青少年药物滥用是一个多维度问题,其产生和发展与个体、家庭、同伴、学校、邻居及其他社会生活环境等多方面因素有关。同时药物滥用对青少年的影响也是多方面的,因此干预也应该是多方面的。

(2)青少年和其他家庭成员的问题不仅提供重要的评估信息,更重要的是提供干预的机会。

(3)改变是多维度和多方面的。改变是在不同系统和水平、不同的人、不同功能状态、不同阶段、个体内在和外在等相互作用下发生的。治疗者需要同时或先后通过不同的途径和方法来达到治疗目的。

(4)青少年及其父母的治疗动机是可变的,治疗师可以通过治疗技术加强治疗动机。

(5)治疗者与青少年、父母及其他家庭外成员的治疗关系非常重要。

(6)根据青少年药物滥用危险因素和保护因素,制定个性化治疗方案,并促进发展个体内、外在的保护因素。

(7)治疗计划性和灵活性相结合。在按照治疗手册实施治疗计划过程中,要随时评估治疗效果,并根据评估结果灵活调整治疗计划。

(8)治疗是分阶段进行的,前阶段是后阶段的基础。

(9)治疗师有责任强化治疗对象的治疗动机,制定治疗日程和治疗重点,分阶段设计多维度和多系统的干预方法,促进治疗对象的行为改变,评估治疗的效果并及时改变治疗策略。

(10)治疗师的态度是成功的前提。治疗师面对青少年和家庭应保持积极、负责、有创造性和精力充沛,起积极支持和激励的作用。

MDFT 可以分三个阶段进行。

第一阶段:建立基础。最初治疗的 1 个月,主要目标是与青少年、父母及家庭外系统建立良好合作的关系,对青少年药物滥用进行综合性多维度评估,了解青少年药物滥用、家庭环境和社会生活环境等情况。

第二阶段:促进行动和改变。历时 2~3 个月,主要以解决问题为主,促进青少年各方面功能的恢复,帮助青少年学习交流技能、应对应激、进行就业训练等。帮助父母学习如何面对和帮助孩子,改善家庭关系。同时与学校、司法系统等合作一起帮助青少年远离异常发展的道路。

第三阶段:强化和退出治疗。最后治疗的 1 个月,主要是强化在治疗中学习的观点、技能、行为和生活方式,为更好地生活做准备。

四、青少年自杀问题

1. 青少年自杀的普遍性

近几十年来,自杀率在世界各国以及各个年龄阶段普遍具有上升的趋势。尤其在年轻人中显得特别突出,青少年已成为自杀的高危人群。

在美国 15~24 岁的青少年中,1980 年自杀率是 1950 年的三倍多;1950 年自杀是第五位主要死亡的原因,1980 年上升为第三位,1989 年上升为第二位,仅次于意外事故(B. E. Gilliland,1997)。1997 年美国 15~19 岁年龄段人口的自杀率为 3.45/10 万;20~24 岁年龄段人口自杀率为 13.61/10 万。

亚洲青少年的自杀率也位居前列。有人专门研究过 1980 年以前我国台湾地区、香港地区与新加坡华人的自杀率,发现在各个不同的历史时期,20~30 岁年龄段青年人口的自杀率居高不下(Headley,1983)。在 1988 年,中国 15~24 岁年龄段青年人口的自杀率男性为 15.8/10 万,女性为 30.4/10 万。1990 年中国农村 15~24 岁年龄段男性自杀率为 16.2/10 万,女性为 35.1/10 万(Pritchard,1995)。中国不同于世界其他国家的地方在于女性的自杀率高于男性,尤其是女青年,其自杀率要比男性同年龄段青年高出许多。世界卫生组织《世界卫生统计年报》公布的数据显示,1989 年中国的自杀率为 17.07/10 万,自杀死亡人数为 19 万~21 万人,占全世界自杀死亡总人数的 30%。根据一般规律,实际自杀人数往往比公布的自杀人数高 3~5 倍,由此推算,中国自杀人数可能达每年 60 万人以上,绝对数字居世界第一。据世界卫生组织统计,中国 1979—1989 年自杀率呈上升之势。中国青少年自杀率较高,其中 15~24 岁青少年占自杀总人数的 26.64%。

2. 影响青少年自杀的因素

(1)负性生活事件。自杀的发生与负性生活事件关系非常密切。Mauri 等对 53 例自杀死亡的青少年进行社会心理分析,发现自杀前 1 个月最常见的生活事件是人际关系紧张和家庭矛盾,70%的人还至少有1个促发因素;其中将近一半的促发因素发生在自杀前24小时内,2/3的促发因素会发生在前1周。在这些促发因素中,最常见的是人际隔离和冲突。在一般情况下,青少年遭受到排斥、羞辱或嫉妒等危机之后,会出现一个短暂的应激——自杀间隔,即先产生强烈的自杀意念,随后会发生自杀行为(尹红、梁平县,1999)。Paykel 的研究也证实个体自杀行动之前6个月内负性生活事件平均每人3.3个,比正常人高出4倍,负性事件发生频率在自杀前1个月达到高峰。这些研究都表明,有自杀行为的青少年经历了较多的重大负性生活事件,自杀意念与抑郁的严重程度相关。总体来说,可能导致青少年自杀的负性生活事件有恋爱受挫、家庭纠纷、父母患精神疾病、人际冲突、经济困难、学业受挫、学习压力过大等。

(2) 不良的家庭环境及教育方式。不良的家庭环境会以某种方式影响孩子的心理,使其易产生自杀行为。由于父母的辱骂、苛刻、拒绝会使得孩子体验到一种无价值感、邪恶感、自我憎恨感,从而导致自杀行为。研究表明:父母不和,家庭缺乏凝聚力,父母分居、离异或死亡,对孩子爱的剥夺,父母亲的抑郁、心理健康问题、药物滥用、自杀行为,以及父母对孩子的虐待、拒绝都易于导致孩子的自杀行为(蔡军等,2003)。破裂的家庭结构、不当的教育方式都会对青少年产生恶劣影响,比如体罚会使男性自杀意念发生率提高,而性虐待会使女性自杀意念发生率提高。究其原因可能有:一是儿时环境的不利因素影响青少年期的心理健康,从而引起自杀意念;二是儿时的不利因素直接导致自杀意念的提高。马长锁、方明昭在对自杀未遂的对照研究中发现,早年父母死亡者占13.5%,早年与父母长久分居者占18.9%。而对父母养育方式的调查发现,自杀未遂组父母情感温暖与理解因子得分均低于正常对照组,显示其家庭教育不良。

(3) 个体因素。个体因素中包括两个方面。首先是个体的性格特征。大量研究表明,青少年的性格会影响青少年的自杀行为。自杀者的情绪常常过度敏感,不能进行良好的自我调节。心理承受能力差,往往将所遇到的问题看做是不可避免的,但自己又无法忍受,面对无休止的麻烦常期望能在短期内快速解决,因此行为往往具有冲动性,在不能发现其他解决方法的时候,就会选择自杀作为解决方式。其次是精神健康因素。导致自杀意念产生的最直接、最重要的因素是精神健康方面的问题,大致包括抑郁(尤其是精神病性质的抑郁)、焦虑障碍、行为障碍、创伤后应激障碍、人格障碍、品行障碍、惊恐发作、进食障碍、完美主义者等,其中最被强调的是抑郁。国外研究认为,在自杀未遂者中仅有5%~20%的人没有精神障碍,自杀未遂者所患精神障碍包括抑郁障碍(多为继发性)、酒精依赖、药物依赖、焦虑性障碍、人格障碍、躯体形式障碍等(金红霞、冯志颖,2004)。

3. 青少年自杀的征兆

美国心理学家帕特森研究了有关自杀的各种危险因素,提出了一套评估自杀

可能性的方法——"SAD PERSONS"测量表,其中的每一个字母代表一个危险的因素:

S(sex,性别)

A(age,年龄)

D(depression,抑郁症)

P(previous attempt,以前的尝试)

E(ethanol abuse,酗酒)

R(rational thinking loss,失去理智)

S(social supports lacking,缺乏社会支持)

O(organized plan,有自杀计划)

N(no spouse,没有配偶)

S(sickness,疾病)

要预测自杀,并非易事,但 SAD PERSONS 测量表有助于测定自杀可能性的大小。

(1) 性别。在青少年当中,女性想自杀的可能性是男性的 9 倍;然而,男性自杀成功的可能性是女性的 7 倍。与其他年龄组相比,青少年男女自杀的可能性都较大。然而,如果想自杀的是男性,那么危险性更大。原因之一是男性更可能选择主动、致命的方式如开枪,女性则更可能采取消极的方式如服毒自杀。

(2) 年龄。虽然不同年龄组的人都可能尝试并实现自杀,但是,某一年龄组自杀的危险性比其他年龄组的更大。统计表明,19 岁或 19 岁以下,45 岁或 45 岁以上是自杀的高发生率年龄段。

(3) 抑郁症。抑郁症会促成自杀行为。抑郁症不只是指简单的感觉不好,还包含一系列相互作用的特征、情感和行为(如沮丧、乏力、内疚、压抑感、负重感、悲伤、迟钝、思考困难、注意力不集中、情绪低落,以及各种身体问题如失眠、头疼、不想吃饭等等)。研究表明,自杀者大多处于抑郁症状态,在性格方面有情绪不稳定、自卑、感受性强、依赖性强、自我显示性强、以自我为中心、思考缺乏灵活性等特征。在重度抑郁时,11%~17%的人会产生自杀意念与行为。

(4) 以前的尝试。以前曾试图自杀过的人比那些第一次想自杀的人更容易实现自杀。1/4~1/2 的自杀者以前曾试图自杀过。

(5) 酗酒。研究表明,酗酒者比不酗酒者更可能自杀。

(6) 失去理智。如果一个人不能客观、现实地思考,精神和情感混乱,感情冲动,很可能导致自杀。

(7) 缺乏社会支持。一个无人关心的人可能会感到自己无用、失去希望。特别是失去了所爱的人或被所爱的人抛弃,那么,自杀最有可能发生。

(8) 有自杀计划。什么时候、以什么方式自杀的计划越详细,自杀的可能性越大；自杀的方式越危险，自杀的可能性越大。评估自杀危险性的时候，应该考虑以下几个问题：计划中包括多少细节？是否经过精心策划？自杀的方法是否危险？自杀的方法和工具是否便利？是否选定了自杀的时间？

（9）没有配偶。没有配偶的人比有配偶的人更可能自杀。单身者、离婚者、鳏夫寡妇、独居者是自杀高发生率群体。这个群体的成员更可能是孤独、寂寞的。

（10）疾病。病人更可能自杀，尤其是那些长期患病者。也许对疾病的无奈吞噬了病人对生活的希望，于是干脆彻底放弃。

（11）其他征兆。还有其他特征也可以作为自杀的预警信号。例如，滥用药物，情绪、行为和基本态度的突然变化等。一个想自杀的人可能突然变得特别沮丧和畏缩。另一方面，一个长期沮丧的人突然异常兴奋也是危险信号，在这种情况下，自杀的决心已定，而兴奋即源于此。

说一些"我真想死"、"活着有什么意思"的话是明显的预警信号。值得强调的是，任何有关自杀可能性的评估方法都只是方法而已，不可按图索骥、生搬硬套。任何说想自杀的人都应该引起重视。正是他们谈论自杀的事实意味着他们正在思考自杀，这意味着他们有可能自杀。不仅在外行中，而且在某些临床人员中，有一种危险、荒诞的说法，即一个谈论自杀的人不会自杀。惨痛的事实是，许多有过自杀预兆而被忽略的人最后还是自杀了。在谈论自杀时，青少年正在表达一个信息，即有些什么问题需要帮助，尽管还没有严重到要把自杀作为解决问题的唯一出路。因此，应当严肃地对待关于自杀的谈话。

突然放弃自己所拥有的重要的、有意义的东西也是自杀的预警信号。一旦自杀的决心已定，丢掉一些东西并选择别的东西是最终确定自杀的一种方式，也许那是为自杀的具体事宜做准备。具有明显的自罪、自责感和住院的病人强烈要求出院，要求会见家人，病人在好转之后感觉自己没有前途等想法都是危险的信号。

4. 介入策略

应对潜在的自杀者，有两种介入策略：一是迅速处理当前的危机，给案主以直接的帮助，使案主活下来；二是调查研究长期以来逐渐把案主逼上绝路的各种原因，包括看起来与自杀无关的间接原因，这需要长期的关心和治疗。

在应对想自杀的人时，应注意运用以下策略。

（1）保持镇静。不要让他人的悲伤影响你的判断。案主需要人帮助他恢复理智和客观，而不需要一个本身就情绪不稳的人来帮助他。

（2）指出优点。谈论案主的优点和长处是有益的。例如，案主可能曾经是举止文雅、乐于助人、努力工作、待人诚恳、活泼开朗、富于吸引力的等。想自杀的人很可能只看到他自身及其生活中不好的一面，而忘记了好的一面。

（3）帮助案主获得客观的态度。一个被各种问题和压力压得喘不过气来的人很可能无法冷静、客观地评价自己和环境。在这种情况下，社会工作者首先要保持客观的态度,并帮助案主尽可能客观地看待自己的环境。

(4) 抓住想活下去的愿望。想自杀的人几乎都是矛盾的,一方面想死,另一方面还想活下去。发现并紧紧抓住他们想活下去的愿望是非常有帮助的。

(5) 不要发生争论。避免就生命与死亡的哲学问题与案主争论。不要说一些陈词滥调,例如"还有很多美好的东西在等着你、你的生命才开始"等。这种方法使案主觉得你是以另一种频率在振动,不能与之发生共振,不能理解他的感受。企图自杀的人怀有死的念头,他们最需要的是客观的、设身处地的、感情移入的理解和支持。

(6) 指出其他的行为选择。由于个人经历、生活压力等原因,人们常有井蛙之见。自杀者一心想死,他们也许只看到了目前的危机而看不到其他的东西,因此,与他们谈谈其他选择是有益的。有时想自杀的人处于情绪的最低点,他们认为人生从来就是如此糟糕而且永远如此糟糕。实际上,人生如潮水,有涨也有落。一个想自杀的人很可能曾经"涨"过,并且在以后的生活中还有可能再次"涨"起来。指出这种生活涨落的规律是有益的。

(7) 不要提出具体建议。社会工作有一条底线格言:决不,决不提出建议(Charles Zastrow,1989)。每一个人都有权利和责任为自己作出决定。一个优秀的社会工作者帮助案主理清自己的情绪、获得客观的认识,并作出自己的决定。案主,而不是社会工作者,将承受所作决定带来的一切结果。

(8) 帮助案主获得资源。对案主最有力、最具体的支持就是帮助他们得到想要的东西。想自杀的人一般来说比较孤独,因此,社会工作者要帮助他们获得各种资源。这些资源包括家庭和朋友,也许还包括帮助案主去见一位他想见的部长、电影明星或心理医生。必要的时候,要借助于警察和医院。最终,需要专业人员为那些需要帮助的人提供长期的关心和帮助。

五、青少年犯罪

目前各国都面临着犯罪率上升的情况,尼克松曾把犯罪列为国家的"头号敌人",并提出"向犯罪宣战"的政策。我国改革开放以来,在获得巨大成功的同时,各种滋生和诱发犯罪的新因素大量产生,社会控制力减弱,导致青少年犯罪率一直居高不下。

我国司法统计上的青少年犯罪是指14~18岁未成年人犯罪和18岁以上至25岁青年人犯罪。储槐植、张立宇指出,自1991年以来,14~25岁青少年刑事作案者占全部作案人数的比例下降了16.3%,但是这并不意味着青少年犯罪率的降低。出现这一现象的原因有二:一是未成年人在总人口中的比例逐步下降;二是犯罪总数出现增长。因此,比例的下降并不意味着绝对数的下降。事实上1985年未成年人犯罪数为112063人,1995年为152755人,可见青少年犯罪的绝对数量呈上升趋势,这是一个令人关注的问题。

1. 青少年犯罪的特征

1) 低龄化

根据近年来的统计数据表明,17岁以下的未成年人作案成员比例逐年上升,1993、1994年在21%左右,至20世纪末已经超过25%。其中13岁以下犯罪的人数逐年增多,1997年近2.3万人,1999年超过2.4万人(朱恩涛,2000)。

2) 团伙性

根据调查,青少年犯罪中有70%左右是结成团伙实施的,尤其暴力犯罪的结伙性特点更加明显。1996年,全国共查获团伙犯罪案件83769件,其中青年团伙作案占52.6%,并且普遍存在着"带有黑社会组织性质"的初级形态(杨雄,2004)。

3) 贪财性

很多青少年罪犯的作案动机是图财,不管数额大小,只要碰到他们所认为的"适当"时机、地点,就可能实施犯罪。与成年人贪财、性犯罪不同的是,其犯罪目的并不是出于谋生考虑,而是为了去网吧、迪厅等娱乐场所潇洒、享乐,一般在通过各种手段获取财物后,很快就挥霍一空。

4) 暴力化和智能化

据公安部门的统计,从1990—1995年的5年间,青少年犯罪占全部杀人案件的比例从1.6%上升到1.9%,占全部抢劫案件的比例从8.4%上升到12.5%,占全部伤害案件的比例从4.5%上升到6.5%(储槐植、张立宇,2001)。另外,近年来,青少年犯罪还涉及绑架、强奸等恶性案件,手段残忍。在作案过程前后,他们会模仿报刊、影视上的手段和做法,进行策划、伪装、逃脱,都显示出高智能化的特点。

5) 盲目性和突发性

青少年由于在生物、心理上的不稳定状态,导致其常会在偶然事件的诱发和特定情景的刺激下,容易一时冲动,产生犯罪念头并立即实施,对其行为的动机、目的和后果缺乏深思熟虑。

2. 青少年犯罪的原因

诱发青少年犯罪的原因很多,可以从青少年个体、家庭、学校和不良的社会环境四个方面来分析。

(1) 自身原因。从生物的角度看,青少年身体迅速发育,脑神经活动的兴奋性强,精力充沛。从心理的角度看,青少年对父母的依赖减少,主动性和独立意识增强,渴望获得社会的关注和认可。但由于情绪的不稳定、知识经验的欠缺、自控能力的不足,容易意气用事、率性而为,在外界不良环境的影响下容易犯罪。

(2) 消极的家庭环境。家庭是个体社会化的第一场所,消极的家庭环境会阻碍青少年的健康成长。塞尔卜维奇和乔达诺的研究表明,有三个因素同青少年犯罪行为关系最密切。①父母对子女行为的监督。如果父母能有效地监督子女的行为,多参与他们的课外生活,对子女在学校的学习抱有较高的期望,那么子女犯罪的概率会大幅降低。②子女所感受到的父母对他们的尊重、接纳和支持的程度。有研究表明,与正常的青少年相比,犯罪的青少年往往缺乏对父母的感情,与父母关系疏远。③子女同父母沟通的程度,包括子女同父母讨论他们在学校碰到的问题、就业计划,以及同朋友之间的矛盾等。有研究表明,虽然青少年渴望同龄群体的认同,但在重大事件的决定上还是会首先考虑父母的意见。因此,如果家庭成员间能保持正常的沟通和密切的联系,青少年犯罪的可能性则很小。

(3) 失当的学校教育。邓小平曾说:十年改革的失误是教育,主要是思想政治教育。有的学校片面追求学习成绩,管理上存在漏洞,忽视做人教育,特别是思想道德教育及法制教育的失误,导致了一些青少年道德品质低下,法制观念淡薄,走上犯罪道路。

(4) 不良的社会环境。当前社会上存在着重视经济利益而忽视精神追求的现象,以互联网为代表的传媒技术在迅猛发展的同时,带来了一些消极、腐朽的文化垃圾,造成青少年思想的混乱,使他们缺乏远大的理想、健康的人生观和价值观,为达目的而不惜以身试法。

3. 青少年犯罪的防治

青少年犯罪是一个复杂的问题,牵涉到家庭、学校和社会等多个方面,因此其防治工作也需要全社会各方力量的配合。

1) 预防方法

首先要提供良好的教育,这是最根本的预防青少年犯罪的渠道。青少年在生物和心理上都处于过渡阶段,需要家庭、学校和社会为他们提供良好的教育环境。要对他们进行思想和道德品质教育,以及强化他们的法制观念,让他们知道什么是违法犯罪,以及违法犯罪行为对个人、家庭、社会造成的危害。同时,家庭要尽到监护、管教的义务。学校要加强管理,禁止体罚或变相体罚后进的学生,防止学生流失到社会结交不良朋友。

其次要加强娱乐场所和传播媒介的管理。严格管理娱乐场所、文化市场以及特定行业,铲除精神污染源,取缔和打击毒害青少年的行为,多开展健康、丰富的文化娱乐活动。

2) 矫治手段

(1) 工读教育。对已满12岁不满17岁的中小学生,有违法行为或较为严重的不良行为,家长管教不了,原来的学校也管教不了的,为了帮其悔过,接受正常教育,并预防其违法犯罪,经教育部门批准,可送工读学校学习。工读学生分两类。一类在工读学校学习,期限为2~3年,学业期满,经考试合格者,发给普通中学文凭,可继续升学或进行职业培训后参加工作。另一类是工读预备生,学生仍留原校学习,工读学校派出教师定期教育和辅导。如果改正了不良行为或违法行为,则结束工读教育，仍可继续学习或升学；如拒不改正，为防止其向违法犯罪道路发展，可以送工读学校学习（储槐植、张立宇，2001）。

（2）少年法庭。这是对不满18周岁的少年刑事案件的审理机构。我国第一个少年法庭于1984年成立于上海市长宁区法院，其宗旨是教育为主、惩罚为辅。为保护青少年，采取不公开审理原则，坚持寓教于审的原则和回访考察制度。

（3）社区辅导。随着我国改革的推进，社区在日常生活中扮演着越来越重要的角色。我们可以借鉴英国所采取的社区参与矫治方案，充分发挥社区的作用。即对所有的青少年初犯，只要认罪并且所犯之罪尚不足以处以监禁的，都会由法院转移至由社区成员、家长、青少年犯罪研究机构的工作人员及受害人组成的青少年犯罪处置小组进行处置（梁栋，2003）。由处置小组成员共同决定遏制该青少年行为的最佳方式，并且确保青少年能够从中吸取深刻的教训。

（4）监禁。这是一种应用最广的矫治方式，针对有完全行为能力的青年罪犯。不过现在人们逐步认识到监禁会带来不良后果，例如"近墨者黑"，青少年罪犯有可能在这里学习到更高超的犯罪技巧；引起罪犯对社会的仇视感；监禁的机构化，让青年罪犯出狱后在适应社会方面遇到困难。因此，对于被监禁的青年罪犯，要及时进行个别辅导、职业训练，为他们重返社会做好准备。

本 章 小 结

随着青春期的到来，人生的一个重大转折开始了。作为青春期到来的首要标志就是生物发展，在形态上，青少年的身高、体重、肩宽等都加速增长。在机能方面，神经系统、肺活量、肌肉力量等均有加强。特别重要的是，在生长激素刺激身体发育的同时，性激素也在促进性的发育，第一性征和第二性征的出现，标志着性的成熟，而性的发育成熟则标志着人体全部器官接近成熟。

在心理系统方面，经过青春期的洗礼，个体的思维、情绪和自我同一性得到了极大的发展。这一时期的个体能够进行形式运算，因为比具体运算更为抽象，使得青少年的思维有其独特的方式，当然这种特点也具有明显的性别差异。情绪是一种非常复杂的心理现象，对情绪的产生机制做深入的探讨是具有积极意义的。随着社会交往的增多，青少年的情绪体验会更加内隐、深刻和丰富。自我同一性的形成是青少年的发展课题，代表着青少年个性的获得与建立，但需要经过"解构"、"重构"、"巩固"三个阶段，如果知道了哪些因素可能妨碍自我同一性的建立，会对青少年有极大的帮助。

在社会系统方面，处于青春期的个体积极地参与社会交往，能动地接受及内化社会文化，发展自己的社会性，彰显出与儿童社会化的极大不同。在这个独立社会生活前的准备时期，个体将面临许多困惑和问题：对性的态度及性行为将可能带来的怀孕、流产,成为未婚妈妈;对网络无限制使用而导致的网络成瘾;对药物的使用而导致的依赖;因负性生活事件、个体因素、环境因素等原因造成的自杀以及青少年犯罪等。这些问题的严重性、影响因素以及预防和矫治工作都是值得社会关注的。

本章参考文献

[1] 张日昇.青年心理学——中日青年心理的比较研究[M].北京:北京师范大学出版社,1993.

[2] 张日昇.同一性与青年期同一性地位的研究——同一性地位的构成及其自我测定[J].心理科学,2000(4).

[3] 张日昇.青少年的发展课题与自我同一性——自我同一性的形成及其影响因素[J].河北大学学报,2001(1).

[4] 罗吉斯.当代青年心理学[M].张进辅,张庆林,等,译.长沙:湖南人民出版社,1988.

[5] 黄志坚.青年学[M].北京:中国青年出版社,1988.

[6] 林崇德.发展心理学[M].杭州:浙江教育出版社,2002.

[7] 张文新.青少年发展心理学[M].济南:山东人民出版社,2002.

[8] 杨雄.社会转型与青年发展[M].上海:上海社会科学院出版社,2004.

[9] 熊建生.青年学通论[M].武汉:武汉大学出版社,1995.

[10] 季成叶.中国高身材青少年的地域分布特点[J].体育科学,2000(1).

[11] 刘振玉,等.身体锻炼对矮身材儿童生长激素分泌功能影响的研究[J].天津体育学院学报,1999(12).

[12] 龚维义,刘新民.发展心理学[M].北京:北京科学技术出版社,2004.

[13] 华红琴,等.人生发展心理学[M].上海:上海大学出版社,2000.

[14] 余小鸣,等.中学生性行为的现况分析[J].中国公共卫生,2002(12).

[15] 李爱兰.北京高校大学生避孕知识、态度及避孕行为的现况分析[J].中国计划生育杂志,2000(3).

[16] 王瑛,吴擢春.青少年性行为的现状、问题与健康教育对策[J].中国健康教育,2002(9).

[17] 肖扬.青春期性教育:全球青年发展的重要议题[EB/OL].中国青少年研究网,2004-05-17.

[18] 赵海翔,陶建荣.美国青少年婚前性行为在蔓延[J].青少年犯罪问题,2003(6).

[19] 储槐植,张立宇.青少年犯罪现状与治理对策[J].江苏公安专科学校学报,

2001(6).
[20] 周长康.新世纪预防青少年犯罪战略构想[J].青少年犯罪研究,2001(1).
[21] 梁栋.英国青少年犯罪的国家干预措施简介[J].青少年研究,2003(3).
[22] 陈科文.对青少年药物使用和滥用的病因学研究[J].中国药物依赖性杂志,2000(9).
[23] 赵敏.青少年药物滥用的现代家庭治疗——多维度家庭治疗模式[J].中国药物依赖性杂志,2002(4).
[24] 尹红,梁平县.1990—1992年居民自杀原因分析[J].中国心理卫生杂志,1999(13).
[25] 马长锁,方明昭.自杀未遂者的社会心理因素及临床特点对照研究[J].中国心理卫生杂志,1999(13).
[26] 金红霞,冯志颖.青少年自杀行为的研究[J].临床精神医学杂志,2004(6).
[27] 蔡军,肖水源,周萍.死亡概念的发展和儿童与少年的自杀意念[J].国外医学精神病学分册,2003(30).
[28] 库少雄.青少年自杀的原因、征兆与介入策略[J].社会科学研究,2001(6).
[29] 朱恩涛.我国青少年违法犯罪的特点与预防对策[J].青少年犯罪研究,2000(6).
[30] 詹姆斯·O.卢格.人生发展心理学[M].陈德民,等,译.上海:学林出版社,1996.
[31] 黄皓,王家林.青少年生长发育与环境污染物关系的研究[J].广西科学,2000(7).
[32] 汪新建.人类行为与社会环境[M].天津:天津人民出版社,2008.
[33] 韩晓燕,朱晨海.人类行为与社会环境[M].上海:上海人民出版社,2009.
[34] 王淑俐.情绪管理[M].杭州:浙江人民出版社,2002.
[35] 邓验,曾长秋.青少年网络成瘾研究综述[J].湖南师范大学社会科学学报,2012(2).

第八章 成年早期

第一节 生物系统及其对成年早期的影响

经过青年期的发展,人生步入了稳定的成年期阶段。这一阶段表现出了与前面各个阶段的显著不同。在这一阶段中,生物因素对人的影响作用逐渐降低,而生物、心理、社会三者相互作用的特点日益明显,人生开始接受来自社会方方面面的挑战。因此,在研究这一阶段的人类行为时,要尽量避免采用单一的视角,而应该用一种多维度的方法来探讨这一时期人生发展的种种特征。

一、成年早期的年龄特征

成年早期上承青年期,下启成年中期(中年期)。关于其年龄范围,有各种不同的说法。或将之限定为22~40岁(王瑞鸿,2002),或将之限定为21~40(李增禄,2002)。其实,对成年早期的年龄限定只具有相对意义。出于种种考虑,本书将其限定为25~35岁。一般而言,到了25岁左右,个体的生理机能基本上已达到了完全成熟;与之相应的是,经过整个青年期的诸多心理体验之后,此时个体的心理基本上已经处于安定状态;再者,到了35岁左右,亦即"而立之年",个体经过诸种社会体验和社会实践,社会适应性也增强了,在婚姻、家庭、事业等社会生活方面趋于成熟,作为一名社会成员,他为社会所接受与承认,并因此开始承担相应的社会责任和义务。这些生物、心理和社会性方面的变化,最终将成年早期与青年期、成年中期(中年期)相对地区分开来。

二、成年早期的生物发展

人的身体在20到25岁期间达到生物和知觉能力的顶点。成年期是人的生物机能开始由旺盛到平衡、由成熟到逐渐衰退的过程。30岁以后,人的大多数器官的结构和功能开始以每年1%的速度衰退。在成年早期这些变化一般是不易被察觉到的。除了脑和胸腺外,肌肉、骨骼及内部器官都在18到30岁期间达到最高水平(坦纳,1978)。胸腺和其他淋巴类型组织在青春期以前已达最高水平,随后即逐渐衰退。成年早期的生物发展特征表现如下。

1. 身高

人的生物状态在 18 到 30 岁期间达到其最高水平。身高发展过程在这期间完成,18 岁以前大多数青年男女的四肢已发育完全,但是脊椎柱继续略微升高。这导致了 20~30 岁人的身高增加 0.2 英寸(1 英寸=2.54 厘米)的细微发展。头和脸的大小也有一个很小幅度的增加。

2. 体力

体力(包括握力)可以一直增加到 30 岁。进行大多数体力活动和运动的能力在成年早期达到最高水平。赫尔希报告说,一个人能够在不感觉疲劳的条件下达到的最大工作效率在大约 35 岁时开始减退,正如支配手的握力及爬楼梯的能力也在这时开始减退一样,也就是说,人的体力和心理运动发展在 30 岁以后稳定下来,并开始衰退。其主要原因是各种生物机能,如呼吸能力和心血管机能的衰退。

成年早期的个体,不论男女,生物发育都已达到成熟并出现稳定状态,可以说正处于生物上成熟的"黄金时期"。其表现出的基本特点如下。

(1) 个体面部皮肤滋润,头发乌黑浓密,牙齿洁净整齐,体魄健壮,骨骼坚强且较柔韧,肌肉丰满且有弹性,脂肪占体重的比例适中。

(2) 个体内部各种机能良好,心脏血液输出量和肺活量均达到最大值,血压正常,有时略有偏高;这时期个体消化机能也很强,因此,食欲较好。

(3) 个体自身的抵抗力强,而且能自觉地使用各种方法增进体质、预防疾病,所以这时疾病的发生率相对较低,即使患上某些疾病,也能在较短时间内治愈康复。

(4) 体力和精力均处于"鼎盛期"。能承担较繁重的脑力劳动和体力劳动,能为社会作出较大贡献。

(5) 男性和女性都有良好的生殖能力,因此,这个时期是生育的高峰期。

三、我国成年人的身体素质状况

身体素质是体质的重要组成部分,是人体在运动中所表现出来的力量、速度、耐力等身体基本状态和功能能力。身体素质的好坏直接反映了人们在日常生活中承受能力的强弱。2000 年我国对 31 个省、市、自治区 20~59 岁成年人的国民体质进行监测,其中对 20~39 岁的成年人采用的指标是纵跳、握力、背力、俯卧撑(男)、一分钟仰卧起坐(女)、10 米×4 往返跑、坐位体前屈、闭眼单脚站立等。监测结果显示如下。

从力量素质来看,下肢力量(20~39 岁)表现为随年龄的增长而呈持续下降,下降幅度男性稍大于女性,南方优于北方,城市非体力劳动者<城市体力劳动者<农民。上肢力量表现为:35 岁前成年人的握力继续呈现增长趋势,此后随年龄增长,握力逐渐下降。女性的上肢力量持续发展时间长于男性,且增长率大于男性,

但下降率则低于男性。男性握力、臂力的极大值一般出现的年龄为 31～32 岁；女性只有握力有极大值，出现的年龄为 35～36 岁。力量耐力的发展特点是随年龄增长，男、女呈下降趋势，南方优于北方，力量耐力发展的工作种类特点是不同工种在不同年龄段表现出了不同的特点，但最终趋势是城市非体力劳动者＜城市体力劳动者＜农民。

从速度和灵敏素质看，我国成年人速度与灵敏素质的发展特点是随年龄的增长，男、女均呈下降趋势，下降趋势男性表现为先慢后快，女性则相反。男、女同年龄段的量值特点是男性优于女性。我国成年人的速度与灵敏素质各年龄段总体趋势是南方优于北方。各年龄段男、女速度和灵敏素质的工种特点总体表现为：城市非体力劳动者好于城市体力劳动者，城市体力劳动者又好于农民。

从柔韧素质看，我国成年、老年人各年龄段柔韧素质的变化特点是：20～24 岁时男、女坐位体前屈均为 11～12 厘米，随年龄增长，坐位体前屈男、女均持续性下降，但女性下降幅度低于男性。我国成年、老年人的柔韧素质，各年龄段成年、老年人北方优于南方，且差异均具有显著性。各年龄段柔韧素质的工种特点是农民最好。

从平衡能力的变化趋势看，我国男、女各年龄段成年、老年人随年龄增长平衡能力均呈持续下降趋势。男女同年龄段的平衡能力的量值特点是，男性优于女性，但在成年早期这种差异并不明显。

四、亚健康

成年早期是生命力较为旺盛的时期，也是个体面对众多压力的时期。因此，人们往往在这一阶段利用自己充沛的精力来完成一些人生的重要任务，例如结婚生育、成就事业等。但是对梦想的追求，往往使许多人忽视了对自身健康的注意，飞快的生活节奏、强大的压力、不规律的作息、不合理的饮食结构等，使许多人的身体长时间处于一种亚健康状态，为成年中期及老年期的健康问题埋下了隐患。

"亚健康"是指人体界于健康与疾病之间的边缘状态，无器质性病变，但有功能性改变。如果"亚健康"状态处理得当，则身体可向健康转化；反之，则患病。它在生理上主要表现为疲劳，乏力，免疫力、抵抗力下降，容易感冒，活动时气短、出汗、腰酸腿疼，食欲减退等。而在心理上具体表现为精神不振、情绪低沉、反应迟钝、失眠多梦、白天困倦、注意力不集中、记忆力减退、烦躁、焦虑、易受惊吓等。

我国成年早期人口的健康状况不容乐观，特别是一些从事脑力劳动的白领阶层更是亚健康的高危人群。卫生部下属机构曾对 10 个城市的上班族进行健康状况调查，结果显示，亚健康状态的员工为 48%，尤以经济发达地区为甚，其中北京是 75.3%，上海是 73.49%，广东是 73.41%。日本正大株式会社与搜狐网曾合作对北京的白领健康状况进行了问卷调查，此次调查共收回 2600 份答卷。90% 的被调查者为20～40岁的办公室一族。统计结果显示,认为自己生理、心理各方面均健康的白领不足5%,约95%的白领存在或多或少的亚健康症状。如74%的被调查者存在记忆力差、健忘、精力不集中、反应迟钝的情况;93%的被调查者存在睡眠障碍,如失眠、经常做梦、容易惊醒;94%的被调查者有浑身酸痛、无力、颈肩僵硬、头晕眼花、手足麻木等机体疲劳的症状;88%的被调查者机体免疫力下降,如经常感冒、咳嗽、易发烧、易感染,病后身体恢复缓慢、容易腹泻等;79%的人存在不同程度的心理健康问题,如不愿与人接触、沟通,爱讥讽人,爱猜疑人等。

导致成年早期亚健康状态的主要原因如下。

1. 生理和心理上的疲劳

成年早期大运动量的生理性疲劳是造成亚健康的一个主要原因。此外,脑力疲劳是直接导致人体亚健康状态的另一个不可忽视的因素。脑力劳动者之所以感到疲劳,主要是由于精神压力越来越大而造成的。成年早期忙于为未来打拼,几乎每天都面临着新的挑战,精神压力很大。人们往往要花二三倍的努力去取得成功,这时人的精神处于一种混乱不安的状态。如果精神压力长时间积蓄,大脑超负荷运转,妨碍了大脑细胞对氧和营养的及时补充,使内分泌功能紊乱,交感神经系统兴奋过度,植物神经系统失调,这样就会导致大脑疲劳,引起全身的"亚健康"症状。

2. 缺乏运动

许多上班族上班时以车代步,工作时久坐少动,下班时又加班工作,因此,他们往往没有时间锻炼身体。久而久之,就会出现心脑血管、胃肠道系统、免疫系统以及颈椎等方面的疾病。由于每天几乎都是坐在位子上,很少走动,能消耗的热量有限,血液循环减慢、心脏功能减退,这样使血液在动脉中沉积,导致心肌衰弱,可能引起动脉硬化、高血压、冠心病等心血管方面的疾病。另外,久坐少动的上班族通常会因为过度劳损、使力不当、姿势不良、饮食不规律等引起腰酸背痛或颈椎僵硬,以及胃肠道不适的情形。

3. 工作环境

现在的上班族工作几乎每时每刻都离不开电脑,长时间使用电脑会引起视力衰退、关节损伤、辐射伤害、头部和肩膀疼痛,还会出现自律神经失调、忧郁症、动脉硬化性精神病等。

针对成年早期的亚健康状况,提出以下建议。

(1)生活规律、合理膳食。合理膳食包括有节制的饮食,不暴饮暴食,多摄取不同的维生素和矿物质、无机盐,合理进补。适当选择药膳对预防和改善亚健康很有帮助。

(2)按时、充足的睡眠。不按时睡眠,很有可能会造成睡眠紊乱,而失眠会使人体免疫力降低,容易感染疾病,睡眠不足的人通常是流行病的受害者。要有好的睡眠,首先要按时,其次要追求质量而非数量。睡眠质量不与睡眠的时间成正比,而与睡眠的深浅成正比。最好不要滥用镇静剂、安眠药等药物。

（3）适当锻炼。适当的运动是亚健康的克星。主要包括：一是有氧运动，如打球、跑步等；二是腹式呼吸，深呼吸后将气保留在腹部一会儿，再慢慢呼出；三是做健身操，使全身充满活力；四是自我按摩，适当刺激体表，保持良好的抗病状态。

（4）学会调节自己的情绪，善待压力、心胸开阔，培养多种兴趣爱好。

（5）尽量改善环境条件。室内和大气环境污染总让健康的身体透不过气来，而日常生活中的电脑、移动电话和家电噪音更是常常被忽视的污染源，动手改善环境除了在生活中尽量防御（如上网要防辐射）外，还可种植一些有益的绿色植物在室内，改善室内空气质量。

第二节 心理系统及其对成年早期的影响

一、成年早期心理发展的基本特点

（1）认知发展。成年早期的思维特点不同于青少年时期所表现出来的形式逻辑思维特点，辨证的、相对的、实用性的思维逐渐成为这个时期的重要思维方式。

从智力表现方面看，成年早期个体智力结构中的诸要素在保持基本稳定的同时，仍向高一级水平发展。例如，在观察力方面，成年早期个体具有主动性、多维性及持久性的特点，既能把握对象或现象的全貌，又能深入细致地观察对象或现象的某一方面，而且在实际观察中，观察的目的性、自觉性、持久性进一步增强，精确性和概括性也明显提高。在记忆力方面，成年早期个体虽然机械记忆能力有所下降，但是成年早期的最初阶段是人生中逻辑记忆能力发展的高峰期，其有意记忆、理解记忆占主导地位，而且记忆容量也很大。在想象力方面，成年早期个体想象中的合理成分及创造性成分明显增加，克服了前几个发展阶段中所表现出的想象的过于虚幻性，使想象更具实际功用（林崇德，1995）。

（2）情感和情绪。和青少年相比，成年早期的个体控制情绪的能力有了增强，能尝试着去化解和舒缓不良情绪，使得情绪逐渐趋于成熟和稳定。由于涉世未深，情感中的活动感较强，道德感、理智感较弱。

（3）意志。在整个成年早期，个体在意志与行动方面始终共存着积极性和消极性、认真和马虎、努力和懒惰、严谨和散漫等矛盾着的两极性。磨炼出良好的意志品质尚需时日。

（4）兴趣。成年早期个体的兴趣较为广泛，但同时又呈现出多变、不稳定的特征。

（5）性心理。和青年期相比，成年早期个体的性心理更趋成熟。如果说青年期性心理的发展以对自身身体变化的适应为主要内容,那么成年早期个体的性心理的发展则更多地指向性道德、性伦理、性态度等有关性问题的社会化内容。

(6) 自我意识。经过青年期自我的觉醒、对自我的重新认知之后,进入成年早期的个体开始摆脱那种肤浅、表面的对外界及对自我的认识,从而促进了自我意识的形成。相应地,成年早期也是个体确立自我同一性的时期(林崇德,1995)。

二、认知的发展

随着成年早期的开始,认知过程出现了从学校学习和追求独立向谋生、寻求同龄异性的亲密交往和作为羽翼未丰的一员与社会发生联系的大转变。这样,年轻人发现自己逐渐处于一个复杂的社会环境中:新朋旧友、老家新家、街坊邻居,而且常常面对新的相互交往方式。为了迎接这些新挑战,认知过程的数量和质量也必须作出相应改善。成年早期的认知发展区别与早期认知发展的一个特点是要受到更多社会发展和情感发展等因素的影响。

(一) 成年早期的智力状态

与生物成熟同步,成年早期的智力也发展到"鼎盛"时期。沙伊(Schaie)等人从1956年至1977年的20年间,对成年人的数字、语词流畅、语意理解、归纳推理和空间定向等五种基本认知能力进行了追踪研究。他选择了从1889年到1938年间出生的人作为被试,根据年龄划分成七个被试组,其中162名被试在1956、1963、1970、1977年分别接受三次测查,250名被试在1963、1970、1977年分别接受三次测查,获得了很有意义的结论:①18～35岁被试在五种基本能力测查中得分最高;②50～60岁被试,五种基本能力呈下降趋势,但下降幅度较小;③60岁以后,五种基本能力急剧下降;④被试的个体差异很大,不同能力测查所表现出来的差异也很大,年龄效应变化从未超过9%。这里,尽管造成差异的原因很复杂,但成年早期,其智力或基本认知能力正处于全盛时期,这是客观存在的事实。

(二) 关于成年早期认知发展的理论

1. 里格的辩证运算

在20世纪60年代有两个研究发现,在皮亚杰的空间守恒任务里,个体从未表现出成人的思维,皮亚杰的形式运算只有在某些特定条件下,如逻辑、纯学术领域中适用。1973年,里格首先提出辩证运算的概念,即强调人的思维的具体性和灵活性,对于诸如现实与可能、归纳与演绎、逆向性与补偿作用、命题内与命题间的问题,能作全面的、矛盾的处理。他还认为辩证运算可以更好地描述成人的思维。与皮亚杰的形式运算相对应,辩证运算也有四种形式,即感知动作、前运算、具体运算和形式运算,其中出现辩证运算的思维特征。个体可以从形式运算的任一水平,直接发展为与之相应的辩证运算模式。

里格认为,皮亚杰理论是一种异化理论,他以同化和顺应这一辩证基点来描述人的认知发展,认为个体的认知向着抽象思维发展,但当个体的思维发展到形式运算阶段,这种思维表现为一种形式化了的无矛盾的思维时,其发展的基点就不复存在了。而在里格看来,矛盾是思维发展的源泉,例如,在感知运动、前运算和具体运算阶段,就会遇到诸如上下、前后、左右等相对性的或矛盾的关系概念,在形式运算阶段更需要有动态的、发展的、变化的辩证观点。所有这些,都要以矛盾作为思考问题的基础,使每个阶段都有辩证运算的成分存在,逐步达到思维的成熟阶段。

2. 后形式思维

拉布维-维夫认为,复杂的社会环境,和人们面对所有复杂情况寻求出路时所遇到的越来越多的挑战,要求人们不仅具有逻辑思维能力,还必须以实际经验、道德判断和价值观为基础。这种以专门性、具体实用性、保护社会系统的稳定性为特征的思维方式,被称为后形式思维。成功的问题解决者需要整合认知、情绪和身体特征等各方面的因素,依据个人的价值观和信仰权衡情境的所有方面。辛诺特提出了相对后形式运算,并认为它是成人认知发展的最高形式。他们在考虑问题时,能够对抽象、理想的解决方案和可能阻碍该方案成功实施的现实生活中的限制进行权衡;他们也了解同一现象的背后有很多复杂的因素,正确而有效的解决方法远不止一种。

发展心理学家华纳·沙因提出了后形式思维的另一种观点。沙因认为成人的思维遵循一定的阶段性,但是沙因更注重成年期对信息的运用方式。他将认知发展的第一个阶段称为获得阶段,包括整个儿童期和青春期。成年之前的主要任务就是信息的获得,为未来的运用做准备。第二阶段称为实现阶段,主要在成年早期,人们收集信息的目的转向现学现用,运用他们的智力和知识实现有关职业、家庭和为社会作贡献的长期目标。到成年早期的最后阶段和成年中期,人们开始步入第三阶段,即责任阶段,进入中年的成年人,主要关注如何保护和照顾其配偶、家庭和事业等问题。在成年中期的中后期,许多人(并非所有人)步入执行阶段,此时,他们的事业更为开阔,更关注广阔的世界。他们不仅关注自身的生活,他们也开始参与和支持社会机构。老年期步入最后一个阶段,即重组阶段。在这一阶段,人们不再把知识获得作为解决可能面对的潜在问题的手段,而是将信息获得直接针对某些他们特别感兴趣的问题。

克雷默等在总结不同理论模式后,把后形式思维的特征归纳为:①意识到认识的相对性而非绝对性本质,接受互不兼容的知识体系,了解不同的系统对于何谓真实有不同的建构方式;②接受矛盾为真实的一部分;③对矛盾、冲突的协调与统合。后形式思维使得个体能够通过辩证性综合,将矛盾、对立的信息统合为更具包容性而且内部协调一致的系统。越是成熟的个体在世界观上越辩证,在评价问题情境时能作出更全面的归因;特别是在人际冲突中,那些辩证水平高的人倾向于采取更为关系化和情境化的因果归因,而反对单纯将事件的成因归在个体身上(Kramer, 1989)。

3. 拉布维-维夫的开放的和封闭的逻辑系统

成年人的认知发展往往需要为应付关键性的变化和维持同一性作出许多转变,例如,放弃旧的自己喜欢的情境,经受空虚、困惑的无着落的感觉,拼命搜寻新的开端等。这是一个艰难的过程,可能会对成年人造成一种不可避免的混乱,这样,成年人的认知发展又开始了一个新的脱离-个别化的双重过程,以此来适应现实发展的需要。对此,拉布维-维夫提出了开放的和封闭的逻辑系统这种平行的双重体系。

封闭的逻辑系统使新获得的心理能力能在人生的每个主要阶段都得到发挥和泛化。在成年期的相对稳定阶段(获得职业或第一个孩子出生),发展中的成年人能把自己的注意力和精力都集中在眼前的挑战上。在某种意义上,他们把自己的生活内容服从于自己目前的逻辑和推理形式所规定的界限。他们抛弃了那些不切实际的想法,而对具体的真实生活情境进行选择和安排,对于生活中的诸多不完美之处,他们也能接受下来。

然而,成年期反复发生的一些转变需要他们对旧现实进行重新解释,并且通过建立新方案、新运算来解决新的不平衡状态。这样,随着中年期的临近,他们开始重新评价目前的生活结构,为新的生活结构过渡做准备,这就需要一种用于为即将到来的事件(职业变化、家庭责任等)作出新决定的开放的逻辑推理系统。

发展中的成年人反复经历着来自外在世界和内在人格发展的许多"矛盾",正是为了解决这些不断出现的"矛盾",成年人开放的和封闭的逻辑系统交互作用,使成年人的认知结构呈螺旋式向前发展,形成了逐步提高的逻辑推理形式。

4. 艾琳的问题发现能力

艾琳(Arlin)于1975年最先通过实验提出皮亚杰学说应增加形式后思维阶段,她的被试是大学新生和高年级学生,作业是要求被试对12个常见物体提出问题,如果被试提出普遍抽象的问题则反映了问题发现取向,提出特殊具体的问题则反映问题解决取向。结果表明,形式运算的成功发展是普遍性问题发现能力的必要条件。艾琳还研究了青年艺术家发现问题和解决问题的能力,结果发现,高创造力的艺术家其问题发现的得分亦高。因而,艾琳提出认知发展的基本任务是由形式思维阶段的问题解决向形式后思维阶段的问题发现转变。

艾琳根据成人与青少年认知发展的差异,提出了成人认知能力的结构。她认为成人的认知能力包括角色扮演和加工过程。其中角色扮演阶段是指一个人能够意识到自我和团体所持观点的相对性,加工过程是指在面临新情境或以前未遇到的问题时进行图式重建和概念更新。

(三) 成年人的教育

成年期认知发展的一个显著特点是逐渐放弃了那些不切实际的、虚幻的梦想，而更多的为现实的发展作计划。因此，成年人的认知能力表现出很强的目的性，具体表现为：一方面，成年人的生活价值、目标和职业有很强的相关性；另一方面，成年人对时间、精力和财力的自我调节及对达到这些目的具有深刻的承诺意识。因此，成年早期认知发展和成年期认知发展的主要区别是从因为"你"必须学习而学习向因为"你"个人认为学习有价值而学习的转变。同时，成年人的学习和学习动机，与青年人相比，在更大程度上要受知识积累和个人化需要的制约。成年人拥有大量的信息，它们可以使学习的内容更有意义、更丰富，但是，成年人的信息加工速度会逐渐减慢。根据这些特点，诺克斯曾提出了一些关于成年人教育的切实可行的建议：

(1) 认知能力的广度和变异性的不断增大需要相应扩展教育方法和内容；

(2) 以生活经历的积累来补充学习的可能性提高；

(3) 当学习者以适合自己的速度进行学习时，更可能取得最佳效果，对年龄较大的成年人来说更是这样；

(4) 成年人学习环境应被设计成具有与年龄相关的特征，例如，音响效果良好，照明增加但不炫目；

(5) 由于成年人随着时间的推移而变得更具个性，也就更要使学习任务明显地适应学习者的个人需要和发展需要；

(6) 评估标准和步骤不仅应该考虑与年龄相关的正常的差异，也应该考虑影响到特定个体的非常规生活事件，例如离婚等。

(四) 成年早期特殊能力的发展

成年早期的个体通过学习和训练，可获得相当的知识、学识、技能，并在此基础上使自己的职业、工作达到一定的成功。同时，成年早期是将潜在能力转变成实际操作能力的时期，也是在实际工作中表现出成就差异的时期。成年早期表现出的特殊能力主要有以下几种。

1. 职业能力

成年早期正是个体面临职业选择、掌握职业技能、获得职业成绩的时期，处于这一阶段的个体一般在经过一定的职业技能训练后进入职业活动领域，职业能力从中获得发展。在近35岁时，从事各种职业的个体，大多熟悉并掌握了特定职业角色所需要的技能，使其能胜任本职工作、提高效率、创立事业。这也是使成年早期成为创造发明、建功立业年龄阶段的原因之一。

2. 处理人际关系的能力

成年早期是个体建立各种复杂的人际关系的重要时期，这一阶段的人际关系主要表现在恋爱、婚姻、家庭、与他人的友谊及其在工作、学习、娱乐活动中与人形成的各种联系上。文化背景、民族传统、时代特征及一个人的人格、品德、性别、受教育程度都会影响其对待恋爱、婚姻、家庭和其他人际关系的态度及处理这些关系的方式和方法。成年早期的个体正是处在这一系列错综复杂的关系中，应该学会适应和协调彼此的需要，解决各种矛盾，发展其处理人际关系的能力。若个体能处理好这些关系，就会体会到人与人之间的亲密感情，从而使生命充满活力；反之，则会感到孤独并难以适应成人社会。

3. 适应能力

适应原是一个生物学的概念，心理学中用这个概念来说明个体对环境变化作出的反应。皮亚杰认为，智慧的本质从生物学角度来说就是一种适应。人的适应行为包括诸多内容，如智慧、情感、动机、社会、运动等，与这种适应行为相对应的能力就是适应能力。

成年早期正处于由追求到稳定的过渡时期，生活中一系列重要事件的发生会打乱个体原有的平衡状态。面对来自方方面面的挑战，如何适应新的发展需求是摆在其面前的一个重要问题，适应能力就是在处理生活中一系列"矛盾"的过程中发展起来的，成人早期的适应能力是个体在事业上有所建树且走向兴旺发达的必要条件。

三、情感的发展

情感生活是人的精神生活的重要内容，虽然它常常会受到人为的压抑，人们很少能看到直接的情感表达，但是，在现实生活中，它的作用却越来越受到人们的重视，由情感产生的生理影响是如今人的生理健康和心理健康的重要决定因素。首先，情感在支持人的经历方面起着非常重要的作用，没有情感，生活就会平淡无奇。情感往往给人们提供以某种方式采取行动的动力或激励。其次，情感提供了使人相互吸引或相互排斥的内在力量。再次，情感提供了一种同情和支持其他人的感情，为人们提供了一种安全感，帮助人们克服沮丧心情。

人的发展的一个基本原则是，在任何领域的逐步发展总需要和其他领域发生密切的相互作用。从理论上来说，成年期应该是情感发展较为成熟的时期，这一阶段的情感发展与生物发展、认知发展及社会发展的相互作用表现如下。

（一）情感与生物的相互作用

从生物化学的层次上来说，任何情感、情绪的变化都会引起身体系统的调节改变，其中包括呼吸、消化、循环和神经系统，以及内分泌腺和外分泌腺。例如，人在喜悦的时候，下丘脑会分泌肾上腺皮质激素，转而刺激脑垂体分泌促肾上腺皮质激素进入血液。而当人处于恐惧或愤怒的状态时，下丘脑会组织一系列的防御，使身体准备好应付紧急状态。下丘脑的化学物质使脑垂体释放出一种应力激素，通过血流到肾上腺,而肾上腺又产生一种肾上腺化学物质把脂肪和蛋白质变成糖。肾上腺和去甲肾上腺使心跳加快,血压升高,激素的综合效应使支气管松弛以进行更深的呼吸,增加血糖以有更大的力量使消化过程放慢从而保持肌肉的力量。

在本章第一节中论述了压力对人体的危害,长时期的慢性压力对人体健康的威胁要远远大于短期的急性压力。长期的或严重的压力会使内分泌系统失调,免疫系统对疾病、毒素的抵抗作用降低,从而造成一系列的生理和心理疾患。有研究认为,压力的大小主要取决于生活变化发生的频率和近期性,其次取决于对事件的情感反应的严重程度,而对事件的喜悦或苦恼的认知解释并不影响所产生的压力的大小(詹姆斯·O.卢格,1996)。

人生的各个阶段都要面对压力的威胁,特别是成年早期的个体,承担着来自外在和内在的双重挑战。但是,不同的人对待压力的反应是不同的,而且,同一个个体在不同的人生阶段处理压力的方式也是不同的。有研究进一步揭示了影响个体应对压力的因素。

1. 最佳压力水平

每个人都需要经历许许多多、各种各样的危机,才能逐渐找到自己能应付的或者学会最有效地应付压力的总量水平和压力的性质。在这个问题上存在着很大的个体差异,有些人在非常高的压力水平下仍能有效而愉快的生活,而另一些人,可能由于人格类型、生理体质和社会支持的不同,只有在低压力水平下才能发挥得最好。

2. 多样化

根据压力研究奠基人塞尔叶的理论,最危险的压力是那种长期不变的压力。因为长期持续的同一种压力反应会引起某个器官的损伤。多样化指的是着重体验新的不同种类的压力,例如转换职业,业余学习,发展新的爱好等。这是通过把压力总量分散成几种新的不同压力来达到减轻压力的效果。

3. 认知评价

拉扎勒斯通过调查认为,压力的性质,不管是苦恼还是喜悦,全在于体验者自己的理解,压力所产生的情感冲击会因个人对压力情境的理解而部分减弱。从本质上说,认知评价往往会影响个体对生活事件的情感反应的强度和性质。

4. 利他主义

利他主义是应付压力的一个非常有效的方法,利他主义建立了人与人之间爱的联系。当个体遇到恐惧的经历或有找不到解决方法的负担时,如果有人能帮助分担的话,问题就会变得不那么可怕和让人难以接受。每个人都有双重的责任:既要懂得独立处理事情,又要学会与其他人携手合作。

(二) 情感与认知的相互作用

1. 成年早期情感发展的两种倾向

随着认知能力的发展,成年早期的情感发展也表现出了新的特点,出现了两种倾向:一种是更大的个性化发展过程,情感表达方式带有很强的个性,甚至与真实的社会事件不相联系,个体正是通过这种与实际事件相脱离的情感来解决存在于理想和现实之间的情境或发展性矛盾;另一种是以社会常模和法则为基础的更大程度的情感社会化,个体使自己的情感表达符合礼节或行为规范的准则,符合一般的或跨文化的要求。

2. 后自我中心情感表达

认知发展阶段论者皮亚杰、弗洛伊德和科尔伯格等人一致认为,人的发展就是要求以越来越高层次的推理和情感表达形式来解决不断发生的变化和冲突。成年早期面对着更多的悖论、矛盾和对事物的多元解释,而这些都需要辩证性综合能力来予以解决。辩证运算能力的发展,使成年人能更精确更细致地理解他人的情感和自己的情感。成熟的情感表达的基础就在于成年人采用他人的观点看待事物的能力越来越强。埃尔金德对情感发展的研究认为,人的一生的情感发展从婴儿期的无差别的表达到儿童早期的自我中心主义,又从年龄稍长的儿童的基于逻辑的但是又过于宽泛的情感投射到由形式思维所产生的更和谐更现实的情感相互作用,到新形式的后自我中心情感成熟的成年期水平,这种情感成熟造就了一种多元的或更普遍的情感生活。成熟的成年人一般不会把自己的情感、理解和行动局限于一种观点或现实中,通过超越自我中心思想,他们的情感发展范围扩大了,情感发展在更大程度上成为一种质的发展,而不是量的发展。

(三) 情感和社会的相互作用

1. 移情理解

情感与认知的相互作用,使成年人的情感发展表现出了后自我中心的特点,这就使成年人在社会交往中能够进行成功的移情。移情是一种亲密的参与形式,它是个体与各种不同的人产生相同的情感并与之顺应的能力。移情理解可以使人际交往变得更加密切,当一个人与他人交往没有移情时,这个人往往会机械地对待别人,与之相应的是,当他人不能对自己的需要产生移情时,自己往往会觉得缺乏被人爱和需要。移情的作用主要表现在:

(1) 移情是持续的情感、认知和社会相互作用的必要的中介机制;

(2) 移情是道德行为和利他行为的基础;

(3) 移情可以加深自我理解,把自我暴露于他人是体验自我的新侧面的一条主要途径,它是检验和超越自我结构的一个方式。

总体来说,移情不仅在对他人的理解中增添了彼此的温暖和爱,而且,也使人们把注意力转向自身,它让人发现每个人身上都有不同的有价值的东西。但是,移情也有一些缺陷,例如,有时人们并不能完全正确地理解他人的需要;与他人的同一,有可能使自己暂时丧失自我而产生一些不合适的行为;对他人过分强烈的移情,可能耗尽自己的精力而忽略自己的需要。

2. 爱与非爱

在整个人生周期中,爱的关系为个人发展提供了一种主要的手段,每一种不同的爱都向爱者和被爱者提供了向新的发展阶段前进的必要体验。从生命诞生的那一天起,个体就在爱的环境中成长和发展,父母、亲人、朋友、师长,源源不断的爱与呵护伴随在个体的周围,把个体与这个世界紧密地联系在一起。到了成年早期,随着个体生物、心理发展的成熟,以及社会角色的改变,这时,个体不但要学会享受爱,还应学会给予爱,因为,爱与被爱都是一种能力。

懂得如何去爱别人的人,是一个内心丰富、思想成熟的人。个体在付出爱的同时会深刻地体会到自己的价值与尊严,会获得一种生命的满足感和幸福感。同时,被别人爱也是一种美好的心灵体验,它使个体感到轻松愉快。韦斯在其论述成年期爱的关系的研究中曾这样表述:

(1) 被爱者把爱的情感当做安全和幸福的源泉;

(2) 被爱者是强有力的结合力量,人们不断追求与被爱者的接近,而奋力抵抗任何分离的企图;

(3) 被爱者提供了一种有利于发展的气氛,这种气氛促进每个人最充分地发挥自己的潜能。

非爱对人一生的顺应性发展来说,与爱的技能同样重要。脱离旧的生活状态是个性发展过程继续进行的一个必要条件,因为对未来的希望和对过去的分离对人的发展都是必不可少的。非爱在人顺应生活中的许多变化、结束和损失时,发挥着重要的作用(詹姆斯·O.卢格,1996)。

人早期的生物、心理和社会成长的一个基本特征是增长。但是,成年期的到来,出现了增长和消退之间平衡状态的转变,随着成年期个体的独立,他们与原有的情感关系逐渐疏离,而需要建立起新的依恋关系。面对生活中的变化,个体只有有相应的心理技能才能成功地适应这些转变,而爱与非爱的能力则很好地满足了这一阶段发展的需要。正是通过爱与非爱的心理机制,使成年早期个体的生活状态达到了一种新的平衡。

四、自我的发展

从自我结构的形式来看,自我的发展包括自我评价、自我体验和自我调控三个方面。

(一) 自我评价

成年早期的自我评价逐步全面、客观和主动。他们开始根据周围更多的人对自己的态度来评价自己；他们开始将自己与更大范围内的地位、条件相似的人进行对比来评价自己；他们也更多地运用理智与能力对自己进行独立的分析、思考、判断而认识和评价自己。他们不仅能分析自己在做某一件事时的内心状态，还常对自己的整个心理面貌进行评价；不仅分析自己的思想、性格特征，还会从政治上、道德上对自己作出评价。成年早期自我评价的特点表现在以下方面。

（1）自我评价的独立性。成年早期的自我评价开始具有明显的独立性，并大体存在两个发展阶段。这一时期，自我评价克服了以同龄团体评价标准为取向，形成个体独立的自我评价。

（2）评价的概括性。进入成年早期后，个体抽象思维能力得到迅速发展，自我评价的概括性增强。

（3）评价的适当性。个体的自我评价与实际情况符合程度如何，通常采用两种方法来检验。一种是将个人自我认识中的抱负水平和活动的实际结果进行比较，以考察两者间的符合情况；另一种是将自我评价与他人评价进行对比，以考察自评的客观性。成年早期越来越能够准确地评价自己。

（4）评价的稳定性。进入成年早期，个体的评价的稳定性开始逐渐提高。随着年龄的不断增长，自我评价也日趋稳定。青年期，评价的稳定性还比较差，容易因一时成功而过高地评价自己，也容易因一时的失败而低估自己，更容易受同龄人评价的影响。

(二) 自我体验

自我体验是自我意识的情绪形式，是在自我认识的基础上发生和发展起来的。所以，自我体验随着人们对自我的认识和评价的不同而不同，也随着人们对自我期待与憧憬的不同而不同。个体的自我体验发展到成年早期后，出现了一些显著的特点。

（1）自我体验丰富而深刻。随着成年早期自我认识和评价能力的提高，其自我体验也更多地与自己的社会贡献、自我存在的社会价值以及道德品质联系在一起。这使得自我体验的社会性和深刻性大大增强。

（2）自尊迅速发展。自尊是个人对自己的一种肯定态度，即自己尊重自己，重视自己并要求他人也尊重和重视自己。自尊心是推动个人积极向上的一种动力。成年早期的自尊主要表现在对平等和尊重有强烈的要求，渴望在社会上实现自己的价值。

(三) 自我调控

（1）自我调控的自觉性、目的性提高。成年早期为确定目标而进行的自我监督、自我批评以及自我教育的认识水平在不断提高,不只是在感知水平上驾驭自我,也不仅是在表象水平上驾驭自我,而是逐步过渡到信念水平上驾驭自我。

(2) 自我调控的主动性提高。成年早期独立性的发展,使他们对自己的控制方式逐步从外部控制的方式转变为内部控制的方式,逐步主动掌握自己的心理变化(龚晓洁、张剑,2011)。

五、亲密对孤独

根据埃里克森的人生发展阶段理论,成年早期个体要解决的主要矛盾是亲密与孤独。据埃里克森所言,亲密与孤独的对立标志着成人期的转变。为赢得亲密关系,个体必须与另外一个人建立亲近的、相互满意的关系。埃里克森定义亲密感为"形成具体的友好关系和伙伴关系的能力,并且发展道德的力量去遵循彼此间义务的能力"(Erikson,1963)。在他看来,亲密关系无需身体或性方面的亲密,它存在于任何涉及两个成年情感义务的关系中。亲密关系使两个人结合在一起,但仍允许个体保留继续作为独立个人的自由。当一个人防卫心理太重,而无法与其他人达成联合时,便会产生孤独。成功地解决亲密关系与孤独之间的矛盾,可以促生出作为下一阶段标志的创造力动机,这种动机与生育和照顾下一代、乐于促进社会发展有关。

第三节 社会系统及其对成年早期的影响

成年早期是生命发展的又一重要转折时期,这一阶段的个体,逐渐脱离了父母的庇护,开始独立面对生活中的各种问题,如结婚成家、生儿育女、职业选择、事业成就、社会关系等,一切都要自行解决。有学者把以下五种事件定义为进入成年期的标志:①结束校园生活;②开始工作并且在经济上独立;③离家独立生活;④结婚;⑤为人父母。这些事件的发生与成年早期个体的生物成熟有很大关系,但更大程度上是受到社会模式和社会预期的影响。在这一节中,主要就成年早期生活中的这些标志性事件展开讨论。

一、成年早期的发展任务

早在20世纪30年代,威廉(Williams)就提出成年早期的发展任务。他认为,青年男女为了满足心理上的适应,就必须实现两个目标:一是从精神上脱离家庭而走向独立;二是建立与异性朋友之间的良好关系。之后,许多心理学家从各自的立场出发,提出了各种各样的项目,作为成年早期的发展任务。

罗伯特·哈维格斯特(Robert Havighurst)曾罗列了十项成年早期的发展任务:

（1）学习或实践与同龄男女之间新的熟练交际方式；
（2）承担作为男性或女性的社会任务；
（3）认识自己身体的构造，有效地使用自己的身体；
（4）从精神上到行动上都独立于父母或其他成人；
（5）具有经济上自立的自信；
（6）选择职业及就业；
（7）做结婚及家庭生活的准备；
（8）发展作为社会一员所必需的知识和态度；
（9）追求并完成负有社会性责任的行为；
（10）学习或实践作为行为指南的价值和伦理体系。

夏埃(K. W. Schaie)和威里斯(S. L. Wllis)结合埃里克森的观点也提出了相应的看法，他们认为，自我同一性的实现、建立亲密感、参与社团是成年早期的三大发展任务。他们还对此作了进一步的阐释。

他们认为，不同的人生阶段，个体的自我同一性具有不同的内容。这里所谓的自我同一性的实现，意味着个体通过询问和探索成年生活可以选择的方式，努力把新特征融合为一致的整体，从而在新的水平上获得自我同一性。

在夏埃和威里斯看来，个体在平衡同一性与亲密感之间的关系时，还面临着决定自身与更大社团之间关系的任务。认为自己从事的职业有望提升自己的社会地位，进而实现更高的目标，这样的人更乐于参加社团组织。社团组织向很多人灌输了社会和政治意识形态，使之成为社会组织的积极分子。

其实，确立成年早期的发展任务，固然有满足生物适应（身体成熟）、心理适应（价值，抱负）方面的依据，但更主要的依据还是社会的需要。如果进一步结合社会需要来确定成年早期的发展任务，那么这些任务应包括以下内容：

（1）就业、创业，既为社会创一番事业，又取得经济上的自立；
（2）择偶、婚配，建立和谐的家庭；
（3）生儿育女，抚育子女，开始树立家长教育观念；
（4）作为社会群体中的一员，逐步取得在群体中的地位和社会地位；
（5）做一个合格的公民，承担起公民的基本义务，享受公民的基本权利。

上述任务对于成年早期的个体来说，都是全新的任务，也都是难以避免的挑战。接受这些任务、挑战的过程，同时也是一个在心理等方面的由不适应到适应的调适过程。

二、恋爱、婚姻与家庭

（一）恋爱

如前所述，成年早期个体的生理已经处于成熟的"黄金期"，这种成熟自然包括性生理方面的成熟。而性生理的成熟又催生了性心理的成熟。从外表上看,这个时期实在是男女个体一生中最值得流连的时期。再者,这一时期的男女个体大都走上了社会,找到了自己的工作岗位,经济上有了相应的保障,从而在经济上逐渐趋于独立。

1. 亲密关系发展之路

大多数亲密关系的发展都比较相似,伴随着一系列令人惊讶的规律性进展:①两个人之间的交往日趋频繁,且持续时间更长,此外,交往地点不断增加;②双方逐渐寻求对方的陪伴;③他们之间越来越坦诚,相互透露自己的隐私,开始表现出身体方面的亲密动作;④他们越来越希望分享对方的积极感受和消极感受,也可能会在彼此赞美之余提出一些批评;⑤他们开始对双方关系的目标达成共识;⑥他们对一些境遇的反应变得越来越相似;⑦他们开始感觉到自己心理上的幸福与这段关系的成功与否紧密相连,并把这段关系看成是唯一的,不可替代的;⑧他们关于自己和自身行为的定义发生变化,他们把双方看成是一对情侣,并在行为上也表现成一对情侣,而不再是独立的个体。

关于亲密关系发展之路的另一个观点是心理学家伯纳德·默斯特因的刺激-价值-角色理论,他认为异性之间的亲密关系按照以下三个阶段依次不断推进。第一阶段是刺激阶段,关系只建立在表面的、身体特征(如长相)的基础上。通常代表着最初的相遇。第二阶段是价值阶段,关系的特征是双方之间的价值观和信念之间不断增加的相似性。最后,到了第三阶段是角色阶段,关系建立在双方所扮演的特定角色基础上(如男朋友、女朋友)。

2. 斯滕伯格爱情三元论

在心理学家斯腾伯格看来,爱由三个成分构成:亲密、激情、承诺。亲密成分(intimacy component)包含亲近性、情感性和连通性。激情成分(passion component)包含和性相关的动机驱力、身体亲近性和浪漫性。承诺成分(decision component)同时包含个体爱上另一个人的最初认知和长期维护这份爱的决心。由这三种成分可以组成八种不同类型的爱。

(1) 无爱(no love):三个因素都不具备,很多包办婚姻属于这种类型,最后往往以离异收场。

(2) 喜欢(liking):只有亲密关系。在一起感觉很轻松,但是缺少激情,也不一定愿意厮守终生。

(3) 迷恋(infatuated love):只有激情体验。认为对方有强烈的吸引力,除此之外,对对方了解不多,也没有考虑过未来。

(4) 空洞的爱(empty love):只有承诺。多为家族或国家之间的策略婚姻,或者为了孩子而勉强维持的婚姻。

(5) 浪漫的爱(romantic love):有亲密关系和激情体验,没有承诺。快乐交往的情侣,但尚未对彼此共同的未来有所规划。

(6) 伴侣的爱(companionate love):有亲密关系和承诺,缺乏激情。尽管彼此不再有性方面的兴趣或需要,但享受与对方相处的时光,很多亲密无间的老年夫妇属于这一类型。

(7) 愚昧的爱(fatuous love):有激情和承诺,没有亲密关系。如只认识很短时间就决定一起生活的"闪婚"一族。

(8) 完美的爱(consummate love):三个因素都具备。是同时具备感情与性活力的长期关系,但在现实生活中如此完美的爱并不多见。

3. 恋爱类型

现实生活中,恋爱的类型多种多样,劳斯威尔统计了1000个样本,将之归结为以下六种类型。

(1) 罗曼蒂克型。该类型的特征是,将爱情理想化,强调形体美或追求肉体与心灵的融合,一般以"初恋者"为多。恋爱过程中双方全心投入。这种恋爱关系一旦破裂,常常带来巨大的痛苦。

(2) 游戏型。属于该类型的人精于算计,视恋爱如下棋游戏,以自我为中心,只考虑个人需求之满足,总想以最低的成本从对方处获得最大的好处。有的人同时有多个情人,对谁都不作承诺,不负道义上的责任。一旦关系出现问题,他或她并不努力克服,宁愿另寻新欢。

(3) 奉献型。这类人信奉爱情是付出而不是获取的原则,甘愿为其所爱牺牲一切,不求回报。

(4) 占有型。这些人有心理不健康的倾向,往往为其所爱投入全部的精力,并希望对方以同样方式回应。他们的情绪起伏很大,常常为对方朝思暮想而吃不好睡不安,为他们的关系而过度担忧。强烈的嫉妒心和占有欲常常使自身表现出不佳现象。这些人难以与自我照顾且自我满足的人保持关系。当恋爱关系结束时,会产生被抛弃的感觉。

(5) 现实型。这类人对待爱情就像对待生活中的其他事。他们现实地评估自己和对方的"市场价值",选择可能性中最好的,不追求理想,只求生活实用的满足。

(6) 伴侣型。他和她的关系是在长期的友情基础上发展起来的。他们的爱情关系之间,温存多于热情,信任多于嫉妒,性亲密的行为发生较晚,是一种平淡而深厚的爱情。

如此的恋爱类型划分,尽管不一定很精当,但是,从中不难体会到,不同的恋爱类型体现出了不同的价值取向,折射出了不同的世界观和人生观。

(二) 婚姻

一般情况下,婚姻作为爱情的一种结果,是对爱情的升华和发展。成年早期的个体恋爱和结婚的各方面条件大体具备,"男大当婚,女大当嫁",遵从古训,谈情说爱,谈婚论嫁,应该是一种当然的选择。从现实的角度看,绝大多数男女是在35岁之前完成婚恋这一终身大事的。

1. 婚姻的形态

婚姻作为男女两性结合的社会形式,其形态也是历史地变化着的。按照历史发展的顺序,婚姻依次经历了三种形态:群婚制,对偶婚制,一夫一妻制。这中间社会经济关系的变化是婚姻形态变化的根本原因。可以合理地预期,将来,随着社会经济关系的进一步变化,将会出现新的婚姻形态。

(1) 婚姻的原因。关于婚姻的原因一般是这么认为的:相爱的双方,通过婚姻获得合法的性关系;通过婚姻可以满足友谊(伴侣关系)和交流的需要;通过婚姻可以保证儿童的安全和合法的权利;通过婚姻可以满足社会期望和遵从的需要;另外,结婚的决定实际上也会受到已经结婚的同辈人的影响。

(2) 婚姻的道德性。婚姻作为一种社会行为,除了具有合法性之外,还应具有道德性。从理想的层面看,只有建立在爱情基础上的婚姻才具有根本的道德性。在婚姻生活中之所以强调要以爱情为基础,一是因为这是双方都能享受幸福家庭生活的保证;二是因为只有双方相爱,由婚姻确定的权利、义务关系才具有现实性,否则只能是一句空话。

2. 婚姻筛选模型

爱情是婚姻的基础,但是除了爱情之外,择偶的过程中还有许多其他标准。

(1) "父母偶像"理论:由精神分析学家弗洛伊德提出,它主张男性由于"恋母情结"会选择与其母亲个性品质相近的女子作为恋爱对象,而女性由于"恋父情结"会选择与其父亲相似的男子作为恋爱对象。从心理学的角度看,父亲或母亲伴随着自己长大,找类似于自己父母性格的对象,较易获得安全感。

(2) "互补需要"理论:由婚姻学家温奇提出,主张在个人动机方面,择偶时人们主要考虑的是需要的互补性,如有支配欲的男性会选择那些依赖性强的女性为配偶。

(3) "同质相婚"理论:人们总是倾向于选择与自己年龄、居住地、种族、宗教、教育、社会阶级以及其他人口统计学特征方面相近或相似的异性为配偶,而且男女两性在个人魅力、智力、容貌、财富及其他资源方面大致相当的婚姻。这与中国传统文化中"门当户对"的原则类似。

(4) "资源交换"理论:人们为某一特定的异性所吸引,是由其所能提供的资源决定的。这些资源是多方面的,如个人的气质、财富、才能、社会地位等。假如某一资源不足,可以更多地提供另一种资源作为补偿,如年轻美貌可以用来交换诸如社会经济地位、爱护和关心等其他资源。

(5) "婚姻梯度"理论:"婚姻梯度"即男性倾向于选择那些比自己年轻、矮小、地位低的女性结婚,而女性往往选择那些比自己年长、高大、地位高的男性结婚。

此即所谓的"男高女低"模式。这样的模式对婚姻产生了重要影响。一方面,对于女性而言,这一倾向限制了潜在配偶的数量,尤其是女性上了年纪以后;而当男性上了年纪之后,这一倾向反而增加了潜在配偶的数量。此外,这也导致了一些男性没有办法结婚,可能是因为他们找不到与自己地位相仿或地位更高而愿意委身下嫁的女性,此即"桶底"男人。另一方面,一些女性也没有办法结婚,可能是因为她们地位太高,或者是她们在潜在的配偶中找不到地位足够高的男性,此即"精华女人"。

(6) 进化心理学理论:该理论认为人类寻求配偶的核心目标是为了使其基因繁衍达到最优化,男女由于基因差异,因此追求生育成功的方式也有所不同。男性在选择配偶时,更加关注身体方面的吸引力,以及那些有更长时间生育孩子的年轻女性;而女性获得生育成功的方式是保障后代的品质而非数量,所以她们倾向于挑选那些能够提供最好的经济和福利资源的男性作为配偶。

在现代社会,人们更注重婚姻的质量,讲究情爱的重要性,强调掌握选择对方的主动权和决定权。因而择偶标准也变得现实和多元化。从总体上看,大致可以划分为个人品质、经济和文化几个方面:①个人品质是重要的选择标准;②物质利益和经济因素起着越来越重要的作用;③教育程度和综合素质成为重要因素;④外表形象是择偶的重要影响因素;⑤地域、年龄和种族差异的影响力呈减弱趋势(唐绍刚,2003)。

3. 成年早期对婚姻的适应

婚姻适应是成年早期最重要的、必须面对的人生课题。由于婚姻关系具有复杂的社会内涵,因而使得这种适应显得尤为必要,同时又显得比较困难。

婚姻的适应过程是一个复杂的过程,涉及情感、性生活、人际关系、经济活动、家务劳动、家庭角色、个人习惯、道德观、价值观等方面的适应。Philip Rice 对此作了具体说明。

(1) 情感方面的调适:①学会给予和接受爱与被爱;②培养敏感、同感和亲密感;③给予配偶情感支持,培养性情,实现自我的需要。

(2) 性方面的调适:①学会在性的方面互相满足对方;②寻找出性爱表达的适当方式、方法和时间;③学会应用适当的节育方法。

(3) 个人习惯的调适:①调整自己以适应配偶的说话、吃饭和睡觉等生活习惯;②调整自己在吸烟、喝酒等方面的不良习惯;③摒弃或调整自己容易让配偶恼火的习惯;④调整双方在生物节律方面的差异;⑤学会与配偶共同分享时间、空间、财产和工作。

(4) 性别角色方面的调适:①区分丈夫和妻子在家庭内外的角色;②区分丈夫和妻子在挣钱、持家、做家务等方面的分工;③遵守夫妇劳动分工的协议。

(5) 物质和经济方面的调适:①考虑地理环境、社区、邻居等因素,购买自己的住房;②赚取足够的钱;③合理安排钱的开支。

(6) 工作方面的调适:①找到并努力保证有一份工作;②适应工作的时间、地点、条件和环境;③制定出合适的工作时间表以适应夫妻双方的生活需要;④当夫妇一方或双方都工作时,安排好对小孩的照看。

(7) 其他社会活动的调适:①学会安排并举行社交活动;②学会夫妇一起外出参观或拜会朋友;③确定夫妇个人或夫妇双方要参与的社会活动的类型或次数;④选择朋友并与朋友保持联系;⑤选择夫妻双方单独共处的时间。

(8) 家庭和亲戚方面的调适:①同父母和亲戚保持联系;②学会如何同家庭打交道。

(9) 沟通方面的调适:①学会向配偶表露并交流自己的想法、焦虑和需要等;②学会以建设性的方法来倾听配偶,学会以富有成效的方式与配偶交谈。

(10) 权力和决定方面的调适:①取得权力和地位之间的平衡;②学会作出决定并执行决定;③学会合作、妥协和调协;④学会承担起行动的相关责任。

(11) 解决冲突和问题方面的调适:①学会找出冲突的原因和细节;②学会建设性地解决冲突和问题;③学会适时地向他人寻求帮助。

(12) 道德、价值和意识形态方面的调适:①理解个人在生活中的道德、价值、信仰和生活目标;②接受配偶不同的宗教信仰和实践;③决定要加入的宗教,参与相关的活动。

林崇德等人认为,要想使婚姻适应成功,夫妻双方必须做好六件事:① 相亲相爱,忠贞如一;②性生活和谐;③处理好家庭人际关系;④家庭经济生活民主化;⑤共同做好家务劳动;⑥扮演好父母角色。这六条是婚姻适应的基准,与之相反的就是婚姻不适应。婚姻不适应的结果是夫妻感情的破裂,严重的会导致离婚。

(三) 生育

这一时期男性和女性都有良好的生殖能力,属于生育的高峰期。而对于女性的生育来讲,这一时期则显得尤为重要。一般认为,女性的生育有一个最佳的年龄段。从工作、学习、哺育以及优生等方面综合考虑,生育年龄以25～29岁之间较为适宜。超过35岁,便称为高年初产妇,不仅易造成难产,而且畸形儿的发生率也会上升。

生育的原因可以归纳为以下几点。

(1) 延续种族的本能冲动所致。

(2) 父母的身份是生命意义的最终源泉。正如个体同父母的关系在构成自己的童年期时发挥了工具性的作用一样,个体的成年期也是通过自己与自己的孩子的关系来建构的。

(3) 孩子们能为家庭福利作出贡献。

(4) 孩子使父母获得生命的圆满感。

还需指出的是,生育既是一种生物行为,同时也是一种社会行为,可以说兼具生物意义和社会意义。因此,当夫妻决定要生养小孩时,还应做好以下工作。首先,现阶段,我国实行计划生育政策,生育不应违背这一政策。其次,自觉坚持婚前检查。婚前检查的好处主要有:①可以及时发现有碍优生的疾病,并依据疾病的具体情况分别给以不宜结婚、婚后不宜生育或怀孕后要作遗传方面的产前诊断的劝告;②可以发现生殖器疾病,进而在婚前进行必要的药物治疗或者手术矫治,为婚后进行正常的性生活打下基础;③准新娘、新郎可以接受必要的性生活技巧、孕期卫生方面的辅导等。

(四) 家庭问题

组建家庭是成年早期一项主要的人生发展任务,但是,婚姻缔结前后还存在着个体对这种新的生活方式的适应问题,如果适应得好,婚姻双方则享受着婚姻的甜美和幸福。但是,如果适应得不好,则会出现种种家庭问题,不仅不利于个人的成长与发展,也不利于社会的和谐与稳定。下面主要分析离婚和家庭暴力这两种家庭问题。

1. 离婚问题

社会上有"七年之痒"的说法,意谓结婚七年以后是婚姻的危险期,这时候,婚姻生活往往会变得平淡无味,婚姻解体的威胁已经存在。甚至有人认为"七年之痒"正在让位于"三年之痒"。其实不管是"七年之痒"还是"三年之痒",都是对成年早期是离婚的高峰期的一种诠释。

1) 离婚的原因

Jacobson 曾撰写了一部以"美国的婚姻与离婚"为题的社会学专著,论述了在"无过失离婚法案"颁布之前构成离婚案的主要原因。这些原因包括:①家庭暴力;②遗弃;③通奸;④酗酒;⑤拒绝抚养;⑥综合原因。其他比较少见的离婚理由还有:重婚、骗婚、恶疾、重罪或其他犯罪行为、性无能、入狱、乱伦、感情不和、婚前受孕及自愿分居等。

一些中国学者也试图对离婚现象作归因分析。1980 年,李银河对自愿接受调查的 34 名离婚者(其中 33 名为北京市人,一名为外地借调在京工作人员)进行深入访谈。调查发现,导致离婚的几个主要原因依次为:①婚姻基础不好(41.9%);②婚后一方或双方发生过失(35.7%);③性格不合(34.6%);④性生活不和谐(34.4%)。多数离婚者的离婚原因并不限于一项,而往往是多因的。需要说明的是,这里所谓的婚姻基础不好是指婚姻并非双方充分自愿和自由恋爱的结果,而是迫于家庭、社会压力勉强凑合,或权衡利弊得失草率成婚,或为结婚而结婚("男大当婚,女大当嫁")。过失离婚中的"过失"既包括通奸、外遇,也包括一方与第三者有一般异性接触而为配偶所不容者。

2004 年,离婚法律咨询网的一项统计说明,则有助于人们认识当今某些群体的离婚原因。根据离婚法律咨询网的统计,2004年1月至4月,该网站律师共接受白领离婚案件32起,其中婚外情导致离婚的21起,占整个白领离婚一族的66%。另据北京大学妇女与法律研究中心的调查,"婚外情"导致离婚的占全民离婚比例的15%。离婚法律咨询网的客户群主要为上海的白领(月薪五千以上,年龄在35岁以下,主要从事脑力劳动),他们也许更能代表上海白领离婚状况的真实情况。他们总结道:①"婚外情"成为上海白领离婚的主要原因;②性格不合,感情质量下降,是上海白领离婚的重要原因;③性生活质量下降,也成为离婚的原因之一。

2) 理性地对待离婚

李银河认为离婚当事人在离婚问题上应坚持理性的原则:"什么是离婚问题上的理性原则呢?就是使当事人双方最幸福这一原则。如果双方都愿意离婚,离婚对他们的幸福来说就是好事,不是坏事。如果一方愿离一方不愿离,能够使任何一方作出牺牲或两人一起为子女作出牺牲当然很好,但是如果不可能做到,离婚对他们来说也就不是坏事而是好事了。"

3) 离婚后家庭成员的适应

离婚对夫妻双方的影响主要是精神、心理方面的,对经济与健康等方面的影响则在其次。离婚当事人要逐渐适应离婚所带来的新变化。林崇德等人认为,离婚后的夫妻应当适应六个方面的变化:①要适应离婚本身以及感情上的变化;②适应夫妻相互间的攻击;③适应社会上的态度;④适应经济上的变化;⑤适应新的居住环境;⑥适应再婚。

离婚对孩子的影响也主要是精神上的,其中包括心灵上的创伤,母爱或父爱的丧失,以及由于社会压力造成的心理健康问题。沙依仁认为:离婚家庭儿童最盛行的行为特质是愤怒,忧虑被父母遗弃,并且普遍缺乏安全感。离婚所造成的子女的适应性危机要通过长期的社会关爱才能克服。应该为离婚家庭的孩子提供更多的情感支持,帮助他们克服由于父母离异所导致的压抑、不安等心理健康问题,逐步适应变化了的生活。

2. 家庭暴力

1) 关于家庭暴力的界定

成年早期也是家庭暴力的高发期。

所谓家庭暴力,是指发生在家庭内部的暴力行为,它既指肉体上的伤害,例如殴打、体罚、行凶、残害、捆绑、限制人身自由等行为,也指精神上的折磨,通常表现为以威胁、恐吓、咒骂、讥讽、凌辱人格等方式,造成对方精神上的痛苦、心理上的压抑等。家庭暴力还包括性虐待。家庭暴力主要是强者对弱者实施的,妇女、儿童、老人是家庭中的弱者,也往往是被施暴的对象。家庭暴力严重侵害了家庭中的弱者作为社会普通公民应享有的人格尊严和基本权利,危害了家庭的幸福和婚姻的稳定。

2）家庭暴力不容小觑

全国妇联 2003 年的一项调查表明，在 2.7 亿个中国家庭中，30％存在家庭暴力，施暴者九成是男性；发生在夫妻间的家庭暴力，受害者 85％以上是妇女；每年有 10 万个家庭因此而解体。全国妇联和国家统计局在 21 个省进行中国妇女社会地位的调查结果也显示，有 0.9％的女性经常挨丈夫打，8.2％的女性有时挨打。由于家庭暴力具有隐蔽性，事实上的家庭暴力发生率可能更高。

家庭暴力历史根源之长、受害范围之广、危害程度之深，不能不引起社会的高度重视。

3）家庭暴力的原因

一般认为，成年早期的家庭暴力主要发生在夫妻之间，并且主要表现为家庭中男性对女性的暴力。这种家庭暴力的发生，有诸多方面的原因。概而言之，女性经济地位较低、经济收入不高，是诱发家庭暴力的经济原因；传统的男尊女卑观念根深蒂固，往往成为诱发家庭暴力的历史文化原因；前述的夫妻感情不和、婚外情则往往会成为家庭暴力的直接原因。

4）制止家庭暴力

（1）立法是消除家庭暴力的关键。制定专门法律，譬如《家庭暴力防治法》，是保护家庭暴力受害者，并对施暴者进行教育、矫治和制裁的关键。从上述家庭暴力项目调查的情况看，全国 2.7 亿个家庭中，有 30％的家庭遭遇过家庭暴力，这说明家庭暴力相当严重，需要法律来规范。所制定的预防和制止家庭暴力法规，有必要把家庭权利和个人权利给予明确划分，树立个人权利本位思想，用不同程度的惩罚规定制止家庭暴力的发生。

（2）家庭暴力的司法救助。我国新《婚姻法》第 43 条和第 45 条专门给家庭暴力的受害者指出了司法救助的途径。

遭受家庭暴力或虐待的家庭成员有权提出请求，居民委员会、村民委员会以及所在单位应当予以调解。调解主要适用于比较轻微的家庭暴力，它的好处在于通过深入细致的思想工作，根本转变加害方的错误思想，有利于维持家庭团结，维护加害方的自尊心，从而尽早、有效遏制家庭暴力发展的苗头。

对正在实施的家庭暴力，受害人有权提出请求，公安机关应当予以制止，居民委员会、村民委员会应当予以劝阻。这种救济方式主要适用于正在实施的家庭暴力行为。

实施家庭暴力或虐待家庭成员，受害人提出请求的，公安机关应当依照治安管理处罚的法律规定予以行政处罚。

对于实施家庭暴力构成犯罪的，依法追究刑事责任。受害人可以依据刑事诉讼法的有关规定向人民法院自诉，而对于暴力致被害人重伤、死亡的，受害人或其近亲属可以向公安机关报案,公安机关应当依法侦查,人民检察院应当依法提起公诉。如果被害人因受强制、被恐吓等原因不能起诉或由于年老、患病、盲、聋、哑等原因不能亲自起诉的,其法定代理人、近亲属可代为起诉。受害人为妇女的,被害人可以向妇女组织投诉,妇女组织应当要求有关部门或单位查处,保护被害妇女的合法权益。

(3) 建立医疗系统干预家庭暴力模式。对许多受到暴力侵害的妇女来说,医疗机构是救助行动的第一站。医务工作者应成为反家庭暴力的一线人员,应在医务工作者中进行反对家庭暴力意识的培训;应借鉴国外经验,建立有中国特色的、本土化的医疗系统干预家庭暴力的救助模式;应培养一批优秀的、有经验的医务工作者,使他们成为中国医疗系统反对家庭暴力的传播者。

(4) 社会工作方法对家庭暴力的干预。制止家庭暴力,除了利用上述的立法、司法救助、医疗系统干预等手段外,还可同时利用社会工作的相关方法,譬如可利用小组工作的方法对施暴者(丈夫)进行心理辅导,启发他们在性别观念上的省悟和对自身行为的反思,帮助他们学习压力疏导和尊重配偶;对于被施暴者(妻子)提供情感支持,帮助她们挖掘内部资源,并探讨和提供可能的外部资源,从而提高她们的自信心,增强其解决自身面对的问题的能力。

三、职业生活

成年早期,是个体走出学校,迈向社会,寻求职业,创建事业的时期。学业上的积累和收获,为事业的创建奠定了知识基础,而"鼎盛期"的体力和精力则为事业的创建奠定了较好的生物基础。这就使得成年早期的个体具有较强的承载力,能承担较繁重的脑力劳动和体力劳动,从而大大增强了事业成功的可能性。

(一) 职业对生活的意义

职业对生活的意义可概括为以下四个方面:
(1) 职业是人们获得经济独立的主要手段;
(2) 职业规定了人们在社会中的地位;
(3) 职业是人们人生这部大戏的主要场景;
(4) 职业为人们的工作、创造和成就提供主要的机会。

(二) 职业生涯发展

1. 金斯伯格职业选择理论

金斯伯格认为,人们在选择职业的过程中往往经历一系列典型阶段。第一阶段是幻想阶段(fantasy period),这一阶段持续到 11 岁左右。在幻想阶段,人们对职业的选择不考虑技术、能力或工作机会的可获得性,而仅仅考虑这份职业听起来是否有意思。例如一个小孩决定自己将来要成为一位歌唱家,在此时根本不考虑自己唱歌总是跑调。第二阶段是尝试阶段（tentative period），这一阶段涵盖整个青春期。在尝试阶段，人们开始考虑一些实际情况，务实地考虑职业的要求以及是否符合自己的能力和兴趣。同样，他们也会考虑到自身价值和目标，以及某一职业所能带来的工作满意度。最后，人们在成年早期进入现实阶段（realistic period）。在此阶段，成人早期的个体根据自己的实践经验或职业培训，明确自己的职业选择。通过不断学习和了解，人们逐渐缩小职业选择范围，并最终作出选择。

2. 舒帕的生活-生涯发展论

舒帕对金斯伯格的职业选择理论加以扩展，提出了生活-生涯发展理论，认为职业生涯发展包括下面五个阶段。

（1）成长期：0～14岁。经由认同家庭与学校的重要人物，发展出自我概念，需求与幻想为此时期的最主要特质。随着年龄增长，社会参与和现实挑战逐渐增多，兴趣与能力亦逐渐重要，因此又可分为幻想期（4～10岁）、兴趣期（11～12岁）与能力期（13～14岁）等三个时期。

（2）探索期：15～24岁。在学校、休闲活动与兼职工作中，进行自我审视、角色尝试与职业试探，逐步展开对职业的社会价值、就业机会的思考，开始进入劳动力市场或开始从事某种职业。又分为试探期（15～17岁）、过渡期（18～21岁）以及试验并初步承诺期（22～24岁）等三个时期。

（3）建立期：25～44岁。对选定的职业领域进行尝试，变换工作，然后逐步建立稳固的地位。此后职位可能升迁，但职业一般不会改变。又分为试验-投入和建立期（25～30岁）以及晋升期（31～44岁）等两个时期。

（4）维持期：45～64岁。逐渐在职场上取得一定成绩并拥有相当的地位，致力于维持与提升现有的地位，创意的表现较少。必须面对新进人员的挑战，并为退休作计划。

（5）衰退期：65岁以后。职业生涯接近尾声，体力、精力与智能逐渐衰退，退出原有工作领域。发展新的角色，变成选择性的参与者，然后成为完全的观察者。又分为衰退期（65～70岁）与退休期（71岁以后）等两个时期。

此外，在每个时期至下个时期之间，还有所谓的转换期（transition），包括：新的成长、再探索、再建立等三个历程。舒帕认为个人必须达成其每一阶段的生涯发展任务，并为下一阶段的发展做好预先规划与准备。然而，个人一旦进入一个新的生涯发展阶段，极可能也进入一个新的发展循环，需要重新经历成长、探索、建立、维持、衰退等一系列的历程（韩晓燕、朱晨海，2009）。

（三）成年早期的职业选择

成年早期的个体要对一份工作作出明智的选择，一方面要知道自己的人格类型、兴趣和能力，另一方面还要了解工作环境的特点和要求，这也就是通常所谓的知己知彼。

霍兰德(Holland)的职业理论对上述两方面的匹配性作了集中的探讨。霍兰德在对特定职业及职业环境特点中成功个体的人格特征和兴趣进行广泛研究的基础上,发展了人格-环境适应性模型。

霍兰德总结了六种人格类型:研究型、社交型、现实型、艺术型、传统型和企业型。一般来说,人格类型和职业选择的关系是有限的,但很重要。换句话说,人格无法解释职业选择的各个方面,但它确实对职业选择有影响。

霍兰德的六种基本人格类型以及它们与工作偏好的关系(Holland,1996)可概括如下。

1. 研究型

任务定向、内感受性、不好交际;喜欢深刻地思考问题,而不喜欢用行动来表现问题;需要去理解事物;热衷于模糊的任务;具有反传统的价值观和态度;是与口腔型截然相反的肛门型。

职业偏好包括航空设计工程师、人类学家、天文学家、生物学家、植物学家、化学家、科学期刊编辑、地质学家、从事独立研究的科学家、气象学家、物理学家、科学研究工作者、学术或教学文章的作者和动物学家。

2. 社交型

好交际、负责任、女性化、仁慈、细心;需要关注;具有语言与人际关系技巧,不愿意参与解决智力问题、体力活动和有较强秩序性的活动;喜欢通过与他人的情感和人际交往的技巧来解决问题,是口腔依赖型。

职业偏好包括城市学校监督助理、临床心理学家、福利机构的领导人、外交使节、高校教师、青少年犯罪专家、婚姻顾问、私人顾问、自然科学教师、游乐场领导、精神病案例工作者、社会科学教师、语言能力治疗者和职业顾问。

3. 现实型

男子气的、身体强壮、孤僻、有攻击性,具备良好的运动协调能力和技巧,缺乏语言和人际交往技巧;偏好具体问题而非抽象问题;自认是攻击性的和男性化的,同时认为自己持有传统的政治和经济价值观。

职业偏好包括航空技工、建筑检验员、电工、加油站服务员、鱼类和野生动物专家、火车工程师、高级铅管工人、雕刻者、动力铲土机操作者、动力装置操作者、收音机操作者、海关验货员、"树医"和工具设计员。

4. 艺术型

不善社交;回避高度结构化和需要纯物理技术的问题;与研究型相比,在内感受性和不善交际方面相似,但在个性表达的需要上有差别;自我的力量较弱些,女性化程度较深,容易陷入感情困扰;喜欢通过艺术媒体进行自我表现来解决问题。

职业偏好包括艺术品商人、作家、卡通画家、商业艺术家、作曲家、歌唱家、戏剧表演教练、自由撰稿人、音乐编导、音乐家、剧作家、诗人、舞台导演和交响乐指挥。

5. 传统型

更喜欢结构化的语言和数字活动,更乐于处于从属地位;是顺从、外感受性的;回避不明确的状况和涉及人际关系及物理技能的问题;能有效完成具有良好组织的任务;认同权力,重视物质财产和地位。

职业偏好包括银行检查员、银行出纳、藏书者、预算评论家、成本估算员、法庭速记员、金融分析家、商业机器操作员、存货控制员、付费记账员、质量控制专家、统计员、税收专家和交通管理员。

6. 企业型

具备推销、支配及领导他人的语言技巧,把自己构想成强大的领袖;回避使用精美的辞藻或需要花费脑力的工作环境;属外感受性;更喜欢不明确的任务;更加热衷于不同于传统的权力、地位及领导权;属口腔式攻击型。

职业偏好包括商务执行官、采购员、酒店经理、产业关系顾问、制造商代表、仪式主持人、政治角逐的经理人、房地产销售员、饭店工作者、投机商、体育运动发起者、股票和证券销售者、电视制造商和旅游推销员。

(四)成年早期的职业适应

个体一般是在成年早期就业、创业的。但由于种种原因,就业、创业后对职业有一个逐渐适应的过程。这里所谓的适应涉及工作中的方方面面:对工作本身的兴趣,投入工作时间的长短,与同事和上司的关系,对工作环境的态度等。一般认为,影响职业适应的因素大体上有以下几个方面。

(1) 性别。男性与女性相比,既表现出较好的适应性,但又表现出较大的不稳定性或流动性。

(2) 年龄。年龄愈大,则人们改变职业的可能性愈小。再者,不同年龄的个体对职业适应的内容有所区别。成人早期主要是追求工作和成绩,中年以后主要是追求薪水和职位。

(3) 看工作是否满足其职业预期。如果答案是肯定的,则有助于较快地适应职业。否则就不感兴趣,适应性也就较差了。

(4) 职业训练和职业能力。某一个体职业训练有素、能力强,则胜任该工作,适应水平高;否则,就难以胜任工作,适应性当然也就差了。

(5) 是否学用一致。一般而言,学用一致,则适应较快;反之,则会需要一个相对漫长的适应阶段。

如何来评价职业适应的状况?有学者指出,有两个标准可以判定年轻人对职业适应的成败与否:一是工作的成功与成就;二是个人与家人对这个工作及社会地位所感到的满意程度。前者属于客观性标准,后者则带有很大的主观性,属于主观性标准。

工作满意度是指个体有关其工作或职务的积极或消极情感的程度,它主要受到两类因素的影响：①工作条件，主要包括工作难度与挑战性、工作内容是否多样化、工作报酬与奖励等，此外工作环境条件与体力要求也会影响到工作满意度；②人员特征，主要包括员工本人与同事、上下级之间关系等。同事的合作、上级的支持、下级的配合、能力与工作相匹配以及工作中高度的尊重和自尊体验等，都会提高工作满意度（韩晓燕、朱晨海，2009）。

（五）就业与创业

我国实行社会主义市场经济，就业和创业都受到市场的自发调节。这一点和计划经济时期的按计划安排就业、创业有很大不同。当然在这些过程中，国家还会通过各种政策（非市场手段）对就业、创业等问题进行宏观调控。国家通过宏观调控，正不断地为社会提供就业岗位，但即便如此，人们就业的压力仍然很大。从另外一个角度讲，即使就业了，失业的威胁又来了。所以，成年早期个体必须具备一定的职业风险意识。令人鼓舞的是，现如今国家鼓励人们自主创业，并为此提供了诸多优惠的政策，这就为成年早期个体的创业提供了广阔的舞台，"海阔凭鱼跃，天高任鸟飞"，勇敢地施展你的本领和才华吧。当然，相应的是，创业路上的艰辛也在逐渐增多，对此应有充分的认识和心理准备，从而使自己既能尽情享受成功、胜利带来的喜悦，又能具有坦然接受失败、挫折的广阔胸怀。审时度势，勇抓机遇，相信事业成功的可能性就会转化为现实性。对于成年早期的个体来说，就业与创业具有多重意义。譬如，能为个体生存和发展提供经济保障和相应的物质基础；能帮助个体获得个人认同感，因为职业是人们感觉自己是谁，即个人认同感的主要成分；能获得一定的成就感；能确证自己是一个社会性的存在物等。

四、生活方式的选择

随着社会和经济情况的变化，人们对生活方式的选择越来越趋向于多元化，慢慢从过去狭窄、僵硬的心理、职业和社会角色的限制下解放出来，追求着获得幸福和活力的各种可供选择的生活方式。今天，一些成年早期个体的生活方式已不单单局限于传统的家庭模式，独身、"丁克"家庭、未婚同居、同性恋同居等，是目前非主流生活方式的主要选择。

（一）同性恋

在成年早期，与异性之爱相并存的还有同性之爱，亦即所谓的"同性恋"（homosexuality）（该词是由一名德国医生 Benkert 于 1869 年创造的）。同性恋在学理上指"对自身性别成员基本的或绝对的吸引"。根据发达国家的统计，同性恋在人群中的比例为 2% 左右。中国目前虽然没有关于同性恋发生的数据和一般性取向者的对照数字，但学界估测国内同性恋者约有 4000 万人，这其中当然包括大量的成年早期的个体。这意味着，每 100 人中就有两到三人或更多的人，愿意选择同性为伴侣。这个庞大的数字背后,是一个不容忽视的群体。

同性恋的成因很复杂,关于其成因有不同的解释。

(1) 生物学的解释。认为同性恋与基因有关,是由遗传决定的。考夫曼发现,单卵孪生子同性恋者,其孪生兄弟100%为同性恋者,而双卵孪生子的同性恋者,孪生兄弟仅40%为同性恋者。同性恋的发生可能与性激素分泌异常有关。一些研究表明,大脑组织的性别分化取决于胎儿发育关键期的体内性激素和神经递质的浓度。女性胎儿脑组织内由遗传因素或环境因素所导致的雄性激素水平越高,未来个体成为双性恋、同性恋,甚至易性癖的可能性就越大,男性胎儿则恰恰相反。

(2) 心理分析理论的解释。弗洛伊德认为,同性恋和恋母情结有关。儿童期恋母情结解决不当,将会影响个体的心理发育,产生对异性的认同和模仿。现代的研究也得出类似的结论。人们发现男性同性恋者的母亲通常是盛气凌人、专制、富有魅力、过分溺爱和庇护子女的,从而造成儿子过度依赖母亲。而父亲往往是无足轻重的、软弱的、性情粗暴的人,在家中受到反对或敌视,使得儿子缺乏对父亲的认同。从性心理发育的阶段看,同性恋的肛交行为,是退化或固着于恋肛期的结果。

(3) 行为主义理论的解释。该理论认为,同性恋是社会学习的结果。有人指出,来自文化环境的、通过不断学习和强化产生的影响力,在塑造两性行为差异中的作用,远大于生物学因素。家庭特殊的教养方式,如给男孩穿女孩服装、从小在"女儿国"里长大、玩女孩游戏等是形成同性恋的常见原因。青春期正常异性恋遭到挫折或禁止,第一次性经验发生在同性之间,由此产生的影响也是很大的。

上述归纳可能有助于人们确立对同性恋的态度。

在西方国家,人们对同性恋的态度不断地在发生变化。在中世纪,同性恋被认为是犯罪,同性恋者要被送上绞刑架。到了近代,同性恋被认为是一种病态,需要治疗。目前,除了一些宗教团体(例如天主教)之外,社会对同性恋愈来愈宽容,同性恋被认为是正常的现象。在一些国家,同性恋已经取得或即将取得合法地位。据报道,自2001年4月1日起,荷兰已成为第一个允许同性恋结婚的国家。

在我国,官方对同性恋的有关认识也在发生变化。《中国精神障碍分类与诊断标准》(第三版)对同性恋的定义非常详细,认为同性恋的性活动并不一定是心理异常,由此,同性恋不再被划归为病态。当然,这并非代表中国法律和社会正式承认同性恋的地位。在现实社会中,同性恋者被视为道德低下、下流而受到歧视、排斥的现象屡见不鲜。正确认识同性恋现象,将之视为一种正常的性取向,为同性恋者提供必要的社会援助,切实维护同性恋者的正当权益,应当成为整个社会的共识。

(二) 独身

由于种种(生物、心理和社会的)原因,现在社会上奉行独身主义的人越来越多。从类型上来看,独身包括对男女两性均无兴趣的独身、对异性感兴趣的独身和对同性感兴趣的独身。美国《纽约时报》报道,2005年美国妇女有51%独自生活,没有配偶。这是美国有史以来独自生活妇女人数第一次超过有配偶妇女。目前有报道称21世纪初北京、上海的单身男女已突破100万人,广东、上海、北京等省市已同步卷起第四次单身潮(龚晓洁、张剑,2011)。

独身现象是一种偏离主流文化和主流生活方式的选择,人们往往视之为怪异。善良的人对之会抱有怜悯、同情的态度,不那么善良者则会持鄙视的态度(从"老处女"、"老处男"这种称谓便可略知一二)。实际上,这两种态度都不可取。正确的态度应该是平等地看待他们,要看到,每个人都有选择自己生活方式的权利,他们的选择没有损及他人和社会的利益,在人口压力较大的当今中国,他们的选择还具有一定的正面价值。独身者或许正在与孤独、寂寞、性饥渴、性压抑为伴,人们不应再对他们落井下石,而应该为他们的生活营造一个更加宽松的社会环境。

对于有限的个体来说,独身这种选择无可非议,理应得到全社会的平等对待。社会政策(例如住房政策)等不应歧视这个群体。不过,一旦当这种选择成为一种社会普遍行为时,则另当别论了。

(三)"丁克"家庭

"丁克",即DINK(double income and no kids),意思是夫妻都有收入却不要孩子的家庭,其实质应理解为夫妻有生育能力而不愿意生育的家庭。近些年来,"丁克"家庭在城市青年尤其是白领夫妇中的比例有逐渐上升之势。根据零点调查公司2002年进行的一项社会调查,目前我国大中城市中已出现60万个自愿不育的"丁克"家庭。另一项调查显示,在北京、上海、广州、成都等大城市里,在15~59周岁的女性中,有近两成的人认同结婚不生小孩的主张,而在中青年女性中,主张结婚不生小孩的则高达24.7%之多(张文霞、朱冬亮,2005)。这一现象在中国的产生和发展有其深刻的经济、文化和社会背景,必须从经济学、社会学及医学等角度进行考察。

从经济学的角度来看,"丁克"是一种有利于夫妇本身的生活方式。调查显示,选择"丁克"生活方式的往往是城市尤其是大城市中的"三高家庭",即高收入、高学历、高消费家庭,他们更注重培养孩子的质量,使之接受更多的正规教育和业余训练,因此养育子女的直接成本相对较高。此外,高学历、高收入夫妇的时间价值也相对更高。如果他们生育一个孩子,即使花与普通家庭一样多的时间去培育,所付出的机会成本也会增多,另外现代社会养老等保障制度的完善也使孩子的"养儿防老"功能大大削弱。

从社会学和心理学的层面来看,"丁克"有其文化价值观基础,这体现在以下几个方面。①中国家庭关系重心出现了由纵向向横向转移的变化趋势,具体表现为在亲子关系仍然被重视的同时,夫妻关系的地位逐渐上升。"丁克"一族多数为年轻一代的夫妇,他们更看重能否实现爱情和自我价值,获得自身生活和事业的成功,而把家庭、子女放在较后的位置。②随着文化转型与观念更新,现代城市中人们的生活方式、行为方式、心理状态，以及价值判断标准发生了深刻的变革，家庭的功能弱化，在现代年轻人特别是城市年轻人看来，生育并不是婚姻的必需选择。与之相应，人们的价值评判标准也日趋多元，更有可能以开放和宽容的心态接受丁克群体。③妇女地位的改变，一部分妇女基本与男人一样完全摆脱烦琐家务的束缚而变成了一个"职业人"。妇女地位的改变，成为"丁克"这一社会现象产生的直接推动力。

此外，医学技术的进步也为"丁克"家庭的普及提供了可能与保障。各种安全可靠的避孕措施的普及分离性与生育之间的必然关系，使生育成了可控的活动，为"丁克"的生活方式提供了技术保障(汪新建，2008)。

(四) 同居家庭

同居是指男女双方未经法定结婚程序而长期居住在一起的一种社会现象，由同居关系组成的家庭称为同居家庭。和正式婚姻相比，同居中的男女双方没有正式的法律契约，从这个意义上说，因同居而引发的一系列关系包括家庭关系都是"非法的"，不受到法律的保护和支持。

1. 同居家庭的特点

一般而言，同居家庭具有以下几个明显的特点：①双方的行为属于个人行为，不受法律保护；②双方的感情关系是模糊的，是很不稳定的，很容易分手，同居时间相对比较短暂；③同居者一般没有完全共享经济生活，经济上是相互独立的；④同居者一般没有生育预期；⑤没有明显的婚姻预期。

2. 同居家庭产生的原因

现代社会，由同居关系而产生同居家庭呈现逐渐上升的趋势。导致这种状况的原因是多方面的。

首先，从社会的角度来看，由于现代社会中人的青春期年龄提早，性活跃期提前，再加上年轻人受教育及"立业"时间的延长使结婚年龄推迟，因此很多人通过同居关系来寻求性的满足。也有部分人因为婚龄的推后，而以同居方式来替代结婚。再者，现代社会由于性观念更加开放，人们对婚前性行为持更加宽容的态度，同居者所面对的社会压力自然减少了，使许多人的同居变为可行。

其次，从个体的心理来看，由于离婚率持续攀升，使人们对婚姻稳定性失去了信心，有部分人想通过婚前同居以了解彼此是否适应。有的人意识到婚姻的脆弱性，不敢大胆涉足婚姻，故抱着先"试婚"的态度，或者试图将今后分手的损失降至最低限度，而不愿作长期的投入。也有同居者不想承担婚姻的义务但想享受男女在一起的快乐，同居是这种生活方式的最好选择。还有一些人，自己已经结婚，但又想"包二奶"，与"二奶"同居，这种同居行为事实上可以看做是中国过去的"纳妾"习俗的变异。

美国社会学家诺克斯曾经对一些同居者进行调查，结果发现导致同居行为的主要因素有如下几个方面：①为了寻求一种与其他人相处具有意义的生活，也避免一般的"约会游戏"的肤浅；②为了解决校园生活的空虚、孤独感而希望有个枕边人安慰自己，并获得情感上的满足；③为了避免陷入婚姻的"围城"，可尝试以同居的方式来建立一种长远的关系；④把同居作为婚姻的前奏，避免过早的终身承诺；⑤两个人在一起比一个人强，但又不愿过早受到婚姻的约束（张文霞、朱冬亮，2010）。

第四节 成年早期相关问题

成年早期除了前文述及的亚健康问题和家庭问题外，还存在以下两大问题。

一、就业问题

成年早期个体的就业问题是一个社会普遍关注的问题。究其原因，影响成年早期个体就业的因素是多方面的。

（1）总体上职业岗位供需失衡。大部分情形是，一定时期内社会所能提供的职业岗位总是有限的，不能充分满足社会上庞大的职业需求。相反的情况极为少见。

（2）成年早期个体的职业选择带有很强的功利性。由此导致的后果是，城市里、发达地区的职业岗位大家趋之若鹜，农村的、欠发达地区的职业岗位则很少问津。白领的岗位往往供不应求，蓝领的岗位则有可能经常招不到足够的人员。

（3）就业的门槛不断提升。对学历、经验的要求愈来愈高。

（4）成年早期个体的知识结构和专业技能不符合社会需求。

（5）一些用人单位存在性别歧视。这种歧视大部分表现为录用人员过程中的重男轻女，当然不排除还有少数用人单位存在重女轻男现象。

为了克服上述不利因素，需要多方面共同起作用。①成年早期个体自身的努力。一方面认清自己，找准定位。通过对社会环境、个人状况的了解和把握，寻求自己的职业发展目标，有的放矢地进行求职择业。另一方面积极准备，提升"就业竞争力"。应当争取各种机会，充分利用学习和实习机会，锻炼自己，发现自己的独特才能，增强综合实力，提升"就业竞争力"。②学校及相关部门有责任加强就业指导。高校可以为未就业毕业生建立联系数据库名单，作为跟踪服务的基础数据。通过数据积极联络企业，开发企业的人才需求，并把需求信息提供给未就业毕业生。同时建立未就业毕业生服务岗，由专人对未就业毕业生在求职过程中遇到的政策等方面的问题进行解答、记录，帮助其寻求解决方案，以此加强与未就业毕业生的有效沟通。③政府和社会的工作。改善大学生就业环境，要最大限度地消除制度性障碍,推动毕业生就业市场、人才市场、劳动力市场的相互贯通和信息共享,构建有利于人才合理流动的大环境。可以举办规模适中的毕业生双选会,提供"就业推荐"、"职业咨询和指导"及"职业技能培训"等服务,满足毕业生的多元化需求,尽可能地为毕业生提供提升其就业竞争力、创造就业机会的服务(龚晓洁、张剑,2011)。

二、艾滋病问题

艾滋病(AIDS)的医学全名为"获得性免疫缺陷综合征",它是由人类免疫缺陷病毒(HIV)引起的。这种病毒终生传染,破坏人的免疫系统,使人体丧失抵抗各种疾病的能力。艾滋病主要通过四种途径传播:血液、性交、吸毒和母婴传播。艾滋病病毒在人体内的潜伏期平均为12～13年。国际医学界至今尚无防治艾滋病的有效药物和疗法。因此,艾滋病也被称为"超级癌症"。

艾滋病是当前全世界最大的公共卫生危机。自1981年世界首例艾滋病患者在美国被发现以来,该病在全世界迅速蔓延。联合国艾滋病联合规划署在《2004全球艾滋病疫情年度报告》中指出,目前全球有3800万名艾滋病病毒携带者,2003年共有290万人死于艾滋病。

我国自1985年发现首例艾滋病患者以来,艾滋病逐渐逞威。《中国艾滋病防治联合评估报告》(2004)指出,1998年以来,全国31个省(自治区、直辖市)均有疫情报告。2003年底估计当时存在的感染者人数为84万,截至2004年9月底,全国累计报告的艾滋病病毒感染者为89067例。从传播途径来看,89067例当中,吸毒人群占41.3%,既往有偿采供血人群占31.1%,异性传播人群占7.9%,男性同性恋人群占0.2%,其他占19.5%。从流行趋势看,艾滋病由高危人群向一般人群扩散的态势仍在继续。另外,从年龄上看,感染发病者以青壮年为主。

在我国,艾滋病已经对社会造成了比较大的负面影响。由于艾滋病的流行,使一些地区的经济发展受到严重影响;医疗救治压力越来越大,消耗了巨大的卫生资源,造成了沉重的经济负担;同时引发了救治患者、照顾孤儿寡老、消除社会危害和维护群众健康等一系列社会问题。

成年早期的个体应远离毒品、远离不良性行为(采取防护措施),科学、卫生地采血、供血,以避免引火烧身。

如前所述,一定数量艾滋病患者的存在,给社会带来了一系列问题。政府通过一系列的政策行动来防治艾滋病,已经取得了初步成效。社会工作者在帮助政府解决艾滋病问题方面,应有所作为。譬如,社会工作者有责任促成艾滋病患者社区支持网络的建立,进而为艾滋病患者提供必要的生活援助;进行必要的心理辅导,帮助他们降低耻辱感,树立积极的处世心态;协助他们改变不良的行为模式,建立适应社会需要的新的行为模式;通过宣传教育消除社会对艾滋病患者的歧视等。

本 章 小 结

成年早期上承青年期,下启成年中期(中年期)。本书将其年龄范围限定为25~35岁。其实,这种限定只具有相对意义。成年早期的个体在生物上已发育成熟,体力和精力都处于鼎盛时期,能够承担较繁重的体力和脑力活动,因此,正是个体为社会贡献力量的大好时机。从心理发展的角度看,成年早期个体的心理系统也已基本成熟,表现出诸多特点。在认知方面,辩证的、相对的、实用性的思维形式逐渐成为这个时期的重要思维方式。这一时期的个体,情感中的活动感较强,道德感、理智感较弱,情绪则逐渐趋于成熟和稳定。个体在意志与行动方面始终共存着积极性和消极性、认真和马虎、努力和懒惰、严谨和散漫等矛盾着的两极性。在社会性方面,成年早期的个体要面对一系列的发展任务,如结婚生育、职业获得、成就事业等,如果适应不好,则会对个体今后的生活带来很大的影响。

本章参考文献

[1] (美)詹姆斯·O.卢格.人生发展心理学[M].陈德民,译.上海:学林出版社,1996.
[2] 林崇德.发展心理学[M].杭州:浙江教育出版社,2002.
[3] 李银河.中国人的性爱与婚姻[M].北京:中国友谊出版公司,2002.
[4] 曹华,蔡发良.家庭心理医生[M].北京:九州出版社,2002.
[5] 华红琴.人生发展心理学[M].上海:上海大学出版社,2000.
[6] 王瑞鸿.人类行为与社会环境[M].上海:华东理工大学出版社,2002.
[7] 罗伯特·费尔德曼.发展心理学——人的毕生发展[M].4版.苏彦捷,等,译.北京:世界图书出版公司,2007.
[8] 韩晓燕,朱晨海.人类行为与社会环境[M].上海:上海人民出版社,2009.
[9] 龚晓洁,张剑.人类行为与社会环境[M].济南:山东人民出版社,2011.
[10] 江新建.人类行为与社会环境[M].天津:天津人民出版社,2008.
[11] 张文霞,朱冬亮.家庭社会工作[M].北京:社会科学文献出版社,2010.

第九章 成年中期

第一节 生物系统及其对成年中期的影响

一、成年中期的特征

(一) 成年中期的年龄特征

成年中期,又称中年期,关于其年龄范围同样有各种不同的规定。或将之限定在40～65岁(沙依仁,2001),或将之限定在35～60岁(王瑞鸿,2002)。本书则将之限定在35～65岁。其实这种划分只具有相对意义。因为随着经济的发展,物质生活水平的提高,个体健康状况的不断改善,中年期的生活时间将会有所延长。

从生物上讲,生物机能由盛趋衰将成年中期与成年早期区分开来;慢性病发病率和死亡率是否急剧上升,将成年中期与成年晚期(老年期)区分开来。

(二) 成年中期的基本特征

成年中期的基本特征主要有以下几点:①生物上出现全方位的衰退;②心理上更趋稳定和成熟;③家庭责任、社会责任更大;④职业稳定;⑤成就较多。

(三) 成年中期的标志性事件

成年中期的标志性事件主要有:①更年期出现;②慢性病发病率和死亡率开始上升;③心理疾病增多;④既是孩子又是家长,成为夹在中间的一代;⑤常常感叹老之将至。

二、成年中期生物系统的特点

成年早期是生物上成熟的"黄金期"。和"黄金期"的旺盛相比,成年中期的个体,其生物机能则逐渐地呈现出由相对平衡向逐渐衰弱转变的倾向。这种倾向表现在以下诸多方面。

(一) 身高体重及外貌

对于身高而言,大多数人在二十多岁时达到他们身高的峰值,并保持较为接近的身高一直到55岁左右。在此之后,人们开始了身高的"沉淀过程",脊柱和骨头的连接变得不再致密,虽然身高的下降非常缓慢,但最终女性身高平均下降5厘米,男性身高下降2.5厘米。

在成年早期,人体脂肪仅占体重的10%左右,但中年期则可上升到20%,肥胖、臃肿似乎成了相当一部分中年人的专利。一方面是因为年纪越大,基础代谢率越低,热量消耗的速度越慢,剩余的热量就变成脂肪存在体内。另一方面则是因为荷尔蒙的改变。通常男性腰围会变粗;女性在更年期之前,脂肪多堆积在下半身。

进入中年,皮肤由于弹力纤维的消失而松弛,可见眼睑和面颊的皮肤下垂,皮肤开始发皱。眼的外观出现肿胀现象,以40~50岁者多见。皮肤变皱,肌肉松弛和脱发被认为是个体老化的直观指标。雀斑样小色素斑和老年斑等往往在30岁后陆续出现,随着年龄的增长而逐年增加,50岁后则明显增多(汪新建,2008)。

(二) 视力与听力

大约从40岁开始,视敏度,即识别远处和近处空间细节的能力开始下降。眼睛晶体的形状发生改变,其弹性下降,使得眼睛很难将图像精确地聚在视网膜上。晶体变得更加浑浊,导致穿过眼睛的光线减少。其次,成年中期视力近乎一致的变化是近视力的损失,被称为远视眼,他们看远处的东西比看近处的东西更清楚。为了看近处的东西,他们经常需要佩戴老花镜。最后,深度知觉、距离知觉和将世界知觉为三维的能力都在下降。晶体弹力的降低也意味着中年人适应黑暗的能力受损,使得他们在光线昏暗的环境下更难看清楚。

在成年中期,听力的敏锐度也开始逐渐降低。但对于大部分人来说,听力的下降并没有视力下降那么明显。对高频声音的听力通常最先下降,这一问题一般称为老年性耳聋。听力障碍存在性别差异,男性比女性更容易出现听力障碍,大约始于55岁。具有听力障碍的人同时也可能有辨别声音方向和来源的困难。

(三) 骨骼、肌肉与脂肪

在成年早期,个体骨骼中无机物仅占50%,到了成年中期可占66%,而到老年期则增至80%左右。由于中年人骨骼中无机物含量的增高,故而骨骼的弹性、韧性明显较成年早期降低,骨折发生率相应上升,同时骨质易于增生,容易发生骨关节病,如颈椎病、腰椎骨质增生等。背部及下肢肌肉强度在35~60岁约减弱10%。

(四) 心血管系统

随着年龄的增长,个体心血管的生物功能发生了显著的变化。如自律性随着年龄的增加而降低;心血输出量35~80岁约减少32%;血管壁含钙量随年龄的增加而上升,导致动脉壁弹性下降;35岁以后,每增加10岁,收缩压约升高10 mmHg;由于肌体对血压反射性调节功能减退,因而容易引起高血压病。

在35岁前,人体血液胆固醇含量平均为180 mg/dl,40岁时约为218 mg/dl,

以后每10年约递增38.3毫克/分升。由于血压和血脂的升高,使中年人容易出现冠心病和脑血管病。

(五) 呼吸系统

随着年龄的增加,人体的肺泡和小支气管的口径日趋扩大,而肺血管数目却有所减少,结果是不利于气体的交换。另外,肺泡壁间质纤维量增加,肺的可扩张性、肺活量和最大通气量均减少,这些变化导致中年人的呼吸功能低于成年早期的呼吸功能。

(六) 消化与代谢功能

进入中年期后,随着年龄的增长,消化功能与代谢功能均呈下降趋势。从35岁开始,中年人胃液等消化分泌量下降得比较快,所含消化酶等也减少,到50岁以后,消化功能可较成年早期下降1/2。与此同时,中年人的基础代谢率平均每年以0.5%的速度下降。如果说35~40岁的男性,人体每天热量的需要平均为每小时体表平方米160焦,那么41~50岁则下降为151焦,51岁以上者下降为147焦。女性略低于男性。与机体代谢能力密切相关的各种氧化酶的活性,在大多数组织中均随年龄增长而下降。随着年龄的增长,细胞膜上激素受体数目也相应减少,细胞对激素的反应降低,致使细胞代谢降低。此外,胰岛功能减退,胰岛素的分泌减少,因而血糖容易偏高,易患糖尿病。

(七) 生殖功能

一般来说,人的生精能力及性行为是随着年龄增长而缓慢减退的。人自40岁开始,生精功能明显下降。50岁开始,睾丸容积缩小,这是曲细精管变性所致。从40~50岁起,精液中果糖减少,异常精子增加,精子活力减弱。用放射免疫法测定睾酮(雄性激素),显示男性血清睾酮随年龄增加而降低,一般55岁后可减少至正常水平以下。

(八) 更年期

医学上所提到的更年期,一般情况下是发生在中年期的后段。男性更年期出现的年龄界限不如女性更年期明确。一般认为,男性更年期较女性晚发生10~20年,即55~65岁之间。男性更年期主要有如下几个方面的变化。①精神情绪的变化。随着机体内分泌的变化,出现烦躁、易怒或精神压抑等现象。有时仅仅因为某一件小事而自责、自卑甚至失去信心。在社会生活及人际交往中,容易失去信心,产生多疑、不合群及自我孤独感。②植物神经性循环机能障碍。其表现有心悸、恐惧不安、呼吸不畅、兴奋过度、眩晕、耳鸣、食欲不振、便秘等症状。③疲劳。由于睡眠减少,机体感到疲乏无力,对生活中出现的事情缺乏兴趣,往往感到精力、体力、视力迅速下降,自感心有余而力不足。④性机能降低。表现为性欲、阴茎勃起、性交、射精、性欲高潮等一系列功能减退症状。这些症状的出现主要是睾丸萎缩、退化引起了丘脑、垂体、肾上腺等全身内分泌变化的结果(林崇德,2006)。

女性更年期平均自45岁开始,可持续数年,其中最显著的标志就是绝经。在此期间,卵巢开始萎缩而月经渐渐失调,出现一系列"更年期症候群",包括以下方面。①心血管症状,如潮热、出汗,这也是绝经期综合征的典型症状,是神经功能失调引起的。②神经精神症状,绝经期妇女或多或少都会有些心理上的变化,表现为情绪极不稳定,紧张、焦虑、失眠健忘、多疑、爱唠叨。也有表征为抑郁状态,甚至出现自杀念头,情绪消沉,悲观、烦恼。③月经及泌尿生殖系统变化,随着卵巢功能的减退,绝经期的临近,月经周期紊乱,经期延长,经量增加,甚至血崩,逐渐转变为停经,也有人骤然月经停止。④骨骼肌肉系统变化,骨质疏松、肌肉酸胀痛、乏力、关节和足跟疼痛、抽筋、驼背、身高变矮、关节变形、易骨折、指甲变脆、脱发。⑤消化系统变化,恶心、咽部异物感、胃胀不适、腹胀、腹泻、便秘。⑥皮肤黏膜系统变化,干燥瘙痒、弹性减退、光泽消失、水肿、皱纹、老年斑、口干、口腔溃疡、眼睛干涩、皮肤感觉异常(江新建,2008)。一般持续2年,症状自行消失,但约有25%的患者需要治疗。

(九) 脑结构与脑力活动

人的脑神经细胞数目随着年龄的增长而不断减少,因而中年人的脑呈减轻趋势。如以80岁与20岁人相比较,大脑细胞减少约25%,小脑普倾野氏细胞则减少20%。20～30岁时脑重量为1.2～1.4千克,以后逐年减少。脑血管病的发病率也与年龄增加呈平行关系,自40岁以后每增加10岁,脑中风发生率便增加2倍。医学统计表明,高血压时发生脑供血障碍的高峰为40～49岁,动脉粥样硬化在50～59岁。

人到中年以后,虽然脑神经细胞数目随年龄增加而减少,但脑力活动和创造性思维能力并不见衰退,这一方面是由于人脑具有很大的潜力,大脑皮质的神经细胞可达140亿之多,即使进入老年期,神经细胞仍可维持在很高水平。所以,知识分子一旦进入中年期,恰恰是创造性思维的鼎盛时期,往往可以取得许多科研成果。另一方面,虽然"机械识记"能力随着年龄的增长而日趋降低,但"意义识记"能力(即利用过去的知识和经验的识记,需要理解事物的意义)却日见增强。

综上所述,中年人的生物特点表明,中年人正处于向老年人过渡的"更年期",处于神经-内分泌的"动荡"时期,是"多事之秋",易罹患多种疾病或发生意外灾害。国内有人统计,人在35岁以后,由于肌体功能不断衰退,易患多种疾病或发生意外事故,故而其死亡的可能,已达每增龄8岁便会增加1倍的程度。因此,有人将35～60岁这一时期称为生命过程的"危险带"。

三、早衰综合征

"早衰综合征",是中年人,尤其是中年知识分子常见的身心疾病。

所谓"早衰综合征",简称"早衰",是指由于诸多主客观原因所造成的中年人过早地出现生物上衰老、体质上衰退和心理上衰弱的现象。其中生物上的变化是其他两方面变化的前提。

由于在身心方面都存在未老先衰的多种征象,并且病理机制尚未明确,故称为"早衰综合征"。"早衰综合征"处理、解决得不好,后果相当严重,轻则导致过早地失去工作能力、创造能力、生活能力,重则导致英年早逝。这对个人、家庭和社会来说都是不幸的事件。

"早衰综合征"表现在生物、体质和心理等方面(曹华、蔡发良,2002)。

(1) 生物上衰老。视力过早衰退,注意力难以集中,记忆力下降很快。体力不支,稍一活动就感到气喘吁吁,头晕目眩,无法长时间进行发明创造、研究、教学等脑力活动。食欲很差,消化功能低下,胃肠功能紊乱。经常感到胸闷气短,心悸心慌。睡眠障碍亦很明显——失眠、早醒、多梦、梦魇,睡眠的质量很差。性欲差,对性生活缺乏兴趣。

(2) 体质上衰老。这类人体质上未老先衰的征象十分突出。头发秃脱,白发苍苍或色泽无华。皮肤皱纹满布,消瘦,疲乏无力。体质上的衰退还表现在对各种疾病的抵抗力很差,经常伤风感冒,发高热,肺炎。一旦得病后久久难以自行康复,需要医疗上的积极帮助。过早患多种本应该在老年期患的身心疾病,也是一种体质衰退的表现。高血压、冠心病、脑血管疾病,甚至癌症等都是中年期常见的慢性病。

(3) 心理上衰弱。经常感到精力不足,心理疲劳非常多见。由于记忆力和注意力减退,思维功能和心理功能下降颇为突出。心理上衰弱者,还会产生迟暮的感觉,自认为已经风烛残年,于是开始消极地对待人生和世界,处事优柔寡断,自甘沉沦,无所事事,丧失社会责任感。

四、成年中期对生物变化的适应

了解中年期的生物变化与特点,对于中年人和每一个正在步入中年期的人来说,都是极为必要的。这种了解有助于中年人进行能动的生物调适,以避免诸如"早衰综合征"之类的病症。鉴于中年期的特殊生物状况,这一时期的生物调适应注意以下几个方面。

(1) 应正确地对待这一时期的生物变化。要自觉地意识到,包括更年期在内的生物变化具有必然性,是不可避免的。中年人应积极地进行心理训练和必要的肌体功能调整,以便平安地度过中年期这一多事之秋。特别需要指出的是,要注意身体所发出的威胁健康的危险信号,及早寻找原因,及时诊治。

(2) 起居有常。现代医学科学已证实,人的生命活动都是遵循着一定的周期或节律展开的。例如,人的情绪、体力、智力也都有一定的时间规律。人进入中年期后,许多疾病如冠心病、脑中风、气管炎、神经衰弱、心律失常、胃溃疡、胃炎、糖尿病的患病率日益增加,大多与起居无常有一定联系。中年人一是应该有一个合理的生活制度,使自己的生活节奏既适应四季气候的特点以及早晚变化的规律,又根据年龄、体质、地区、习惯、条件等不同情况而有不同的制宜。二是要安排一个适宜的生活环境。这主要指环境适应,如注意调节室内温度和湿度,适时增减衣、饭;环境创造,如养花植树、欣赏音乐、怡人情志,以调和气血。三是注意一般起居宜忌。比如劳作宜忌、房事宜忌、睡眠宜忌等,调整精神形体,增强体质,提高防病能力,避免外邪的侵袭。

(3)注重饮食调整。根据中年人的生理特点,饮食宜全面配合,少食脂肪性食物,采用豆类和谷类等合理调配,起到蛋白质互补作用。另外要注意五味调和、寒热相宜;食物在制作过程中要注意保护营养成分,防止其过多地被破坏。进食方法宜有一定规律,注意节制食量,防止暴饮暴食;在食后也要注意调理,主要有不过劳、不即卧、不气恼、不看书,适度散步和做腹部轻柔按摩等。

(4)保持适度的运动。人到中年,由于生长、发育过程基本处于停顿状况,即新陈代谢随着年龄增长而趋于减少。所以,为了促进中年人的机体代谢过程,劳动与运动是重要的保证因素,对于中年人来说,因人、因病而异,合理地选择一些实用的运动保健方法,适度地运动是十分必要的。切记"生命在于运动"。

第二节 心理系统及其对成年中期的影响

一、成年中期心理系统的特点

与生物上逐渐衰变的单向变化有所不同,中年人的心理能力的变化表现出了一定的复杂性。一般而言,中年人心理的主要特征是成熟和稳定。具体表现在知、情、意等方面。

(1)认知发展。中年阶段,个体的固体智力(crystallized intelligence)继续上升,流体智力(fluid intelligence)缓慢下降。所谓固定智力是指通过掌握社会文化经验而获得的智力,如词汇、言语理解、常识等以记忆储存为基础的能力。流动智力,则是以神经生理为基础,随神经系统的成熟而提高,相对地不受教育与文化影响的智力,如知觉速度、机械记忆、识别图形关系等。对于青少年(甚至成年早期)来说,这两种智力都随着年龄增长而不断提高,而中年人则与此不同。

再者,相比较而言,青少年(甚至成年早期)的智力发展以智力技能(智力发展的第一种过程,它与思维的基本形式密切相关,其主要功能在于负责信息加工和问题解决的组织)为主,而中年人则以实用智力为主(智力发展的第二种过程,表现为智力技能和情境、知识相联系的应用)。

中年人认知加工的主要内容是社会信息,根据诸如自己和别人的行为、社会交往、社会规则和集体组织间的关系等社会信息,来开展认知加工活动。因此,社会认知与伦理认知是中年人智力发展的重要特点。影响中年人认知活动的主要因素,既有社会历史因素,也有职业因素。社会历史因素的影响效应主要表现为心理学家所说的同辈效应(cohort effects);职业因素的影响效应具有复杂性,那些需要个体的思想,需要个体进行独立判断的职业活动,对认知活动会产生积极的影响;而那些简单的、机械的、重复性的职业活动,对认知产生积极影响的可能性就小得多(林崇德,2002)。

(2) 记忆发展。记忆一般由三个连续的成分组成:感觉记忆、短时记忆和长时记忆。感觉记忆是对信息最初的短暂存贮,只能保持一瞬间。信息被个体的感觉系统作为最原始的、无意义的刺激记录下来。然后,信息进入了短时记忆,保持15~25秒钟。最后,如果信息得到复述,它将进入长时记忆,并在此进行相对永久的保存。在成年中期,感觉记忆和短时记忆都没有减弱,但是长时记忆略有不同,某些人的长时记忆会随着年龄下降,人们编码和存贮信息的效率降低。

(3) 情感和情绪。中年人的情感是在成长过程中逐步形成的一种社会性的态度体验,一般包括活动感、道德感及理智感等。多年的社会化历程,使得中年人的道德感及理智感逐渐增强,在处理问题、为人和工作等方面表现出深沉而富于力度的特征。这也是他们能在社会上起到骨干与中坚作用的重要的前提条件。

中年人的情绪不像青少年那样易于激动,其内在体验往往不易形之于外;同时他们的情绪一般情况下都处于比较稳定的状态。这些情绪特征的形成,与中年人的年龄增长、社会阅历的丰富、自控力的增强不无关系。

(4) 意志。中年人经历长久的人生磨炼,意志更为坚强,对自己既定的目标有着执著的追求,有克服困难、渡过难关的耐受能力,当既定目标失去实现的可能性时,能理智地调整目标并选择实现目标的通途。

(5) 自我意识。中年人有"自知之明",了解自己的才能和所处的社会地位,能够较客观、理智地决定自己的言行。

(6) 兴趣。同青年人(甚至成年早期)相比,中年人的兴趣呈现出由宽变窄、逐步个性化的特征。在兴趣的广度方面,大多数中年人远不如青年人(甚至成年早期),他们不会对一切陌生的东西都感兴趣,甚至抛弃了青年时代(甚至成年早期)所热衷的一些活动。这通常是他们生活内容丰富性较差的主要原因。一般地讲,中年人的好奇心在敏感性上不如青少年(甚至成年早期),但在对事物属性的探索性上要强于年轻人。在兴趣的稳定性方面,中年人的兴趣比之青年人(甚至成年早期)的兴趣更具有持久性和稳定性。青年人(甚至成年早期)可能对任何事情都发生浓厚的兴趣,甚至达到狂热和迷恋的程度,但这种兴趣又会很快地为另一种兴趣所代替。中年人通常一旦确定了对某一事物或活动的兴趣,大都会持之以恒,很少为其他兴趣所干扰。中年人的兴趣与青年人(甚至成年早期)泛泛地对什么都好奇、都想试试不同,其特点在于个性化,即自己独特的偏好特别突出,这种偏好或同职业相关,或同某一种特定活动相关。在中年人兴趣偏好里通常可以发现他们个性的倾向性和人格修养的色彩。

(7) 独立意识。中年人一般经济上、生活上都较为独立,不再处处依赖他人,反映在心理上,中年人要求别人尊重自己以维护相应的荣誉和社会地位,从而表现出较强的独立意识。

二、自我意识

(一) 成年中期对自己的内心世界日益关注

荣格认为,从出生到青年期,个体的发展是一种社会化的过程。在这一过程中,个体要适应社会,扮演一定的社会角色,他们需要把心理活动指向外部,他们要学习语言、文化知识、道德规范,要掌握一定的技能以便承担和履行社会将赋予的各种责任。因此在这个时期个体更多的是考虑如何去把握世界,忙于与外界打交道。而成年中期,个体发展倾向重新逆转,更多地表现出内倾性,他们往往变得老练持重,遇到挫折时,他们能反省自问,而且他们还能根据先前的目标评价个人已取得的成就,并根据现有的成就和期望的成就来调整自己的奋斗目标。

(二) 自我调节功能趋向整合水平

自我不仅可以作为客体被认识,还可以作为主体发挥调节功能。拉文格把自我发展过程出现的类型划分为八种,每种类型(结构)代表着自我发展的一种水平(或一个阶段)。尽管拉文格认为自我发展水平与年龄变化可以是不一致的,但近些年关于自我发展的横断研究和追踪研究都表明,自我发展与年龄有密切关系。成年期自我发展主要经历如下几个阶段。

(1) 遵奉者水平。只有少数成年人处于这个水平。遵奉就是按规则行事。在这一水平,个体的行为完全服从于社会规则,如果违反了社会规则,就会产生内疚感。个体之所以绝对遵奉社会规则,是因为这些规则是群体(团体)采纳的规则。因此处于这一水平的个体还表现出强烈的归属需要。遵奉者的思维方式也是比较简单的,对人、事、物的评价标准是具体可见的,他们常根据是否违反了行为规则而作出"对"或"错"的判断。

(2) 公正水平,也叫良心水平。处于这一水平的个体,他们遵守(或服从)规则,并不是为了逃避惩罚,也不是因为群体支持和采纳这些规则,而是真正为了他自己才选择、评价规则的。也就是说,社会的、外在的规则已经内化为个体自己的规则,个体有了自己确立的理想和自己设立的目标,形成了自我评价标准,因此,自我反省思维也发展起来。尽管这一水平自我变得比较复杂了，开始认识到世界的复杂性，但他们的思想认识仍具有两极性，倾向于把非常复杂的东西区分为对立的两极，如独立性与依赖性，内心生活与外表等。

（3）自主水平。自我评价标准与社会规则，个人的需要和他人的需要，双方并不总是一致的、和谐的，有时也是矛盾的、有冲突的。在上一水平，个体不能容忍这些矛盾与冲突的存在，通过两极化的思想方法来排除矛盾。而这一水平的突出特点就是能承认、接受这些矛盾与冲突，对这些矛盾与冲突表现出高度的容忍性。因此，在人际关系方面，不但充分尊重个人的独立性，同时也能认识到人与人之间的相互依赖性。因此，对于异己之见不再感到不安，而是能欣然接受，能认识到其他人自我完善的需要。在思想方法方面，不再用两极化或二元论的观点看待世界，而是能把现实视为复杂的、多侧面的，认为可以从多种方式、多种角度看问题。

（4）整合水平。这是自我发展的最高水平。只有极少数人能达到这一水平。在这一阶段，个体不仅能正视内部矛盾与冲突，而且还会积极去调和、解决这些冲突，他们还会放弃那些不可能实现的目标。有人认为，整合概念与马斯洛的自我实现概念的内容是一致的（林崇德，2006）。

三、人格发展

人格发展进程是一个非常复杂的过程，尤其是成年中期，由于家庭、职业、人际关系等因素的影响，比成年早期更为复杂。

（一）人格结构

在众多人格理论中，特质理论是比较有代表性的一种，主要代表人物有奥尔波特和卡特尔。他们认为人格特质是个体面对外界刺激时的一种内在倾向与反应定势，由遗传和环境两方面的因素形成，对人的行为有动机作用。奥尔波特把人格特质分为个人特质和共同特质。前者是指在某个具体人身上的特质，后者则是许多人（群体）都具有的特质。奥尔波特认为只有个人特质才能将人相互区分开来。因此他主张对个人特质的研究。他把个人特质区分为以下三种。①枢纽特质，或称基本特质。一个人具有某一枢纽特质，则他的一切行动都受到这些特质的影响。②中心特质，包含几个特征，它们结合在一起代表一个人的特点。③次要特质，指不明显、不受人注目的那些特质。

卡特尔把特质区分为表面性特质和根源性特质。前者是由一些相互联系的特质形成的，它表现了若干因素的重叠影响，例如，神经过敏是一种表面特质，它由行为的若干成分（如焦虑、优柔寡断和莫名其妙的恐惧）聚合而成，而不是由单一的成分产生的，表面特质不太稳定，因此对了解人格并不重要。根源特质则不同，它是稳定持久的，是人格的基本成分。卡特尔经过研究，提出了16种人格特质，这就是著名的16种人格测验。这16种人格特质是乐群性、聪慧性、稳定性、恃强性、兴奋性、有恒性、敢为性、敏感性、怀疑性、幻想性、世故性、忧虑性、实验性、独立性、自律性、紧张性(林崇德,2006)。

科斯塔与迈克瑞根据横断和纵向研究结果提出了人格特质的五因素模型,又称"大五模型"(Big Five),并据此编制了 NEO 人格问卷(NEO-PI)。目前,该问卷被广泛应用于心理咨询和人格心理研究等领域。其主要包含了"大五"理论所提出的五个维度。

(1) 神经质(neuroticism):评价顺应性与情绪稳定性。得高分者表现出焦虑、愤怒、敌意、沮丧、冲动与脆弱;低分者具有情绪稳定、平静、放松等特点。

(2) 外倾性(extraversion):评价人际互动以及活动水平、刺激需求及快乐容量等。高分者热情、乐群、健谈、喜欢刺激、好交朋友、重感情;低分者冷淡、退让、无精打采、缄默。

(3) 开放性(openness):评价想象力,对经验的主动探寻,对美的欣赏,对未知事物的接受度等。高分者想象力丰富、审美能力强、对自身和外界充满好奇,喜欢尝试新事物,有创新性;低分者讲求实际,兴趣狭窄,对艺术感受性低,较世俗化。

(4) 宜人性(agreeableness):与对抗性相对,评价思想、感情和行为方面在同情至敌对这一连续体上的人际取向。高分者诚实、坦率、顺从、谦逊,宽宏大量,乐于助人。低分者则多疑、冷淡、不信任他人,缺乏同情心,和他人交往时缺乏耐性。

(5) 责任感(conscientiousness):评价个体行为的目标性、组织性、持久性等。高分者自信,可靠,勤奋,做事有条理,有计划,精力充沛,持之以恒;低分者则粗心大意,懒散,做事无组织,无目的,缺乏原则性。

(二) 人格的稳定性

在综合了有关人格与年龄关系的众多研究之后,科斯塔和迈克瑞认为,从 20 岁到 30 岁人格会有所变化,而到 30 岁之后,人格基本稳定下来,因此成年中期的人格结构保持相对稳定。我国学者许淑莲等使用简式 5 因素量表,先后两次分别对我国 7 个城市和 9 个城市的成年人进行测试,其中第一次测试的结果发现开放性随年龄增长而下降,神经质、外倾性、宜人性和责任感则均无明显的年龄差异;在两性差异方面,女性神经质与宜人性的得分均明显高于男性。在第二次测试中,结果大致相同,但老年组及青年组在责任感和宜人性方面得分较低,神经质得分较高。据推断这可能与老年组年龄较大、健康状况较差有关(韩晓燕、朱晨海,2009)。

四、成年中期的发展任务

(一) 埃里克森的繁衍与停滞

埃里克森认为,成年中期的发展任务主要是获得创生感、避免停滞、体验关怀。所谓创生,类似于马斯洛的自我实现概念,意为一种尽力成为最完善人的动机或愿望。进入中年期的人,家庭、社会、工作各方面的压力纷至沓来,其中一些人一旦感到自己不能一如既往地参与竞争与创造时,就逐渐进入停滞状态。在埃里克森看来,解决创生与停滞的矛盾,使个体获得创生感,避免停滞,是成年中期的主要任务。如果能圆满地完成这一任务,就有助于中年人表现出与创生相关的优良品质,即关心品质。具有这一品质的人表现为能关心自己所从事的工作,承担教育子女、赡养老人等家庭义务,而且他们做这一切,完全是自觉自愿的。

(二) 莱文森的生活架构论

莱文森所提出的生活架构论,是把发展阶段模式与生活阶段联系得最紧密的理论。成人发展由一系列交替出现的稳定期和转折期构成,稳定期与转折期的区别就在于生活架构是否发生了变化,其中中年人的发展任务是巩固自己的兴趣、目标及各种承诺。莱文森所谓的中年大致指40~65岁这一阶段,其中又包括几个小阶段。在几个小阶段中,莱文森特别强调了中年转折这一阶段(40~45岁)的重要性。这一阶段是由成年初期向成年中期过渡的桥梁。原来青少年非常关心的问题"我是谁"、"我将走向何方"又变得很重要。人们开始按照先前确立的目标来评价所取得的成就,并根据当前取得的成就和期望调整自己的目标。在这个危机转折期,个体内心有很多矛盾的两极点。若要成功过渡,莱文森认为需要重新平衡与整合四方面的极点,包括:年轻与年老,即把年轻时的冲动与年老时的专断整合在一起,从而在明智与平衡的基础上,获得创造的新动力;破坏力与创造力,即对自我的深层探索,以及形成与自身所存在的破坏力的建设性关系,产生新的创造力;男性化与女性化,即性别角色的交替与整合,取得力量与柔弱的平衡;依附与抽离,即个体在外部世界与自我需要之间找到一个平衡点,并实现自我的创造性适应、整合与成长。如果在转折期个体完成得比较顺利,55~60岁期间,个体将完成中年生活架构的建立(韩晓燕、朱晨海,2009)。总之,这又是一个继往开来的时期。如果个体能够较好地调整自己的目标,那么就可以进入下一个阶段,即40~50岁。在这一阶段,智慧、有见识、同情心、视野开阔等品质将会出现。

(三) 哈维格斯特的发展任务说

罗伯特·哈维格斯特认为,成年中期的发展任务主要来源于个人内在的变化、社会的压力以及个体的价值观、性别、态度倾向等方面。他把成年中期的发展任务归纳为七个方面:

(1) 履行成年人的公民责任与社会责任;
(2) 建立与维持生活的经济标准;
(3) 开展成年中期的业余活动;
(4) 帮助未成年的孩子成为有责任心的、幸福的成年人;
(5) 同配偶保持和谐的关系;

(6) 承受并适应中年人生理上的变化;
(7) 与老年父母相适应。

(四) 佩克的发展任务说

佩克认为,成年中期的主要发展任务是对以下四种心理发展的调适。

(1) 从重视身体力量转向重视智慧。所谓的智慧,是指人生中作出明智选择的能力,这有赖于丰富的生活经验及可接触与利用的资源。适应良好的中年人能够意识到:自己所拥有的智慧足以补偿体力、精力与青春吸引力方面的流失。

(2) 从以性为主的人际关系转向社会化的人际关系。进入成年中期后,应该重新界定两性关系,男女之间不应仅仅把对方看做性伴侣,而应该是独立的个体、相互的同伴和朋友,由此彼此将会有更深的了解。

(3) 情感投入由固执转向灵活而富于弹性。能够灵活地将情感从一种活动转向另一种活动,从一个人转向另一个人,这种能力在成年中期至为重要。因为此时的个体很容易经历生离死别,以及各种人际关系的断裂,或者因为体能的局限而必须改变目前所从事的活动。

(4) 心智活动由僵化转向灵活而富于弹性。个体应接受的教育与培训在进入成年中期后已基本完成,其有关人生的信条与准则也已成形。如果他们就此止步,不再接受新的信息与观念,那么心智就会陷入僵化之中,变得封闭保守,成长受到阻碍;而有弹性的人则能够综合旧有的知识与新的经验来作为解决新问题的指南,生活在他们看来总是充满价值,并且富有魅力(韩晓燕、朱晨海,2009)。

(五) 林崇德的发展任务说

林崇德等人认为,成年中期的发展任务,要根据其正处于人生历程的"中间站"的各种特点(生理的、心理的以及社会的特点)而制定,应该包括下面六个方面的内容:

(1) 接受生理的变化,在保健上进行自我调节;
(2) 根据智能的特点,在工作上做好自我更新;
(3) 面对巨大的压力,在情绪上加以自我控制;
(4) 鉴于兴趣的转移,在活动上学会自我休闲;
(5) 正视"中年危机",在人格上实现自我完善;
(6) 适应家庭状况,在婚姻上促进自我监督。

需要指出的是,与中年人正常的发展任务这一人生的主旋律相对照,还有一些不和谐的音符,例如有些中年人陷入酗酒、病理性赌博之中而不能自拔等。成年期这些不良行为的出现,除了其生物和社会的因素外,更重要的还有一些特别的心理方面的原因。

五、成年中期的心理调适

人跨入中年以后,由于生物和社会方面的种种原因,难免使中年人的心理状态发生这样或那样的改变,这是不争的客观事实。这些改变,是必须引起中年人的高度关注的。撇开更年期所导致的心理变化不说,社会方面的原因所导致的心理变化尤为值得重视。比如,中年人不仅肩负着工作、事业上的重任,还要有家务拖累,包括赡养父母、抚育子女等。这样一来,现实生活中的诸种矛盾、困难、烦恼可能集于一身,这些多重的矛盾、困难、烦恼常会导致情绪波动、心神不安,从而影响心理健康。有鉴于此,中年人的心理调适也是十分重要的。就我国现实情况来分析,影响中年人心理健康的消极因素主要有以下几点。

(1) 过重的心理压力。中年人在生活、学习和工作中,承受一定的心理压力,产生一定的紧迫感,并非坏事,这不仅有利于提高工作效率,促成事业上的成功,而且有助于身心健康。但是,目前我国有许多中年人的工作负担、家庭负担、经济负担、思想负担等都已经严重超载,负荷过大。这种持续的、过重的心理压力,易使人的大脑高级神经活动长期处在紧张的应激状态,极易导致高级神经活动失调,大大消耗中年人的体力与精力,使中年人的身体与心理受到伤害。

(2) 忧郁。忧郁作为一种消极的心理状态,它使人的工作欲望、创造欲望大大降低,严重的忧郁,甚至会使人丧失生存的勇气和欲望,容易导致轻生现象。对于中年人来说,无论是由于事业上遭受挫折,还是由于经济收入微薄;无论是由于事业上不得志,还是由于职业岗位不遂心;无论是由于亲人亡故,还是由于家庭关系不和睦;无论是由于人际关系紧张,还是由于子女升学、就业、婚恋等方面遇到困难或是由于身患疾病等原因,均可以产生忧郁心境,进而引发消极悲观情绪,使其对事业、对前途失去进取心和勇气。这种忧郁的心理因素,可使中年人的生物、心理功能下降,给中年人的身心健康带来极大损害。

(3) 愤怒。愤怒是人的意愿与活动遭受到挫折而发生的一种情绪紧张的心理反应。愤怒产生的原因多种多样,程度也各不相同。从不满、生气、愠怒、愤愤到严重的激愤、大怒、暴怒,不一而足。积极的愤怒,是有社会效益和创造效益的,是一种强烈责任感的表现。而消极的愤怒,特别是强烈的大怒、暴怒或持续时间较长的愤怒心理,对中年人的身心将产生有害的影响。暴怒之下,中年人的思维能力将紊乱,理智能力将降低,自控能力将严重削弱,会做出常态时不易做出的蠢事。愤怒的心理,对中年人的心血管系统、消化系统、肌肉运动系统的功能都有很大的影响,会导致某些疾病的发生和恶化。

(4) 多疑。多疑是对客观事物总是怀疑但又缺乏根据的一种心理反应。如果一个中年人有了多疑心理,就会使自己陷入完全痛苦的状态。他会因领导没交办某件事而怀疑领导不信任自己,会因同事们在一起谈话而怀疑在议论自己,会因身体的偶有不适而怀疑得了某种病,会因事业上的一时挫折而怀疑自己的创业目标能否实现。多疑之人,不仅造成奋斗目标动摇,人际关系紧张,阻碍事业开拓,也会使自己的心理负担沉重,终日处于惶惶然的紧张和忧虑状态。这种状态对中年人自身成长和事业的开拓有百害而无一利。

克服上述多种影响心理健康的因素,固然有社会条件的问题,但个人的主观能动性更为重要。中医经典著作《内经》指出:"恬淡虚无,真气从之。精神内守,病安从来。"中年人要做好心理调适,保持良好的精神状态应当注意以下几点。

(1) 积极地对待生活,适应客观现实,正确对待和处理各种矛盾。

(2) 不贪求、少忧愁,"坦然自适",知足常乐。中年人应学会控制自己的情绪,不因一时顺利、功成名就而趾高气扬、浮躁不已,也不因一时挫折而一蹶不振、心灰意冷,应使自己的心境始终保持在平稳而愉快的境界中。

(3) 培养良好的兴趣与爱好,增加思想的广度,扩大视野,创造丰富多彩的生活。

第三节　社会系统及其对成年中期的影响

一、家庭中的代际关系

与成年早期相比,中年期的家庭关系显得更为复杂多变。这一时期,子女慢慢长大,从青少年到成人,接着便是成家立业。中年人对子女的责任和义务,也因此而在不断变化。当子女尚为青少年时,对之进行教育,使之按照社会的要求和父母(中年人)的期望健康成长,是中年人义不容辞的职责。当子女成家立业时,中年人的相关责任则具有逐渐减少的趋势。

与子女成家立业相对应的是,中年人的父母亲的社会地位和身心也都在发生变化。他们已经退休在家,与早年相比,他们的健康状况有了很大的变化,疾病经常会找上门来,他们慢慢地在衰老,愈来愈需要家人的照料。中年人在身心两方面照料其父母的责任和义务日益增大。

中年人一方面需要调适与年迈的父母的关系,另一方面需要调适与子女的关系。只有这样才能更好地尽到自己的责任和义务。

(一) 中年人与父母关系的调适

随着父母的退休在家,以及身心的不断衰变,中年人与父母的调适重点也应不断地变化。

(1) 中年人应更多地关心、照顾父母的身体。父母生物功能的减退、健康状况的下降,作为一个客观事实不容忽视,中年人要重视父母的各种疾病的防治。与此同时,中年人还有义务督促和鼓励父母参加力所能及的体育锻炼,以强身健体、减少疾病。

(2) 中年人应积极地维护和增进父母的心理健康。由于生物、心理和社会等多方面的原因,父母会出现种种心理变化和心理障碍。由于身衰力微,年老的父母难以应付日常生活和对外界刺激作出适当反应,以致社会活动日趋狭隘、兴趣索然,长期下来,易陷入贫乏、孤独、空虚和无能为力的心态。由于社会角色的变化,退休在家(失去了工作岗位、失去了往日的权力等),常常会使父母变得空闲、自卑,并产生"社会多余人"的感觉。由于健康状况的下降,各种身体的不适,容易加重父母的疑惑和焦虑。而种种原因导致的人际关系的疏远,则会使父母产生人情淡薄的感觉。了解父母的心理变化和心理障碍,是维护和增进父母的心理健康的前提。帮助父母了解自己的心理变化和心理障碍,自觉地接受心理咨询和必要的药物治疗,采取多种措施,重建生活意义,是中年人的职责。把握父母的心理需求,不断提供情感慰藉,是中年人恪尽孝道的关键之举。

(3) 中年人有必要敦促父母参与力所能及的社会活动。鼓励父母参加公益性活动,参加老年人集体活动,有条件的话继续为社会发挥余热。

(4) 中年人还有责任协调家庭养老和社会养老的关系。

(二) 中年人与子女关系的调适

中年人和子女各自特定的社会生活背景、生活条件,使得他们的思想和行为方式难免会表现出一定的距离、隔膜,形成所谓的代际差异(代沟)。譬如,进入青春期的子女,往往会改变儿童期对父母一味依赖的态度,思想和行为表现出一定的反叛性。他们会依据自己的价值观去批判父母对自己的言行,当父母对自己的言行与自己的价值观相悖时,他们和父母很难产生心理相容。

一些中年人和子女的彼此沟通态度、方式有问题,也会导致彼此关系失调。在态度上,父母重视权威,要求儿女绝对顺从,儿女对父母缺乏尊重,自以为是;在行动上,采用指责、情绪化的方式来沟通,无助于了解彼此的心思和想法,反而会造成不必要的误会。

专家们奉劝中年人和子女应注意彼此关系的调适。专家们认为,这种调适需要遵行一定的原则和方法。

从原则上来说,上一代要向下一代让步,这当中需要上一代主动地削减自我的权益;下一代要了解、理解上一代,这当中需要下一代理智地看待上一代的思想、经验和做法;两代人权益共享,义务共担,这方面需要两代人互相尊重彼此的人格独立,承认和满足对方的权益享有。

从方法上说,父母要尊重子女的选择,不要硬性地将子女塑造成自己喜欢的样子;要真正地了解子女的真实想法,同时也清楚地表达自己的想法;父母还要言行一致,以身作则。

做子女的,要尊重父母,特别是与父母意见不一致的时候更应如此;重大问题要与父母商量,譬如择业、择偶等问题就应如此。

(三) 夫妻关系的调适

在中年,夫妻关系呈现出的首要特点是相对稳定性。中年夫妻通过关系调适,夫妻情谊已经形成,相互理解和支持增强。夫妻双方经过青年婚姻阶段的磨合,形成了特定的夫妻关系模式,双方认同和承担了这种模式所规定的丈夫和妻子的角色。因而中年期的夫妻关系相对于成年早期更为稳定。

中年人是家庭的主心骨,在家庭生活中既要扮演妻子或丈夫的角色,又要扮演父亲或母亲的角色,还要扮演儿子或女儿的角色,多种角色常使他们感到心理疲劳。人到中年,容易对婚姻生活产生厌倦心理。夫妻双方从浪漫的婚姻关系转为很现实的婚姻关系,容易因为生活问题而矛盾丛生。

夫妻双方面对多重生活压力,应做到:①学会合理控制情绪,适应客观现实,正确处理各种矛盾;②学会相互理解、相互尊重、相互宽容,有问题共同商讨,共同解决;③发展共同的兴趣与爱好,创造丰富多彩的生活,避免心理疲劳。

二、婚姻

(一) 婚姻生活

在不同的时期,婚姻生活具有不同的特点。社会学家把婚后夫妻关系的变化划分为几个时期:热烈期,矛盾期,移情期,深沉期。热烈期是新婚蜜月期,夫妻间具有强烈的依恋感和广泛的性亲近。矛盾期是夫妻开始过完全独立生活的时期,这一时期各种矛盾表现出来,夫妻间容易出现感情问题。移情期以新生命的降生为标志,夫妻双方都会不自觉地将对对方的爱的一大部分转移到孩子身上。深沉期,孩子已经长大,开始离开家庭独立生活,夫妻重又把注意力集中到对方身上,彼此的强烈的依赖感和性亲近再次表现出来,但这个时期的依赖感和性亲近,比起热烈期要显得深沉,情感体验更为深刻(林崇德,1995)。

对于空巢期(孩子已经长大,开始离开家庭独立生活)对婚姻的影响,学界有不同的看法。把空巢期等同于深沉期是其中的一种看法。另有一种看法认为,如果夫妻是为了孩子才在一起,并且他们对婚姻的投资贯注在抚养和教育孩子身上,那么空巢期的到来也许就意味着"是时候离婚了"。

大体说来,成年早期的婚姻生活与上述前三个时期相对应,中年人的婚姻生活则处在移情期向深沉期的过渡期。

相对于成年早期来说,中年期的婚姻较为稳定,但不稳定的因素始终存在。中年期是离婚的第二高峰期。

(二) 婚外恋

中年期是婚外恋极盛的时期,中年期的婚外恋是婚姻的主要杀手之一。

中年期婚外恋有以下几种情形。

(1) 情感消失型。指原来有爱情基础,但现在爱情已经消失的夫妻,在婚外寻求新的爱情。

(2) 情感破裂型。指原来缺乏爱情基础,或关系已经破裂但尚未离婚的夫妻,在婚外寻求新的爱情。

(3) 情感饥渴型。指原来有爱情基础,现在关系良好的夫妻不满足现在的爱情而在婚外寻求新的爱情。

中年期婚外恋的成因是多方面的。有生物方面、心理方面的原因,也有社会方面的原因。

(1) 生物方面的原因。主要指性生活不满意。性生活是婚姻生活中的重要内容之一。性生活的质量影响婚姻的质量。如果婚内性生活得不到应有的满足,那么很可能在婚外寻求补偿。更年期的生理和心理的变化给夫妻的性生活带来了更大的考验,给婚姻也带来了更大的考验。

(2) 心理方面的原因。①夫妻间感情基础薄弱。夫妻间因此无法进行正常的沟通,长此以往,必然使得一方或双方在外面寻求精神上的安慰。②夫妻间的喜新厌旧心理。长期的共同生活,减少了婚姻生活中的新奇和浪漫,相反却增加了不少单调和乏味,易于出现所谓的"审美疲劳"。家庭和社会的种种责任和压力,也使得中年夫妻无暇去培植新奇和浪漫。夫妻中的一方或双方便会在外面寻求刺激。其实他们并不想和现在的配偶离婚,只是想使生活变得更加"灿烂"。③夫妻间追求公平的心理。当人们发现婚姻关系中的不平等时,便试图用种种行为进行补偿,获得心理平衡。婚姻关系中感受到不平等的一方,亦即自认为受损的一方易于走向婚外恋。④贪财、图貌心理。有的人因为贪图对方的钱财或者美貌而委身于对方,形成婚外恋。

(3) 社会方面的原因。①受到外来的思潮(例如性解放思潮)和传统文化中的糟粕(例如妾文化)的影响。②大众传媒对婚外恋不置可否的大肆渲染。③理论界从个性发展的角度对婚外恋合理性的论述。④社会道德原则、道德规范的苍白无力。⑤整个社会对婚外恋的日益宽容。

婚外恋是中年期婚姻的主要杀手之一。为了对付和避免婚外恋,一些婚姻咨询专家曾对受害一方(原配)提出诸多建议。譬如,实施爱情保温术,每周抽出几小时的时间与配偶亲密沟通,并尽可能搞些休闲娱乐活动;个人仪表、家庭布置及饮食等要经常变化,保持新鲜感,切勿陷入单调;要学到一种专长深深吸引住对方;处理家务不可犯大错误;不断地在知识和能力上充实自己、提升自己等。

已进行婚外恋者应尽快从婚外恋中走出来。这需要婚外恋者作出种种努力:

①对婚内的性与爱作更加理性的认识;②对婚外恋的利弊作理智的权衡;③加强自身的道德修养和人格完善;④可以通过改变自己的认知评价或主动采取某种行动等方式,来增加配偶及其家庭的吸引力或优点,同时减少婚外情人的吸引力或优点。

对于社会来讲,要增强对外来的、传统的婚恋文化的鉴别能力;大众传媒对婚外恋应有明确的、合理的价值评判;社会的婚恋道德需要进一步健全,其约束力需要进一步加强。此外,专业的社会工作机构可以设立婚姻咨询部,给需要帮助者提供必要的指导。

三、职业生涯

成年中期,对于绝大部分人来讲,职业已经相对稳定,因此中年人的职业就等于他的事业。但也有一部分中年人在职业上停滞不前,成年早期的梦想越来越遥不可及,对前途感到迷茫。

1. 工作满意度

首先,与成年早期相比,影响工作满意度的主要因素发生了改变。成年早期比较重视职业的发展前景,自己的升迁机会,与同事及上司的关系等,而成年中期更加关心工作的属性与质量,如工作自主性,挑战与成熟的机会,工作条件与创造性,休假制度等。

其次,成年中期的工作满意度在总体上呈现随年龄上升的态势。这是因为:①年龄越大,改变职位的机会越少,对于现有工作的接纳与承认使个体的职业期望与现实的差距逐步缩小,从而提升了工作满意度;②随着年龄的增长,工龄的延长,工作者的个人特征与工作活动的磨合也越来越好;③工作时间越长,越有可能取得成就,获得升迁,从被支配者转为支配者。

2. 工作技能

一般来说,职业生涯中工作技能的发展会经历以下几个阶段。第一,新手期。此时对工作的程序与相关活动并不熟悉,主要的任务是获取职业知识与技能。第二,入门期。此时对工作活动有初步认识,开始将所学知识与实践经验逐步联系起来。第三,称职期。此时基本能胜任工作,但还达不到熟练的地步。第四,能手期。此时能够熟练自如地开展工作,掌握了工作过程中的许多诀窍,但对工作的整体把握与领悟还有欠火候。第五,专家期。此时达到了技能发展的最高水平,工作者在策略运用与工作的具体操作方面炉火纯青,能够把工作经验、情境与任务要求有机地组合在一起,解决问题如行云流水,且一般不需要意志努力。

一般在成年中期,工作者可以达到技能发展的第三或第四阶段,但成为专家的只有极少部分的人才。因此,许多人在成年中期因为技能发展的相对停滞而出现所谓"高原期"现象;此外,随着技术进步与知识更新周期加快,成年中期的人也可能会因为工作技能落后及学习进修意愿不足而遭到淘汰(韩晓燕、朱晨海,2009)。

3. 职业意义

职业对于中年人来说,具有多重意义,既有生物、心理方面的意义,更有社会方面的意义。从生物的角度讲,中年人一方面要注意自己身心的变化对于所从事职业的承载力,或者通过调整身心以适应职业,或者通过调整职业来适应身心,或者二者兼而有之;另一方面要防止职业病的发生。长期的职业生涯养成了中年人各自的职业习惯。但长期的职业习惯所接触的物理、化学以及社会因素会潜移默化地影响中年人的身心,进而导致疾病的发展。所以中年人在工作过程中应自觉地将这种不良影响降至最低限度。

职业对于中年人来讲,其心理意义也是多方面的。中年人的职业发展过程就是埃里克森所讲的获得创生感、避免停滞感的过程。创生表现为中年人比以往生产出更多的物质产品和精神产品,并且乐于将自己所拥有的知识经验传授给他人,尤其是年轻人。如果他们没有体验关怀的实现,也即没有自我满足感,那么将会产生停滞感。为了避免停滞感的出现,中年人应学会根据自己的实际情况调整事业目标。再者,所从事的职业是否与自己的职业预期相吻合、工作中是否具有充分的自主性,这些都会对中年人的心理产生正面的或者负面的影响。

从社会发展方面看,中年人面临着不断接受继续教育的问题。社会的高速发展,科技更新频率的加快,使得工作的条件和要求随之不断改变。中年人要想跟上时代的步伐,就必须不断接受继续教育,更新自己的知识结构,提高自己的技术经验。否则将会面临失业问题。就此而言,社会有关部门应设立专门的教育培训机构,使这种教育培训经常化、制度化。教育培训的重点应是那些学历层次低、技术能力差、已经失业的中年人。这些人的再就业问题应该引起整个社会的关注。

四、人际关系

中年人是人生中扮演角色最多的时期。这种社会角色的多重性,不仅决定中年人的人际关系的特点,而且促使中年人领会到处理好人际关系的重大意义。

中年人的人际关系具有多重特点。

(1) 具有复杂性。中年人交往范围比较广泛,有基于血缘、亲缘关系建立起来的家庭关系、亲戚关系,有基于地缘关系建立起来的乡邻关系,有基于业缘关系建立起来的同事与上下级关系,也有基于共同兴趣、爱好而建立起来的朋友关系等。

(2) 存在着纷扰和内耗。人到中年,成为社会的中坚和骨干,但每个人都有成就欲,而获得成功难免要有竞争。竞争有正当的方式,也有不正当的方式。不正当的竞争方式,诸如"窝里斗"是造成中年人人际关系纷扰和内耗的主要原因。

(3) 人际关系结构具有稳定性。中年人在十几年或几十年的长期生活中与人相处,经过不断的拣择、选取,形成了亲、疏人际关系的稳定性。

（4）具有情感上的深刻性。经历了各种成败的考验,使得中年人的人际关系在情感上具有深刻性,所谓日久见真情。

上述中年人人际关系的特点,使得中年人协调人际关系具有重要的意义。人是具有社会性的动物,只有协调好各种人际关系,中年人才能使自己有效地工作、生活,并保持身心健康。然而,协调人际关系也是一门学问,其中涉及特定的理论和技巧,并非无师便可自通的。建议社会设立相应的咨询机构,为需要帮助者提供必要的指导。

五、理智地对待成年中期的变化

成年中期的变化是全方位的,涉及生物、心理和社会生活的方方面面。如何对这些变化作出描述和解释呢？这里介绍两种不同的描述和解释模式:危机模式和转变模式。

（一）危机模式

危机模式主要关注发生在个体身上的变化。它把成长理解为一系列阶段中的一个,每个阶段都要面对独特的危机,个人只有经历和解决这个危机获得进步与成熟才能进入下一个阶段。所有的个体都被认为要经历这一系列相同的阶段。危机被视为正常的发展任务,所有的个体在人生发展的特定阶段都要体验并完成这些任务。这种成长模式的主要贡献者是埃里克森。

"中年危机"一词之所以流行,是因为 Elliot Jaques 所写的一篇论述艺术家职业危机的文章。通过对他们生活的精密考察,Jaques 发现,这些艺术家之中几乎每一个个案在 35 岁左右都经历了戏剧性的变化。在许多个案中,由于个体对"自身生命有限性"的认识,促生了危机时期,在这以后接受研究的艺术家们变得开始关注他们剩下的时间而不是注意已经活了多长时间。一些艺术家就是在此时开始他们的创造性的工作的,但也有一些人是在此时退出或死去的。

（二）转变模式

转变模式是在 20 世纪七八十年代提出来的。它否定了把危机作为正常成长事件的观点,而是认为贯穿整个生命过程的发展与进步中的大部分事件应该都是可以预见的并且也是有序的。对于主要的生活事件该在何时发生,个体自己设计了一张时间表。事件发生的预期时间主要以社会年龄标准为基准,也就是说,男性和女性该在何时结婚、抚育子女、退休等,存在着社会规定的时间表。个人生活的许多事件都是按照这个时间表来推进并接受评估的。另有研究者也认为,没有证据表明中年期与其他阶段相比会承担过度的压力。他们对中年危机的普遍性持怀疑态度。

有学者分析道,之所以会出现上述两种不同的研究结论,是研究者的研究方法不同所致。譬如,危机模式的结论主要得自临床人口的资料,即那些有问题而来求助的人的资料;转变模式的研究主要使用的是非临床人口的资料等。

其实,无论危机模式还是转变模式,都无法否认相对于人生的其他阶段,中年期是一个问题更多的时期。

"中年问题"包括中年人整个身心转折期的问题,也包括在实现这个转折过程中所出现的各种"故障"。"中年问题"具体体现在前述的生物、心理和社会适应等多个方面。譬如,在生物上,身体逐渐衰变,疾病开始增多;在心理上,对"自身生命有限性"的认识开始增多;在社会适应性上,各种社会矛盾、困难、冲突纷至沓来,使中年人应接不暇,从而出现不同程度的人格问题等。

"中年问题"是一个重要的、实际的社会问题,单靠中年人自怜自爱是无法全面解决的,这一问题需要得到全社会的关注和重视。从社会的角度看,社会应充分认识和了解"中年问题"的严峻性,调整相关政策,完善相关管理体系,采取积极的社会行动,从多方面关爱中年人。这些做法是进一步调动中年人的社会积极性,充分发挥他们社会"中坚"作用的前提,也是使他们能安然进入老年期的关键。

第四节　成年中期相关问题

一、职业倦怠

1. 职业倦怠的概念

职业倦怠是描述员工在工作中感到不满、理想破灭、挫败以及对工作感到厌倦的一种状态。它被弗洛登伯杰首次运用于心理健康领域,特指从事助人行业的工作者由于工作所要求的持续情感付出,与他人交互过程中遇到的矛盾、冲突而引起的挫折感的加剧,最终所导致的在情绪、情感、行为方面的耗竭状态。马拉什则把职业倦怠描述为一种情感耗竭、去人性化和自我效能降低的综合症状。情感耗竭是指个体的情感资源过度损耗,身体疲惫不堪,精力丧失,感到无助与绝望。去人性化(depersonalization)是指个体对待服务对象的负面的、冷淡的、过度疏远的态度。自我效能感降低,即失效感,是指个体的工作胜任感和工作成就感的下降。

个体与工作的关系出现扭曲,或者工作强度、复杂性以及竞争水平给个体带来持续的压力,使个体产生生理上和心理上的疲惫,工作热情尽失,成就感降低,甚至远离工作,对他人日益冷漠,这些都是职业倦怠的典型表现(韩晓燕、朱晨海,2009)。

随着我国经济的飞速发展及生活节奏的加快,现代职业人士面临着较大的工作压力和生活压力,也越来越多地体验到职业倦怠。2005年由石油工业出版社出版的《职业倦怠自治手册》指出,中国目前有70%的从业人员表现出各种程度的职业倦怠症状,其中政府公务员、教师、医护人员、企业职员等患有职业倦怠的现象尤为严重。

2. 职业倦怠相关理论

自从弗洛登伯杰提出职业倦怠概念以来,研究者纷纷从不同的背景或角度对职业倦怠加以解释与预测,提出了许多不同的理论。

(1) 工作匹配理论。马拉什等人的理论认为,职业倦怠是由于个体与工作不匹配导致的,不匹配程度越高,个体验到的倦怠感就越严重。他们重点考察了工作负荷、控制感、报酬、沟通、公平、价值观等工作环境的六个方面,发现当员工与工作环境中的一个或几个方面长期不匹配时,就会产生倦怠,失配时间越长,失配方面越多,产生倦怠的可能性就越大。

(2) 资源保存理论。资源保存理论是关于倦怠过程的重要理论,最初由Hobfoil提出,从工作要求和资源的角度对职业倦怠加以解释是该理论的突出特点。Hobfoil认为,工作要求与工作资源作为倦怠的两个潜在心理过程,分别与倦怠的不同维度存在高相关性,工作要求过高及工作资源缺乏容易导致倦怠。工作要求主要包括角色模糊、角色冲突、压力事件、过重的工作负担和紧张的工作气氛等,工作资源则包括时间、精力、能力、机会等。与工作要求相关的因素是造成情绪耗竭和去个性化的主要原因,而与工作资源相关的因素则可用来支持个人,以减缓情绪耗竭和去个性化的扩张。

(3) 社会胜任模型。Harrison指出,职业倦怠与自我工作胜任感有关。如果个人体验到较强的工作胜任感,那么往往会提高其助人动机;反之,若未能达到预期的助人目标,则可能产生工作倦怠感,降低助人动机。该理论模式的突出优点在于提出了社会胜任能力在工作倦怠中的作用与意义。

(4) 努力-回报模型。Siegrist从社会交换理论的角度提出了工作倦怠的"努力-回报模型"。他指出,当"投入"超过"产出"时,往往容易产生工作倦怠。Brissie等也发现,教师的个人回报感越强,工作倦怠水平越低(赵崇莲、苏铭鑫,2009)。

3. 职业倦怠的诊断

职业倦怠现象一般包括以下内容:①存在一种烦躁不安的症状,例如心理或情感耗竭,疲劳和意志消沉等;②强调心理和行为症状而非身体症状;③倦怠症状与工作相关;④倦怠没有精神病理学的症状;⑤主要表现为工作绩效降低。

4. 职业倦怠的影响因素

(1) 角色冲突与角色模糊。角色冲突是指个体在工作中面临的角色定位与角色期望不一致。角色模糊是指个体在工作中缺乏清晰明确的工作责任、权利、目标、标准等。众多研究表明,职业中的角色压力与职业倦怠存在中度或高度的相关性。

(2) 工作超负荷。工作超负荷包括数量和质量两个方面。数量方面指个体感到工作量大以致无法在规定时间内完成工作;质量方面指个体感到缺乏必要的技能去有效完成工作。几乎所有的研究结果都显示,工作超负荷会导致个体产生职业倦怠,尤其是对情绪衰竭和去个性化的影响最为显著。

(3) 职业特点。Leiter 和 Maslach 曾指出,跨边界角色的服务提供者,由于经常处在必须同时满足组织和顾客需求的中间位置上,容易感受到角色压力,易产生职业倦怠。在高竞争、高压力的变革氛围中,扮演着服务传递者角色的服务人员,正处在"跨边界"的位置上,因此,他们可能会面临"角色压力"的影响,进而引发职业倦怠。

(4) 组织因素。组织的奖惩措施缺乏或设置不当以及组织对员工工作没有提供足够支持,使得个体的工作绩效得不到及时、公平的反馈,会导致个体对工作产生倦怠感。Lee 和 Ashfoth 的元分析结果发现,上司的支持会大大降低个体的职业倦怠感,特别是在情绪衰竭和去个性化方面,但同事支持的作用相对较小;团队气氛与情绪衰竭和去个性化呈显著负相关,但与成就感降低的相关性并不显著。

(5) 个体因素。研究发现,外控型的人更容易产生工作紧张。自尊水平与职业倦怠有很强的相关性,因为个体都有自尊的需要,任何损害自尊的否定性信息都会给个体造成压力,进而导致职业倦怠。期望值高或成就动机高的个体,对工作投入程度高,且希望承担更多的工作,容易体验到情绪衰竭,而且一旦期望落空,就会随之出现去个性化应对方式及成就感降低。

(6) 人口学变量。人口学变量与职业倦怠关系的研究结果显示:在年龄方面,年轻人较容易产生职业倦怠;在性别方面,两者没有显著差异,但在具体维度上会有差异,如男性易出现去个性化,女性易出现情绪衰竭;在婚姻家庭状况方面,单身者比已婚者易产生职业倦怠,而离异者又比单身者易产生职业倦怠(闫晓静,2006)。

5. 职业倦怠的干预

从已有研究看,职业倦怠干预研究大体可分为指向个体的和指向组织的两类干预研究。

(1) 职业倦怠的个体干预研究。就职业倦怠的个体干预研究而言,它强调:①认知的改变,要求个体清楚自己的能力和机会,不致因不恰当的期望和努力失败而产生倦怠;②以更积极的方式应对问题而不是逃避;③归因训练,使个体成为更加内控的人;④更积极地表达自己的意见,尽最大可能改变环境;⑤合理的饮食和锻炼。既往研究发现,对工作的期望值高而成功的可能性低、低努力程度、低自信、逃避、神经质人格特质等都将影响职业倦怠的产生和发展。基于此,Pines 和 Aronson 提出了以放松训练进行个体干预的思路和方法,通过认知压力管理、时间管理、社交训练、压力管理以及态度改变,增加个体对工作场所的应对能力。干预训练的有效性检验表明,通过放松技巧、认知重建和社交技巧等应对技巧的训练,职业倦怠的核心——情绪衰竭被证实确实减少了。

(2) 职业倦怠的组织干预研究。基于对组织因素的研究,有些研究者提出了聚焦于组织的干预。指向组织的干预强调:①明确任务分配;②阐明角色和责任;③提供建设性的反馈;④更多地接纳员工的意见;⑤评定工作业绩时,员工的优缺点、贡献、失误都要放在重要位置;⑥提供与工作相关训练和信息。比如,针对情感性工作的对象,组织应推行规范化、参与式的管理方式,建立针对员工与工作相关情绪或心理问题的快速反应机制,协助员工保持健康的心态,使员工以健康的身心投入工作(赵崇莲、苏铭鑫,2009)。

二、酗酒

(一)酗酒的成因

(1) 有过饮酒经历的人都知道,适量饮酒会使人产生轻松、愉快的感觉。于是不少饮酒者将饮酒看做一种享受,并逐渐养成爱喝爱饮的习惯,以致上瘾。由于对酒精的耐受性,欲达到同样的效果,就必须增加饮量,于是造成酗酒。

(2) "何以解忧,唯有杜康",由于饮酒能暂时缓解人的忧愁、孤寂、失落情绪,许多事业上不成功、生活中遭受挫折的中年人,常常会借酒消愁。长此以往,往往会陷入酗酒的境地。

(3) 媒体中的英雄形象,往往都是饮酒海量、豪气逼人。人们受到媒体的熏陶,倾向于把能饮酒当成真正男子汉、有胆识的表现。这种观念鼓励了酗酒行为。

(4) 中年人工作、生活中的诸多应酬,客观上也助长了酗酒行为。

(二)酗酒的危害性

首先,酒精对消化系统的损害最为直接。一方面,酒精可造成胃肠道溃疡;另一方面,长期大量饮酒,酒精会损害喝酒者的肝细胞,导致中毒性肝炎、肝硬化,甚至肝癌等。据统计,酗酒者肝硬化的发病率为一般人的7~8倍。患有或患过肝病的人贪杯危害尤甚,可引起肝病复发或加重,甚至诱发肝昏迷而危及生命。

其次,由于胃肠道消化吸收功能下降,可引起营养不良和贫血。

再次,长期过度饮酒可诱发高血压、高血脂、中毒性心肌病。此外,还可发生骨质疏松、免疫功能下降等。需强调的是,酒精对患者神经系统的伤害很大,常导致记忆力减退、认知障碍、判断力下降、痴呆、幻觉、妄想、末梢神经炎、共济失调等情况。酒精对神经系统的伤害,会使患者发生人格改变,表现出玩世不恭、多愁善感、冷漠、不讲道理,从而失去个体的社会功能,不能正常生活和工作。

最后,酗酒还有种种社会危害性。譬如,酗酒可导致车祸、违法、犯罪等。

(三) 治疗酗酒的方法

(1) 改变不良的饮酒习惯。比如不空腹喝酒、不强劝喝酒等。

(2) 建立和参加戒酒互助会。在戒酒互助会里,嗜酒者们分析自己在心理和行为方式上存在的问题,相互讨论酒给自身和他人、社会带来的问题,同时讨论戒酒的方法,并由戒酒成功者为希望戒酒者提供帮助,最终达到完全戒酒的目的。

(3) 对于人际关系紧张、社会适应不良的酗酒者,应帮助其建立良好的社会适应行为,这样才能彻底解决其对酒精的依赖,以防在遇到挫折时,酗酒行为复发。

(4) 在对患者进行治疗的同时,还应做其家属的工作,使他们能充分理解患者的痛苦,鼓励和帮助患者戒酒。

三、病理性赌博

(一) 病理性赌博及其诊断

病理性赌博,又称强迫性赌博,是指那种对赌博者来说达到了非赌不可的程度,严重干扰其职业与家庭生活,并损害社会功能的赌博行为。

美国《精神病诊断与统计手册》第三版修订本认为,病理性赌博的诊断,只需具备下列九项之四项或四项以上便可成立:

(1) 经常一心想着赌博或弄钱去赌博;

(2) 赌注或赌博的时间经常超出自己原有的打算;

(3) 需要增加赌注数目或赌博次数以获得所追求的兴奋感;

(4) 如果不能赌博,则出现坐立不安或易激惹;

(5) 多次赌输又来参赌,想把本赢回;

(6) 曾多次努力想减少或停止赌博;

(7) 经常由于赌博而不能履行所承担的社会职责和工作职责;

(8) 为了进行赌博而放弃了重要的社会活动、工作和娱乐活动;

(9) 尽管没有能力支付渐增的债务,或者尽管知道赌博会加剧其他重要的社交、职业和法律问题,仍继续赌博。

(二) 病理性赌博的成因

(1) 生物学的解释。有学者认为,人脑内的多巴胺分泌异常,是嗜赌的一个生物因素。研究显示,长时间赌博会使大脑中的多巴胺水平升高,这种类似肾上腺素的化学物质令人呈现短时间的高度兴奋。美国麻省总医院汉斯·布雷特用功能性磁共振影像对正常男性在轮盘赌中的反应作大脑扫描图,结果发现赌徒大脑中富含多巴胺区域的血流增多,显示该中枢产生了兴奋或抑制。

(2) 心理学的解释。在心理学家看来,"病理性赌博"或称"强迫性赌博"是一种病态行为。赌博者本人沉溺于赌博而不能自拔,总感到有一股力量推动自己去赌博,不赌博会感到身心不舒服。赌博成瘾与吸毒成瘾一样,很难戒断。常见有媒体报道,某人为了戒赌,剁下自己的手指表示痛改前非的决心,可伤口未愈,竟又现身于赌场上,可见赌博"心瘾"之顽固。心理学家认为,赌瘾是仅次于毒瘾的心理疾患。其实,欧盟的心理学家早把赌徒列入"心瘾病人"行列,他们需要接受专业的心理治疗。

(3) 行为科学的解释。有学者解释道,无论是药物还是行为,只有当它们触及生物体的中枢神经的报偿机制时,才能成瘾。比如,饮食和性行为是生命延续的最基本和最重要的行为,每当完成这些行为时,大脑中枢就会产生一种愉悦和欣快感,并传递到整个神经回路中,全身都感到舒适。当生活中有某种行为能替代这种报偿或成为新的报偿时,就有可能让人成瘾,当然这样的行为需要长期、反复进行。赌博赢了是一种愉悦报偿,输了之后还想捞回来也是一种由强烈的欲望、希冀带来的补偿。

(4) 社会学的解释。有学者指出,病理性赌博还与社会环境有关。这里的社会环境涉及一个国家的政治、经济、法律和文化等因素。这些因素都会对个体的心理、社会行为产生影响,当然这其中也包括对赌博的影响。譬如说,一个国家在政治领域存在着较严重的腐败问题,在经济领域存在大量投机行为,在法律方面存在着诸多不健全的地方,在文化领域不劳而获的思想很有市场等,都会在不同程度上诱发病理性赌博的发生。

(三) 病理性赌博的危害

(1) 容易导致经济困难,负债或者破产;
(2) 容易诱发家庭暴力;
(3) 容易造成夫妻反目,严重的可导致婚姻解体;
(4) 容易诱发违法犯罪行为;
(5) 会促成嗜赌者自我伤害及自杀;
(6) 客观上会助长社会上不劳而获的心理和投机心理。

(四) 病理性赌博的治疗

(1) 心理治疗。可以采用以精神动力学为基础的心理治疗,不过此法实施起来烦琐、费时。也可以采用行为治疗方法,例如采用厌恶条件反射与想象性脱敏疗法等。

(2) 药物治疗。美国明尼苏达大学医学院精神病学家萨克·吉姆发现,赌徒的大脑中会发生类似吸毒成瘾者大脑内的变化。对吸毒成瘾者使用阻断性药物,可以缓解或阻止成瘾者对毒品的需求,这也是戒毒的原理。吉姆对45名赌徒试用一种鸦片拮抗剂——环丙甲羟二氢吗啡酮,在11周的试验中,环丙甲羟二氢吗啡酮阻断了75%的赌徒赌博的冲动和成瘾。

(3) 病态赌博者自我控制。

(4) 家庭、社会积极配合治疗。

本 章 小 结

成年中期,又称中年期,本书将其年龄范围限定为 35~65 岁。从生物发展上讲,生物机能由盛趋衰将成年中期与成年早期区分开来;慢性病发病率和死亡率是否急剧上升,将成年中期与成年晚期(老年期)区分开来。成年中期生物特征的一个基本表现就是生物方面出现的全方位的衰退,因此,处于这一阶段的个体一定要调整自己的生活作息,养成良好的生活习惯,以更好地适应生物上的各种变化。特别要预防出现早衰综合征,同时,对于更年期的个体,家人应给予更多的理解和照顾。

从心理发展上讲,成年中期心理的主要特征是稳定和成熟,具体表现在知、情、意等方面。根据心理发展的这些特点,成年中期的个体要做好工作、情绪和家庭生活方面的调适。一旦不能顺利完成这一阶段的发展任务,很可能会给个体造成强大的心理压力,这时就很容易出现酗酒、赌博等不良行为,不仅影响健康,而且破坏家庭和谐、干扰社会稳定。

从社会发展上讲,成年中期的个体扮演着多重社会角色,承担着多重社会责任,处于复杂的人际关系网络中。面对来自家庭、职场、人际关系等方面的种种压力,如果处理不当,很可能使生活危机重重。因此,除了成年中期的个体需要做好自身的适应、调节工作外,社会也应给予处于这一阶段的个体更多的理解和重视。

本章参考文献

[1]　曹华,蔡发良.家庭心理医生[M].北京:九州出版社,2002.
[2]　林崇德.发展心理学[M].浙江:浙江教育出版社,2002.
[3]　王瑞鸿.人类行为与社会环境[M].上海:华东理工大学出版社,2002.
[4]　毛晓光.人的成长与发展[M].北京:社会科学文献出版社,1997.
[5]　汪新建.人类行为与社会环境[M].天津:天津人民出版社,2008.
[6]　罗伯特·费尔德曼.发展心理学——人的毕生发展[M].4版.苏彦捷,等,译.北京:世界图书出版公司,2007.
[7]　韩晓燕,朱晨海.人类行为与社会环境[M].上海:上海人民出版社,2009.
[8]　龚晓洁,张剑.人类行为与社会环境[M].济南:山东人民出版社,2011.
[9]　张文霞,朱冬亮.家庭社会工作[M].北京:社会科学文献出版社,2010.
[10]　赵崇莲,苏铭鑫.职业倦怠研究综述[J].宁波大学学报,2009(8).
[11]　闫晓静.职业倦怠研究综述[J].山西煤炭管理干部学院学报,2006(2).

第十章 老年期

第一节 生物系统及其对老年期的影响

一、什么是老年期

(一) 年龄与老年期

1. 年龄的四种内涵

相对其他生命阶段而言,年龄对于老年人的影响更加显著。人们往往在步入老年期时才意识到年龄是一个多么重要的生命因素。所以在日常生活中经常看到,一些老人不愿面对年岁增高这样一个事实。他们不肯承认自己已经年老,或者因此感到失落和沮丧。但同时他们又不得不承认自己已经不知不觉加入了老年人的行列。在日常生活中,人们一般是由年龄来确定老年期或老年人群体的。但是究竟怎样测量年龄呢?总体来说年龄有以下四个测量方法,也可以说年龄有以下四种含义。

1) 日历年龄

日历年龄(calendar age,CA)指从个体出生到现在按年月计算的时间而确定的年龄,即从出生时刻到统计时刻为止所经历的整年数。人们平常所说的年龄一般就是指日历年龄。人的生命年龄随岁月增加,一年增一岁,这是普遍采用的方法。

在中国古代,"年过花甲"即称为老年人。老年期是一个相当长的时期,不同时代有着不同的阶段划分。《周礼》曾将老年期分为五个阶段:"五十曰艾,服官政;六十曰耆,指使;七十曰老,而传;八十九十曰耄……百年曰期,颐。"《说文》则从70岁算起,将老年期分为四个阶段:"七十曰老,八十曰耋,九十曰鲐背,百年曰期颐。"

2) 生理年龄

生理年龄(physiological age,PA)指以正常个体生理学上和解剖学上的发育状况为标准确定的年龄,这一年龄是根据个体目前的健康状况(如细胞、组织、器官、生理功能等)以及反映其健康状况的生理指标来确定的。一般来说,生理年龄会随着生命年龄的递增而增长,也就是说机体的结构和功能会随着增龄而发生老化性改变。人们一般把这种变化分成四个阶段:0~19岁为生长发育期,20~39岁为成熟期,40~59岁为衰老前期,60岁以上为衰老期。生理年龄在60岁以上的人,其机体内各脏器组织的活动已呈现老化,并逐渐衰竭,因此被称为"老年人"。

生理年龄反映了人的健康状况和生理衰老程度,并不仅仅是一个人所活的日历年数的多少。由于先天遗传因素和后天环境、疾病、营养、运动等因素的不同影响,机体的生理功能、组织结构的老化速度是不同的,个体差异很大。

3）心理年龄

心理年龄(mental age, MA)是根据个体心理活动的程度与功能确定的个体年龄。心理年龄是从一个人的行为尺度推导出来的个体在适应环境变动的能力上所能达到的阶段。它是一种主观感受,是发展心理学提出的一个界定。人的一生分为几个典型的阶段或年龄段,每一阶段或年龄段都有与之相对应的稳定的心理特质。人的心理年龄分为三个时期:0~19岁为未成熟期,20~59岁为成熟期,60岁以上为衰老期。心理年龄在60岁以上的被认为是老年人,它反映出一个人在经历了漫长的人生中其主观感受方面的老化程度。

心理年龄和日历年龄、生理年龄并不完全同步。例如,有些人年纪不大,但心理上已"未老先衰"、"老气横秋",整日意志消沉,感叹生命苦短;而有些人年纪虽大,仍然思维敏捷、动作稳健、情绪乐观,可谓"老当益壮"、"人老心不老"。很明显,后者的心理年龄要低于前者。

4）社会年龄

社会年龄(social age, SA)是从老年人的社会地位和功能角度定义的,主要指老年人从社会生产和社会核心地位退居其次及与之相应的一套社会角色期望和行为模式等。一般来说,社会年龄分为三个阶段:0~17岁为未成熟期,18~59岁为成熟期,60岁以上为衰老期。社会年龄最直观的表现就是退休年龄。这是工业化社会的产物。社会用立法、法规等规定制度年龄或法定年龄。这一标准的确定,便对老年的年龄标准有了规范化的作用。现代社会大多以享受退休金的年龄作为老年的标准。这种标准在各国有一定差异,发达国家标准略高一些,发展中国家标准略低一些。

2. 四种年龄的关系

在上述四种年龄中,日历年龄简单、准确,容易解释和测量,但它有很大的缺陷。同一日历年龄的人所处的身体健康程度、精神健康程度、衰老的起始年龄、衰老速度不同,即使是同一个体,不同器官组织的衰老状况也是不同的。这种不同导致了日历年龄、生理年龄、心理年龄间的不一致或差错性。因此,对个体年龄的界定除了考虑日历年龄外,还要考虑生理年龄、心理年龄。从社会学的角度看,将人区分为不同年龄层次,主要是基于社会意义上的考虑,即赋予不同年龄层次的人以不同的社会角色和期望等以规范他的行为。社会学假设人是社会的人,这是人的本质属性,也是年龄的本质属性。一个人从出生到少年、青年、中年、老年直至死亡,不仅仅是一个生物学的过程,更是一个社会过程。根据年龄分层理论,不同年龄层次的人在社会中的地位、角色、期望等年龄规范是不同的。年龄是一个带有普遍性的标准,当人们的年龄从一个层次到另一个层次转移时,他们的权利、角色是根据这个标准分配的。

上述四种年龄的发展并不是齐头并进的。在人类无法改变的日历年龄的基础上,人们的生理功能、心理状况以及社会参与程度都不尽相同。由此可见,对于"老年期"的界定在不同的年龄背景下应该区别对待。尽管如此,这四种年龄也都是以60岁为起始年龄的。因此,可以将一般意义上的"老年期"概括为年龄在60岁以上的人所处的生命周期,而60岁以上的人则可被称为"老年人",在这一特殊的年龄阶段中,老年人在生理和心理等方面都出现了较大的变化。但是同时也要看到,老年期是一个相当长的时期,因而老年人在某种程度上是个笼统的概念。中华医学会老年人医学会提出,我国45～59岁为老年前期,60～89岁为老年期,90岁以上为长寿期。近年世界卫生组织经过对全球人体素质和平均寿命进行测定,对年龄的划分提出了新的标准:将60～74岁的人界定为准老年人(老年前期或年轻的老年人),75～89岁为老年人,90岁以上则称为长寿老人。这种划分标准已经开始被越来越多的人所接受。在这里本书将老年期进一步细分为三个年龄层次,处于不同年龄期的老人有不同的称呼。第一层次为60～79岁,称为年轻老人;第二层次为80～89岁,称为高龄老人;90岁以上为长寿老人。

(二) 关于衰老的生物学解释

什么是衰老?人为什么会衰老?衰老的发生为什么有早有迟?这确实是值得探讨的问题。自古以来,人们一直在努力探究这个奥秘,为此提出了种种科学的或非科学的假设,试图阐明衰老产生的机制,以延缓衰老甚至企求长生不老。

1. 什么是衰老

与上述关于年龄的不同界定相对应,关于衰老的解释大致也可以从年岁、生理、心理和社会四个层面进行解释。其中,年岁老化是指一个人出生以后所累积的岁数。年纪越大,年岁老化程度越深。生理老化则指人体结构和生理上的衰老。心理老化主要指老年人对环境变化的适应和应付程度降低。人们常说老人顽固、保守等就是心理老化的征象。社会老化主要指个人因年龄老化而导致在社会上所扮演的角色的改变。本部分主要介绍关于生理衰老的特征和理论。

从医学和生物学的角度看,衰老和老年是一种生理上身体某些功能的老化现象。根据弗雷斯和克雷伯的研究,一般老人的衰老和死亡是由于疾病或一种器官或一系统器官(诸如心脏、脑、肾脏、肝脏、呼吸系统或循环系统等)丧失功能所致。人进入老年期后,都会逐渐老化,各项生理功能衰退,抵抗力和免疫力降低,容易感染各种疾病。根据郝洛克(Hurlock)的研究,老人生物方面的变化包括以下几个方面:①容貌的改变;②内部的变化,包括骨骼疏松、神经衰弱、内脏功能衰退等;

③生理功能的改变，比如对温度改变敏感、肺活量不足、血压升高、排尿不足、睡眠不沉等；④感觉器官的改变，如视力、听力下降，平衡感降低等；⑤性能力下降；⑥心理动作表现上，反应较迟钝，动作缓慢；⑦经常患病，身体衰弱或身体残障，容易发生意外事件，如跌倒、中风等。

由于衰老和老化总是与衰退、疾病和无意义相联系，人们常常会对衰老产生恐惧，总是试图延缓甚至避免衰老。年轻和生命力被视为最为珍贵和值得追求的财富。因此，人们常常会不由自主地将所有不好的东西都归结于衰老，例如疾病。对此需要有科学的认识。老化可以分为原发性老化和次发性老化。所谓原发性老化（primary aging），是指人体随时间缓慢进行的老化过程，疾病所引发的老化则为次发性老化（secondary aging）。因此原发性老化不是疾病，而是一种不可避免的过程，没有办法治疗或预防，但次发性老化则可以预防及治疗。原发性生理老化可分为三类：第一类是丧失全部功能，如妇女的月经停止；第二类是丧失部分组织及功能，如肾小球的逐渐减少造成肾脏功能的衰退；第三类是器官组织的效率降低（但器官组织没有减少），如肠蠕动的减少。原发性生理老化可以延缓，但不能阻止。次发性老化则可以通过人为的努力去控制。

2. 衰老的原因

一般而言，衰老的原因可分为三种：遗传的原因、非遗传的原因和生理的原因（见表10-1）。损耗理论认为人体就像一部机器，由于工作过劳、紧张，以及岁月如流，器官逐渐损坏；新陈代谢理论认为新陈代谢所产生的废物是对身体有害的，在人体中累积愈多，使细胞中毒越严重，这促使老化或死亡愈早且愈快；免疫理论说明人体的免疫系统随着年龄的增加愈来愈丧失功能，所以疾病的罹患率大增；突变理论则认为人体细胞中的功能受到遗传因素DNA的控制，当DNA发生突变时，继起的细胞分裂会造成更多的细胞突变，使细胞丧失应有的功能，而器官自然无用与衰退。外在环境因素论则强调老化、衰老主要是由于外在环境造成的，包括生理环境、非生物环境和社会环境。其中生理环境主要通过营养、致病因素和寄生物等影响身体健康，促使衰老发生；非生物环境包括环境中的各种自然条件和物理、化学因素。例如气候（温度和湿度）、土壤、水质、辐射、药物、噪音和各种污染等对机体产生不利或有害作用，加速引起衰老；社会环境则包括社会经济发展水平、生活环境、生活方式、卫生条件、营养状况等。

表 10-1　衰老的原因

类　别	理论名称	主　要　论　点
遗传的（genetic）原因	一般遗传理论	遗传法则决定人类寿命的上限，老化有进化的根源，指环境的改变会使人类的寿命增长或缩短

续表

类　　别	理论名称	主 要 论 点
遗传的(genetic)原因	细胞遗传理论	脱氧核糖核酸(DNA)损坏,导致酵素的错误制造,最后会导致细胞死亡
	身体突变理论	放射性物质将细胞分裂使染色体损坏,最后会导致细胞死亡
	细胞错误理论	核糖核酸(RNA)不适当(错误)的形成导致老化及细胞死亡
非遗传的(nongenetic)原因	堆积理论	新陈代谢产生的废物堆积在细胞内导致老化
	自由发射理论	自有放射物质是细胞的化学成分由于氧化而产生的副产品,会导致细胞膜破漏,使染色体产生突变,最后细胞死亡
	交互连接理论	由于结缔组织变硬缺乏弹性使连接的功能不良,导致组织的功能衰退
生理的(physiological)原因	衰竭或损耗理论	人体就像一部机器,由于工作过劳、紧张及岁月如流,器官逐渐损坏
	人体恒定不平衡理论	老年期人体恒定会逐渐减退,体内功能再适应的能力往往会受到很大的损害
	免疫理论	人体的免疫系统随着年龄的增加愈来愈失去功能,所以患病率就大增

虽然老化现象涉及复杂的体系,包括生物、心理、社会的因素。但无可讳言,生理的老化是老年期最显而易见的特征,也是可预期的自然现象。对于老年人而言,最直观的变化莫过于身体上的衰老。特别是由于老化带来的一系列老年疾病更是老年人面临的最重要的问题之一。和人生的前几个阶段不同,身体健康成为老年期的重要目标和任务。可以说,从来没有一个时期像老年期这样真正把健康当做一项重要的生命任务来看待。老年人不惜花大量的时间、精力和金钱来维护其身体健康。多项调查的结果也表明,身体状况与老年人的生活质量、生活满意度直接相关。

二、老年期的生物系统及其基本特征

(一) 老年期的形态变化

1. 细胞的变化

细胞的变化是人体衰老变化的基础,主要表现为细胞数量的减少。那么细胞究竟是什么时候开始减少的呢?相关研究测定结果显示,男性在40岁以后、女性在20岁以后细胞数就开始缓慢减少,70岁以后则急剧下降。此外,还出现细胞基础代谢量的降低、各种功能的减退、储备能力的降低和适应能力的减弱等。

2. 组织与器官的变化

由于内脏器官和组织的细胞数量减少,脏器发生萎缩,重量减轻。例如70岁老人的肺、肾、脑和肌肉的细胞数相当于20岁年轻人的60%左右;70岁老人的脾脏和淋巴结的重量减为中年人的一半。器官在长期活动中的消耗和劳损也引起功能减退。例如,心脏每时每刻都在不停地搏动,日久天长就会使心血管和心瓣膜的弹性减弱,心肌发生萎缩,心功能不断减退。

3. 整体的变化

随着年龄的增长,体态和外形也逐渐出现变化。例如,老年人头发变白是一种明显特征。此外,皮肤弹性降低,出现皱纹,也是常见的衰老标志。皮肤出现老年斑、牙齿松动脱落、耳聋、眼花、背驼等,这些都是常见的老年人的外貌特征,人们大致可以根据这些特征来推断年龄。

(二) 生物功能减退

老化常伴随各种身心机能的低下或引起各种障碍,这一变化随老化呈明显趋势。虽然单个脏器功能低下本身并不影响生命的维持,但是,脏器和组织对应激性反应的减退,会使机体内环境的稳定功能失衡。

1. 脑神经系统

伴随老化脑神经细胞数量减少,特别是大脑皮质和小脑皮质神经细胞数减少更为明显。此外,即使是健康的老年人,老年斑也会增多。

2. 消化系统

胃黏膜随老化而萎缩,因此,萎缩性胃炎发病率增高。胃酸的分泌量随老化而减少,无酸症、低酸症病人较多见。小肠绒毛减少,小肠内腔表面积狭窄。

3. 循环系统

收缩压常随年龄增加而升高。40岁以后平均收缩压呈直线上升,而舒张压在50岁以后呈稳定状态。动脉硬化随年龄而增加,年龄本身是主动脉和脑动脉粥样硬化的最大危险因子。相反,对于冠状动脉硬化而言,高胆固醇血症和吸烟等危险因子的影响大于年龄。

4. 呼吸系统

老化常伴随肺弹性减退而易引起肺气肿。此外,肋骨、肋间肌和膈肌构成的胸壁变硬。因此,老年人肺活量和1秒量、1秒率均减低。老化还伴随血氧分压减少。

5. 血液系统

健康老年人红细胞数量减少,称为老年性生理性贫血。其中特别是T细胞数及其功能随老化而降低。对感染具有防御作用的抗体生成低下,易患各种感染性疾病。此外,机体对自身和非自身物质的识别能力减退,自身免疫性疾病和恶性肿瘤发生率增加。

6. 肾脏

40岁以后,反映肾功能指标的肾血浆流量、肾小球滤过率呈直线降低,80岁后仅为壮年期的50%。由于老年人肾功能呈潜在性减退,易发生脱水。

7. 运动系统

运动系统的变化包括肌肉和骨骼的功能变化,主要表现在随着年龄的增长,肌纤维变细,弹性降低,收缩力减弱,肌肉容易疲劳,使老年人耐力减退,不能坚持进行长时间的运动。而且运动时供应所需能源的糖原储存不足,以致不能及时供给能量,使老年人不能承担重负荷或应付意外事件。此外,老化伴随肌肉量的减少,特别是老年女性骨钙量减少,摔倒时易发生骨折。同时,关节软骨也硬化,易引起和加重变形性关节病。

8. 内分泌系统

最明显的激素变化为性激素。女性绝经后和老年男性性激素均显著降低。肾素-醛固酮系统水平降低常为老年人高钾血症及脱水的原因。由于肾对抗利尿激素反应减退,更易引起脱水。此外,老化的同时钙水平呈负平衡,血液甲状旁腺素水平有增高倾向。血T_3值降低。

(三) 性与老化

1. 对老年人性问题的误解

关于老年人性问题最大的误解就是"老人无性欲论"。传统的文化观念忽视或否定老年人对性的自然需求。而事实证明,这只是人们对性问题的刻意回避所带来的错误观念。

一个健康的妇女,衰老并不意味着性欲的必然减退和获得性高潮能力的丧失;同样,一个健康的男性,可能因其体内睾酮水平的下降等出现更年期的表现,性生理反应能力有一定程度的退行性改变,但并不意味着其性兴趣、性表达能力和性满足的终止。尽管老年人在性观念、性兴趣和性能力等方面确实可维持到70岁、80岁乃至90岁,而生活中仍有相当多的老年人性能力发生改变,主要是由于错误的性观念所致。总体而言,常见的性观念误区如下。

(1) 生殖功能的终结意味着性功能的衰竭,性生活亦应终止。不懂"食色,性也","饮食男女,人之大欲存焉",性伴随着人生命的始终,不像生殖功能一样,未老先衰。

(2) 老年人性生活无关紧要,可有可无,性对青年人是必不可少的,老年人无所谓。

(3) 老年人仍保持积极的性生活有害无益。不知性生活有利于抗衰防老和延年益寿。

（4）性交即是性生活的全部，认为男性阳痿，勃而不坚，女性无性欲或性交困难，则无法进行性生活。性生活方式、性行为的方式是一成不变的，不愿改变性习惯（如性交体位的改变，性生活方式，性表达方式的变更），采取变通或替代的方法协调性生活。

（5）认为禁欲或减少性活动有利于性功能低下或减退的恢复。不懂性器官性功能亦同人体其他器官功能一样，遵循"用进废退"的原则，减少性活动不利于性功能的康复。

（6）自信心缺乏，生病后恐惧性活动，认为性功能衰退或疾病造成的性障碍是不可逆的，不敢恢复正常性活动，认为性活动可使病情加重，不懂得适宜的性活动有益于身心健康和疾病的康复。

（7）独身（守寡或离异）老人无异性相伴无法进行性活动，不知可以用异性性交之外的变通方式如自慰，以及借助各种性器具维持性活力、获取性满足。一旦再婚，常因性生活曾一度终止而影响性功能的正常恢复和发挥。

2. 老年人的性功能和性活动

1) 衰老与性功能

"老年人无性欲论"的根源，就是认为性激素的枯竭等于性功能的终结的观点。其实这种观点是人们的一种误解。虽然老年人的性功能有了明显退化，但相当多的老年人性欲和性兴趣依然强烈，性生活仍然十分活跃。有关统计资料表明：在66～71岁的年龄段内，对性有兴趣的男性为90%，女性为50%，就是在86～90岁的年龄段中对性有兴趣的男性也有51%。根据Kinsey及Beach等人的报告，在摘除了成人的精巢、卵巢后（即不再分泌性激素状态），仍完全能够进行性活动。事实上，激素分泌旺盛的青年人也会出现阳痿。可见，性激素确实是左右人的性活动的一个因素，但不是唯一因素。对人的性活动来说，其发达的大脑活动（精神刺激）更为重要。性激素的枯竭，会导致女性闭经和男性精液分泌量和精子产生量的减少，但不会使性活动完全终止。这是最近科学的新发现。

Masters和Johnson对伴随衰老而来的性器官的形态变化的研究，得出以下结论：女性阴部、大阴唇、小阴唇的脂肪组织消失同时变薄，阴蒂有若干缩小，膣壁变薄，皱褶消失，整个膣腔会逐渐缩小。男性则一般没有明显的形状变化（Masters & Johnson，1966）。但需要补充的是，这些由衰老所造成的组织变化，会给性活动带来某种影响，这是应该注意的，但它并不构成性活动停止的因素。

2) 衰老与性反应

Masters等人对老年人的性活动进行实验观察，提出了老年人的性反应氛围四个时期的报告。这四个时期分别是兴奋期、平坦期、性欲高潮期和消退期。老年女性在性兴奋初期与青年人一样会产生乳头勃起，尽管不太强烈，但仍可以看出乳晕胀起。阴蒂也会像青年人一样产生勃起反应，但大、小阴唇的反应略有衰减，膣腔润滑体的分泌有速度减慢、数量减少的倾向。性欲高潮的持续时间减短,但仍有与年轻女性相同的收缩形式。男性老人在达到阴茎完全勃起至射精所要的时间比年轻人长,在性欲高潮时,精液射出的距离变短,射精收缩次数减少等。根据以上观察结果,Masters 等人认为,老年女性仍能对有效性刺激具有充分反应,可能得到性欲高潮,性激素的减少虽然会减慢性反应的速度与强度,但完全有可能进行性活动。男性如果没有什么急性或慢性性功能丧失因素的话,年过 80 仍然可以进行充分的性活动,即使很长时间没有性行为,只要有适当的刺激,仍能得到恢复(Masters & Johnson,1966)。

3) 老人的性兴趣和性活动

在考虑老年人是否还有性欲及其对性的需要程度时,与其询问老人为什么对性不感兴趣,还不如提出"老年人为什么不可以对性感兴趣"的问题来得确切。因为对于老年人性的文化压制,起到了遮人耳目的作用。事实上,很多社会调查的结果显示,几乎全部老年男性都有性兴趣,而女性却还不到男性的半数。不管是在哪个国家,性的主角是男性,而女子仅仅只是配角而已。这些调查结果说明性问题的文化意味远远超过性本身。

对于老年人性活动的实际情况,大致有以下结论。①性活动频率有随着年龄增长而下降的倾向,但老年期仍有性活动。老年期性活动频率为每月 1～3 次。②老年期的性活动呈现多样化的特点。性活动频率的个体差异很大,和年龄并没有直接的关系。③老年女性的性活动几乎都比男性低,但这并不能就此断定其性欲、性功能贫乏。有调查显示,女性没有性活动,几乎全是由丧偶、衰老所造成的。事实上,在高龄妇女中,年纪越大,手淫率越高。

3. 与老年人的性有关的问题

1) 性的不满和家庭不和

在因老年人而造成的家庭不和的原因中,有时有老年人潜在的、表面的对性的不满在起作用。老年人对性的不满,一般都不以直接的形式表现出来,而是以家庭不和、莫名的哀愁、希望早死等引发出来的。父母与子女之间的不和,由潜在的对性的不满所引起的问题会以各种形式表现出来。例如,对子女的生活进行过分的干涉、强迫结婚和要求传宗接代、责怪儿子宠爱儿媳而冷落老人等。

老年夫妻之间的不和中,也有由性的不满而造成的问题,如性欲和性配合的不一致,爱情不专或怀疑对方用情不专所引起的争吵。由于双方对立冲突的缓冲器——子女都已长大独立,更容易产生激烈的冲突。

2) 性活动障碍及其指导

对老年人性活动构成障碍的最大因素是文化的压力。强制推行不承认性生活的神圣老人形象,会压制老年人的性活动。文化上对老年人性压抑的表现主要有以下几个方面的表现。

（1）传统观念、封建意识和社会舆论。中国几千年来的传统观念和封建意识认为"无欲则长寿"，"老年人不应有性生活"，社会舆论把老年人的性活动也看成是"不正经的"，"粗俗的"，甚至是"下流的"。这些观念都给老年人带来极大的性压抑。

（2）不良性心理。老年人性生活的心理压抑还受许多不良心理的影响。如衰败心理、羞耻心理、恐惧心理、禁欲心理等。由于全身各脏器不同程度的衰老，增加了心理上的衰老，对性心理产生压抑，误认为性功能丧失和性能力减退，使性生活兴趣降低。这在女性方面反映较突出，拒绝过性生活。由于世俗偏见和性禁锢的束缚，认为老年人过性生活是可耻行为，一些老年人往往还要在子女面前显示自己的"圣洁"，进一步导致性欲减退。另外，由于疾病造成心理负担过重，对性产生恐惧，怕加重病情而回避性生活。还由于过分相信"纵欲伤身"之说，而抑制自己的性欲望和要求。

（3）性知识的缺乏。很多老年人不了解自己的性生理以及如何协调性生活。性的衰老，性欲望、性功能的衰退本是正常生物现象，性的表达方式应根据年龄、身体状况、婚姻状态等方面因素作适当的调整。老年人一旦出现性问题，就误认为是性能力消失、性生活需要终止的信号，不去进行主观努力以克服障碍，缺乏恢复性功能的信心和勇气，听之任之，造成心因性性功能废用性衰退，加剧了性功能的低下。

（4）社会角色变换。许多老年人离退休后由于社会角色发生了变化，心理上不能适应现实的生活，认为自己是无用之人，对性生活的兴趣自发性减退。

（5）身体上的疾病所造成的对性活动的限制。任何疾病均可影响性兴奋与性反应能力，对于老年人尤其如此，有些影响是暂时的、可逆的，有些则是长期或难以恢复。疾病对性功能的影响可分器质性原因、精神性原因、人际关系原因。器质性原因多造成直接的损害；精神性原因是指疾病本身不造成直接损害，但常触发导致性障碍的精神反应；有些疾病可导致夫妇性关系的紧张，反过来影响性功能。

对上述老年人的性问题应该怎样对待呢？可从以下几个方面努力：

（1）对老年人的性问题，要不带任何偏见，给予科学上的肯定；
（2）认真了解老年期性活动功能和性活动的实际情况；
（3）要有关于老年期性活动方面的窍门知识；
（4）广义地理解性欲，并设法加以指导；
（5）对老年人不应产生精神压力，如果自己是心甘情愿的，没有性生活也能生活得很好。

三、老年人健康和成功的老化

（一）老化与老年人健康

虽然目前没有很多的研究可证实有哪些生活形态的改变可以延缓老化现象，

但持续的运动、适当的营养、压力的缓解、良好的睡眠则是公认的最重要的四个因素。

1. 持续的运动

延缓衰老和维持健康的主要途径在于运动。生命在于运动,运动是延缓老化过程的良药。缺乏运动会使各器官功能下降,例如肌肉萎缩、肌力减退,关节活动不灵活、心血管功能减退等。运动可以促进机体的新陈代谢,改善血液循环,提高各器官的生理功能和抗病能力,达到增强体质、促进健康、保持朝气、延缓衰老的目的。

老人不适合做激烈的运动,因为容易出现意外伤害,但应该保持规律性、持续性的运动习惯,激烈程度中等的运动项目适宜间隔一天做一次,轻微的运动则可以每天做。

一般来说,老人运动项目约可分为三大类。第一类运动可以强化心肺功能、增加耐受力,例如有氧舞蹈、快步走、骑脚踏车及游泳等,如果可以接触到地面,会有增加骨质密度,避免骨质疏松症的效果,如快步走。DeVries的研究指出,不管老人以前有没有运动习惯,适当的有氧舞蹈课程可以增加10%~30%的最大氧气消耗量,也有研究显示这类运动可以降低血压。第二类运动侧重于身体的弹性、平衡及放松,这些运动做起来很轻松,例如太极拳、徒手操及瑜伽等,适合患有关节炎、身体虚弱及最近出院的老人。在美国,有很多老人做哈达瑜伽(Hathayoga),它的伸展、弯曲及缠绕动作可以让身体放松并保持身体的灵敏度。我国台湾地区的老人则偏好甩手、外丹功、太极拳等。第三类运动是重量训练。因为人的脂肪组织相对于身体组织的比例会随年龄的增长而逐渐增加,肌力逐渐降低,适当的重量训练可以增强老人的肌力并维持其持久性,有助于老人操作家务或走动。但专门为老人设计的重量训练课程很少见,目前此类训练多数已被纳入到舞蹈课程中。

2. 适当的营养

由于年龄的增长,老年人的身体需要一系列特殊的饮食和营养。帮助老人建立健康饮食习惯是营养教育的目标,其基本的概念是摄取适当的热量以维持最佳的体重,食用各种新鲜蔬菜、水果、瘦肉、低脂乳制品等,避免过量的盐、糖、脂肪及酒精性饮料,进食充足的水分及纤维质,并补充适合身体状况的营养素等。

造成老人无法达成营养均衡的障碍有三:营养不良、基本代谢率改变及药物的副作用。

(1)营养不良。老人的营养不良是因为不当的营养摄取所致。其原因包括:单独用餐或患病导致食欲减退;为求烹饪方便,大量使用罐头制品;牙齿功能不佳或假牙佩戴不当,造成进食困难;身体的障碍影响采买食品或煮食的意愿;经济状况不佳等。

(2)基本代谢率改变。一般来说,人体基本代谢率从20岁到70岁会降低

20%,因为能量消耗率降低,卡路里的需要量也应降低。45 岁到 70 岁之间的人,若没有减少卡路里数的摄取,可能会使体重增加,而肥胖则有可能引发慢性病。但其他必要的营养成分如维生素、蛋白质及矿物质的摄取仍应充足,不可减少,所以老年人对食品的选择必须以低热量、充足的营养为原则。

(3) 药物的副作用。老化所引发的疾病,例如便秘、失眠、关节炎病症及高血压等都可以通过饮食的调整来改善,但对某些老人来说,只有借助药物方能改善,而部分药物的副作用则会影响老人的食欲及对营养成分的摄取。

老人可以参加各项营养讲座或是到各医院的营养门诊与营养师讨论并参考相关的期刊或书籍等,以了解自己的理想体重应该是多少及各类食物的营养成分,再搭配适当的运动,就可以建立均衡的饮食习惯并有效地控制体重。

3. 压力的缓解

压力是一种刺激,会让身体产生反应,例如焦虑、害怕或兴奋,不管是正面的或负面的刺激,都会产生生理性反应,如呼吸及心跳加快、血压升高、荷尔蒙释出、血管收缩、肌肉紧绷、肠胃不适、肝脏及脾脏活化等。

早期人们对于压力的处理方式不是设法击退就是逃避,现代处理的方式则改为设法舒解。年岁的增加会使老人对压力事件的敏感度增加,例如,配偶或亲朋好友的死亡、自己退休、住进福利院、视力及听力衰退、活动范围受限等。此外,压力并不只局限于不愉快的事,子女结婚、孙子出生、孩子工作的升迁调整等都有可能成为压力源。

压力管理的方法很多,包括深呼吸、积极性的思考及练瑜伽等,最常被使用的方法有三种:渐进性的放松、想象及默想(Haber,1989)。

(1) 渐进性放松。这是一种规则性的紧缩、放松肌肉的方法,扼要的说,就是渐进性的集中注意力在身体的各个部位,从头顶、前额开始到脚踝、脚弓及脚趾结束,可以先让身体所有部位逐一处在紧绷的感觉状态中,然后一个一个放松;或者依部位逐一进行紧绷、放松的练习。整个程序持续 20~25 分钟(Jacobson,1962)。

(2) 想象。渐进性放松做完之后,再进行相同时间的想象。目前,有两种最流行的想象方式:一种是找一个身体有病痛的部位,然后想象自我治疗;另一种是假想到一个风景美丽的地方,与一个有智慧的人(比如非常尊敬的已经过世的祖父母)进行互动,由他来帮助解决问题。

(3) 默想。前两种方法的姿势可以面朝下趴着,而这种方法则必须采取坐姿,因为趴着比较容易睡着,Wallace 认为默想的效果要比睡眠状态来得好。默想祷告可以引导人们到达内心的完整,促进身体和情绪的松弛。

4. 良好的睡眠

随着年龄的增长,老年人的睡眠质量逐渐下降,但对睡眠的需求并没有因此而减少,只是睡眠的生物节律分布发生了变化,睡眠能力降低;虽然卧床时间延长,但觉醒次数增多,白天经常有意识打盹,以补充晚上睡眠的不足,这样一来,总的睡眠时间不变。从睡眠结构上看,浅睡眠比例增多,深睡眠比例减少。

老年人的失眠主要包括三种类型。第一种为非病态失眠,例如,个体进入老年期后,睡眠随年龄增长而逐渐减少,或者旅行时由于时差而使睡眠时间减少,或者因更换睡眠环境而产生的境遇性失眠等,这些仅引起较少和短暂的主观不适。第二种是病态假性失眠,指个体持续一周以上有睡眠时间明显减少的主观体验,而实际睡眠时间并无减少,因而又称为缺乏睡眠感。第三种为病态真性失眠,包括入睡困难、易醒和早醒等表现。入睡困难指入睡所需的时间比平时多一个小时以上;易醒是指在睡眠过程中比平时觉醒次数多,且不能很快再入睡;早醒指比平时提前醒来一个小时以上。

老年人保持良好的睡眠,需要注意以下几个方面。

(1) 养成良好的生活习惯。老年人晚上睡觉前可以用热水洗澡或洗脚,促进血液循环,消除疲劳,改善睡眠。晚餐不宜过饱,也不宜空腹。睡前不宜饮用浓茶、咖啡和酒等刺激性饮品。生活要有规律,早睡早起,宜养成午睡习惯。

(2) 创造舒适的睡眠环境。尽量做到室温适宜、室内无光、空气流畅、无异常气味,环境安静,被褥干净、舒适,总之,睡眠环境应该安静、整洁、舒适和安全。同时,保持良好的睡眠姿势,宜右侧睡、不应仰卧或俯卧,不要蒙头掩面或张口而睡。

(3) 保持健康的心理状态。睡前精神放松,情绪安宁,避免过于兴奋、激动或过于悲伤、抑郁。正如《睡诀》中所说:"睡倒而屈,觉下而伸,早晚以时,先睡心,后睡眼。"保持宁静的心境是轻松入睡的决窍。老年人一旦出现睡眠障碍,应该平静、客观地面对现实,正确认识睡眠状态,积极配合治疗,否则容易形成恶性循环,变成顽固性失眠。

(4) 适当用药物辅助治疗。老年失眠者可以服用安眠药辅助睡眠,原则是剂量宜小不宜大,时间宜短不宜长,宜多种药物交替使用。

(二) 成功的老化

最新的学术研究认为,老化模式包括以下三种:正常的老化(normal or usual aging)、病理性的老化(pathological aging)以及成功的老化(optimal or successful aging)。其中,正常的老化是指生理上或心理上无疾病状况的老化。所以,正常的老化就是一个人在社会生活中自然地老化,并且没有患明显的生理疾病(manifest illness)。正常的老化可以从两个方面去衡量:一是从统计学的角度,或者说要从流行病学的角度去判断;另一个则是从机能上去定义(functional definition)。病理性的老化是指个人遭受疾病病原和疾病征兆侵害的老化过程,最典型的例子就是阿尔茨海默病。所谓"成功的老化",是指个体对老化的适应良好,生理保持最佳的状态,进而享受老年的生活,亦称"顺利的老化"(黄富顺,1995)。但是成功的老化不会自动到来，它需要个人主动去追求、掌握才能得到。

理查德·A.卡利什认为，成功的老化主要有以下四种可能的含义。

（1）成功的老化意味着老年人的行为与社会对老年人所形成的标准相一致，换言之，社会为老年人设定了一套行为规范，当老人与这套规范相适应时，就意味着老年人达到了成功的老化。这个定义的基本假设是，社会知道老人应当如何去行事，而且，社会对老年人的这种看法是正确的。但社会的标准是否符合老人自身的看法就不一定了，这种定义可能在某种程度上忽视了老人本身的独特性和价值。

（2）成功的老化意味着老人应当尽可能地维持中年期的积极性。这种定义主要是站在中年期的标准上看老年期，潜在地具有对老年人的排斥和对老年人价值的贬抑。

（3）成功的老化意味着老人对自己现在的状况与活动感到满意。

（4）成功的老化与老人生活的幸福感和满意度紧密相关。这种生活的幸福感和满意度可以用以下五个指标来衡量。①热情或冷漠。老年人是热情地、积极地投入生活还是冷淡地、厌倦地远离生活。②决心与毅力。老年人是勇敢地、积极地自我承担生活的责任，还是消极地责备自己、抱怨他人。③理想的目标与现实所达成的目标。这里指的是老人自己在心中设定的理想目标与现实之中所实现的目标之间的距离。④自我概念。老年人有自我的认识和意识。⑤情绪状态。老年人的情绪状态是积极的、愉快的、乐观的还是消极的、孤独的、痛苦的。

老化是人生发展阶段中一种逐渐变老的过程，它不是单向性的，而是多向性的，其结果也是多方面的，有一些是正面的，有一些是负面的。正面的包括：年龄的增加，带来更多的经验和技术，智慧和经验能使老年人成为价值无法衡量的咨询者、传统的守护者。负面的则是要面对许多的失落，如身体、心智能力的减弱；失去好看的外表、工作机会和收入、在所属组织中的身份地位，以及配偶和亲友的死亡等(Atchley,1997)。

老化代表身体结构、功能的减退，是每个人都无法逃避的事实，所以老化是成长中的自然现象，而不是病态。当然人到晚年，身体机能减退的过程，会面临许多身心上的问题，如在身体的各项功能减退，包括视力、听力、免疫力、反应力及罹患慢性病的几率增高。在心理层面上，老年人较容易产生失落、无助、没有安全感、沮丧、孤寂和重要角色的丧失等感受。而老年期角色的退出，就是一种从社会撤离的过程，个人开始体会到人生阶段的结束和死亡之可能来临，所准备的不再是下一个角色的扮演，而是如何对付死亡的恐惧(傅家雄,1991)。这是人生既定的过程，无人有豁免权。因此，要帮助老年人勇敢地去对待它，唯有自己坦然接受，才能未雨绸缪，超脱死亡恐惧的阴影。

"成功的老化"模式对于人们具有很深的启发意义，它表明人们在面对老化时主观态度的重要性。事实上，如何积极面对老化或者说社会如何评价老化比老化本身更重要。人们说"世界上最大的恐惧就是恐惧本身",对于老年人而言,能够坦然地接受老化这一事实并赋予其积极的意义是非常重要的。成功的老化就是以一种坦然的态度去面对生命,接受"死亡与老化的过程,不仅是寿命的一部分,同时也是生命的表现"。

第二节 心理系统及其对老年期的影响

一、老年期的心理系统

(一) 老年期的感觉、知觉

1. 老年期的感觉

眼、耳、鼻、舌、皮肤等感觉器官是人与外界沟通的门户,各种刺激(即外部信息)通过相应的感觉神经末梢装置才转变为神经冲动,然后通过神经传导到大脑,产生相应的感觉(即视觉、听觉、嗅觉、味觉和皮肤感觉等)。总体上,老年期的感觉器官的功能随年老而出现衰退。人们对老人特别是七八十岁老年人的外表形象的典型描述往往是"耳聋眼花","反应迟钝"。老年期主要感觉衰退的一般模式是:在各种感觉中受老化影响最明显的是听觉和视觉。根据科索(J. F. Corso)的研究,最早开始衰退的是听觉感受性,许多人不到 60 岁,听觉衰退就已经非常明显。其次是视力,直到 55 岁仍然十分稳定,以后便出现急剧衰退。味觉的衰退和视觉相似,在 60 岁之前的几年还相当稳定,但随后对咸、甜、苦和酸等物质的感受性便陡然下降。

1) 视觉

到了老年期,由于眼睛的晶状体弹性变小,调节力逐渐下降,时常看不清近物,出现所谓的"老花眼"。据柯林斯(Collins)等人对 4682 名 6~16 岁的儿童及 6479 名 20~60 岁以上成人的视力进行检测,发现人在 45 岁之前视力下降比较缓慢,一过 45 岁便加速下降。导致老年人视力下降还有其眼睛病变的原因,我国的一项调查指出,白内障占调查人数的 38.5%,黄斑病变占 32.5%,青光眼为 1.4%。

除老花眼和视力下降外,老年人对弱光和强光的感受性也明显下降。由于对光感受性的降低,老年人的颜色辨别力也有所下降。研究表明,老年人对蓝、绿的辨认最困难,而对黄、红的辨别力降低减少。此外,老年人对物体的形状、大小、深度、运动物体的视觉和知觉也比年轻人差,对视觉信息的加工速度也有较大下降,视觉的注意能力也有一定程度的降低。尽管有上述种种退行性变化,但由于老年人有长期的视觉经验,可以弥补视觉能力下降的不足。只要充分利用多种感官获取信息,同时创造条件,使老年人的感觉信息简单明确,如对老年人经常使用的药瓶加上明显不同的色彩标志或使之具有可触摸到的不同表面纹理等,便能大大方便老年人的生活,使他们尽快适应视觉的退行性变化。

2) 听觉

与视觉相比,老年人有听觉缺陷的为数更多。一项调查表明,63.6%的老年人听力减退,对高音的听力减弱更明显,有些人听力减退到耳聋的程度。研究指出,人的听力的最佳年龄是20岁,以后便缓慢下降。30岁以后,听觉阈限随年龄增长而逐步提高。毕斯列的研究指出,人一般在不超过50岁时,听力就会下降。

老年人的高音听力比低音听力衰退得更显著,这就是为什么老人更喜欢听中音和低音音乐的原因所在;而且,老人对声音的辨别能力也在减弱,特别是在不良听觉条件下或有噪音背景的情况下。因此,在日常生活中有时会发现,与家人一起坐在客厅里看电视,旁边有人闲谈时,老人对电视情节的理解能力往往会下降。

3) 嗅觉和味觉

老人的嗅觉也随着年龄的增长而衰退。日本学者市原用草莓制成的食品进行实验发现,人到60岁以后嗅觉辨别力衰退得更显著。有研究资料报告说,在人的一生中嗅觉最灵敏的时期是20～50岁,50岁以后就逐渐减退,70岁嗅觉急剧减退,在60～80岁的老人中有20%的人失去嗅觉。

由于味的感觉器味蕾随着年龄的增长而减少,因而味觉的敏感性也随着年龄的增长而下降,据科泊(Cooper)等人对15～75岁各年龄组被试进行甜、酸、咸、苦4种味的刺激阈的测查发现,4种味觉阈值都随年龄增长而增大,尤其是60岁以后急剧增大。味觉的多样性也随着年龄增长而减退,青年人能同时品尝出食品中的多种味道,而老年人往往只能感觉到其中的几种,他们对咸味比对其他味道敏感些。

人们常听到老人抱怨现在的食品食之无味,事实上,食品的味道并没有变差,而是老人对甜、酸、苦、辣、咸五种味觉要素的敏感程度减退了。因此,老人往往错误地认为过去那些美味的食品现在都变得乏味了。老人对食物的抱怨还有一个可理解的原因就是嗅觉功能的衰退,老人对食物散发出来的香气的感受性变差了。

4) 皮肤感觉

关于老年期的皮肤感觉,除痛觉外,触觉、冷觉等都研究得比较少。查普曼(Chapman)等人的多项研究表明,老年人的痛觉感受性逐渐降低。研究指出,当不同年龄组被试感到疼痛时,对皮肤的刺激强度分别为:少年组(10～22岁)0.289克,中年组(23～44岁)0.324克,老年组(45～85岁)0.349克,感觉感应阈(即被试痛得难以忍受而作出身体蜷缩反应的刺激强度)也随年龄增长而升高。这表明老年人的痛觉迟钝。老年人的触觉和温度觉也较迟钝。高龄老人不但对室温敏感度降低,而且身体的体温也随年龄增长而降低。部分老人身体深部的温度甚至低于体表,他们对室温变化的感觉十分迟钝,患病率和死亡率也比较高。

2. 老年期的知觉

1) 视差

Comalli 的研究表明,老年期的视差要比成年人的大很多。有研究者运用不同视差法观察了老年人视差的特点,得出的结论是一致的,即老年人的视差量与人发育早期阶段(10 岁以前)的所有倾向十分相似。这一现象是值得注意的。幼、童年期视差的特征是整体与部分之间的分节能力低,把握不住部分与部分之间的相互关系。这也是造成幼、童年期视差的原因。因此可以推测,在老年期也存在这样的知觉方法。

2) 形状知觉

如在视差中所推测的,以分节能力的降低,掌握不住部分和部分之间的相互关系为老年人的倾向的话,那么在形状知觉中,肯定有某种影响。Basowitz 和 Korchin 用格式塔填空测验法把一般成人(平均 26 岁)和老年人(平均 78 岁)的成绩做了比较。他们的报告指出,同成年人相比,老年人的错误反应多,这些错误主要是由于对细微部分注意不够,具体化错误、模糊图形的错误、分节能力降低等反应造成的。因此,在老年人身上有无法组成形状的倾向。但也有研究指出,老年人在图形识别阶段中,在与知觉体系有关的常态化、均衡化、强调化的倾向方面,要比成年人更为强烈。

3) 深度知觉

深度知觉是受视力衰退影响的,所以,一般成人与老年人的深度知觉完全可能不一样。Hoffman 等对 32 岁和 65 岁的人的深度知觉进行了测定,结果表明在老年人中间多少有点判断错误。

4) 时间知觉

Feifel 分 30 秒、60 秒、180 秒及 300 秒,对老年人和一般成年人的主观时间判断进行了比较测定,结果表明:老年人与成年人相比,对于这四种时间的所有间隔总是有意地作出过高的评价。

(二) 老年期的记忆和智力

1. 老年期的记忆

在日常生活中,时常听到一些老人说:"我老了,记性不行了,经常丢三落四的。"日常生活经验或常识说明,人到老年记忆力会减退。大量的观察和实验材料也一致表明,老年人记忆变化的总趋势是随着年龄的增长而下降,但下降的幅度并不大。

总体上,老年期的记忆有如下主要特点。

1) 机械识记减退

研究表明,老年人对自己所理解的材料的识记与青年人相比,没有多少差别;而对自己不理解的材料或无意义联系的材料(如无意义音节或数字等)的识记成绩却不如年轻人。虽然老年人的意义记忆和机械记忆都趋于减退，但一般是推理记忆力比语言意义和数字方面的记忆力减退得少，字词运用能力也相应地减少。

2）记忆广度下降

直接记忆广度是能够按提示顺序再现所提示的数字或文字的最大系列。在关于数字间隔和文字间隔的记忆广度研究中不同的研究者说法不一，有研究认为记忆广度随着年龄增长而下降，也有研究得出与此相反的结论。综合这些研究得出的一般性结论是，记忆广度上的年龄差异是不存在的，即使存在也是微乎其微的。根据 Waugh and Norman 的二阶段模式论，即使是直接记忆广度也不单是从一次记忆，还包括从二次记忆中的检索。因此，直接记忆广度的年龄差异应归结到二次记忆功能中。

3）规定时间内的速度记忆衰退

由于神经的生物反应随着年老而减慢，老年人的心理活动（包括记忆）和动作反应比较迟缓。在记忆上的一般表现是老年人要在较短的时间内记住某些材料或把要求所识记过的材料迅速回忆出来，常常感到很困难。国外心理学家的实验表明，如果老年人自由地掌握自己记忆的速度，其记忆的效果和年轻人差不多，但如果要求老年人和年轻人一样，在同一个规定的时间内完成某项识记任务，那么，老年人的识记效果就不如年轻人。

4）再认能力较差

再认和回忆是记忆的基本过程，也是衡量一个人记忆能力的重要标志。心理学家杨治良等人运用具体图形、抽象图形和词三种材料，进行信号检测论的再认实验，研究结果指出，对三种材料的再认能力呈下降趋势，老年人意义识记效果比机械识记的效果好。

5）回忆力显著下降

与再认能力相比，老年人的回忆能力下降更显著。老年人的记忆力减退主要在于回忆能力的减退，而并非记忆过程的全面减退，其信息保持或存储并未减退，只是由于信息提取发生困难，因而表现出回忆力的显著减退。

对老年人记忆发生明显变化的解释主要集中于环境因素、信息加工缺陷和生物因素等方面。环境因素，主要与老年期生活的改变有关。退休老人不再面临工作的智力挑战，回忆信息的动机降低，对记忆的使用不再熟练等会降低老年人的记忆能力。信息加工方面，进入老年期后，人们抑制无关信息和想法的能力可能会减弱，集中注意力和组织任务的能力会退化。另外，老年人的信息加工速度会减慢，从而导致记忆受损。生物因素方面，记忆的改变主要是由大脑和身体的衰退所致。

2. 老年期的智力

智力与年龄之间的关系非常复杂，目前尚有许多问题仍处于未知状态。比如，人到老年智力是否衰退，是一个至今仍有争论的问题。根据国内外有关这个问题的研究资料以及老年人的生活实践,老年人的智力发展主要有以下特点。

(1) 绝大多数个体在老年期依然保持稳定的智力水平,但智力不同成分表现不一,流体智力随年龄直线下降,而反映现实世界知识与经验的晶体智力则变化不大,在某些情况下甚至还有所提高。

(2) 不同个体智力发展的模式存在明显差异,有的很早开始衰退,有的则保持到80岁左右。那些有较高的社会经济地位与教育背景,身体状态良好,为人灵活而富有弹性,对自己早年成就感到满意的人,其智力下降幅度较小。

(3) 适当的刺激、训练和支持可以弥补或提升老年人的智力水平,而且效果能够持续很长时间。

(4) 临终智力出现大幅下降,这可能与死亡前机体机能与大脑活动水平的全面退化有关,而晶体智力的急剧下降尤其可以有效预示死亡的临近(韩晓燕、朱晨海,2009)。

智力是综合的心理特征,由很多因素构成。研究者指出,老年人的智力衰退并不意味着构成智力的各因素以同一速度衰退。很多研究者采用韦克斯勒智力量表测量成人的智力,观察到语言测验的成绩在老年期仍然很好,直到70岁后才开始有较明显的减退;而与心理运动速度、知觉整合能力等有关的测验成绩在25岁后就逐步减退。在语言测验量表中的常识、理解两项测验成绩,正常的老年人到75岁还可以保持相当高的水平。如果成绩明显衰退则往往是由于老年器质性神经精神疾病所致,并非正常老年人所固有的心理特征。因此,笼统地断言"老年者智必衰",是缺乏科学的心理学根据的。

(三) 老年期的情绪、情感

情绪、情感是人对客观事物是否符合自己的需要而产生的态度和体验。人在认识世界和改造世界的过程中,不断与现实中的事物发生着多种多样的联系,因此,对现实事物也会产生一定的态度,而这些态度总是以带有某种特殊色彩的体验的形式表现出来,如喜、怒、哀、乐、惧、爱、恨等,情绪、情感指的就是这种内心的主观体验。人到老年期,无论是情绪、情感的两极性(积极和消极),还是情感体验的强度、持久性以及激发情绪反应的因素方面,与儿童初期、青少年期乃至中年期相比都呈现出不同的特点。总体而言,老年期的情绪、情感大致有以下特点。

1. 情绪体验稳定,情绪调控能力增强

总体来看,成年人的情绪体验基本保持稳定,只有到约85岁以后才会有明显的年龄差异。在具体情绪体验上,生气的体验随年龄增长而呈现减弱的趋势,其他大部分的情绪体验均未表现出明显的年龄特征(许淑莲、申继亮,2006)。

在情绪调控方面,老年人比年轻人表现得更好。随着年龄增长,个体的攻击性控制、冲动控制和抑制控制都有所增长,对情绪事件反复捉摸的倾向性则减弱。对于愤怒、喜悦、厌恶、害羞、恐惧、焦虑、兴趣、激动和悲伤这九种情绪,与中年人和青年人相比,老年人更愿意控制自己的喜悦、悲伤、愤怒和厌恶(许淑莲、申继亮,2006)。跨文化研究发现,在主观幸福感(个体从主观标准出发对自身生活状态与质量的总体评价)的三个构成维度中,随年龄增加积极情感有所下降,消极情感的变化很小,生活满意度则上升(Diener & Suh,1999)。这可能与老年人对环境的适应进一步加强,理想与现实的差距缩小有关(韩晓燕、朱晨海,2009)。

2. 比较容易产生消极的情绪和情感

进入老年期,由于生物上的老化,心理机能的变化以及社会交往、角色地位的改变,老年人比较容易产生下列主要的消极情绪与情感。

1) 失落感

失落感即心理上若有所失、遭受冷漠的感觉。离退休后,老年人的主导活动和社会角色发生了改变,从工作单位转向家庭,他的社会关系和生活环境较之以前显得陌生,加上子女"离巢",过去那种热情、热闹的氛围一去不复返,对新的生活规律往往又不能很快适应,一种被冷落的心理感受便会油然而生。

2) 孤独感

从客观上讲,由于子女逐渐独立,老年人又远离社会生活,自己体力渐衰,行动不便,与亲朋好友的来往频率下降,信息交流不畅,因此容易产生孤独感。在主观方面,老年人具有自己既定的人际交往模式,不易结交新朋友,人际关系范围逐渐缩小,从而引发封闭性的心理状态,这是老年人孤独情绪形成的重要原因。研究表明,孤独感对老人的身心健康极其有害:失去配偶又极少与人交往的孤独老人,其死亡率比常与人交往的老人高1倍;临床观察表明,孤独的男性老人的心脏发病率比好交际的男性老人高1倍。

3) 疑虑感

尽管年岁日增,但老年人常常自觉经验丰富,才能不凡,一旦退休就无从发挥,自尊心受挫,大有"英雄无用武之地"的感叹,于是空虚、寂寞、受冷落之感袭上心头,往往误以为自身价值不复存在,久而久之就会低估自己甚至看不起自己。这种自卑感一旦形成,老年人就会经常对自己产生怀疑,忧心忡忡,表现出过分的焦虑。

4) 抑郁感

以上失落、孤独、疑虑的情绪和情感对于老年人的心理会产生负面影响,而且老年人在现实生活中容易遭受挫折,不顺心、不如意之事时有发生,例如,遇到家庭内部出现矛盾和纠纷,子女在升学、就业、婚姻等方面有困难,自己的身体又日趋衰落,疾病缠身,许多老人就会变得长吁短叹、烦躁不安、情绪低落或者郁郁寡欢,这些都是抑郁的表现。

5) 恐惧感

随着身体的老化,老年人变得越发害怕生病,一方面是担心生病后自己生活难以自理,给家人和晚辈带来麻烦,变成家庭的累赘;另一方面,一旦生病,特别是重病,老年人似乎就感觉离死神不远了。因此,老年人对疾病和死亡通常会产生恐惧感。

3. 情感体验深刻而持久

老年人的情感体验比较深刻。这主要表现在他们的道德感、美感方面。中国科学院促进发展研究中心和中国社会调查所联合进行的对全国42个城市4483名居民的调查表明,相对其他年龄群体而言,老年群体的社会责任感和政治热情要高;在美感体验上,老年人更注重内在的持久的美。

就情感体验持续的时间而言,由于老年期中枢神经系统发生的生物变化以及内稳态的调整能力降低,老人的情感一旦被激发就需要较长的时间来恢复平静。所以,老年人情感体验时间较长,无论是心境、热情还是激情、应激都是如此。同时,由于老年人形成了比较稳固的价值观以及较强的自我控制能力,他们的情感一般不会轻易因外界因素的影响而发生起伏波动。他们的情感状态一般比较稳定,变异性较小,至少在短时间内变化较小。

二、老年期的人格特征

(一) 老年期的人格特点

南非心理学家卡温(Cavan)认为,由于年龄增长所造成的行为、情绪的变化有以下几种:①健康和经济上的不安;②由生活上的不完全适应所造成的焦虑感;③在精神上由于兴趣范围减少而造成的孤独感;④对身体舒适的兴趣增大;⑤活动性减退;⑥性冲动减退;⑦对新的情况学习和适应有困难;⑧一个人孤零零地感到寂寞;⑨猜疑心、嫉妒心加重;⑩变得保守;⑪喋喋不休,爱发牢骚;⑫总爱回忆往事;⑬性情顽固;⑭不修边幅,邋遢;⑮总喜欢收集破烂。

新福则认为,老年人的特征有好的一面和坏的一面。好的一面有较慷慨,不赶时髦,关心事物的本质,深思熟虑;坏的一面有任性,顽固,保守,猜疑心大,动作不利索,忧郁,个别人心术不良,寡廉鲜耻等。长岛对老年期的人格特征的描述主要包括以下几点。①自我中心性。以任性、顽固的形式表现出来,根源在于顽固程度日益严重。②猜疑性。以胡乱猜测、嫉妒、乖僻的形式反映出来,原因在于由于感觉能力的衰减所造成的对外界认知的困难。③保守性。讨厌新奇的东西,偏爱旧日的习惯、想法,原因在于记忆力的减退和学习能力的减弱。④疑病。过分关注自己的身体,原因在于对外界事物的不关心,作用意识丧失。⑤牢骚。因为把握不住现状,总好回忆往日的生活。

我国学者许淑莲等人对60岁以上的100多名老年人的调查发现,有2/3的老年人自认为自己的个性发生了变化。其中约50%的人认为自己变得比过去急躁了,相反另50%的人则认为自己不像过去那样爱发火了。研究者认为,前者可能由于自我控制能力减弱所致,后者可能是因为人到老年精力减退、历经沧桑、阅世较深的缘故。时蓉华对16名60岁以上的老年人(分为60～69岁、70～79岁和80岁以上3组)进行的调查指出,老年人的急躁、抑郁、自卑、多疑、孤独等个性特征均随年龄增长而增长。3个年龄组分别有61%、58%、57%的人自认为很急躁。另外,不少老年人变得多疑了,怀疑自己生病,对自己的生理功能过分敏感的老年人,在3个年龄组中的百分比均在半数以上,分别为58%、61%、66%。具有既怀疑自己生病又怀疑别人对自己不怀好意两种多疑性格的老年人,在80岁以上年龄组中的人数明显多于其他两个年龄组的人数。上述研究材料说明,人到老年期,个性发生了某些变化,乃是客观事实。

在人的个性的诸多变化中,人们通常认为,人到老年期,变得小心、谨慎、固执、刻板起来,甚至认为这是老年人特有的个性特点。但是也有一些研究认为,老年人的这些刻板印象是相对的、有条件的,在特定情况下,老年人的个性和年轻人并没有明显区别。例如关于老年人是否性格固执的问题,德国的一项纵向研究指出,65～75岁的老年人,刻板性没有明显的变化,但79～87岁的老年人的刻板性显著增强。这说明年龄较老的老年人是具有刻板性这一特点的。另一项试图测量刻板性的研究,从运动-认知刻板性(能否有效地适应不熟悉的新环境)和运动-心理速度刻板性(作出某种熟悉的认知反应的速度)两个维度,对25～81岁9个年龄组的被试进行客观测量。结果显示,自53岁以后,人的刻板性逐渐增强,不同年龄组均有显著差异。观察和研究材料说明,与年轻人相比,从总体上来说,老年人比较刻板。但这是相对的,刻板性的个体差异和群体差异不容忽视,决不能笼统地断言每个老年人都具有刻板性。

总体而言,关于老年人的人格特点需要从两个方面加以考察:一是不同老年人个体间的差异性;二是人们经常容易忽视的同一个个体生命本身的连续性。每个人的生命都是一个连续的过程,老年人在老年阶段表现出来的一些人格和性格特征并非空穴来风,而是与前几个生命阶段有着不可分割的联系。一些心理学的纵向研究和连续性研究结果证明,老年人个性持续稳定多于变化,就大多数老年人而言,老年人的个性特点是其年轻时个性的延续。这正如心理学家丹伯诺(Dibner)所说的:"在任何时候一个人更像他的本来面目,而不像他同龄另外的人。"

(二) 老年人的人格类型

1. 赖卡德的五种人格类型

(1) 成熟型:有智慧,具有十分统一的人格;感到自己的一生收获不少;理解现实,并以积极的态度面对现实;积极参加工作;对家庭及社会中与他人的关系感到满意;关心面广,面向未来;对未来的生活并不感到苦恼;对于退休和老化表示接受,既不悲观,也不退缩,既不过于进取,也不过于防卫。

(2) 安乐型:属于隐居依赖型。看上去好像十分悠闲自得,而且对自己目前的处境也十分理解,但实际上把自己的生活完全寄托在别人身上。无论在物质上还是精神上,都在期待别人的援助。不拘小节也无大志,视退休为解除责任,正好安享余年,含混过日,对于老迈并不恐惧也无心理上的负担。

(3) 防卫型:这是一种自我防御较强的类型。对恐惧、苦恼都用强烈的防御机制来对付。用不停的活动来抑制自己对衰老的恐惧。因而成绩往往是一边倒的,而且对闲暇缺乏理解。不承认老年的价值,用不停的繁忙活动来回避对老年期的展望和死亡问题。

(4) 愤怒型:过去有不得志的经历,到了老年期非常伤悲,他把自己的失败都归罪于他人,并表现出敌意和攻击性。偏见较深,愤世嫉俗,与人敌对,对年华的流逝持强烈的反感,没有丝毫兴趣,自我闭塞,最后以悲剧结束。

(5) 自怨自艾型:从前有过不得志或失败的经验,但与愤怒型的怀恨别人不同,只是埋怨自己,把希望与失败归咎于自己的过错,因此沮丧、消沉,认为人老了是没有价值的废物,只有死亡才是解脱。愤怒型和自怨自艾型属于调适不佳的类型。

2. 纽加顿的四种人格类型

(1) 整合型。从总体上说,这一类型的人适应性较强,研究者称他们成熟老练。整合型的人有三种行为模式,即"重组者"、"集中型"和"空闲型"三种人。重组者非常活跃,他们总是一放弃旧的活动,就去参加新的活动,一退休,重组型的人就用其他的活动补偿失去了的工作角色。据发现,他们对生活的满意度较高,这一群体似乎证实了活动理论。同重组者一样,集中型的人也比较喜欢活动,但他们更加专门化。他们将大量的时间都花在从事一个或两个角色上,而不是参加各种各样的活动。空闲型的人和这一类型中的前两种不一样,他们对生活的满意度较高,然而跟重组者和集中型的人相比,他们的活动性要差得多,空闲型的人满足于以"悠然自得"的姿态跨进花甲之年。

(2) 装甲防卫型。这个群体的成员对生活的满意度较高,但他们与整合型不同,他们不大愿意顺受老年过程。在某种程度上,他们喜欢跟老年的思想做抗争。这一类型的人有两种行为模式:挺住型模式和收缩型模式。挺住型模式的典型是放牛牧童,他们想在工作岗位上死去,这样的人不愿意变化,或不想表现出似乎他们老了,喜欢尽量长地保持中年人的行为。收缩型的人也不甘变老,但这样的人作出的反应是与世隔绝,压缩他们的活动。

(3) 消极防卫型。无论是跟整合型的人相比,还是和装甲防卫型的人比较,这一群体的人独立性很弱。他们表现出两种行为模式:"寻求援助"的模式和"无动于衷"的模式。寻求援助型的人对他人的依赖性很大,其幸福好像是依赖于别人对他们作出的反应,依赖于别人会在感情上同情他们。无动于衷的人比寻求援助的人更消沉,通常不大参加社交活动。无动于衷的人和空闲型的人是有区别的,他们很少参加活动,不是因为年老,相反,是由于在他们年老以前就养成的行为模式。

(4) 解组型。这类人在人格上处于解体状态,他们不能接受衰老的事实,情绪控制差,对外界充满敌意。

三、老年期的发展任务

1. 心理社会危机及其解决:自我整合与绝望

美国著名的心理学家埃里克森,在其《人类发展的心理——社会理论》一书中,根据其丰富的临床诊断经验,按照个性发展各时期主要矛盾的出现,把人生个性发展分为八个阶段,认为个体在每个阶段都会经历不同的危机与冲突,危机是否顺利解决将影响往后的人格发展。其中第八个阶段是最终的阶段,也是个体重新评价一生的时刻,老年人必须反省濒临的生命终结,并且思索其意义与重要性。其主要任务是达到自我整合,对自己的一生感到满足,一种对人生意义的确信与圆满感,或对过去所作的选择和结果感到不满与失望,以便在死亡来临之前,仍愿意对生活作一些改变,并持乐观的态度,来设计、安排一个有意义的、活泼的晚年(邱天助,1993;徐丽君、蔡文辉,1987)。若能在整合中达到平衡,就会产生老年期的睿智,用以应付对死亡的恐惧。

2. 佩克的发展任务说

佩克认为老年期只有经历三种主要的心理转变或超越,才能使生活变得愉快而有意义。

(1) 从专注于工作角色到自我的重整。退休对于老年人来说是一个主要的危机,在转变社会角色的同时,可能会失去自我价值与身份认同。因此,老年人需要重新界定工作环境以外的生命意义与目标。同样,作为家庭主妇的女性,当孩子离家或丈夫去世时,也要面临自身的调整。这时个体需要重新控制方向,确定自己的生活比以前更丰富、精彩,否则可能会失去生活的目标,甚至选择自我毁灭。

(2) 从专注身体到对身体的超越。老年人的机体及功能日渐衰退,老化特征越来越明显,健康问题逐步增多,这时老年人需要从对身体的过分关注中超脱出来,转向其他更积极的方面,如令人满意的社会关系或平和安宁的心境等。如果老年人不能脱离这种身体限制产生的困局,则可能发展出负面的人生观与人格,影响心理与精神健康。

(3) 从专注于自我到对自我的超越。老年人最后的挑战就是死亡,这是最困难,也是最重要的适应。死亡的威胁令人压抑,这时老年人必须摆脱以自我为中心的人生观,认识到个体生命的终结并不是终点,他们对社会的贡献,如养育的子女,与工作或公益事业相关的活动等,将超越自己有限的生命而延续下去。老年人通过对他人幸福的贡献而达成了对自我的超越。

3. Havighurst 的发展任务论

Havighurst 的发展任务论是以埃里克森的心理-社会发展理论为基础而形成

的,他认为在生命的不同阶段各有其主要的发展任务。所谓"发展任务",是指在该阶段应有的发展水准或成就水准,亦即应发展或表现的若干心理特质或行为形态。在个体生命的特定时期,如能圆满完成,就会使个体感到快乐、幸福,如果失败则导致不快乐、退化、不为社会所赞许,并且会妨碍下一个阶段发展任务的达成。他把人生的发展分为六个时期,最后一个时期——老年期发展任务的重点是:①适应退休与收入的减少;②适应健康和体力的衰退;③与自己的年龄群建立亲近的关系;④适应配偶的死亡;⑤负起社会和公民的责任;⑥建立满意的生活安排,考虑自己的经济和家庭状况,重新安排居住环境(邱天助,1983;郭祥益,1986)。

4. Super 的生涯发展理论

生涯发展理论学者 Super 以长期纵贯研究并综合差异心理学、发展心理学、职业社会学、人格理论等四个学术领域的精义,建构其生涯发展理论。并将发展任务的概念引用至生涯发展上。

Super 将人的一生依年龄划分为五个阶段,分别为成长(0~14岁)、探索(15~24岁)、建立(25~44岁)、维持(45~64岁)、衰退等阶段(65岁以上)。每一个阶段各有其重要特征与生涯发展任务。其中最后一个阶段又称为退休时期,在这段期间,个体因身心状况逐渐衰退,由原有的工作角色撤离,但仍有多余的时间及精力发展新的角色,寻求不同的生活方式以满足其需要。其任务为减速、解脱、退休。

此外,Super 指出,从一个发展阶段过渡到另一发展阶段需经历一个转型期,以准备发展另一阶段的生涯任务与生活方式。同时,在每一个发展阶段内各自形成一个小周期,亦即同样再次经历"成长—探索—建立—维持—衰退"这样一个循环,是基于各发展阶段的发展任务呈现的再循环(金树人、刘昆辉,1989)。

Barbara Elliott Spier 在《衰老过程和老年人》一书中提出,老年人心理-社会发展的目标是达到高层次的自尊和能应付老年期面临的发展问题。老年人自尊有五个要素:①自我认同;②对生活有希望;③对生活有控制感;④有自我价值感;⑤能与人协同合作。老年人有四种特殊的发展问题:①身体及心智的功能减退;②调适因多重失落导致的忧伤或忧郁情绪;③找寻继续成为生产者的角色;④在被隔离的社会环境中维持自我认同。

5. 人生回顾理论

人生回顾理论由布特勒创立。该理论认为人在老年期的主要特征是喜欢怀念往事。布特勒把"生命回顾"定义为自然发生的一种心理过程,其特征为个体在意识里回到过去的经验中。

Cheryl Price 认为对老年人而言,回忆过去有以下五种功能。

(1) 回忆是一种有效的心理防卫机制,协助个体维持心理进度及情绪稳定,增加自我功能,以达到良好的适应。

(2) 协助个体度过忧伤:当亲人死去时,个体回忆亲人的点点滴滴,有助于度过忧伤的过程。

（3）协助个体调适压力：当老年人向某人倾诉自己的过去时，对老年人而言是一种放松。

（4）协助应付成熟或情境危机：个体处于危机状态时，回忆过去的成就或满意的生活经验，有助于个体自我认同，强化自我调适的功能。

（5）对个体极端痛苦的经验，回忆有助于个体重新思考及组织那些负性的经验；独处时使用回忆，有使痛苦的感觉随之消失的功能。

Ebersole's 和 Priscilla 也提出回忆有五项重要功能：

（1）协助个体超越物质世界及身体限制；

（2）维持人类经验的持续性；

（3）通过有组织、有目的的经验表达，帮助个体达到自我实现；

（4）提供机会认同全人类的通性；

（5）增进个体对自我的了解。

第三节 社会系统及其对老年期的影响

一、老年期的社会系统

（一）家庭系统与老年人

离退休之后，老年人的生活范围退居到家庭之中，家庭成为老年人的主要活动场所和精神寄托，因此，家庭环境对老年人的生活将产生重要的影响。这里的家庭环境包括家庭结构、家庭功能、家庭经济状况、家庭成员间的人际关系等方面。

1. 家庭结构的核心化

随着社会经济的发展，人们的生活方式和价值观念特别是家庭观念和生育观念有了较大的变化，家庭结构也随之发生日益明显的变化。传统社会的主干家庭、联合家庭逐渐被核心家庭所取代。核心家庭的基本特征是家庭规模小、家庭居住人口少，年轻的夫妻不再像主干家庭或联合家庭那样居住在一起。家庭日趋小型化是现代家庭的共同特点。家庭的分化对老年人的生活和心理会产生一定的影响，子女与老人的分居不仅使老年人的日常生活难以得到子女时时无微不至的照顾和关心，对于老年人传统的家庭观念也有较大的冲击，更重要的是老年人期望的是热闹的家庭氛围，这种分居难免使老年人不时感到寂寞孤独，备尝思念儿孙之苦。

2. 家庭养老功能的弱化

在工业社会里，家庭的结构和功能都发生了巨大的变化。在家庭结构上，传统的大家庭在逐步解体,老年夫妇家庭在逐年增多,"空巢"家庭也越来越多。家庭养老的功能逐步弱化。和传统社会主要是主干家庭和联合家庭的家庭结构一致,传统社会中家庭是最重要的社会照顾单位。关于这一点在中国古代谚语中可见一斑。诸如"养儿防老"、"不孝有三,无后为大"都证明了养育儿子的重要意义。但是现代工业社会的家庭不再是主要的社会照顾单位,其社会照顾的功能被分离出来为社会部门所取代。当然,这也并不否认家庭在现代社会中依然是重要的养老主体,但与传统意义上的家庭养老相比已发生了很大的变化。

3. 家庭代际关系

家庭代际关系主要指的是老年人与子女等晚辈间的关系。尊重和爱是老年人重要的两种心理需要,可以通过老年人与子女等晚辈的交往获得。如果家庭中人际关系和谐,气氛融洽,儿孙们能够对老年人表示出充分的尊重,孝顺他们,并给予无微不至的关心和照顾,嘘寒问暖,老年人就能因此获得较大的心理满足。

但是,代沟问题往往会导致家庭内部的人际关系矛盾。代沟是代际存在着的在价值观念、思想感情、心理状态、生活习惯等方面的差异。由于老年人的生活经历、成长背景、教育环境等和中青年人有较大差别,因此,代沟的出现不可避免,小到生活中的服饰、饮食、娱乐,大到职业选择、为人处世、工作态度、家庭观念,看法都可能有很大分歧。代沟会引发亲子矛盾,从而对老年人的心理产生不良影响。例如,婆媳关系在中国就是一个典型的代际关系中的"老大难"问题。

4. 家庭经济状况

家庭经济收入不仅关系到人们衣、食、住、行等基本生活能否得到满足和保障,还直接或间接影响人们对生活、对人生的评价和看法,影响着人们的心理状况。对于老年人来说,如果经济环境比较宽松,有足够的退休金养老,这样一来,不仅基本的物质生活得以保障,而且老年人由于能够自立,自己养活自己,对于子女和外界的经济依赖减轻,因此往往显得自信心十足,自尊心较强,无用感较弱。相反,如果经济方面比较拮据的话,老年人可能会为生计发愁,容易产生焦虑不安的情绪。特别是一些老年人百病缠身,又无钱治疗,处境就更为艰难了。这种情形下,老年人时常需要子女或亲友的接济,依赖性较强,这会使老年人深感自己无用,觉得自己是累赘,形成自卑感。

(二) 老年人需求和社会服务系统

1. 老年人需求

总体而言,老年人需求不外乎经济需求、健康需求、生活需求、精神需求和社会需求这五个方面的需求。老年期的主要社会生活环境系统(除家庭外的正式系统)——老年社会福利体系大致也是围绕老年人的这些基本需求展开的。

1) 经济需求:养老金、社会救济金

在传统农业社会中,采取的是家庭集体经营的生产方式,其生产的主要工具是土地,而土地所有权是属于身为家长的老年人的。如果老年人未将土地分给子女,或老年人未去世,家庭的经济大权都掌握在老年人手中。但在工业社会中,大多数人达到一定年龄时必须强制退休,退休之后,很难再就业,所以老年人退休后,收入会大幅减少。再加上身体健康状况日渐恶化,医疗费用日渐增加,其生活很容易陷入困难,更需要经济上的基本保障。

我国老年人的收入水平较低,而且存在城乡差异。城市老年人一般有退休金,而农村老年人则要依靠自己的劳动收入或家庭支持。1992年,中国老龄科学研究中心进行了一项关于老年人情况的调查。在收入数额方面,城市老年人年平均有2053元的收入,而农村老年人则只有832元。在收入来源上,调查发现对城市老年人来说,来源(下降序列)包括个人(56.4%)、政府(25.9%)、家庭(17.6%)及社区(0.1%)。在农村,老年人的收入来源包括个人(46.9%)、家庭(41.7%)、社区(6.5%)及政府(4.9%)。对于中国很大一部分老年人来说,"养"老是最基本的需求。老年人的经济需求可以说是最低层次的需求,其他的健康、精神或社会的需求都要以此需求的满足为基础。

2) 健康需求:医疗保险、疗养院等

老年阶段,个体的生物功能衰退,抵御疾病的能力下降,患病的几率增加,并且容易患老年性疾病。因此,医疗保健对老年人而言非常重要。医疗保健的费用对老年人及其家庭是一项很大的开支。健全的医疗保险体系和医疗保健福利对老年人有重要的意义。

3) 生活需求:生活照料

进入老年期后,老年人的活动能力下降,腿脚也不那么灵便,出现各种意外的几率大大增加,还有一些老年人因疾病或瘫痪而生活无法自理,因此需要家庭和社会提供生活照料。在传统的农业社会,老年人主要依靠家庭来照顾。现代社会家庭照顾的功能相对减弱了,社会照顾的作用日益凸显。

老年人福利在具体内容和措施上,有很大一部分内容是关于老年人生活照料的。一些发达国家特别是福利国家的老年人福利和服务的内容非常具体。一般来说,老年人生活照料包括基本性日常生活照料和工具性日常生活照料。前者包括给老年人喂饭、穿衣、洗澡、上厕所等,主要服务对象是高龄老年人和瘫痪、卧病在床的老年人;后者则包括帮老年人做饭、洗衣、料理家务、买东西等。

4) 精神需求:休闲娱乐

老年人退休后,不用劳动或工作,几乎所有的时间都是闲暇。因此闲暇生活对老年人来说非常重要。此外,进入老年期后,老年人不需要直接为生活奔波,从而更重视精神上的追求,比如个人兴趣的发展等。因此,老年人在休闲娱乐上的需求相对较强烈。休闲娱乐不仅可以满足老年人的精神需求,使老年人在娱乐中陶冶性情,而且可以让老年人在活动中结识更多的老年人,特别是一些老年人集体活动,可以让老年人在集体中发展出一些非正式的社会关系。

5) 社会需求:社会参与

虽然老年人退休或退出了生产领域,但老年人并不是真正心甘情愿地退出社会舞台的,他们需要有社会参与来增进自己的自尊和自我价值。一些身体健康的老年人,他们的身体虽老,但心态不老,依然希望能参与到社会事务中发挥余热。

2. 我国的老年社会福利

老年社会福利事业是我国社会福利事业的重要组成部分,中国政府历来高度重视老年社会福利事业。目前,我国已经形成了一个以《宪法》为依据,由相关法律组成的保护老年人,包括处在特殊困境下的老年人合法权益的制度体系。近年来,在党和政府的关心与支持下,各级民政部门围绕自己所承担的指导老年人权益保障工作的职能,建立健全了保护特困老年人基本生活权益的社会保障网络,通过推进社会福利社会化和推广社区服务,开辟了老年人社会福利事业的新领域,逐步形成了以养老保险、老年社会救助和老年社会福利服务为主,以家庭养老服务和保障为辅的具有中国特色的老年社会福利服务体系。由于我国特殊的城乡分割机制,下面从城市和农村两个方面介绍我国老年社会福利的基本内容和发展情况。

1) 城市老年社会福利

(1) 城市老年人的物质生活福利。主要包括以下内容。①举办老年经济实体,为退休人员增加再就业的机会,并对生活困难的老年人给予物质帮助。②开展向老年人送温暖的活动。③建立福利院和敬老院,收养没有生活保障的老年人,并扩大对社会上一般老年人的收养安置,为老年人解决生活照料、医疗保障服务以及精神上的孤独问题,提高老年人的生活质量。④为老年人提供特殊的优惠服务措施。例如,目前我国大多数城市为70岁以上的老年人发放老年人乘公共汽车和进入公园的免费证。⑤为老年人提供社区服务。近年来,我国的社区服务中为老年人提供的服务得到了很大的发展。例如,由基层街道居委会为生活困难的老年人提供包户服务,建立包户服务组,订立包户服务协议;兴办托老所,为那些无人照料的老年人提供照料和生活帮助。社区服务能够较好地从物质、医疗和文化生活上为老年人提供保障。

(2) 为城市老年人提供的医疗保健。老年医疗保健是老年福利的一项重要内容,全面良好的医疗保健是老年生活保障的必然要求。我国老年的医疗保健福利的内容如下。①老年人健康检查制度。目前在某些经济条件比较好的地方,由所在单位或社区组织老年人开展定期的身体检查,若发现疾病,则及时采取治疗措施。②在老年病医院设立老年病科,开展老年病的治疗工作。目前大多数医院都有老年人挂号、看病、取药三优先公约。③老年人康复和疗养机构。由国家组织和出资或者由社区建立康复疗养机构,使老年人的健康问题得到解决。当然,在老年人健康福利方面还存在很多问题,特别是收入较低的老年人的健康保障问题还不能完全解决。城市经济效益不好的企业,退休老年人的医疗费报销难问题还普遍存在。

(3) 城市老年人文化服务设施。在经济条件较好和老年人比较集中的地方,由单位或社区建立专门的老年人休闲娱乐的活动场所,如老年活动站、老年中心等,为老年人提供文化、教育、娱乐、体育活动设施,对老年人提供优惠服务。还有很多城镇社区建立了"老年婚姻介绍所"、"老年再就业介绍所"、"家政服务站"等,在很大程度上解决了老年人的实际生活问题。

2) 农村老年社会福利

现阶段我国农村老年福利的主要内容有社会救济和社会养老保险。

(1) 农村老年社会救助。农村老年社会救助,是由国家和集体组织实施的对有特殊困难的"三无"老年人实行的社会救助制度,具体地说,就是"五保"制度。所谓"五保",即由国家和集体对农村基本无劳动能力、无生活来源、无依无靠的老年人以及残疾人和孤儿,实行保吃、保住、保穿、保医、保葬(孤儿保教)的供养制度。我国农村的"五保"制度始建于1956年合作化时期。这一制度对于保障我国农村社会的稳定,提供社会化的养老功能,发挥了积极有效的作用。"五保"制度有两种方式。一是集中在敬老院供养,住进敬老院的老年人的经济来源由其所在的村集体组织提供粮食和资金,由乡镇企业收入、乡村提留和地方财政给予一定的补贴。至1995年,全国有敬老院2.8万所,入院老年人有30多万人,占农村五保老年人的13%。另一种方式是对老年人分散供养,即由村级基层组织负责给予照顾。至1996年,全国农村中由国家和集体救助的社会散居孤寡老人有190.8万人,虽然这部分人口占农村总人口比重很小,但是占全国同类老年人的比重高达92%;1996年,全国农村"五保户"临时救助费为4678.8万元,占整个社会救济支出的13.5%。

(2) 农村养老保险。我国农村养老保险是在20世纪80年代末和90年代初开始进行试点的。《中共中央关于制定国民经济和社会发展十年规划和"八五"计划的建议》指出:建立健全养老保险和待业保险制度,逐步完善社会保障体系。在农村采取积极引导的方针,逐步建立不同形式的老年保障制度。国务院1990年第111次总理办公会议和国务院发(1991)第33号文件确定,农村的养老保险由民政部负责。这种社会养老保险是我国政府为保障农村社会成员晚年权益而制定的社会政策。其基本特征如下:①不以营利为目的,而以保障人民晚年的基本生活为宗旨;②由国家制度给予保证,确保资金的安全性,制度带有一定的强制性;③以个人缴费为主、集体补助为辅和国家政策扶持相结合。

除了以上两种主要的老人福利外,在我国农村还发展了一些社会补偿养老方式,主要有以下两种。

第一,农村计划生育养老保险。计划生育保险是由计划生育部门组织的,一般采取向保险公司投保或通过银行开办保险业务的形式,保险对象是实行了计划生育的家庭。我国农村各级组织为了进一步解除农民计划生育户的后顾之忧,于1985年开始在辽宁省、福建省的部分地区率先创办了计划生育养老保险。目前,全国各省区的农村都开展了一些计划生育养老保险。计划生育养老保险的实施形式主要有三种:一是与中国人民保险集团公司合作,由该公司主管,委托各地计划生育协会代办;二是由地方政府决定或人民代表大会通过条例,成立计划生育养老基金会,将所筹集的资金存入银行,达到保值增值的目的,以备日后保证养老金的支付;三是开展合作养老保险,即由集体和群众个人集资,由计划生育部门和计划生育协会统一组织和协调,开展投资少、风险小、见效快的种植业、养殖业等能使资金增值的产业,将增值部分作为计划生育群众的养老保险之用。也有一些地方利用资源优势,划出一块土地、草场等,由集体和个人投资开发,其收益用于养老。计划生育养老保险资金的筹集方式,各地不尽相同。多数地区采取财政拨一点、乡镇集体筹集一点、群众拿一点的办法。也有一些地方的保险资金完全由财政支付或从计划生育处罚费中支出。

第二,农民退休金制度。近些年,在我国农村集体经济发达的地区,也仿照城镇企业单位的退休制度,给具备条件的老年人发放退休金。

3) 老年人社会福利服务机构

截至2000年底,全国共有老年人福利机构5万余家,床位数总计104.2万余张,共收养老年人80余万人。其中:

(1) 国家办养老机构1054个,床位数6.4万张,共收养城市无劳动能力、无生活来源、无赡养人和抚养人的老年人和自费代养老人6万余人;

(2) 乡镇敬老院3.8万个,床位数84.8万张,收养"五保"老人62万余人,全国已有70%的乡镇建起了敬老院;

(3) 街道办敬老室、托老所1.1万个,床位数约10万张,收养老年人近9万人;

(4) 社会力量投资兴办的养老机构1623家,床位数约3万张,收养老年人4.7万人。

我国现有的社会福利事业单位主要在民政系统。据调查,全国1.26亿老年人中大约有1400万老年人要求进入福利机构养老,占11%(这一比例与发达国家相比要高,欧洲国家多为6%)。而现有的各类福利机构(主要由民政主办的)能够提供的老年人床位只有97.7万张,不到全国老年人总数的0.8%。

二、老年期重要生活事件

(一) 退休与老年人

1. 退休的概念

退休(retirement)即指离开工作场所,长期休息之意(李瑞金,1996),或指正式工作的结束与全新生活角色的开始,包括对行为的期待与对自我的重新定义。也有学者认为退休最宽泛的定义是,退休者不再做全职的工作而领取退休金。此外,还有学者把退休定义为一种心理状态,一种离开工作而重新定位的心态。

综上所述,本书将退休界定为个体不再从事一项全职的工作,而接受过去工作的退休金作为某些收入的人。因此,退休是一种工作赚来的报酬,是过去劳动的一种结果,是原有工作的结束,也是一种新生活的开始,可视为角色的变迁与二度人生的开展,是造成生活上重要改变的一种过程。

离退休是老年人晚年生活的开端,离退休标志着老年人职业生涯的结束,他们的生活范围退回到家庭之中,其实质是一种社会角色的转变。老年期是人生的最后一个重要转折,其中最突出的是离退休导致了老年人长期以来形成的主导活动和社会角色的转变,由此引发老年人的心理波动和变化。离退休引起的老年人社会角色的改变体现在以下两个方面。

1) 从职业角色转变为闲暇角色

老年人离退休后,离开了原有的工作岗位和社会生活,即从职业角色转入闲暇角色,这种角色转换对老年人的生活和心理是一次很大的冲击。其一,工作是生活的主要收入来源,离退休首先意味着老年人经济收入的减少;其二,职业历程是人们获得满足感、充实感和成就感的重要形式,是实现自我价值的重要途径,而老年人正在丧失这一体验;其三,离退休还打破了老年人在工作时养成的特定的生活方式和生活习惯,常使其茫然不知所措。例如,一位在退休前受人尊敬、前呼后拥的高层领导,突然变成了一个每天上街买菜、回家做饭、照顾儿孙的老大爷,这在心理上的确很难转过弯来。

2) 从主体角色退化为配角

老年人退休前,有自己的工作、人际关系和稳定的经济收入,子女在很多方面特别是经济方面依赖于父母,这使老年人在社会上有被认可、被尊重的荣誉感和成就感,在家庭中则有一家之主的权威感。退休后,工作带来的成就感消失,老年人的社会价值下降,从社会财富的创造者转变为社会财富的享受者;同时经济收入的骤减,使老年人从过去被子女依赖转向依赖子女,在家庭中原有的主体角色和权威感也随之丧失,失落感、自卑感由此产生。

退休带来的重要变化是丧失与工作有联系的收入、地位、工作伙伴、从工作中获取的乐趣和地位以及生活规律。

影响个人决定退休时间的因素包括领取养老金或退休金的年龄、个人是否有足够的收入和储蓄、个人健康状况、家人态度和个人计划。此外,个人的工作性质、工作满足感和对工作机构的认同感也是影响因素。总体上,收入和健康是影响老年人的退休态度和调适的主要因素。

2. 强制退休

退休的方式大致分两种：一种是自愿性退休；另一种是强制性退休。退休作为一种社会现象，在许多情形下并非一种自觉、自愿的行为，而是一种强制性行为。关于强制性退休存在一些争论。传统观点认为，退休是对老年人的社会性关爱和保护，也是社会生物体自然继替的必然要求。而反对强制性退休的人则认为，强制性退休违背了老年人的自我意愿，漠视了老年人的实际能力和社会价值，本质上是一种老年歧视，是一种集体性的、社会性的老年歧视行为，强制退休是建立在对老年人社会价值的否定基础之上的。

关于自愿退休和强制退休的争论现在被一种折中的选择所代替，即所谓的弹性退休制。这种制度具有许多和强制退休制度同样的功能，但并不完全按照年龄来强制老年人退休，而是兼顾老年人的实际情况，容许老年人达到退休年龄后继续从事工作。另外，处理自愿退休和强制退休争论的方式是延长退休年龄。这种办法不会对现有的退休制度造成重大影响，同时又兼顾了老年人的工作意愿。许多国家都采取这种微调式的解决方案。我国关于退休年龄也有延长的趋势。

3. 退休的调适

对于老年人而言，退休是老年生活中一个重大的转折，对退休生活的适应也因此成了老年期面临的一个重要问题。社会学家阿奇利指出，老年人适应退休的过程可以划分为七个时期。当然，退休的时期并非有特定时间或年龄，也并非每个退休的人都会经历每一个时期。以下是他所列的七个时期。

（1）前退休期。在退休真正到来前，老年人其实已经开始为退休做准备，他们想象退休后的生活将会是什么样子，会用更多的时间和精力来规划退休之后的生活。也有一些老年人对即将到来的退休感到非常担忧、焦虑。

（2）蜜月期。指刚刚退休后的一段时间。这段时间老年人终于从日复一日的繁重工作中解脱出来，终于可以自由地支配自己的时间，终于可以随心所欲地做自己喜欢做的事。因为重新找到了自己，重新属于自己，老年人在这段时间表现得充满生机和活力。

（3）休息和放松期。蜜月期过了以后，老年人接着迎来的是一段低潮期，这时，老年人开始安定下来，老年人的活动在减少，有一种无用的感觉。

（4）清醒期。有些老年人在退休前对退休抱有过多、过高的期望，这时，老年人慢慢开始清醒了，尤其是那些对退休抱有许多不切实际的幻想的老年人，忽然发现原来退休生活并非他们想象的那样丰富多彩。这时，老年人会感到失望和失落。

（5）重组期。为了克服退休后的失落感，老年人需要重新选取生活的目标。为了尽快走出低谷，老年人会重新反省自己的生活，重新规划未来的生活，努力寻找新的生活方向。老年人可能会重新投入工作，也可能从事其他有益的社会活动。

（6）规律期。这是老年人成功适应退休生活的一个主要表现，老年人重新拥有了真正属于自己的生活,老年人的生活重新走上了正轨,生活再次变得有规律、比较稳定而且比较令人满意。

(7) 终止期。由于一些特殊因素如疾病等的影响,老年人的退休生活终止,老年人不再承担退休的角色,转而变成了依赖性的角色。

阿奇利对退休生活适应时期的描述告诉人们,老年人的退休生活是一个适应过程,可能会经历几个不同的时期,尽管并不是所有的人都必须经历这几个时期。阿奇利的研究为人们更好地处理老年人的退休生活适应问题提供了有益的启示。

(二) 丧亲与悲伤管理

1. 丧亲

丧亲是指对某个亲人死亡的客观事实的承认。它是一种客观的事实,也是人类生命中无法避免的事件,且当丧亲的状况发生时,个人的行动、价值观、生活次序等都会受影响。当一个与自己亲近的人死亡时,自己丧失这位亲人,同时也丧失原有的身份和角色,例如,小孩变成孤儿,配偶变成鳏夫或寡妇。这种角色上的变化,会给丧亲者带来某种程度的冲击,影响其身心及生活适应,甚至会让家庭陷入危机。有一些学者把丧亲当做一种时间的过渡,且不同学者对这种过渡期有不同的划分,如鲍比及帕克斯把丧亲分为四个阶段。

第一个阶段:麻木、冲击时期。在这个阶段中,丧亲者是麻木、茫然的,丧亲者不能相信所发生的事情。有些学者认为这种不相信是一种保守的冲动——不希望去相信已经发生的改变和未来必然的改变,丧亲者非常努力地去保持他们已经有的东西(Marris,1974)。麻木似乎是一种力量,使丧亲者继续去执行他们已经习惯的角色,例如对一位寡妇来说,她还能继续当太太。另外,若从心理层面来看,丧亲者虽然知道他所爱的人已经死了,但并没有真正的感觉和情绪反应。有些学者认为这也许是好的,因为它容许丧亲者克服情绪的困扰,以利于处理善后的细节,及有较多的意向来安排丧葬事宜。但麻木的情绪若一直持续,或一直维持麻木的状况,则会导致复杂或不正常的悲伤反应。

第二个阶段:渴念、退缩和寻找的时期。这个阶段的特性是从挫折、紧张及企图继续操作已经发生的事实中,渐渐地认知到其真实性。焦虑是这个阶段的典型特征。有时丧亲者会想"它不是真的事实",或感觉到死者正走到门口以及会梦到死者等,丧亲者很渴望失去的亲人能够回来,并且否认失落是永恒的。

第三个阶段:解组和绝望的时期。随着时间的流逝,丧亲者会逐渐意识到现实的环境,同时心情也会逐渐平静下来。在此时期,真正的悲伤也开始了,丧亲者开始感受到解组和绝望的情绪。通常这种情感的解放就像是郁积的情绪,如同无法抵抗般的难过和大量泪水的涌出,还带有生气、焦虑、慌张不安、害怕的情绪,甚至无法睡眠。这些感受经常会带有大量对死者的热望和憧憬,甚至想到处找寻死者。这些复杂情绪也常带有生气和内疚。这种生气,有时是对周围的人,但有时是对死者生气。丧亲者会质问:"为何你自己走了,而留下我独自来克服人生这么多的事情困难?"

第四个阶段:重组和恢复时期。丧亲者慢慢发现一个新的方向和发展出新的认同之后,他开始会对那些过去不承认、拒绝接受的事实以及不能切断或放弃与死者之关系的想法,进行慢慢的改变,并对已成事实的情境取得一种平衡的关系,逐渐接受事实,慢慢面对和接纳没有逝者的生活,从而逐渐适应下来。

丧亲也代表亲密关系的中断,是社会网络的危机。有一些文献提到,丧亲后的第一个月是最痛苦的,因为欠缺与老朋友接触,有时也会令丧亲者好像再掉入生病期中。而丧亲者尤其是丧偶的第一年,常是丧偶者健康状况最不好的时候;第二年还继续有较强烈的悲伤、痛苦和压力,有时甚至需要使用抗焦虑的药物,这对丧偶者来说,需要更致力于对新角色的适应。

2. 悲伤辅导

在人的生命状态下,生与死是密切相关的问题,是一体之两面,是任何人都无法超越和逃避的自然法则。"生"带给人们希望与欢乐,"死"却带来失落和分离的伤痛。人们在失落或丧亲的悲伤过程中,常会有一些因素来阻碍丧亲者渡过悲伤的历程,因而产生种种生物或心理的问题或疾病。"逝者已矣,生者何堪",如何让丧亲者能在悲伤期间借着哀悼,来宣告分离,将失落在内心重新定位,重新调整自己以适应未来的生活,这是人生的重要课题。

1) 悲伤的意义与过程

悲伤是个人在经历失落和丧亲时的特别反应,这种反应或症状的经验包括生气、罪恶感、抱怨身体不舒服、生病、绝望和悲伤。悲伤的特别反应,通常也都借由心理(包括情感、认知、态度、哲学等)、行为(经由个人行动、态度、反应)、社会(与他人的互动过程)和生物(以身体症状或健康情形为指标)等层面来体验悲伤的历程(黄凤英,1995)。蔻斯在其《生命的最后阶段》一书中,更具体地提出悲伤是个人在面对失落时的一种生物、心理和社会的反应。生物的反应是个人可能在哭泣中受苦、反胃、头痛、眩晕、拉肚子、大量出冷汗等。心理的反应是个人面对失落时,要通过不同阶段的适应,其范围从无法相信到绝望。社会的反应是因为死者的丧失而让亲友相聚,共同分担悲伤的经验。悲伤也会因失落的类型、失落的情况或对死者情感依附的情形而有所差别。它是每个人的独特经验过程,所以不可用有无外显行为来确认其悲伤的存在。当一个人面对失落时,不只在精神上会有极度的痛苦,在身体上也会产生明显的疼痛和变化。一般而言,在悲伤的过程中,都会感受到身体的不舒服。有些人会有过敏性的反应,或有双手颤抖、心脏悸动、眩晕与呼吸短促等因极度焦虑而出现的症状,还有人会有与其已死的亲人相似的征兆。研究报告显示,年轻人在忧伤过程中,其身体上的征兆比年长者多。

不同的死亡原因,常带给生者不同的悲伤反应,也影响丧亲后的适应。死亡的原因有很多，通常学者们都将丧亲的形态及丧亲后的悲伤反应分成两种。

一种是有心理准备的预期悲伤，它被界定为一种悲伤过程，是预知失落的事实不久将发生，如亲人患癌症晚期、长期卧病或不能痊愈。这种悲伤的产生，通常是在亲人未过世前就被诊断或被告知亲人不久后即将死亡。这种预知的丧亲，常带给家属预知的悲伤，因为在亲人未过世前，就出现悲伤反应。这种预期悲伤会让亲人感受到即将面临真正的失落，感受到无助和失控，当然也给生者向濒死者告别，及濒死者向生者交代或讨论的机会。其实，这样的预期死别，学者们认为是可以有机会让亲属于死亡来临前，能从观察中意识到死亡很快就会发生，当然也让亲人能清楚意识到自己即将与濒死者永别，而自己的角色、身份也会随着亲人的过世而起变化，如自己可能即将成为寡妇、鳏夫或孤儿。学者认为预期死别，是可以引起或催化丧亲后的适应，因为有机会让生者在死亡前就进入悲伤的情境中，这对丧亲后的适应是有帮助的。

另一种是非预期的悲伤，是指突然的死亡，没有准备的失落，如自杀、意外身亡、心脏病突发、车祸或外伤等。在这种没有心理准备的状况下，亲人的突然死亡或突然接获亲人的死讯，常带给丧亲者非预知的悲伤反应，令生者措手不及或造成心理上难以平抚的创伤，而且也留给生者很多遗憾和未完成的事务。在许多研究丧亲、失落和悲伤的文献中，都常讨论到非预期的死亡，尤其是意外、突然及没有心理预期下发生的死亡，往往会令丧亲者震惊、延长悲伤期及导致身体与情绪极度的创伤。桑德斯引用哈沃德的研究，提出这种没有预期的丧亲状况，往往使丧亲者处于长时间的哀恸中，而恢复期也相对延长，有些甚至在丧亲4年后都不能恢复。

桑德斯曾经以纵贯研究法，针对86位丧亲者做追踪研究，发现那些亲人突然过世，或在没有预期的情况下过世的丧亲者，比那些亲人因长期病症而过世的丧亲者，在丧亲期间，健康状况较差、较易生气、情绪不易控制，且对生活失去信心。而费利蒂等人的研究也发现晚年丧偶者，如果其配偶的死亡是突然过世，则其在丧偶的最初时段，会有较强烈的焦虑情绪反应。

2）悲伤辅导

悲伤辅导是协助人们在合理时间内，引发正常的悲伤，并健康地完成悲伤任务，以增进重新开始正常生活的能力。其终极目标是协助生者处理与逝者之间因为失落而引发的各种情绪困扰并完成未竟事务。Worden认为悲伤辅导包含四个特定目标：①增加失落的现实感；②协助当事人处理已表达的或潜在的情感；③协助当事人克服失落后再适应过程中的障碍；④鼓励当事人向逝者告别，以健康的方式，坦然地重新将感情投注在新的关系里。

悲伤的疼痛就像爱的喜乐，是生命的一部分，它也许就是爱所要付出的代价。一个人在承受失落之后，为了重建平衡并完成悲伤过程，必须要完成某些特定的悲伤任务。而这些任务的完成，都需要付出艰苦的努力，否则会像人类的成长、发展一样,若在某一特定层次没有完成其任务,会影响其更高层次任务的完成。而悲伤辅导的目标,就是帮助丧亲者体认这些丧亲的哀恸与过程。

(1) 悲伤辅导的首要任务及目标,就是协助丧亲者接受失落的事实,承认死亡事实上已经发生了,必须去面对事实,承认亲人已不再回来。实际上接受这项事实是需要时间的,它不仅是一种知性的接受,也是一种情感的接受。让丧亲者知道在知性上很容易相信所爱的人已过世,但在情感上要很久才能完全接受这个事实。尤其是那些猝死的个案或没有亲眼看见死者尸体的情况下,特别不容易接受事实。因此可能需要一些外在形式来帮助丧亲者确认死亡事实,如把葬礼过程的录像带或照片让他们看,或带他们去墓地,甚或举行追思礼拜等仪式。

(2) 丧亲者必须体验和接受悲伤是痛苦的,辅导者就是要协助丧亲者处理已表达的或潜在的情绪,并帮助丧亲者去体验这些感受。失落所体验的是生物、情绪和行为上的痛苦,这是必须承认和经历的过程。如果没有经过这种悲恸的痛苦,且仍容许丧亲者逃避或压抑,反而会延长痛苦,因为失去自己曾经深深依附的对象而没有痛苦是不可能的。

(3) 丧亲者需要重新适应一个逝者不存在的新环境。辅导者要协助丧亲者克服失落后再适应过程中的障碍,并帮助其寻找生活中的其他功能和目标,以取代逝者的地位。辅导工作主要是协助丧亲者适应和学习新的生活技巧,担负以前由逝者担任的角色和任务,当然也要让生者了解死亡本身会迫使他们去面对及调整自我概念的挑战。经过亲人的死亡,可能使个人的基本生存价值和哲学信念受到影响。至于影响的程度,则视家庭、教育、宗教和生活经验的不同而有别。另外,辅导者要协助丧亲者面对现实,下决心做到以前所不习惯的角色,并发展以前所不具备的技巧,让自己迈向一个经过再评估的世界,重新出发,展开另一段有意义的人生旅程。

(4) 丧亲者需要将情绪的活力重新投注到其他关系上。辅导工作主要是鼓励丧亲者以健康的方式向逝者告别,并坦然地重新将情感投注到新的关系中。将情感活力从逝者身上放开,转而投注到另一个关系上,这不是一件容易的事,因为丧亲者永远无法完全忘怀一位曾与自己有过重要关系的人,也无法完全在心中收回曾付出的一切。而辅导者进行任务不是促使丧亲者放弃与逝者的关系,而是协助丧亲者对逝者进行重新定位,让丧亲者了解失落之后可以持续拥有与去世亲人相关的想念和回忆,但同时要去找一种让自己可以过下去的方式,如将注意力集中在那些可让丧亲者快乐或关注的生活事物上,重新建立与他人的新关系,并反复告诉自己还有别的人值得去爱,对他人的关爱并不意味着对死者的爱有所减少,以及参加一些活动等。

(三) 死亡、死亡教育与临终关怀

1. 死亡的定义

"死亡"是生命的结束,定义似乎简单,但是各种不同的观点,对死亡的定义则颇多分歧,甚至很难有严密的界定。一般在对死亡下定义时,通常会从临床医学、社会性及法律等角度来界定。以下从这几方面来讨论。

(1) 生物学及医学死亡:包括各种生物性的身体机能、器官及所有生命系统永久、不可逆转地停止功能。在生物学上,死亡的判断标准包括心性死亡、呼吸死亡与脑死亡,主要标志是心脏停止跳动、呼吸停止及脑电波活动停止等。近来,随着人工呼吸器等医疗仪器的进步,大多数国家以脑死亡为死亡标准,当大脑、小脑和脑干等全脑功能出现不可逆转的永久性丧失,则无论心跳和呼吸是否存在,均可宣告个体死亡。脑死亡标准取代传统的心肺死亡标准正在成为一个趋势。我国的医学界和医学伦理学界也多赞同采用脑死亡标准,但在临床和立法上还要考虑我国的具体国情。

(2) 心智或社会性死亡:指人类有意义生命的消失,已经没有思想、没有感觉。Kastenbaum 认为社会性的死亡是指"一种社会性过程,当个人没有思想、没有感觉时,就可谓之为社会性死亡"。

(3) 法律性死亡:指根据法律条文断定死亡。法律性死亡是以"死亡诊断书"来宣告,其在社会及法律上能产生实际效果,且由医院开设的"死亡诊断书"来确认(黄天中,1988)。

2. 死亡、生死观和老年人

1) 生死观的影响因素

总体而言,老年人面对死亡的态度受两个方面因素的影响:一方面是老年人自身的因素;另一方面是社会文化的因素。相关研究表明,不同的老年人对待死亡的态度迥然不同:女性老年人整体死亡焦虑与对自己的死亡焦虑皆高于男性老年人;65~69 岁组的老年人对自己的死亡焦虑最高,75 岁以上组的老年人对自己的死亡焦虑最低;不识字老年人的整体死亡焦虑与对自己的死亡焦虑最高,并显著高于其他受教育程度者;从宗教活动参与的频率来看,几乎不参与宗教活动的老年人在整体死亡焦虑、对自己的死亡焦虑与对亲友的死亡焦虑上,都显著高于尽量参与以及偶尔参与宗教活动的老年人;住在安养机构的老年人在整体死亡焦虑与对自己的死亡焦虑上都显著高于住在家中的老年人。除上述这些客观的因素外,老年人主观方面的因素也有很大的影响,比如对于那些无法通过整合危机的老年人而言,死亡是他们心中莫大的压力。他们对死亡充满恐惧和焦虑,而另外一些老年人则能坦然接受,心态平和地面对死亡。

社会文化因素是影响老年人生死观的一个重要因素。在我国的传统文化中,有忌谈死亡的民俗传统和文化心理背景,死亡在很多场合下都意味着不祥、不干

净、不应该和沉痛,并尽可能地加以回避,因而人们一想到死,最常有的感觉就是恐惧、阴沉和肮脏。在这样的社会文化背景下,老年人的生死观有以下特点。

(1) 在心理层面上,人们对死亡(包括"他死"和"我死")存在一种恐惧感、焦灼感以及生死之间的距离感。社会文化对死亡的回避和否认加重了老年人面对死亡的心理压力和紧张感。只有照顾老年人的成年子女,能平静地面对及处理有关死亡的问题和情绪,这样才不会被死亡的恐惧心理所击倒,也才能帮助自己和年迈的父母做好心理准备。与家中老年人谈论死亡的议题时,可具体讨论有关丧礼的安排、财产的处理、家庭责任的变化等。当然不是要违背父母的意愿或强迫他们谈论这个问题,而是能在适当的时机,在自然的气氛下来讨论。若父母主动提起,那应该把握机会,坦然地与他们讨论。应该努力破除"忌讳谈论死亡"的文化禁忌。因"死亡"的事实不会因为人们不谈而不发生,也不会因为人们谈论而立即出现。

(2) 对大多数老年人而言,最好的死亡方式是无病无痛地寿终正寝,是既能使自己安然离去又不拖累子女的快速死亡。这种死亡观表面上反映了老年人对家人和亲属的体谅,但背后却是老年人对自身价值的一种消极维护。他们通过这种期待和无声的方式告诉人们,他们追求"好死"的实质是希望以"死"得到充实的"生"。

2) 面对死亡的不同心理反应

面对死亡,老年人常见的心理反应主要有以下几种类型。

(1) 理智对待型。该种类型的老年人当意识到死亡将要来临时,能从容地面对,并在临终前开始着手安排自己的工作、家庭事务及后事。他们能比较镇定自如地面对死亡,也清楚死亡是家庭中最大的生活事件,因而能尽量避免自己的死亡给亲友带来太多的痛苦。常常在精神还好时,就事先立下遗嘱,明确自己死后的财产分配及后事的处理。这类老年人一般文化程度比较高,心理成熟度也比较高,是应该提倡的对待死亡的心理类型。

(2) 积极应对型。这类老年人有强烈的生存欲望,他们能意识到死亡首先取决于生物学因素,但也能意识到心理因素对死亡的作用,他们用顽强的意志与病魔作斗争。一般来说,这类老年人还不属于高龄老年人,还有很强的意志,能忍受病魔及诊治带来的痛苦,寻找各种治疗方法,并积极配合医生进行治疗,以赢得生机。

(3) 无奈接受型。这类老年人并不是愉快地接受死亡,而是无可奈何地接受事实。有些地方,老年人一到60岁,就开始着手做寿衣,做棺木,修坟墓,做后事准备。其实,并非老年人自己非常情愿,只能说是一种无奈,一代又一代就是这样传下来的。

(4) 充满恐惧型。这类老年人非常害怕死亡,且十分留恋生活。他们一般都有比较高的社会地位、较好的经济条件以及良好的家庭关系。他们希望健康长寿,甚至长命百岁,充分享受生活带给他们的无穷乐趣,因此,对死亡充满恐惧,对生活充满留恋。

(5) 以死解脱型。这类老年人大多有着严重的生理、心理问题,要么经济上衣食不保,要么儿女不孝,要么丧偶,要么自己身患绝症或病魔缠身极度痛苦。因此对生活失去兴趣,深感活着是一种痛苦,反倒认为死亡是一种解脱。这也是一种逃避现实的做法,社会并不提倡这种态度。

(6) 无所谓型。这类老年人不理会死亡,对死亡抱有无所谓的态度,并能坦然面对,认为生死由命,既不回避也不积极着手准备,一切听天由命(龚晓洁、张剑,2011)。

3) 面对死亡经历的心理阶段

也有学者指出,老年人面对死亡的态度不是静止不变的,而是一个变化的过程。其中最著名的就是精神分析学家伊丽莎白·凯勃勒·罗斯在其《死亡与垂死》一书中的面对死亡五阶段说。她认为,人们面对死亡先后要经历以下五个阶段。

(1) 否认和隔离。在这个阶段,面对死亡的人的第一反应是拒绝承认死亡的事实,坚决否认死亡的真实性。他会说:"不,这不可能,肯定是搞错了。"这是最初的心理防御机制,面临死亡的人还有可能会把自己与周围的世界隔离起来,但这种反应是短暂的,很快就会过去,进入第二阶段。

(2) 愤怒。在这个阶段,面临死亡的人认识到死亡的不可避免,认识到自己将死的确定性,他会变得生气、愤怒、狂暴、嫉妒等,他会说:"为什么偏偏会是我,为什么我现在必须死去?"当事人的心理、情绪很难平静下来,他往往还会将这种破坏性情绪转移到其他人身上,甚至那些代表生命和活力的人和物,尽管与当事人并不相关,但也可能会成为当事人破坏性情绪投射的对象。

(3) 讨价还价。在这个阶段,当事人的心理会发生微妙的变化,因为死亡已经不可避免,当事人会期望通过做某些事以延缓死亡的到来或采取一些补偿行为,以减少死亡带来的消极影响。

(4) 沮丧。在这个阶段,当事人认识到讨价还价是无用的,他只能接受死亡的事实,只能与他所热爱的人和物分手,只能与这个世界告别,这一切都无法改变。当事人的情绪会非常沮丧、非常忧郁,他会拒绝来探访的人,也可能会把自己关起来,放声痛哭。在这一阶段,当事人的家属和医护人员应该理解他的这种表现,也没必要强迫性地劝慰当事人,因为这也是当事人自我疏解、面对死亡的必然过程。

(5) 接受。经历了前四个阶段,当事人最终开始接受死亡的事实,尽管这并不是一种令人愉快的接受,但当事人懂得必须接受命运的不可抗拒性,接受死亡的即将来临。

3. 临终关怀

临终关怀(hospice 或 hospice care),又称安宁照顾、善终服务、姑息照顾等,主要指对临终病人及其家属进行的生活照顾、医疗护理、心理护理、社会服务等全方位的关怀照顾。临终关怀的本质是对救治无望病人的照顾,它不以延长病人的生存时间为目的,而以提高病人的临终生命质量为宗旨;对临终病人主要采取生活照顾、心理疏导、姑息治疗等措施,着重于控制病人的疼痛,缓解病人的心理压力,消除病人及其家属对死亡的焦虑和恐惧,使临终病人活得有尊严、死得安逸。20 世纪 50 年代,桑德斯在英国建立了圣克利斯朵弗临终关怀院,这标志着现代临终关怀院的正式出现。

在科学发达的现代社会,hospice 的含义有了进一步延伸:它是一个以家庭为中心的照顾模式,为协助慢性病人在其临终时期,仍能舒适地维持满意的生活方式。具有世界公认的权威性的美国国立医学图书馆出版的"医学主题词表"将 hospice 解释为"对临终病人和家属提供姑息性和支持性的医护措施"。

hospice 被翻译成中文"临终关怀"并在我国正式采用,始于 1988 年天津医学院临终关怀中心的成立。可以说,临终关怀是指对临终病人的生物、心理、社会等多方面的照顾,其目的是帮助各种治疗无望的临终病人能平静、安宁地度过生命的最后阶段。

1) 临终关怀的服务理念

一是以照料为中心。在临终阶段,治愈已不再是目标和中心,临终关怀的中心任务是给临终者最及时、最适宜的照料,尽量减轻身体和精神上的痛苦,使之得到最后的舒适和安宁。

二是维护人的尊严和权利。尽量满足临终者的合理要求,使临终者和亲属参与护理方案的制定,尊重临终者对自己后事的处理意见。让亲属对其病程有所了解和心理准备,协助料理后事,使死者善终,亲属欣慰。

三是提高临终者的生命质量。临终也是生活,也有生活的权利。应该丰富临终者有限的生命,通过美化环境、心灵慰藉等保证其享受生命终端的质量。

四是共同面对死亡。尊重生命也包括尊重死亡。给临终者提供陪伴与支持,使其在临终时不感到恐惧与孤单,指导临终者和家属以平和的心态面对死亡、接受死亡。

2) 临终关怀的工作重点

一是情绪的疏导与支持。要帮助临终者及其家属表达出应有的悲伤情绪,给予情感上的理解与支持,鼓励家人之间相互支持。

二是维持良好的沟通与协调。帮助临终者和家人及服务团队成员之间保持开放式的沟通,坦诚分享期望与感受,有时对于临终者的后事安排等问题,临终者本人以及家属之间可能会产生分歧甚至矛盾,服务人员应当加以协调。

三是临终者愿望的达成。帮助临终者计划其临终生活,进行后事的交代工作,作出葬礼计划,也可以帮助临终者完成未了的心愿,处理未竟事宜。

四是满足临终者灵性的需求。每个人都有身体、心理、社会和灵魂四个层面的需求。面对人生的宿命与局限,灵性的需求成为临终者最核心最深层的需求,其内容有:其一,生命回顾;其二,道别;其三,全程陪同走过悲伤的所有阶段;其四,共同面对死亡的事实;其五,协助探寻生命与死亡的意义;其六,谈论希望与害怕的事物及其他。

五是家属的哀伤辅导。当临终者经历从生命垂危到死亡的过程时,他的家属同样面临如何照顾临终者,如何妥善处理后事,如何承受失去亲人的痛苦,如何回归到社会生活等各方面的挑战。服务人员应该在缓解临终者痛苦的同时,探索其亲属在情绪、精神方面的需求,协助其度过这一特殊阶段(龚晓洁、张剑,2011)。

三、成功的老化

1. 成功的老化的定义

一般认为,老化模式包括以下三种:正常的老化、病理性的老化以及成功的老化。其中,正常的老化是指生理上或心理上无疾病状况的老化。所以,正常的老化就是一个人在社会生活中自然地老化,并且没有患明显的生理疾病。病理性的老化是指个人遭受疾病病原和疾病征兆侵害的老化过程,最典型的例子就是阿尔茨海默病。所谓成功的老化,是指个体对老化的适应良好,生理保持最佳的状态,进而享受老年的生活,亦称"顺利的老化",但是成功的老化不会自动到来,它需要个人主动去追求、掌握才能得到。

2. 成功的老化的理论

1) 社会活动理论

社会活动理论是由 Burgress、Harvighurst 与 Yobind 等人提倡的,是最早被用来说明老年人成功的适应及成功的老化的老年社会学理论之一。主要观点认为老年人虽然面临生物、心理状况的改变,但与中年期一样,他们仍然有活动的心理性和社会性需求,并主张高度的活动能为老年人带来满意的生活。这是由于活动可以为个人提供角色支持,使其重新确认自我概念,而正向的自我概念可提升晚年士气,带来较高的生活满意度。因此,退休老人应积极地参与社会活动及维持社会关系,并延续中年期的种种活动和交际,以增进生活的适应,获得晚年的幸福感。

2) 社会撤退理论

社会撤退理论是由 Cumming 和 Henry 两人在 1961 年提出的。该理论认为,老年期的个体通常在生理、心理和社会性水平上从外界活动中逐步隐退。在生理水平上,老年人的精力水平降低,生活节奏呈现出日渐下降的趋势。在心理上,他们开始从人群中退出,对外界表现出较少的兴趣,更多的时候是在关注自己的内心世界。在社会性水平上,他们更少参与社交活动,减少了日常的面对面交流和总体的社会活动,对他人生活的参与和投入也变得更少。

社会撤退理论认为,撤退的过程是一个双向的互动过程。以老年人本身来说,由于无法适应现存社会中的角色、人际关系、价值体系等,只有采取撤退的策略来保护自己,这样才符合老化过程中的内在成长,才能得到以自我为中心的成熟与满足。另从社会观点而言,认为老年人已无力对社会有所贡献,应该退出社会,让年轻人取而代之,以维持社会体系的延续(徐立忠,1996)。

社会撤退理论认为老年期不一定是中年期的延长,而是从现存的社会角色、人际关系以及价值体系中撤退,这种撤退并非社会力量压迫的结果,只不过是老化现象中一种内在本质的成长过程,使老年人形成自我中心、自我满足的现象。其基本观点是阐述社会功能的重要性,以"功能主义"为出发点,强调社会必须淘汰那些衰老和随时可能死亡的人,以维持社会的新陈代谢和系统的均衡;而老年人本身都是以自我为中心的人,脱离了社会,可避免许多社会规范的束缚,安享晚年,这对个人、社会是非常有意义的事。

3) 社会继续理论

纽加顿在20世纪60年代末提出了社会继续理论。该理论认为,老年人趋向于维持与过去相一致的行为模式,通过保持自己所需的社会参与水平,就能得到最大的幸福感和自尊感。那些高度活跃和社交性很强的人,如果尽量保持社交活动,就会感到很快乐。而那些更愿意退休的人,他们喜欢幽静、单独的活动,例如看书或在丛林中散步,如果能够从事这样的活动,他们就会感受到快乐。成功老化的关键在于老年人能否形成并维持一种成熟与整合的人格体系,从而适应生活环境之变迁。

3. 成功老化的原则

1) 老年人自身

如何才能做到成功的老化?人生发展心理学家保罗·巴尔特斯认为,对于老年人而言,成功的老化主要涉及以下三个要素。

第一,选择。老年人的主要特征就是身体机能的衰弱、心理机能的老化以及社会地位的丧失,因此,老年人应当正确面对现实,承认自己的缺失和不足。相应地,老年人应当减少自己的工作和活动范围,不要面面俱到,而应当有所取舍,这样才能集中精力更好地完成自己喜爱的事情。

第二,最适应化。与选择相适应,老年人应当把精力集中在几个主要的兴趣领域之中,通过更多的实践,应用更多新的技巧和方法,以便把事情做得更好。

第三,补偿。当与周围环境的要求出现距离时,老年人就应当通过多种方式来进行补偿,增加自己的知识和能力,以便适应社会的要求。

2) 社会方面

凯珀斯和本斯通从社会重建的理论出发,认为要达到成功的老化,社会应该从以下三个方面入手。

第一,将老年人从不现实、不科学的标准和期望中解放出来。社会制定的许多标准并不是都具有十足的合理性的,对老年人来说,最不公平的一点就是以工作能力的高低和贡献的多少作为评判一个人的标准,正是因为如此,才导致了普遍性的老年歧视。因此,应摒弃这种绝对的、简单的标准,应该以更为科学、更为合理、更为合情、更加广泛的标准来取代它。

第二，为老年人提供他们所需要的社会服务。这些服务应该是与老年人密切相关的，像住房、医疗、养老、社会保障等，这是成功老化的必要基础。

第三，使老年人更好地掌握自己的生活，做自己生活的主人。失去了对自己生活的控制，则必然导致失败的老化（王瑞鸿，2007）。

3）政府方面

1991年，联合国大会颁布了《联合国老年人原则》。大会鼓励各国政府尽可能将这些原则纳入本国国家方案。《联合国老年人原则》的主要内容如下。

(1) 独立。①老年人应能通过提供收入、家庭和社会支持以及自助，享有足够的食物、水、住房、衣着和保健；②老年人应有工作机会或其他创造收入的机会；③老年人应能参与决定退出劳动力队伍的时间和节奏；④老年人应能参加适当的教育和培训方案；⑤老年人应能生活在安全且适合个人选择和能力变化的环境中；⑥老年人应能尽量长期在家居住。

(2) 参与。①老年人应始终融于社会，积极参与制定和执行直接影响其福祉的政策，并将其知识和技能传给子孙后辈；②老年人应寻求和发展为社会服务的机会，并以志愿工作者身份担任与其兴趣和能力相称的职务；③老年人应能组织老年人运动或协会。

(3) 照顾。①老年人应按照每个社会的文化价值体系，享有家庭和社区的照顾与保护；②老年人应享有保健服务，以帮助他们保持或恢复身体、智力和情绪的最佳水平并预防或延缓疾病的发生；③老年人应享有各种社会和法律服务，以提高其自主能力并使他们得到更好的保护和照顾；④老年人居住在任何住所、安养院或治疗所时，均应能享有人权和基本自由，包括充分尊重他们的尊严、信仰、需要和隐私，并尊重他们对自己的照顾和生活品质作抉择的权利。

(4) 自我充实。①老年人应能追寻充分发挥自己潜力的机会；②老年人应能享用社会的教育、文化、精神和文娱资源。

(5) 尊严。①老年人的生活应有尊严、有保障，且不受剥削和身心虐待；②老年人不论年龄、性别、种族或族裔背景、残疾或其他状况，均应受到公平对待，而且不论其经济贡献大小均应受到尊重（韩晓燕、朱晨海，2009）。

第四节　老年期相关问题

一、人口老龄化

(一) 人口老龄化

人口老龄化，是指老龄人口比重不断上升并达到一定水平时的人口结构状态。

人口老龄化是由60～65岁以上人口在国家总人口中的比例决定的。国际通行的标准是60岁以上人口占总人口比例超过10%或65岁以上人口占总人口比例超过7%就被认为进入老龄化社会。随着社会的发展和人口寿命的提高,老龄化已成为全球普遍关注的问题。根据联合国提供的统计数据,2002年全世界60岁以上的老年人为6.29亿人,占世界人口总数的10%。到2050年,老年人人数将猛增到19.64亿人,占世界总人口的21%,平均每年增长9000万人。其中,世界经济发达地区的老年人总数将由目前的2.36亿人增加到3.95亿人,占该地区总人口的比例将由目前的20%增加到33%。经济欠发达地区将由目前的3.93亿人猛增到15.69亿人,占总人口的比例将由目前的8%增加到19%。联合国的统计资料显示,人口老龄化问题最严重的3个国家是西班牙、意大利和日本。在未来40年里,全世界老年人将增加两倍,接近4亿人,占人口总数的比例将由1990年的9%上升到2030年的16%。

中国是世界上人口最多的国家,也将是世界上老年人口最多的国家,20世纪80年代以来,我国60岁以上老年人口平均每年以3.2%的速度增长;1990年,60岁以上老年人口已达到总人口的10%,进入了老龄化社会。第五次人口普查数据显示:我国人口的年龄结构发生了较大变化。0～14岁人口占总人口的比重为22.89%,比1990年人口普查下降了4.8个百分点;65岁及以上人口占总人口的比重为6.96%,比1990年人口普查上升1.39个百分点。这反映出,改革开放以来,随着社会经济迅速发展,人民生活水平和医疗卫生保健事业的巨大改善,特别是人口生育水平的迅速下降,我国的人口老龄化进程在加快。

中国的人口老龄化过程大致可分为三个阶段:第一阶段为1990—2000年,中国人口由成年型向老年型转变;第二阶段为2000—2020年,这时中国将变成典型的老年型人口国家;第三阶段为2020—2050年,这一阶段将是中国人口老化的严重阶段。令人担忧的是,在中国人口总体老化的同时,老年人口内部也在不断老化。

以第四次人口普查的数据为基础按中位方案所进行的中国人口预测的结果表明,中国人口的年龄结构正在迅速老化,年龄结构正在由成年型转变为老年型,但各个时期的老化速度有很大的差异。据人口学家预测,21世纪上半叶高龄老人每年平均增长速度是51‰,而65岁以上老年人每年平均增长速度为29‰,总人口在达到峰值前每年平均增长速度可能只有7‰。毫无疑问,高龄老人是其中增长速度最快的人群,而老龄工作的重点和难点就在于高龄老人,因为大多数60～70岁的老年人尚有生活自理能力,而80岁以上的老年人带病生存甚至卧床不起的概率最高,他们是最需要照料的。庞大的"中老年"和"老老年"人口无疑会给家庭和社会带来沉重的负担。

(二) 我国老龄化的特点

相关资料显示,从 2001 年到 2100 年,中国人口老龄化的发展趋势将不可逆转。预计到 2051 年,中国老年人口规模将达到峰值 4.37 亿人,占总人口的比例达 30% 以上;其中 80 岁及以上老年人口将超过 9000 万人,占老年人口的 20% 以上。然后在很长一段时间内,老年人口规模将稳定在 3 亿～4 亿人,老龄化水平将稳定在 31% 左右,80 岁及以上高龄老人占老年人口的比重将保持 25%～30%。与其他国家相比,中国人口老龄化的主要特征如下。①老年人口规模巨大。60 岁及以上老年人口在 2014 年将达到 2 亿人,2026 年将达到 3 亿人,2037 年将超过 4 亿人,在今后的 100 年间将始终位居世界的第一位或第二位。②老龄化发展迅速。65 岁以上老年人占总人口的比例从 7% 提升到 14% 只用了 27 年,而法国为 130 年,瑞典为 85 年,澳大利亚、美国为 79 年左右。③地区发展不平衡。东部沿海经济发达地区明显快于西部经济欠发达地区。④城乡倒置显著。目前农村的老龄化水平高于城镇 1.24%,与发达国家人口老龄化的历程相反,这种城乡倒置的状况将一直持续到 2040 年。⑤女性老年人口数量多于男性。目前,老年人口中女性比男性多出 464 万人,2049 年将达到峰值,多出 2645 万人。多出的女性老年人口中 50%～70% 都是 80 岁及以上年龄段的高龄老人。⑥老龄化超前于现代化。与发达国家先富后老或富老同步不同,中国属于未富先老,应对人口老龄化的经济实力比较薄弱(全国老龄工作委员会办公室,2006)。

(三) 积极老龄化

2002 年 4 月,在马德里召开的第二届世界老龄大会正式提出了"积极的老化",会议一致通过了《2002 年国际老龄行动计划政治宣言》,明确指出老年人必须成为发展进程的充分参与者,也必须公平享有发展进程的种种好处,各国应采取紧急行动确保老年人不断融入社会并赋予老年人应有的权利。

"积极的老龄化"把健康、参与、保障并列为老龄事业的三大支柱,将以前的"以需要为基础"的老龄化战略转变为"以权利为基础",强调老年人是社会的重要资源之一,老龄化应变被动为主动,变消极为积极,并积极关注健康照料之外的因素对老年人群体的影响。人口老龄化是人类社会最重大的成就之一,同时又是面临的最严峻挑战。就老年人个体而言,积极的老龄化是指在生理与心理、物质与精神、社会与文化等各方面保持良好状态,按照自己的需要、愿望和能力参与社会,当需要帮助时能获得充分的保障、安全与照料;就老年群体来说,积极的老龄化意味着从多方面应对老龄化挑战,其中包括老龄化与经济协调发展,向老年人提供各项社会服务,承认老年人是社会和发展的贡献者。在 2002 年世界老龄大会通过的行动计划中,主要列出了三个优先政策方向:①老龄化世界的发展优先,强调让老年人积极参与社会和发展,维护其就业与受教育的权利,为其提供收入保障、社会保护和预防贫穷等;②促进老年人的健康和福祉优先,保证人人平等享有保健服务,培训照顾提供者等;③确保有利的支持性环境优先,以实现老有所居,老有所养,消除一切对老年人的虐待、暴力与歧视等(韩晓燕、朱晨海,2009)。

二、老年期心理障碍及其对策

(一) 老年期常见心理障碍

Bronisch 在他编写的教科书《老人的精神障碍》一书中将老年期的精神疾病分为以下三种:①青年期及成年期发病,一直持续到老年期的;②青年期及成年期的常见症状,但到了老年期才发作的;③青年期及成年期所罕见的,到了老年期才有,具有老年期特征的疾病和障碍。也有人将老年期精神障碍分为:①大脑器质性精神疾病;②功能性精神疾病。大脑器质性精神障碍是脑功能有严重的缺损,影响老年人的记忆力、情绪控制力、社交能力和解决日常生活问题的能力。功能性精神障碍是指老年人的行为和情绪问题而非潜在的生物因素所引起的精神障碍。老年期常见的器质性障碍主要包括血管性脑缺损和非血管性脑缺损。功能性精神障碍主要包括老年期抑郁症、老年疑病症和妄想症等。

1. 大脑器质性精神疾病

阿尔茨海默病是大脑器质性障碍中较常见的一种,它是一种世界性的老年精神疾病。目前全世界大约有 2900 万名痴呆患者。在我国 60 岁以上人口中痴呆患病率为 3%,65 岁以上人口为 4% 左右。并且随着年龄的增长,患病率也在不断上升。

2. 功能性精神疾病

1) 老年期抑郁症

进入老年期后,造成忧郁症的因素会增加,例如:伴随身体障碍带来的痛苦、经济收入减少、丧偶以及失去与社会的联系等。因此,老年抑郁症是老年期最常见的功能性精神障碍,以持久的抑郁心境为主要临床特征,其临床表现以情绪低落、焦虑、迟滞和躯体不适为主,且不能归于躯体疾病和脑器质性病变。高发年龄大部分在 50~60 岁,80 岁以后者少见。抑郁障碍的发生是渐进而隐伏的,早期可表现为神经衰弱的症状,如头痛、头昏、食欲不振等。以后表现为以下症状。

(1) 情感障碍:忧郁心境长期存在,大部分病人表现为郁郁寡欢、内心沉重,对生活没有信心,对一切事物兴趣下降,有孤独感、失落感,悲观失望、有突出的焦虑烦躁症状,有时也表现为激惹。

(2) 思维活动障碍:思维迟钝,反应缓慢,思考问题困难和主动性言语减少,痛苦的联想增多,常出现自责、自罪、厌世观念及疑病观念。

(3) 精神活动障碍:出现比较明显的认知功能损害的症状,如记忆力显著减退,计算力、理解力和判断力下降,动作迟缓,反应迟钝,缺乏积极性、主动性。严重时会不语、不动,生活需人照顾。

(4) 意志行为障碍:轻者依赖性强,遇事犹豫不决,稍重时活动减少,不愿社交,严重者可处于无欲状态,日常生活均不能自理。最危险的病理意向活动是有自杀企图和行为。老年病人一旦决心自杀往往比成人更坚决,行为也更隐蔽,应引起高度重视。

(5) 躯体症状:伴有突出的躯体性焦虑,经常感到疲乏、精力不足、失眠或睡眠过多、头痛、四肢痛、胸闷心悸、食欲差、消化不良、口干、便秘、体重减轻等,有时这些症状可能比较突出,冲淡或掩盖了抑郁心境,称之为隐匿性抑郁。

2) 老年期幻觉、妄想症

进入老年期后,妄想症呈明显缺乏脑器质性症状的分裂病症状。多数是碰到了丧偶、退休、与家庭成员关系紧张或经济上的问题等而发病的,初看上去是体验反应性的,其特征如下。

(1) 幻觉。多数是假性幻觉,因老年期特有的情感状态而产生的错觉,易使患者产生幻觉,并且其内容多数为听觉上的。

(2) 妄想。会出现与青壮年期相同的关系妄想、受迫害妄想、中毒妄想、追踪妄想等。具体妄想的对象多为儿子、儿媳妇或其他亲属、家属等与自己有关的人。与经济、财产有关的问题,在妄想中占多数。

幻觉体验与妄想以密切的关联一起出现为特征,并且内容多与患者的情感状态、环境条件有关。

妄想、幻觉等表面上看起来分裂病症状很活跃;相反,表情、态度不太僵硬,与外界的沟通、与别人的接触等都比较好,分裂病患者所特有的非现实性的孤独症并不注目。这是该症状的最大特征。

与青年期的分裂病人相比,老年患者对治疗精神病的药物反应较好,必须长期服用。多数情况下,经治疗后社会性症状会消失。

3. 老年神经官能症

1) 不安神经官能症

焦虑症是老年期的一种常见病,主要是老年人担心失去控制和期待危险或不幸的到来,伴有紧张不安、注意力集中困难、记忆力差和无法松弛等。具体表现如下。

(1) 主观感受:患者感到恐惧、害怕,期待着危险或灾难的降临,甚至出现怕失去控制而发疯或感到濒临死亡的威胁,注意力不能集中,有失去支持和帮助感。

(2) 认识障碍:在急性焦虑发作即惊恐时,可出现模糊感,担心即将晕倒,思考较为简单。

(3) 行为方面问题:因注意涣散而出现小动作增多,东张西望,坐立不安,甚至搓手顿足,惶惶不可终日,容易激动,对外界缺乏兴趣,因此造成工作和社交中断。

(4) 躯体症状：躯体不适常是焦虑老人最初出现的症状，可涉及任何内脏器官和植物神经系统，常有心悸、脉快、胸闷、透不过气、口干、腹痛、便稀、尿频和大汗淋漓等。

2）抑郁神经症

抑郁症是指以持续的情绪低落为特征的一种情感性的心理障碍，是老年人常见的精神病患之一。抑郁症大都在 60 岁以后发病，有的人虽然会在青壮年时发病，但进入老年期后常加重或发作次数增多。

老年抑郁症的临床表现主要是：情绪压抑、沮丧、痛苦、悲观、厌世、自责，甚至出现自杀倾向或自杀行为，食欲下降、失眠早醒等。老年抑郁症在症状上有其特殊性，具体来说有以下九个方面：

(1) 兴趣丧失，无愉快感；

(2) 精力减退、精神不振、疲乏无力；

(3) 言行减少，好独处，不愿与人交往；

(4) 自我评价下降，自责自罪，有内疚感；

(5) 反复出现想死的念头或有自杀倾向，据研究，患抑郁症的老人有 10% 以上会采取自杀行为；

(6) 对前途悲观失望，有厌世心理；

(7) 自觉病情严重，有疑病倾向，据调查，60% 的老年抑郁症患者会出现疑病症状；

(8) 睡眠欠佳，失眠早醒；

(9) 食欲不振或体重明显减轻。

此外，也会有记忆力明显下降、反应迟钝的症状，80% 左右的老年患者会出现记忆力衰退。

3）疑病性神经症

老年疑病症就是以怀疑自己患病为主要特征的一种神经性人格障碍。老年疑病症的临床表现主要有如下几大特点。

(1) 长时间地相信自己体内某个部分或某几个部分有病，求医时对病情的诉说不厌其详，甚至喋喋不休，从病因、首发症状、部位、就医经过，均一一介绍，生怕自己说漏一些信息，唯恐医生疏忽大意。

(2) 对自身变化特别敏感和警觉，哪怕是一些微不足道的细小变化，也显得特别关注，并且会不自觉地加以夸大和曲解，形成患有严重疾病的证据。

(3) 常常感到烦恼、忧虑甚至恐慌，其严重程度与实际情况极不相符，他们对自己的病症极为焦虑，别人劝得越多，疑病就越重。

(4) 即便客观的身体检查结果证实患者没有病变，患者仍然不能相信，医生的再三解释和保证都不能使其消除疑虑，患者甚至会认为医生有故意欺骗和隐瞒行为。

老年疑病症如果不能得到及时缓解和治疗,在心理上就有可能从怀疑自己有病发展为对疾病的恐惧,甚至是对死亡的恐惧,即所谓的"老年恐惧症",这对老年人的身心健康将会产生更严重的不利后果。

(二) 老年期心理健康

心理健康是指个体心理在本身及环境条件许可范围内所能达到的适应与完好状态,也就是指在身体、智能及情感上与他人的心理健康不相矛盾的范围内,将个人心境发展成为最佳状态。关于老年人心理健康的标准,不同的学者有不同的看法。

我国著名的老年心理学专家许淑莲把老年心理健康的标准概括为五条:①热爱生活和工作;②心情舒畅,精神愉快;③情绪稳定,适应能力强;④性格开朗,通情达理;⑤人际关系适应能力强。

国外一些专家在老年心理健康的标准方面研究得比较具体,他们定出了以下十条参考标准。

(1) 有充分的安全感。安全感需要多层次的环境条件,如社会环境、自然环境、工作环境、家庭环境等,其中家庭环境对安全感的影响最为重要。家是躲避风浪的港湾,有了家才会有安全感。

(2) 充分了解自己,并能对自己的能力作出恰当的估计。就是指能够客观分析自己的能力,并作出恰如其分的判断。能否对自己的能力作出客观正确的判断,对自身的情绪有很大的影响。如过高地估计自己的能力,勉强去做超过自己能力的事情,常常会得不到想象中的预期结果,而使自己的精神遭受失败的打击;过低地估计自己的能力,自我评价过低,缺乏自信心,常常会产生抑郁情绪。

(3) 有切合实际的目标和理想。要根据自己的经济能力、家庭条件及相应的社会环境来制定生活目标。生活目标的制定既要符合实际,又要留有余地,不要超出自己及家庭经济能力的范围。古人云:"乐莫大于无忧,富莫大于知足。"

(4) 与现实环境保持接触。这样一方面可以丰富自己的精神生活,另一方面可以及时调整自己的行为,以便更好地适应环境。与外界环境保持接触包括三个方面,即与自然、社会和人的接触。老年人退休在家,有着过多的空闲时间,常常产生抑郁或焦虑情绪。如今的老年活动中心、老年文化活动站以及老年大学为老年人与外界环境的接触提供了条件。

(5) 能保持个性的完整与和谐。个性中的能力、兴趣、性格与气质等各个心理特征只有和谐而统一,生活中才能体验出幸福感和满足感。例如:一个人的能力很强,但对其所从事的工作无兴趣,工作也不适合他的性格,则他未必能够体验到成功感和满足感;相反,如果他对自己的工作感兴趣,但能力很差,力不从心,同样也会感到很烦恼。

(6) 具有从经验中学习的能力。在现代社会中,为了适应新的生活方式,就必须不断学习。例如,不学习电脑就体会不到上网的乐趣,不学健康新观念就会使生活仍停留在吃饱穿暖的水平上。学习可以锻炼老年人的记忆力和思维能力,对于预防脑功能减退有益。

(7) 能保持良好的人际关系。人际关系的形成包括认知、情感、行为三个方面的心理因素。情感方面的联系是人际关系的主要特征。在人际关系中,有正性积极的关系,也有负性消极的关系,而人际关系的协调与否,对人的心理健康有很大的影响。

(8) 适度的情绪和控制。对不愉快的情绪必须给予释放或称为宣泄,但不能发泄过分,否则,既影响自己的生活,又加剧了人际矛盾。另外,客观事物不是决定情绪的主要因素,情绪是通过人们对事物的评价而产生的,不同的评价结果会引起不同的情绪反应。有一位老太太,大儿子是晒盐的,小儿子是卖伞的。老太太总是发愁,阴天为大儿子担心,晴天为小儿子担心。一位心理医生对老太太说:"您真有福气,晴天您的大儿子赚钱,雨天您的小儿子赚钱。"老太太一想很有道理,便高兴起来。

(9) 在不违背集体意识的前提下有限度地发挥个性。一个人的才能与兴趣爱好应该对自己有利、对家庭有利、对社会有利,否则只顾得发挥自己的才能和兴趣,而损害了他人或团体的利益,就会引起人际纠纷,而增添不必要的烦恼。

(10)在不违背社会道德规范的情况下,个人的基本需要应得到一定程度的满足。当个人的需求能够得到满足时,就会产生愉快感和幸福感。但人的需求往往是无止境的,在法律与道德的规范下,满足个人适当的需求应为最佳选择。

综合国内外心理学专家对老年人心理健康标准的研究,结合我国老年人的实际情况,本书认为老年人心理健康的标准基本可以从以下五个方面进行界定。

(1) 有正常的感觉和知觉,有正常的思维,有良好的记忆。就是说在判断事物时,基本准确,不发生错觉;在回忆往事时,记忆清晰,不发生大的遗忘;在分析问题时,条理清楚,不出现逻辑混乱;在回答问题时,能对答自如,不答非所问;在平时生活中,有比较丰富的想象力,并善于用想象力为自己设计一个愉快的奋斗目标。

(2) 有健全的人格。情绪稳定,意志坚强。积极的情绪多于消极的情绪,能够正确评价自己和外界事物,能够控制自己的行为,办事较少盲目性和冲动性。意志力表现得非常坚强,能经得起外界事物的强烈刺激。在悲痛时能找到发泄的方法,而不至于被悲痛所压倒。在欢乐时能有节制地欢欣鼓舞,而不是得意忘形和过分激动。遇到困难时,能沉着地运用自己的意志和经验去加以克服,而不是一味地唉声叹气或怨天尤人。

(3) 有良好的人际关系。乐于帮助他人,也乐于接受他人的帮助。在家中与老伴、子女、儿媳、女婿、孙子、孙女、外甥等都能保持情感上的融洽,能得到家人发自内心的理解和尊重。在外面,与过去的朋友和现在结识的朋友都能保持良好的关系。对人不求全责备,不过分要求于人,对别人不是敌视态度,而从来都是以与人为善的态度出现。无论在正式群体内,还是在非正式群体内,都有集体荣誉感和社会责任感。

(4) 能正确地认知社会,与大多数人的心理活动相一致。如对社会的看法,对改革的态度,对国内外形势的分析,对社会道德伦理的认识等,都能与社会上大多数人的态度基本上保持一致。如果不是这样,那就是不接纳社会,与时代前进的步伐不能同向同步。

(5) 能保持正常的行为。能坚持正常的生活、工作、学习、娱乐等活动。其一切行为符合自己在各种场合的身份和角色。

以上五个方面只是界定老年人心理健康的基本标准。但无论多少标准,都不约而同地认为最重要的一条是"基本正常",即日常行为、逻辑思维、人际交往等都在正常状态之中。只要不偏离"正常"的轨道,那么其心理健康就是达标的。

三、空巢家庭

1. 空巢家庭的定义

空巢家庭是家庭生命周期的一个阶段。一般认为,家庭生命周期是指由婚姻形式开始的家庭诞生,到配偶死亡时这个家庭的结束,其间历经生育、抚养子女、子女离家、空巢等过程。许多学者在研究家庭的发展变化时对家庭的不同发展阶段进行了划分,即家庭生命周期划分模式,其中以美国的家庭社会学家伊夫宁·M. 杜瓦尔的八阶段法最为著名,他将家庭生命周期划分为以下八个阶段:

(1) 结婚后无孩子阶段,约 2 年时间;

(2) 生育孩子阶段,约 2 年时间;

(3) 学前子女在家阶段,约 4 年时间;

(4) 学龄子女在家阶段,约为 7 年;

(5) 青少年子女在家阶段,约为 7 年;

(6) 子女离家阶段,从第一个孩子离家至最小一个孩子离家外移,约 8 年时间;

(7) 无子女在家的空巢阶段,约 15 年时间;

(8) 鳏寡阶段,为 10~15 年。

"空巢家庭"大致包括两大类:其一指单身家庭中的老年人,这种老年人或从未结过婚,或丧偶、离婚,也可以是夫妻分居;其二指老年夫妇二人家庭中的老年人,这两类老年人或无子女,或与子女分居。

2. 空巢家庭对老年人的影响

空巢家庭不利于老年人的身心健康。一方面,老年人特别是高龄老人的生活照料存在困难;另一方面更重要的是空巢家庭造成老年人心理上的孤独、寂寞,常常会引发老年人一些心理或精神上的疾病。有研究认为,空巢家庭老年人易患"空巢综合征"的心理疾病。"空巢综合征"有以下表现。

(1) 精神空虚,无所事事。子女离家之后,他们无法很快适应,进而出现情绪不稳、烦躁不安、消沉抑郁等。

(2) 孤独、悲观、社会交往少。一旦出现"空巢",他们会在感情上和心理上失去支柱,感到寂寞和孤独,对自己存在的价值表示怀疑,陷入无趣、无欲、无望、无助状态,甚至出现自杀的想法和行为。

(3) 躯体化症状。受"空巢"应激影响产生的不良情绪,可导致一系列的躯体症状和疾病,如失眠、早醒、睡眠质量差、头痛、乏力、食欲不振、心慌气短、消化不良、心律失常、高血压、冠心病、消化性溃疡等。

3. 我国空巢家庭问题的状况及产生原因

第五次人口普查数据显示,我国3.4亿个家庭户中,至少有2340多万名65岁以上的"空巢老人"需要社会照料。2000年,有65岁及以上老年人的家庭户占全国家庭户总数的20.09%。其中,空巢家庭户占22.83%。在山东、浙江等地,这个比例已超过30%。天津社会科学院和天津市老龄委的一项调查表明,在1997年,天津城区有老年人的家庭空巢率为54%;到了2002年,这一数字上升到了62.5%。照此速度发展,10年后天津市区有老年人的家庭空巢率将达到90%左右。种种数据表明,空巢家庭问题已经成为一个值得引起社会普遍关注的问题。空巢家庭产生的原因主要有以下四个方面。

(1) 工业化和现代化的社会转型。在现代化建设过程中,工作变动日益频繁,人口流动和迁移加速,促使大家庭结构向小家庭结构转变;随着社会转型加快,代沟越来越突出;物质生活水平提高后,人们追求精神生活,老少两代人都要求有独立的活动空间和越来越多的自由,传统的大家庭居住方式已经不适应人们的需求,小家庭被普遍接受。

(2) 城市居住条件改善。近几年我国城市居住条件显著改善,子女往往搬入新家,离开原先一起居住的父母。不仅如此,农村也掀起建房热。农村青年婚后一两年建立自己的小家庭在许多地区已经成为一种时尚。而迁入新住宅往往成为代际分离的契机。

(3) 家庭的经济功能弱化,情感支持功能强化。虽然现代家庭的养老功能在弱化,但这只是在某些方面,比如经济功能,而不是所有的功能都弱化。相反,在情感支持和精神慰藉上,家庭的养老功能还有强化的迹象。另外,由于受中国"家庭本位"的传统价值观念影响,家庭对老年人的情感支持功能是无可替代的。

(4) 计划生育政策。我国实行计划生育政策已30多年,二三十年后,随着独生子女逐渐进入中年,他们的父母进入老年,空巢家庭将越来越多。可以预料,空巢家庭将是21世纪我国城市甚至许多农村地区老年人家庭的主要模式。

4. 对空巢家庭的干预

解决空巢家庭的问题，需要个人、家庭、亲属、社区和社会的共同努力，构建完善的社会救助和支持系统。在理论上，老年人照料体系是根据几个环节组合起来的。首先是老年人的自我照料，其次是亲属网络，包括配偶、子女和其他亲属；再次是社区有偿服务或者志愿者服务；最后是国家的支持和照料。因此，应建立一种以老年人自助互助为原则，以家庭支助为基础，以社区服务为依托，以国家和政府的法律法规、政策为保障的社会支持体系。

(1) 以老年人自助互助为原则，就是要尊重、提倡和鼓励老年人的自立自助，充分发挥老年人自己的能力和作用。老年人退休之后，应培养自己的兴趣爱好，重新构建自己的人际交往网络，广交朋友，积极投身于社区建设，热心参加社会公益事业。另外，提倡老年人之间的互帮互助精神。

(2) 以家庭支助为基础，是指要以家庭的支持和帮助作为解决养老问题的基本途径。家庭成员可以为老年人提供经济供养、生活照料和精神慰藉方面的养老支持，利用休息时间多回家陪陪老年人，定期带老年人进行健康检查等。2013年7月1日实施的《老年人权益保障法》规定，不常回家看看陪陪父母是犯罪行为，将会被判刑。

(3) 以社区服务为依托，是指通过社区的老年人服务来弥补家庭养老功能的不足。近年来，"居家养老＋社区服务"已经成为新型的社区养老模式。社区应健全相关老年人服务设施，如建立社区老年人活动中心、老年护理中心、老年大学等。另外，还应该建立老年人志愿服务小队，定期上门服务，减轻老年人的孤独感。

(4) 建立相关的老年人社会保障体系。政府应该尽快建立相应的政策、法规，为实现健康的、生产性的和成功的老龄化目标创造良好的制度环境，要使老年人"老有所养"、"老有所医"、"老有所安"、"老有所乐"（张文霞、朱冬亮，2010）。

四、老人虐待

在联合国文献中，把老人虐待问题定义为："在本应充满信任的任何关系中发生的一次或多次致使老年人受到伤害或处境困难的行为，或以不采取适当行动的方式致使老年人受到伤害或处境困难的行为。"

1. 老人虐待的类型

(1) 身体虐待，指可能是重复性的某一单类的行为，或长期行为。长期行为包括施加造成痛苦或有害身体的不适当的限制或禁闭。

(2) 精神或心理虐待，或长期口头侵犯，包括那些贬低老年人，伤害老年人，削弱老年人的个性、尊严和自我价值的言词和交往。这种虐待行为的特点有：①缺乏对老年人的隐私和个人物品的尊重；②不考虑老年人的愿望；③剥夺老年人与至关重要的人接触；④不能满足老年人在健康和社会方面的需要。

（3）经济剥削或物质虐待，包括：①非法使用或不适当地使用或侵吞老年人的财产和资金；②强迫老年人更改遗嘱及其他法律文件；③剥夺老年人使用其控制个人资金的权利；④实施经济骗局以及诈骗性计划。

（4）疏于照料，指不采取下列行动以满足老年人的需要：①不提供适当的食物、干净的衣服、安全、舒适的住所、良好的保健和个人卫生条件；②不准老年人与外人交往；③不提供必要的辅助用品；④未能防止老年人受到身体上的伤害，未能进行必要的监护。疏于照料的标志包括能够表明老年人身心状况欠佳的各种外在症状，例如脸色苍白、嘴唇干裂、体重减轻、衣着邋遢、颤抖、缺少辅助用品、个人卫生差、不能自制、身上长疮、皮肤与口部溃疡和身体及精神状况恶化等。有时，禁闭和不适当地大剂量用药也是疏于照料的表现形式。

在发达国家的调查中，据报曾受到虐待或得不到照顾的老年人所占的比例为3%~10%。在美国每年接到虐待老人的案例为60万~100万件；在加拿大，已报告的虐待案中，55%为疏于照料，15%与身体虐待有关，12%为经济剥削。虐待行为会给老年人的身心健康造成严重影响，包括身体残疾，药物及酒精依赖，自杀倾向，乃至死亡。我国目前对于虐待老年人的案件没有做过系统的统计，但是关于虐待老年人的新闻层出不穷。

2. 老人虐待的干预

自从20世纪80年代以来，虐待老年人问题日益引起公众注意，联合国连续通过文件、宣言、行动计划，要求从世界范围内制止与预防对老年人的暴力与虐待行为。其干预措施包括通过宣传教育提高社会对老人虐待问题的认识；培训律师、执法官员、社会工作者等专业人员，使他们学会如何评价和发现虐待老年人和疏于照料老年人的情况，以便进行有效的干预；通过立法与司法干预，加重对某些虐待老年人罪行的刑罚；在社区环境中为虐待行为的受害者提供避难所及相关的社会服务；为受虐待者提供直接服务，作出安排促使施虐者改过自新；鼓励政府和包括非政府组织在内的民间社会组织进行合作，制订社区活动计划，积极处理虐待老人问题等（韩晓燕、朱晨海，2009）。

本 章 小 结

随着我国逐渐进入老年型社会，老年问题越来越成为理论界关注的焦点，对老年问题的解决方法和解决程度直接关系着我国未来社会的发展。因此，本书用较大篇幅介绍了与老年人有关的生物、心理和社会知识。在生物层面上，老年人主要面对的是健康问题，维护老年人健康的重要因素包括持续的运动、适当的营养、压力的缓解、良好的睡眠等四个方面；在心理层面上，主要包括老年人对退休、丧亲等生活事件的适应;在社会层面上,老年人的养老保险、医疗保险问题是我国需要解决的一项系统工程。在这一时期值得注意的有老年人常见的几种心理疾病、人口老龄化、空巢家庭、老人虐待等问题。总之,老年人问题是一个庞大而复杂的问题,如何解决好这些问题不仅是对理论界的考验,更是对社会发展的挑战。

本章参考文献

[1] 许淑莲,等.老年心理学[M].北京:科学出版社,1987.
[2] (日)井上滕也,长岛纪一.老年心理学[M].江丽临,等,译.上海:上海翻译公司,1986.
[3] 王瑞鸿.人类行为与社会环境[M].上海:华东理工大学,2002.
[4] 徐愫.人类行为与社会环境[M].北京:社会科学文献出版社,2003.
[5] 沙依仁.人类行为与社会环境[M].台北:五南图书出版公司,1998.
[6] 沙依仁.高龄学[M].台北:五南图书出版公司,1996.
[7] 邬沧萍.社会老年学[M].北京:中国人民大学出版社,1999.
[8] 朱佩兰.安老与社会工作[M].香港:中文大学出版社,2001.
[9] 林崇德.发展心理学[M].北京:人民教育出版社,1995.
[10] 韩晓燕,朱晨海.人类行为与社会环境[M].上海:上海人民出版社,2009.
[11] 张文霞,朱冬亮.家庭社会工作[M].北京:社会科学文献出版社,2010.
[12] 王瑞鸿.人类行为与社会环境[M].2版.上海:华东理工大学,2007.
[13] 龚晓洁,张剑.人类行为与社会环境[M].济南:山东人民出版社,2011.

第 2 版后记

《人类行为与社会环境》第 1 版出版之时,国内的同类教材屈指可数。隐约记得,仅有王瑞鸿和徐愫分别在华东理工大学出版社和社会科学文献出版社出版的同名教材。此后,国内陆续出版了许多翻译和自编的同类教材。这些教材各有特色,都有值得学习、借鉴之处,有益于我国社会工作的发展。在此背景下,我们取长补短、吸取精华,对《人类行为与社会环境》作了修订,使体例更合理,内容更丰富,表述更准确,更适合专业教学。

修订工作主要由主编完成,我的研究生阳清、武汉长江工商学院郑雪芹老师协助做了大量的工作,华中科技大学出版社的钱坤编辑等人为此书的修订出版做了大量工作,在此深表谢意。

由于学识有限,时间仓促,书中难免有疏漏之处,望有识之士多提宝贵意见。

库少雄

2013 年 7 月 6 日

第 1 版后记

对人与社会环境之间关系的探讨虽说历史悠久,但其作为一种系统、科学的知识体系才刚刚起步,这样一个全新领域的发展有赖各界同仁的不断探索和积极合作。本书由国内部分高校社会工作专业的教师共同努力完成,参加本书编写的有:

第一章　库少雄
第二章　蔡璐
第三章　李伟良　蔡璐
第四章　李伟良
第五章　徐云
第六章　徐莉
第七章　张翼
第八章　陈雷
第九章　陈雷
第十章　张再云

蔡璐协助主编对全书做了统稿和修改。

由于学识有限、时间仓促,书中难免有疏漏之处,还望各位有识之士多提宝贵意见。

作　者
2005 年 6 月 18 日